以法之名 为民答卷

吕红兵◎著

中国文史出版社

图书在版编目（CIP）数据

以法之名　为民答卷 / 吕红兵著. — 北京：中国文史出版社，2023.2

ISBN 978-7-5205-3983-8

Ⅰ.①以…　Ⅱ.①吕…　Ⅲ.①参政议政—中国—文集　Ⅳ.①D621-53

中国版本图书馆CIP数据核字（2022）第236523号

责任编辑：张春霞

出版发行：**中国文史出版社**
社　　址：北京市海淀区西八里庄69号院　邮编：100142
电　　话：010-81136606　81136602　81136603（发行部）
传　　真：010-81136655
印　　装：北京新华印刷有限公司
经　　销：全国新华书店
开　　本：710mm × 1010mm　1/16
印　　张：27.5　　字数：370千字
版　　次：2023年3月第1版
印　　次：2023年3月第1次印刷
定　　价：88.00元

2022年3月7日，获2021年度全国政协委员优秀履职奖，上台接受颁奖

2018年7月25日，参加最高人民检察院在广东深圳举办“大检察官研讨班”时提问并发言

2019年3月9日，在第十三届全国政协第二次会议的“委员通道”上，就“律师怎样才能更好地发挥作用？”回答《法治日报》全媒体记者的提问

2019年7月17日，与上海市政协委员张宁（右1，“关于设立上海金融法院的提案”的提案人之一）在金融法院调研时与赵红院长（中）合影

2020年6月5日，参加全国政协双周协商座谈会，就“行政复议法的修订”发言并提出建议

2021年3月7日，全国政协“学习民法典读书群”部分导读委员在人民大会堂合影留念

2021年3月10日，在第十三届全国政协第四次会议新闻中心接受记者采访

2021年8月17日，一场由全国、市、区三级政协委员联动履职，共同宣传民法典的读书活动，以“老百姓身边的民法典”为题作专题宣讲

2022年2月15日，就“关于进一步完善推进慈善信托发展支持政策与制度供给的提案”，在上海真爱梦想基金会调研

2022年3月3日，赴北京参加全国两会前，吕红兵在虹桥机场与部分在沪全国政协委员合影（左1-6分别为辛莉莉、蒋颖、冯丹龙、奚美娟、沈敏、黄绮）

在担任全国政协委员期间，担任华东政法大学律师学院首任轮值执行院长，并为大学生们讲授中国律师制度。图为在教学楼前与律师学院同学合影

目　录

第一辑
以法之名，鼓与呼——全国政协提案（2018—2022年）

第二辑
立足本职，思与行——上海市政协提案（2008—2017年）

第三辑
讲好法治故事（2012—2022年）

后记
答卷——担任政协委员的思考与实践

第一辑

以法之名，鼓与呼

——全国政协提案（2018—2022年）

关于进一步加强“扎实推动共同富裕”的法律体系建设的提案

一、背景情况

习近平总书记指出：“共同富裕是社会主义的本质要求，是中国式现代化的重要特征。”立善法于天下，则天下治；立善法于一国，则一国治。习近平总书记强调：“满足人民群众对民主、法治、公平、正义、安全、环境等日益增长的要求，提高人民生活品质，促进共同富裕，都对法治建设提出了新的更高要求。”因此，扎实推动共同富裕，需要加强法制建设，加快形成并进一步完善“扎实推动共同富裕”的法律体系。

二、相关建议

一是进一步健全按劳分配为主体、多种分配方式并存的相关法律体系。

习近平总书记指出：“幸福生活都是奋斗出来的，共同富裕要靠勤劳智慧来创造。”我国已出台劳动法、就业促进法，应进一步强化与细化“职业教育与培训制度”。应贯彻落实工会法，制定“工资集体协商与最低工资”相关法规，夯实全体劳动者共同富裕的法律基础。

多种分配方式并存强调健全科技创新人才权益分配制度。应落实专利法、民法典、科学技术进步法的相关系列规定，让广大科技工作者、各类创新人才充分享有、充沛享受科技创新成果相对应的权益分配所得。拓宽居民股息、红利等增收渠道，保护中小投资者合法权益是多种分配方式并存的题中应有之义。应重点贯彻证券法，切实维护投资者尤其是中小投资者权益。

二是进一步强化与二次分配相关的法律制度的改革和完善。

首先，应进一步完善税收法律制度。

应进一步降低个人所得税率，并适时依法开征房地产税、遗产税和赠与税。目前我国有关税收优惠的规定繁多，分种类、按行业，因时、因地，长短不一、对象各异，应出台统一的“税收优惠法”。

其次，应进一步完善社会保障法律制度。

我国第十四个五年规划和2035年远景目标纲要强调：“围绕公共教育、就业创业、社会保险、医疗卫生、社会服务、住房保障、公共文化体育、优抚安置、残疾人服务等领域，建立健全基本公共服务标准体系。”可以说，这些内容远远超出了传统意义上的社会保障的范围，而在住房保障、公共卫生等方面，也同样应该努力让人民群众有更多的获得感、幸福感和安全感。

在住房保障方面，应坚持“房子是用来住的，不是用来炒的”定位，尽快制定“住房保障基本法”。在公共卫生方面，在传染病防治法、突发性公共卫生事件应急条例等法律法规基础上，适应构建强大公共卫生服务体系需求，制定“公共卫生基本法”。在公共教育方面，我国义务教育法、高等教育法、职业教育法均已实施，应当加快推进基本公共教育均等化，统一制定“公共教育基本法”。在公共文化方面，应突出保障人民群众文化权益的主题，制定统一的“公共文化基本法”。在公共法律服务方面，习近平总书记指出：“要深化公共法律服务体系建设，……尽快建成覆盖全业务、全时空的法律服务网络。”应出台“公共法律服务基本法”。

再次，应加快转移支付制度立法。

目前我国只有一个由财政部制定的属于部门规章的《过渡期财政转移支付办法》，法律上层级显然不高，实施随意性明显过大。因此，应制定“转移支付法”，明确转移支付的目的、原则、方式、资金用途；强调转移支付实行预算管理；规定相关项目公开制，接受社会监督等。

三是加快建立相关三次分配的基础性法律制度。

目前慈善法、公益事业捐赠法、基金会管理条例均已施行。应依据民法典对基金会管理条例作出完善，以推进发展为出发点将其修订为“基金会条例”，并同步制定“社会团体条例”“社会服务机构条例”。我国民法典规定了营利法人的社会责任，目前正在修订的公司法也以专条规定了社会责任，应在此基础上制定专门的“企业社会责任条例”。发展慈善事业需要大力发展志愿服务，应以社会主义核心价值观为统领，制定统一的“志愿服务法”。

（2022年3月，全国政协十三届五次会议上提交的提案）

关于进一步完善坚持社会主义基本经济制度相关立法的提案

一、背景情况

习近平总书记指出：“共同富裕是社会主义的本质要求，是中国式现代化的重要特征。”“扎实推进共同富裕必须坚持社会主义经济制度。”

我国《宪法》规定：“中华人民共和国的社会主义经济制度的基础是生产资料的社会主义公有制，即全民所有制和劳动群众集体所有制。”我国《民法典》也明确：“国家坚持和完善公有制为主体、多种所有制经济共同发展，按劳分配为主体、多种分配方式并存，社会主义市场经济体制等社会主义基本经济制度。”

我国《宪法》和《民法典》的上述规定，是推动共同富裕的经济基础和物质前提，也是推动共同富裕的制度基础和法治保障。应当进一步完善有关坚持社会主义基本经济制度的立法，将宪法精神和民法典规定更进一步细化和落实。

二、问题分析

其一，目前，体现我国公有制与多种所有制经济共同发展的属于“法律法规”层级的法律规范，从主体上分析，在国有经济方面，有全民所有制工业企业法、企业国有资产法；在集体经济方面，有乡村集体所有制企业条例、城镇集体所有制企业条例、乡镇企业法；在非公经济方面，有个体工商户条例、个人独资企业法；在混合经济方面，有公司法、合伙企业法。上述许多法律法规“年久失修”，如全民所有制工业企业法于1988年4月13日经第七届全国人大第1次会议审议通过，虽于2009年8月27日作出部分修改，至今也已过去了13年。

其二，有关坚持社会主义基本经济制度的立法，从主体上而言，应尽可能全面地涵盖所有所有制形式。目前来看，尚有遗漏处、缺少项，例如农村集体经济组织、城镇农村的合作经济组织和农村承包经营户方面的立法。

其三，关于民营企业的立法。截至目前，我国民营企业已超4000多万家，在各行各业中都发挥了重要作用。国有企业是“共和国的长子”，习近平总书记曾说过，“民营企业和民营企业家是我们自己人”。“长子”已经有企业国资法的维护，“自己人”也应该有民营企业法来保障。

其四，“劳动是财富之父，土地是财富之母”。我国现已陆续实施土地管理法、城市房地产管理法、农村土地承包法等土地方面的法律。从目前上述法律规定看，以土地管理法为例，侧重的是“管理”，但同时为了更好地推进发展，在“归属”与“保护”的前提下，在立法上还应进一步突出“利用”与“开发”。

三、相关建议

一是对上述《全民所有制工业企业法》，以及《企业国有资产法》（2008年10月28日第十一届全国人大常委会第5次会议通过），《乡村集体所有制企业条例》《城镇集体所有制企业条例》（1991年9月9日国务院令第88号发布），《乡镇企业法》（1996年10月29日第八届全国人大常委会第22次会议通过），《个体工商户条例》（2011年3月30日国务院第149次常务会议通过），《个人独资企业法》（1999年8月30日第九届全国人大常委会第11次会议通过），《合伙企业法》（1997年2月23日第八届全国人大常委会第24次会议通过，2006年8月27日第十届全国人大常委会第23次会议修订），进行系统、全面修订。

二是农村集体经济组织、城镇农村的合作经济组织立法属当务之急。同时尽早出台农村承包经营户条例，并与农村土地承包法的相关规定相协调与相匹配，以推进乡村振兴、农民富裕、农业发达。

三是研究制定民营企业法，将保障民营企业依法平等使用资源要素、公开公平公正参与竞争、同等受到法律保护的政策与精神法定化、具体化。

四是以民法典有关物的占有、使用、收益和处分权能为基础依据，在“使用”与“收益”上下功夫、做文章，推进“财富之母”更充分地造富人民。建议考虑制定统一的土地基本法，并以此为母法，完善土地法律体系直至编纂土地法典。

（2022年3月，全国政协十三届五次会议上提交的提案）

关于进一步推进激发市场主体活力的法律规范完善的提案

一、背景情况

习近平总书记2021年10月15日在《求是》发表《扎实推动共同富裕》的重要文章，指出“共同富裕是社会主义的本质要求，是中国式现代化的重要特征”。他强调，要“坚持以人民为中心的发展思想，在高质量发展中促进共同富裕”。高质量发展，须更大程度激发市场主体的活力。因此，应进一步加快有关激发市场主体活力的法律法规完善。

依我国市场主体登记条例的规定，市场主体是指在中华人民共和国境内以营利为目的从事经营活动的自然人、法人及非法人组织，一般包括：（一）公司、非公司企业法人及其分支机构；（二）个人独资企业、合伙企业及其分支机构；（三）农民专业合作社（联合社）及其分支机构；（四）个体工商户；（五）外国公司分支机构；（六）法律、行政法规规定的其他市场主体。

二、问题分析

其一，从法律对市场主体的意义而言，应“全程”立法，行“全面”覆盖，即从市场主体“出生”到“死亡”的“全生命周期”，都应有法律法规的规范、引领和保障。总体而言，我国目前有关市场主体“生”的规范相对健全。2021年8月24日《中华人民共和国市场主体登记管理条例》公布，并于2022年3月1日起施行，基本解决了登记管理法规体系比较零乱、制度规则不统一、内容相对滞后等与新时期市场主体发展不适应、不协调的诸多问题。

市场主体的“死”与“生”一样，同样具有法律后果和责任意义。2006年8月27日，第十届全国人大常委会第23次会议通过了《中华人民共和国企业破产法》，对规范企业破产程序、公平清理债权债务、保护债权人和债务人的合法权益发挥了积极作用。俗话说：“不破不立。”从企业运营过程来看，“破”不是目的，“立”才是宗旨。因此，“破产重整”应当成为“主角”，作为“重点”。目前作为破产法中的专章，“破产重整”相关内容还是非常单薄，并不能完全适应目前市场上企业并购重组、破产重整的现实需要。

其二，目前我国关于市场主体的立法侧重于主体的所有制形式，如全民、集体、个体等。应当说，这些立法基本上属于“特别法”，应以其组织形式为出发点、以法律责任为归宿点，突出“一般法”概念。例如，不管是国有控股还是民营资本，只要采用了“公司”（有限责任公司、股份有限公司）这种组织形式，都应适用“公司法”；而未采用公司体制的全民企业、集体企业、个人独资企业，都应适用“企业法”；而不管是公司还是企业，具有法人资格的，都属营利法人，独立承担民事责任；而上述企业类型中的个人独资企业、个人合伙企业，不具有法人资格，则不属营利法人，属于具有营利性的非法人组织。这样的划分，从法律逻辑上更清晰，从法律体系上更完整。

三、相关建议

一是将“破产重整”的内容从破产法中独立出来，并结合金融市场与并购重组的实践形成统一的“破产重整法”，以进一步发挥保障债权人和投资者利益、维护市场稳定与良性秩序的重要职能。

二是采用“提取公因式、合并同类项”的方法，强化从组织形式与法律责任角度的立法。依据民法典中有关法人、营利法人、非法人组织的相关规定，统筹制定“企业基本法”，突出以营利为目的的自然属性，并强化企业产权保护；同时以此作为全民所有制企业立法、集体所有制企业立法、个人独资企业立法、合伙企业立法的“一般法”，并对上述这些“特别法”作出系统化的修订。

（2022年3月，全国政协十三届五次会议上提交的提案）

关于健全促进农村共同富裕相关法律制度的提案

一、背景情况

促进农民农村共同富裕是扎实推进共同富裕的核心点、关键处。如果说发展好是“做大蛋糕”，分配好是“切好蛋糕”，那么，在切蛋糕时，须为农民农村着想，留足份额，也就是“留足蛋糕”。

习近平总书记曾强调：“促进共同富裕，最艰巨最繁重的任务仍然在农村。农村共同富裕工作要抓紧。……要全面推进乡村振兴，加快农业产业化，盘活农村资产，增加农民财产性收入，使更多农村居民勤劳致富。”习近平总书记还特别指出：“进城农民工是中等收入群体的重要来源，要深化户籍制度改革，解决好农业转移人口随迁子女教育等问题，让他们安心进城，稳定就业。”

二、问题分析

其一，专家分析，中国农民目前最大的问题是97%的年收入来自劳动收入，几乎没有财产性收入。为全面推进乡村振兴，加快农业产业化，增加农民财产性收入，应多措并举：深化农村宅基地制度改革试点，加快房地一体的宅基地确权颁证，探索宅基地所有权、资格权、使用权分置实现形式；积极探索实施农村集体经营性建设用地入市制度；深化农村集体产权制度改革，完善产权权能，将经营性资产量化到集体经济组织成员，发展壮大新型农村集体经济。

其二，应加快农业转移人口市民化。要坚持存量优先、带动增量，统筹推进户籍制度改革和城镇基本公共服务常住人口全覆盖，健全农业转移人口市民化配套政策体系，加快推动农业转移人口全面融入城市，其中深化户籍制度改革尤为关键。近年来，社会各界呼吁改革户籍制度、制定户籍法的声音不断传出。早在第十届全国人大期间，就有代表提出制定户籍法的议案，指出为使户籍制度改革有法可依，应制定户籍法。

三、相关建议

一是完善有关农村“三块地”的立法。

党的十八届三中全会对农村“三块地”，即集体经营性建设用地、农村承包地和宅基地的依法有序流转，做了系统性的顶层设计。该次会议通过的《中共中央关于全面深化改革若干重大问题的决定》指出：“在符合规划和用途管制前提下，允许农村经营性建设用地出让、租赁、入股，实行与国有土地同等入市、同权同价。”“在坚持和完善最严格的耕地保护制度前提下，赋予农民对承包地占有、使用、收益、流转及承包经营权抵押、担保权能，允许农民以承包经营权入股发展农业产业化经营。”“保障农户宅基地用益物权，改革完善农村宅基地制度，选择若干试点，慎重稳妥推进农民住房财产权抵押、担保、转让，探索农民增加财产性收入渠道。”

因此，应结合我国土地法律体系的健全，依据我国民法典物权编的规定，将上述“三块地”改革举措与立法完善纳入统筹规划之中，并以此为核心路径，设计并实现农民财产性收入倍增计划，将广大农民的共同富裕落在实处、落袋为安。

二是适时制定并实施户籍法。

1958年1月9日由第一届全国人大常委会第91次会议通过的《中华人民共和国户口登记条例》至今有效。应当说，目前我国户籍制度改革正在加速推进。2014年，中共中央、国务院印发《国家新型城镇化规划（2014—2020年）》，提出“有序推进农业转移人口市民化”和“统筹推进户籍制度改革”。《中华人民共和国国民经济和社会发展第十四个五年规划和2035年远景目标纲要》则明确，要统筹推进户籍制度改革和城镇基本公共服务常住人口全覆盖，健全农业转移人口市民化配套政策体系。在此背景下，应尽快制定一部适合中国国情、保障人民权益、推进共同富裕的户籍法。

（2022年3月，全国政协十三届五次会议上提交的提案）

关于强化推进慈善信托发展的政策支持与制度供给的提案

一、背景情况

我国《慈善法》专章规定了“慈善信托”，依其第44条的规定：“慈善信托属于公益信托，是指委托人基于慈善目的，依法将其财产委托给受托人，由受托人按照委托人意愿以受托人名义进行管理和处分，开展慈善活动的行为。”

我国《信托法》明确规定：“国家鼓励发展公益信托。”《中共中央　国务院关于支持浙江高质量发展建设共同富裕示范区的意见》指出：“探索各类新型捐赠方式，鼓励设立慈善信托。”在此法律和政策背景下，我国慈善信托发展迅速。截至2021年12月20日，全国已备案719单慈善信托，善款规模达36.8亿元。当然，与我国经济社会发展现状相比，慈善信托无论是个数还是金额，均有相当大的提升空间。在扎实推动共同富裕大背景下，进一步出台并落实对慈善信托发展的支持政策和制度供给，成为当务之急。

二、问题分析

其一，关于对慈善活动的税收促进措施，我国《慈善法》第80条规定："自然人、法人和其他组织捐赠财产用于慈善活动的，依法享受税收优惠。"第45条也明确，设立慈善信托、确定受托人和监察人并将相关文件报民政部门备案的，可以享受税收优惠。从实践中看，目前慈善信托设立主体除了少量慈善组织外，受托机构大部分是商业运营的信托公司。但是根据诸多法律和政策性文件的规定，各地财税部门审批公益性捐赠税前扣除资格主要面向慈善组织，从而导致慈善信托税收优惠政策无法覆盖信托公司。同时，对依法设立的慈善信托，委托人凭与慈善组织或信托公司签署的慈善信托文件、备案回执、财产转移凭证等，应该即可直接享受捐赠税收优惠，但实际上却难以实现，有关部门还是以提供传统做法上的捐赠票据为审核前提。

其二，依《慈善法》规定，慈善组织是指依法成立、符合规定，以面向社会开展慈善活动为宗旨的非营利性组织；慈善组织可以采取基金会、社会团体、社会服务机构等组织形式。应该说，目前我国慈善组织从数量上还是质量上，都远远不能满足经济社会发展对慈善组织的需求。

其三，依《慈善法》规定，慈善信托的受托人，可以由委托人确定其信赖的慈善组织或者信托公司担任。从实践中来看，由慈善组织和信托公司共同作为受托人，更能保障慈善信托的公益性和专业性。为此，应该在制度上作出进一步的引领与规范。

其四，有关慈善信托的相关运行机制还不够完善，在涉及股权信托的非交易过户以及有关上市公司信息披露等方面，都应在法律规范层面作出可操作性的规定。

三、相关建议

一是进一步完善慈善信托的税收优惠制度。如前所述，对依法设立的慈善信托，委托人凭与慈善组织或信托公司签署的慈善信托文件、备案回执、财产转移凭证等，应该直接享受捐赠税收优惠。

二是强化并优化慈善活动的主体。应当依据《民法典》的规定，对《基金会管理条例》作出完善，以推进“发展”为出发点，修订为《基金会条例》，并同步制定《社会团体登记管理条例》和《社会服务机构登记管理条例》；或者将事业单位法人包含其中，制定统一的“非营利法人法”。

三是建立并完善慈善信托“双受托”机制。在推行“双受托”机制过程中，建立白名单制度，并明确列入白名单机构的相关条件与资质。另外，对于受托的慈善组织，在会计科目上作出对应性的规定，实现慈善组织自身资产与受托资产的隔离，切实保障受托资产的独立性。

四是健全慈善信托的相关运作机制。例如，完善慈善信托股权的非交易过户制度，以上市公司股权设置慈善信托的，不管受托人是慈善组织还是信托公司，都应适用非交易过户程序；如果该股权比例较高，进而涉及上市公司大股东变化或实际控制人变更的，则应在要约收购豁免、上市公司信息披露等方面，给予特殊的政策安排。对此，应推进在证券交易所交易规则以及证券法规上作出进一步修订。

（2022年3月，全国政协十三届五次会议上提交的提案）

关于进一步优化投资制度和“集采”政策，加快推进我国生物医药产业发展的提案

一、背景情况

《中华人民共和国国民经济和社会发展第十四个五年规划和2035年远景目标纲要》对我国生物医药发展作了战略性规划。该纲要指出：聚焦新一代生物技术等战略性新兴产业，培育壮大产业发展新动能。推动生物技术和信息技术融合创新，加快发展生物医药、生物育种、生物材料、生物能源等产业，做大做强生物经济。在基因技术等前沿科技和产业变革领域，组织实施未来产业孵化和加速计划，谋划布局一批未来产业。

应当说，未来世界竞争格局中，生命健康领域的产业竞争不但关乎生命与健康的民生问题，更关乎国家的经济发展和社会进步，而其中生物医药和生物技术的创新与发展则是关键。为此，为促进国家生物医药产业发展，结合在实践中调研发现的问题，提出以下两点建议。

二、问题分析与相关建议

一是在干细胞、基因诊断及治疗技术开发与应用领域适度开放多元化投资。

2021年12月27日国家发改委和商务部发布的新版《外商投资准入特别管理措施（负面清单）（2021年版）》和《自由贸易试验区外商投资准入特别管理措施（负面清单）（2021年版）》禁止外商投资人体干细胞、基因诊断与治疗技术开发和应用。应该说，政策的出台是基于人体干细胞及基

因诊疗行业涉及人类遗传资源，需要加强管理与监督。

干细胞和基因技术是生物医药创新发展的技术核心。随着人民生活水平的提高，老龄化社会带来肿瘤高发、退行性疾病高发，而上述技术的发展速度、技术能力关乎这些疾病治疗成本和医药可及性，并将极大影响我国在国际生物医药领域的竞争能力和竞争优势。

干细胞和基因技术领域的研究和开发需要巨量资本投入，需要专业投资来识别和推动先进前沿技术的转化和产品开发。适度开放这一领域的国际资本进入，将极大推动我国在该领域的研究和开发进程。

建议充分运用“浦东新区法规”“海南自由贸易港法规”等国家立法授权的立法资源，依法设立“干细胞、基因诊断及治疗技术开发与应用特区”，制定详细的制度、政策和指南，开放外资等多种投资主体对该领域的投资。上海张江高科技园区、上海临港蓝湾生物医药开发区等生物医药领域技术和人才聚集的区域以及海南自贸港，均可成为“试验田”，既可以推动该领域产生突破性成果，也有利于管控在此过程中可能产生的风险，尤其在基因数据、生物样本的管理方面探索经验。在“特区”试点成功后，可以依法推广至全国的生物医药领域开发区。

二是细化和优化国家“集采”政策，给予企业自主研发新药特别是生物医药特殊关注和待遇。

国家集中采购政策的实施，极大改善了“用药难”“用药贵”状况。由于主观的客观的、国际的国内的各种原因，一个阶段以来，生物医药相关上市公司股票价格持续下行，例如作为我国医药领域龙头企业的市值跌去50%—60%，科创板的创新药企普遍跌破发行价，香港证券交易所18A政策指导下上市的国内创新药企的股票价格下跌幅度超过60%—70%；同时，投资于生物医药领域基金的投资热情锐减，该领域创新企业筹集资金更加困难，高端人才回归热情大受影响。

自主创新药物的研发流程很长，投入成本很高。如果创新药物一上市就遭遇无法获得长周期、高投资、高风险带来的高回报，必将极大挫伤风险投资的热情和科技创新的激情。如果这些问题在制度层面得不到解决，长此以往，将制约一个国家在该领域的进步和发展。

因此，建议制定更为详细的有利于充分保护和推进我国自主创新药品研究和开发的“集采”政策细则，对于符合前沿创新技术的企业自主研发新药，特别是生物医药，给予较长的容忍期，由企业自主决定是否进入集中采购目录以及进入集中采购目录的价格折扣空间，以鼓励更多的市场主体投资创新药发展，吸引全球科技人才云集于中国创新药企业。

（2022年3月，全国政协十三届五次会议上提交的提案）

关于加快建立我国碳排放权交易法律体系的提案

一、背景情况

2020年9月22日，习近平主席在第七十五届联合国大会一般性辩论上向国际社会作出我国碳达峰、碳中和的郑重承诺：“中国将力争2030年前达到二氧化碳排放峰值，努力争取2060年前实现碳中和。”“3060目标”，是党中央经过深思熟虑作出的重大战略决策，事关中华民族永续发展和人类命运共同体构建。在此背景下，利用市场交易机制并建设与之配套的法律制度体系，是推进实现“3060目标”的重大制度举措。

二、问题分析

在我国国家层面，国家发改委于2011年10月印发《关于开展碳排放权交易试点工作的通知》，先行批准在北京、天津、上海等地开展碳排放权交易试点，并要求各试点地区着手研究制定碳排放权交易试点管理办法。2021年2月至5月，生态环境部连续颁布《碳排放交易管理办法（试行）》《碳排放权结算管理规则（试行）》《碳排放权交易管理规则（试行）》及《碳排放权登记管理规则（试行）》，就此，我国碳排放权交易步入全国统一规范、统一交易的发展期。

从国际上来看，1992年出台的《联合国气候变化框架公约》（以下简称《公约》）是第一部为应对全球气候变化挑战而制定的公约；其后1997年12月在日本京都召开的《公约》第三次缔约方大会达成了《京都议定书》；2009年12月7日的《哥本哈根协议》维护了《公约》和《京都议定书》确立的"共同但有区别的责任"原则；第21届联合国气候变化大会即巴黎气候大会通过的《巴黎协定》于2016年11月4日起正式实施，为2020年后全球应对气候变化行动作出制度安排。

另外我们注意到，欧洲议会和欧盟理事会于2003年10月批准《建立欧盟温室气体排放配额交易体系指令》，要求于2005年1月1日建立欧盟碳交易体系。英国则是世界上较早采取制度措施应对气候变化的国家之一，2002年即建立碳排放交易体系，成为全球首个建立全国统一碳市场的国家，其确立的碳排放与碳交易双重监管制度目前已成为国际通行做法。

三、相关建议

我国应进一步完善碳排放权交易体系架构，加快推进碳排放权交易法律体系建设，适时制定碳排放权交易法。

一是应依法建立国家统一监管下碳排放权交易市场架构。

一方面，应规范形成统一的交易和登记结算场所。参照证券交易、期货交易实践，碳排放权交易也应有全国性的交易机构和登记结算机构作为平台，不仅能实现行政管理的统一性，也有利于商事交易的高效便捷。

另一方面，应依法确立国家统一监管主体。从碳排放权作为一种商品甚至金融产品在交易所交易的角度而言，主管证券和期货交易的证券监管机构显然更加具有应对市场风险的监管经验；碳排放权交易作为一项以保护生态环境为主要目的的制度设计，由生态环境部门在碳排放权配额方面行使监管权，则具有更强的针对性与全面性。

在此基础上，应建立统一的监管制度体系。从横向应至少包括有关碳排放权登记、交易、结算内容，涉及交易主体、中介机构和注册登记机构、交易场所等各市场参与主体。从纵向可以在“大法”（法律）的引领和统筹下，出台并完善国务院和相关主管部门制定的监管规则、注册登记机构和交易场所制定的监管细则以及行业协会出台的自律管理规则。

二是应完善碳排放配额总量和分配制度，这是碳排放权交易的前提。

三是应确认碳排放权的证券类资产的法律属性，这是碳排放权交易的基础。

四是应建立碳排放信息披露制度，明确政府（管理者）和企业（排放者）两类主体的义务，这是碳排放权交易的保障。

五是应关注中国碳市场国际化，设计打通国内国际碳交易市场的机制，这是碳排放交易的趋势。可以充分利用“一带一路”合作契机，构建“全球碳市场连通机制”，建立类似资本市场沪港通、深港通、沪伦通的制度安排，实现全球范围内相关国家碳市场在风险可控前提下的有效连通。

（2022年3月，全国政协十三届五次会议上提交的提案）

关于设立“长三角地区检察院”，推进跨行政区划检察改革的提案

一、背景情况

探索设立跨行政区划检察院，是党的十八届四中全会通过的《中共中央关于全面推进依法治国若干重大问题的决定》中确定的改革任务，目标是要构建普通案件在行政区划检察院办理、特殊案件在跨行政区划检察院办理的新型诉讼格局。

长三角一体化发展等国家战略为跨行政区划检察改革提出了要求、提供了契机。在首届中国国际进口博览会开幕式上，习近平总书记宣布支持长三角区域一体化发展上升为国家战略。2019年5月中共中央政治局审议通过《长江三角洲区域一体化发展规划纲要》，对“强化生态环境共治共保”“高水平建设长三角生态绿色一体化发展示范区”提出要求。2019年10月国务院批复原则同意《长三角生态绿色一体化发展示范区总体方案》，标志着长三角一体化发展国家战略全面进入“施工期”。2019年9月习近平总书记在郑州主持召开黄河流域生态保护和高质量发展座谈会，宣布“黄河流域生态保护和高质量发展，同京津冀协同发展、长江经济带发展、粤港澳大湾区建设、长三角一体化发展一样，是重大国家战略”。

在上述国家战略层面，对于带有区域性、流动性的大气、水污染等的联防联控、共治共保，需要提供一体化的司法保护，以排除地方干扰、统一司法标准，推动区域经济社会发展，引领国家发展再上新台阶。

二、具体建议

建议从三个层面同步推进。一是聚焦长三角生态绿色一体化发展示范区建设，推动示范区内（上海市青浦区、江苏省苏州市吴江区、浙江省嘉兴市嘉善县）生态保护类刑事案件以及相关公益诉讼案件集中管辖。这样，可以从司法供给侧角度为示范区建设提供司法保障，在解决示范区内生态环境一体化保护中可能存在的法律适用不统一等问题的同时，为跨行政区划改革提供更加丰富的实践样本。二是推动长三角区域长江航运公安机关办理的生态保护类刑事案件以及相关公益诉讼案件集中管辖。三是适时设立“长三角地区检察院”，办理长三角区域范围内跨省域的生态保护类案件，服务长三角一体化发展，并且为黄河流域生态保护和高质量发展以及京津冀协同发展、长江经济带发展、粤港澳大湾区建设等国家战略积累更多可复制可推广的司法体制改革经验。

三、建议分析

上述建议，在目前检察体制下，具有针对性和可执行性，改革效率高、发展成本小。例如在上述第一个层面，在示范区的生态保护类刑事案件以及相关公益诉讼案件，就可以设计为一审由上海铁检院集中管辖，二审由上海检察院三分院办理。再如在第二个层面，长航公安局安庆、芜湖分局办理的相关案件就可以集中由合肥铁检基层院办理，南京、镇江、苏州、南通分局办理的相关案件可以集中由南京铁检基层院办理，上海分局办理的相关案件则可以集中由上海铁检基层院办理。更重要的是第三个层面，可以在作为长三角区域唯一一家跨行政区划检察改革试点院——上海市人民检察院第三分院上，加挂“长三角地区检察院”的牌子。该院于2014年12月28日在上海市人民检察院上海铁路运输分院的基础上正式挂牌成立，七年来围绕习近平总书记提出的“探索设立跨行政区划的人民法院和人民检察院，有利于排除对审判工作和检察工作的干扰、保障法院和检察院依法独立公正行使审判权和检察权”重要论述，逐步形成了“跨+

特+专”特殊案件管辖模式：“跨”，即本身具有跨域性质的传统铁路案件，以及“海、陆、空”大交通类案件；“特”，即食药、环资、知产、走私等具有特殊性、专业性性质的案件；“专”，即对于上海三中院、铁路中院、知产、海事、金融、破产等专门法院、法庭的民行监督案件。基于以上跨行政区划检察改革试点的成果和经验，可以依法作出上述三个层面的制度设计并出台司法政策推进和保障。

（2022年3月，全国政协十三届五次会议上提交的提案）

关于“让民法典走到群众身边、走进群众心里”两个具体建议的提案

一、背景情况与问题分析

2021年1月1日，《中华人民共和国民法典》正式施行。也就在2021年的工作“首日”，各地人民法院争相发布民法典“首案”。涉及好意同乘、自甘风险，事关婚姻撤销、子女抚养，另有施工纠纷、保理合同，还有环境污染损害、高空抛物赔偿……不经意之间，值此“千门万户曈曈日”，民法大典业已“飞入寻常百姓家”，中国正式步入“民法典元年”。

《民法典》在中国特色社会主义法律体系中具有重要地位，是一部固根本、稳预期、利长远的基础性法律。习近平总书记指出：“实施好民法典是坚持以人民为中心、保障人民权益实现和发展的必然要求。”“民法典实施得好，人民群众权益就会得到法律保障，人与人之间的交往活动就会更加有序，社会就会更加和谐。”

我们关注到：全国人大常委会自去年下半年开展的民法典涉及法规、

规章、司法解释及其他规范性文件专项审查和集中清理工作已经完成。而此次清理发现，需要修改或者废止的规范性文件达2850件。大典已经实施，协调亟须跟上，可谓任务重、责任大、时间紧、关注多。与此同时，世界百年未有之大变局之下，新技术、新产业、新业态，以人们新的工作方式、交往方式、生活方式层出不穷，例如物联网、大数据、云计算，以及人工智能，还有平台经济，令人目不暇接，眼花缭乱。“法与时转则治。”民事立法应该也能够答好这些时代之问、百姓之题。

我们关注到：最高人民法院对现行有效的591件司法解释及相关规范性文件进行了全面清理。2020年12月30日，最高人民法院一口气发布有关民法典的7项司法解释。其实，这只是第一批与民法典配套实施的司法解释。最高人民法院表示，将按照“统一规划、分批制定，急用先行、重点推进”原则，构建紧紧围绕民法典的分层次、多元化的民事司法解释框架体系。同时，最高人民法院对2011年以来发布的139件指导性案例进行了清理，决定2件案例不再参照适用。

二、相关建议

习近平总书记强调：“民法典要实施好，就必须让民法典走到群众身边、走进群众心里。”“引导群众认识到民法典既是保护自身权益的法典，也是全体社会成员都必须遵循的规范，养成自觉守法的意识，形成遇事找法的习惯，培养解决问题靠法的意识和能力。”的确，民法典从来不只是法学家的事，也不应由法官和律师等法律工作者独享；她应该走进千家万户，来到每个人的身边，陪伴其一生，守护其一世。全民守法既是法治国家的核心形式，更是法治建设的终极内容。为使广大人民群众更为便捷、更有效率地学习民法典，建议如下：

1. 编辑“民法典规范大系”。

国家立法机关应刻不容缓地修订与“典”冲突处，与时俱进地补缺“典”中薄弱点，让这部“百科全书”更全、更细，更科学、更规范。同时，汇编民法典及所涉法规、规章、司法解释及其他规范性文件，形成“民法典规范大系”，开发并上线电子版应用系统，在“全国人大”及“国务院”门户网站链接访问，并进行动态维护更新。“法”出一门，“规”挂一网，便捷高效，便民利民。目前，“国家法律法规数据库”已经开通，应在其中专设上述“民法典规范大系”板块。

2. 发布“民法典案例大全”。

最高司法机关应在关注指导性案例的同时，针对民法典的实施推出一系列释“典”案例，逐章对应、逐节匹配，形成“民法典案例大全”。如果说指导性案例更多的是指导法官办案，释“典”案例则是更适用于老百姓学习民法典。在读案中学“典”，通俗易懂，雅俗共赏，喜闻乐见，潜移默化，因为愿意学于是学得进，由于学得进于是更愿意学。同时，该“民法典案例大全”应实现线上化与数字化，甚至音频化与视频化，可以多方式获得，实现多渠道传播。

（2021年3月，全国政协十三届四次会议上提交的提案）

关于加强金融法院建设，推进案件审判“三合一”的提案

一、背景情况及问题分析

2018年3月28日，习近平总书记主持召开中央全面深化改革委员会第一次会议，审议通过了《关于设立上海金融法院的方案》。8月7日，最高人民法院公布关于上海金融法院案件管辖的规定。8月20日，上海金融法院揭牌成立。

今年1月20日，十三届全国人大常委会第二十五次会议听取了最高人民法院院长周强所作《关于在北京设立金融法院的决定（草案）》的说明，这将是继上海金融法院后我国的第二家金融法院。

上海金融法院自成立以来，勇于开拓创新、全力服务大局，聚焦主责主业、狠抓执法办案，取得了令人瞩目的成绩。在刚刚过去的2020年，受理各类金融案件7230件，同比上升4.97%；涉案标的总额1822.22亿元人民币，同比增长14.51%。

不过我们注意到，上海金融法院受理的案件均为金融民商事案件和涉金融行政案件，并不包括涉金融刑事案件。

北京金融法院也将是如此。在十三届全国人大常委会第二十五次会议上，周强院长介绍，北京金融法院专门管辖北京市内应由中级人民法院管辖的金融民商事案件和涉金融行政案件。

知识产权法院的情况也大致如此。2014年10月27日，最高人民法院审判委员会第1628次会议通过关于北京、上海、广州知识产权法院案件管辖的规定，上述法院管辖相关辖区内的知识产权民事和行政案件，亦不包含刑事案件。

从司法实践看，司法案件的“民刑交叉”“又民又行”“行转化刑”“三合而一”是常态，像《民法典》第187条就规定“民事主体因同一行为应当承担民事责任、行政责任和刑事责任的，承担行政责任或者刑事责任不影响承担民事责任”。应当说，司法机关已经关注并开始针对此规律性现象，对专门法院的案件管辖作出了进一步完善。

2021年第一个工作日，海南自由贸易港知识产权法院正式收案。这是我国第四个知识产权专门法院，管辖海南省内应由中级人民法院管辖的知识产权民事、行政、刑事案件，实行知识产权审判“三合一”。

今年1月15日，最高人民法院发布《关于人民法院为海南自由贸易港建设提供司法服务和保障的意见》。其中除了再次明确实施知识产权审判“三合一”改革外，还提出海事审判“三合一”改革，即在海口海事法院逐步推动形成以民商事、行政案件为主，涵盖特定刑事案件的海事案件“三合一”专业化审判机制。

二、相关建议

借鉴海南自由贸易港知识产权法院全面管辖知识产权民事、行政、刑事案件从而实行知识产权审判“三合一”的制度设计，应推进上海金融法院探索全面管辖金融民事、行政、刑事案件从而实现金融案件审判“三合一”机制建设；在积累经验基础上，北京金融法院也可适时跟进。

其理由在于：深化探索金融规范发展的司法保护规律和法院审判规律，并进一步提高诉源治理能力；通过“一站式”处理纠纷，解决矛盾，处罚违法，惩治犯罪，提高审判效率，提升整体效能；培养既在金融领域中“专业”又在审判业务上“复合”的法官队伍……从而进一步健全完善金融审判体系，营造良好金融法治环境，推进国家金融战略实施，促进经济和金融健康发展。

我们注意到：应由海南自由贸易港知识产权法院审理的第一审知识产权刑事案件，由海南省人民检察院第一分院提起公诉。海南省基层人民法院第一审知识产权刑事判决、裁定的上诉、抗诉案件，由海南省人民检察院第一分院依法履行相应检察职责。

因此，在具体实施中，由上海金融法院审理的第一审金融刑事案件，可以设计为由上海市检察院第三分院对口提起公诉。该检察分院设立了金融创新检察研究中心，并与上海金融法院签署加强工作联系配合备忘录，成为全国首家民、行、刑“三审合一”的金融检察部门。当然从长计议，也可以新成立上海市人民检察院金融检察分院，依法履行相应检察职责。

（2021年3月，全国政协十三届四次会议上提交的提案）

关于加强检察公益诉讼立法的提案

一、背景情况及问题分析

党的十八届四中全会提出“探索建立检察机关提起公益诉讼制度”。2017年民诉法、行诉法修订，正式确立检察公益诉讼。其后，《关于检察公益诉讼案件适用法律若干问题的解释》等司法文件也陆续实施。陕西、海南、广西、上海等人大常委会也出台加强检察公益诉讼工作的决定。

随着经济社会的发展，党和国家对检察公益诉讼提出新要求，人民群众亦怀有新期待。全国统一且更加完善的检察公益诉讼制度需要建立，检察公益诉讼的管辖范围以及检察机关与行政、监察、公共法律服务间的协同合作机制需要规范，检察机关的法律监督和公共利益维护职能需要进一步充分发挥。

二、相关建议

1. 制定统一的检察公益诉讼法。

检察公益诉讼有两个主题词，一曰“公益”，一曰“公权”。应通过检察公益诉讼法，对公益的范围及公权的介入作出明确定性。检察公益诉讼保护的是包括环境、安全等在内的社会公共利益。在没有适格的私主体提起诉讼而需要由检察机关直接起诉，或者在适格私主体提起诉讼但确需检察机关支持起诉时，检察机关作为公权力机构方可以司法手段介入。

2. 界定检察权介入的涉及国家和社会公共利益的公益诉讼案件类别。

依目前国家法律及地方立法规定，涉及国家安全、英雄烈士保护、公共安全、安全生产、产品质量安全、危化品管理、消费者权益保护、公民个人信息安全、特殊群体合法权益保护、证券、农业农村及教育、就业等共计12大类内容。应依据检察公益诉讼定性，对其进行梳理并提炼，需要加强的通过大法确认，过多具有地方特色的则不予在大法中规定，虽涉社会公共利益但有适合的民事主体司法救济路径的则不宜由检察权力介入。

3. 落实行政机关配合检察机关调查取证的机制。

应将行政机关等积极主动配合检察机关调查取证规定上升到检察公益诉讼的国家立法层面。行政机关应协助检察机关调阅行政执法卷宗，询问行政机关工作人员以及行政相对人、利害关系人等。另外，诉前诉讼是行政公益诉讼的核心程序、前置程序，应予立法强化，同时注重案件执行后的跟踪和评估。

4. 完善"检""行"衔接，建立检察与行政信息互通共享的检察公益诉讼大数据平台。

行政机关与检察机关应建立行政执法与公益诉讼衔接机制，建立检察公益诉讼统一大数据平台，推动行政执法与公益诉讼在违法线索、监测数据、裁量标准、典型案例等方面互通共享。注重解决"鉴定难""鉴定贵"问题，设立全国统一的检察公益诉讼鉴定基金。

5. 完善"检""监"衔接，建立检察与监察的案件线索双向移送机制。

检察机关在办理公益诉讼案件中发现的违纪违法及职务犯罪问题线索，应向纪检监察机关移送；监察机关亦应如此。双方应加强协作配合，定期通报信息，及时反馈办理结果。

6. 统一线索发现机制，构建全国检察公益诉讼举报平台。

应将检察公益诉讼举报中心的法律地位及及时回应、渠道畅通、落实查处等机制予以明确并规范。建立与律师的良性互动机制，充分发挥律师、律所、律协的"消息树""联络点""信息网"功能。在检察公益诉讼大数据平台上设立全国统一的举报平台。

7. 加强技术支持保障，体现科技赋能。

以环境公益诉讼为例，涉及检测、鉴定、修复、补植、复绿、土地开垦、增植放流等技术问题，应立法明确在技术上为公益诉讼赋能，比如勘验取证、检验鉴定、技术性证据审查均应强化。应建立公益诉讼技术“国家队”，在发挥政治智慧、法律智慧的同时尊重并彰显技术智慧。

8. 加强人才培养，建设一支专门的公益检察专业强军。

立法强化建设专业型、专家型、技术型、复合型公益检察官队伍，建立专家咨询、技术顾问制度。推进国际合作，为世界可持续发展贡献中国检察的中国方案、中国智慧、中国实践。

（2021年3月，全国政协十三届四次会议上提交的提案）

关于创新企业产权保护，完善企业合规不起诉制度的提案

一、背景情况与问题分析

近年来，最高人民检察院先后制定实施《关于充分发挥检察职能依法保障和促进非公有制经济健康发展的意见》《关于充分履行检察职能加强产权司法保护的意见》《关于充分发挥职能作用营造保护企业家合法权益的法治环境支持企业家创新创业的通知》等司法文件，并强调要把民法典中蕴含的产权保护理念贯彻到刑事司法中，尽量把对企业正常生产经营活动的负面影响降到最低，对涉案企业负责人依法“慎捕”“慎诉”，得到包括企业、企业家在内的市场各方主体及社会各界人士的广泛认同。

基于上述司法政策和检察理念，检察机关目前正在探索企业合规不起

诉制度，构建企业刑事合规管理的检察工作机制，在国家法理体系和治理能力现代化进程中落实检察责任。

应当说，这一制度的探索具有国际可参考的实践，更有我国法律相关制度设计的借鉴。2012年我国刑事诉讼法修改时，针对未成年人犯罪案件就规定有附条件不起诉制度，即对于可能判处一年有期徒刑以下刑罚的未成年人，虽然符合起诉条件，但犯罪嫌疑人有悔罪表现的，人民检察院可以作出附条件不起诉决定。因此，应该且能够从立法上予以确认并进一步完善企业合规不起诉制度。

二、相关建议

1. 从长计议，应当在刑事诉讼法上明确规定企业合规不起诉制度的基本原则、基本条件、基本程序。

最高人民检察院检察长张军强调指出："合规不起诉及独立监控人制度的主旨和初衷在于，既要以更大的力度保护民营企业和企业家合法权益，切实做到依法能不捕的不捕、能不诉的不诉、能不判实刑的就提出适用缓刑建议，又要有力推动民营企业筑牢守法合规经营底线。"应该以刑事诉讼法的形式，来确认并规范检察制度创新、产权保护制度创新。同时，通过依"大法"设立这一制度，进一步完善惩治单位犯罪制度、认罪认罚从宽制度，并进一步推进行政监管法律体系的健全。

2. 明确并强调制度适用主体及其条件。

从目前实践看，有些地方倾向适用于涉案犯罪单位，有的则认为也应适用于企业经营者、管理者、关键技术人员等重要生产经营人员。主体条件应包括企业在依法纳税、吸纳就业、经济发展方面发挥重要作用，拥有自主知识产权，在本区域、本行业、全产业链具有竞争实力；而相关责任人员对企业经营发展具有关键作用；另外涉案主体系初犯、偶犯，事实清楚、证据确实充分，特别是自愿认罪认罚。同时，应进一步界定制度不适用的情形。例如涉嫌国家安全犯罪、恐怖活动犯罪，给当事人造成重大损失、社会影响面巨大、人民群众反应强烈，等等。

3. 设立并完善合规考察机制。

检察机关设立考察期，并会同行政监管机构指导涉罪企业制订合规计划，整改违法行为，健全规章制度，规范生产经营，完善企业治理。考察结束后，检察机关综合考虑犯罪事实与情节、合规计划完成情况、行政机构意见、独立合规监管人报告等因素，决定是否提起公诉。

4. 统一并规范合规考察期间司法措施使用规则。

例如可以依法解除已经查封、扣押、冻结的用于企业生产经营的财产，对直接负责的主管人员和其他直接责任人员变更强制措施为取保候审等。

5. 增加并强化是否决定起诉的听证制度。

合规考察期结束后，检察机关应举行公开听证会，由涉案当事人以及侦查机关、相关行政管理部门、合规监管人、被害人等各方参与，在听取涉案当事人合规自查报告及合规监管人合规评估报告基础上，有效互动，展开抗辩，最终决定是否提起公诉。

6. 建立并健全独立合规监管人制度。

由律师事务所等专业服务机构在考察期结束后对企业出具书面评估报告，作为检察院作出处理决定的参考必备法律文件。可以参照破产管理人制度，建立独立合规监管人名册并实施动态管理。

（2021年3月，全国政协十三届四次会议上提交的提案）

关于加强调解立法，推进多元化纠纷解决机制改革的提案

一、背景情况及问题分析

党的十八届四中全会提出：“健全社会矛盾纠纷预防化解机制，完善调解、仲裁、行政裁决、行政复议、诉讼等有机衔接、相互协调的多元化纠纷解决机制。”党的十九大则强调：“完善人民调解、行政调解、司法调解联动工作体系。”

梳理我国有关调解的法律法规及其所规定的调解类型，有人民调解法规定的人民调解、劳动争议调解仲裁法规定的劳动争议调解、农村土地承包经营纠纷调解仲裁法规定的土地承包经营纠纷调解，另外诉讼法、仲裁法中也有对调解的规定，最高法与司法部发布《关于开展律师调解试点工作的意见》、全国工商联发布《关于发挥商会调解优势推进民营经济领域纠纷多元化解机制建设的意见》等。

应该说，调解制度在化解社会矛盾、加强社会治理方面发挥了不可替代的作用。然而毋庸讳言，调解规定、调解组织、调解活动之种类繁多、政出多门、位阶不同、体系不一、衔接不易，而且门槛高低不同、组织形式多样、队伍归属有异、统一培训缺乏、行为效果不齐。

二、相关建议

1. 制定统一的《中华人民共和国人民调解法》。

梳理人民调解、行政调解、行业调解、专业调解、律师调解等各类调

解规定，合并同类项，提取公因式，聚焦实质，把握规律，制定统一的《中华人民共和国人民调解法》，与仲裁法、诉讼法一起，构成多元化解矛盾纠纷、维护人民合法权益的基本程序法；同时该法内容亦包括调解机构及其监管，同时成为调解组织法。

2. 通过大法作出“行为定性”。

以调解法的形式，确立调解的独立性、中立性、专业性、公正性等属性。其中，中立性乃关键内容，只有居中作出的调解行为方为“本法”管辖的调解。诉讼、仲裁中的调解已包含于诉讼法和仲裁法，也可不归入“本法”的调整范围。

3. 通过大法作出“类型重构”。

依据调解主体不同、调解行为有偿与否，可以将调解分为三大类。

一为“人民调解”，同时将劳动争议调解、农村土地承包经营纠纷调解、消费者权益调解、行业协会及商会调解，均归入其序列。二为“行政调解”，目前已有地方性立法规定行政机关设立行政调解委员会。三为“社会调解”，主要包括各类商事调解，是以社会组织为主体开展的民间性、社会化、有偿性调解。

4. 通过大法作出“组织再造”。

依据《民法典》对各调解主体进行法律定性并予以规范。

以村（居）民委员会设立的人民调解委员会为例。该委员会在形式上与村（居）民委员会的其他内设机构相似，但其有自己的名称和印章，可对外从事调解民间纠纷等特定活动，故法律上已异于“内设机构”；但又不属于“法人组织”，从司法实践看却具有诉讼法上的诉讼主体资格，故应将其定性为“非法人组织”。

至于行政调解委员会，可以将其界定为“非营利法人”中的“事业单位”，依法对法律法规规定可以由行政机关调解的民事纠纷以及涉及行政赔偿、行政补偿等行政争议进行调解。

有关社会调解的规定应成为调解法的“重头戏”。应立法鼓励设立非营利法人的“社会服务机构”和非法人组织的“个人独资企业”“合伙企业”尤其是“不具有法人资格的专业服务机构”参与调解法律服务，也应试点“公司制”形式。上述机构的发展亦为《新加坡调解公约》在我国落地落实的重要举措与充分体现。

5. 通过大法作出“制度规范”。

明确调解行政主管机关，强调法院业务指导；建立调解机构登记制度；要求机构完善治理结构，加强内控管理；建立调解机构和调解员名册管理制度及名册公开机制；推进调解员分级分类管理，规范其权利义务，加强其考核奖惩；组建调解行业协会，实施自律管理；建设统一的多元化解矛盾纠纷信息化平台；强化调解保障机制，完善调解与仲裁、诉讼的衔接与协同等。

（2021年3月，全国政协十三届四次会议上提交的提案）

关于进一步完善我国仲裁制度，优化法治化营商环境的提案

一、背景情况与问题分析

《中华人民共和国仲裁法》（以下简称《仲裁法》）于1994年8月31日经第8届全国人大常委会第9次会议通过，自1995年9月1日起实施。此后做过两次小的修改，现行《仲裁法》于2018年1月1日起生效。

仲裁是国际通行的商事纠纷主要解决制度，国际仲裁中心是具有全球性或区域性影响力的仲裁目的地。我国经济社会发展特别是社会治理建设、营商环境优化，对仲裁制度改革提出新要求，对仲裁事业发展提出新期待。

早在2014年，《中共中央关于全面推进依法治国若干重大问题的决定》就指出："健全社会矛盾纠纷预防化解机制，完善调解、仲裁、行政裁决、行政复议、诉讼等有机衔接、相互协调的多元化纠纷解决机制。"

2018年12月，中共中央办公厅、国务院办公厅发布《关于完善仲裁制度提高仲裁公信力的若干意见》，强调完善仲裁制度、提高仲裁公信力。

2020年1月，国务院出台《优化营商环境条例》，明确整合律师、公证、调解、仲裁等公共法律服务资源，为优化营商环境提供全方位法律服务。

从我国仲裁事业发展的实践来看，仲裁机构的法律服务定性不明确、独立性不明显、行政化色彩浓厚，进而导致在内部治理、规则完善、队伍建设、支持保障等方面存在短板，从而仲裁公信力尚显不足，制度作用发挥有限。

应把仲裁制度改革与发展置于多元化解纠纷机制建设、优化法治化国际化营商环境中全盘考虑、统筹规划，这也是构建与我国全球经贸大国地位相匹配的高水平国际商事争议解决机制、提高我国全球经贸规则制定话语权、服务国家更高水平对外开放的必要之举。

二、相关建议

1. 推进《仲裁法》修订，明确仲裁机构的法律属性和地位。

我国民法典为仲裁机构定性提供了法律依据。仲裁机构有独立财产，依法独立享有民事权利和承担民事义务，故其主体上的"法人"属性应当肯定。同时，《民法典》创设了营利法人与非营利法人的二元分类，仲裁机构属于"非营利法人"当无疑问。《民法典》进一步规定了非营利法人的种类，基于仲裁机构作为多元化解纠纷机制的一环及其提供公共法律服务的作用，将仲裁机构定性为"社会服务机构"较为合适。

建议仲裁法增加条款规定仲裁机构作为非营利法人、社会服务机构的法律性质与地位；明确负责仲裁机构及其分支机构设立、登记的行政机关与仲裁机构的关系；规定仲裁机构终止条款，如终止情形、解散和清算程序、注销批准等事项。

2. 增加仲裁机构内部治理制度规定。

《仲裁法》应明确仲裁机构章程在仲裁机构管理运作和内部治理中的核心作用，通过章程赋予仲裁机构在人事、财务、薪酬制度等方面的自主权。设立理事会作为决策机构并设立执行机构，通过制度设计进一步完善仲裁机构决策权、执行权和监督权的制约平衡。

3. 构建并落实仲裁协会的自律监管功能。

现行《仲裁法》已经规定“中国仲裁协会是仲裁委员会的自律性组织”，但至今该协会尚未组建。《仲裁法》在修改时应规定负责组建中国仲裁协会的主体，充实仲裁协会的职责和作用，强化仲裁协会指导制定仲裁机构章程、行业规范和示范性仲裁规则，组织开展仲裁业务培训、工作交流和理论研讨，加强行业体系和监督惩戒制度等方面的作用。

4. 完善制度设计，加强对仲裁行为监督制约。

建立仲裁裁决核阅制度，提升仲裁裁决文书质量；建立重大疑难案件的专家咨询制度；完善申请撤销仲裁裁决、不予执行仲裁裁决的司法监督制度；完善仲裁员的披露和回避制度。

5. 参考国际经验完善仲裁程序，提升仲裁国际竞争力。

增设友好仲裁制度，尊重当事人的意思自治；增设缺员仲裁规范，避免现行仲裁法与机构仲裁规则冲突；设立临时仲裁制度；完善仲裁协议效力规范，保障案外人的合法权益；完善仲裁证据制度，强化仲裁中的司法支持和保障。

（2021年3月，全国政协十三届四次会议上提交的提案）

关于在乡村振兴中加强法律服务供给的提案

一、背景情况与问题分析

党的十九大提出实施乡村振兴战略，是以习近平同志为核心的党中央着眼党和国家事业全局，顺应亿万农民对美好生活的向往，对“三农”工作作出的重大决策部署，是新时代做好“三农”工作的总抓手。

需要特别强调的是，实施乡村振兴战略是健全现代社会治理格局的固本之策。社会治理的基础在基层，薄弱环节在乡村。今年中央一号文件即《中共中央　国务院关于全面推进乡村振兴加快农业农村现代化的意见》也特别指出，“创建民主法治示范村，培育农村学法用法示范户”“深入推进平安乡村建设”。

因此，在乡村振兴中，提升乡村干部及广大农民的法律意识，是关键，是重头。不过在现实中，有的地方重产业、重项目、重“口袋”（收入）、重经济的情况比较突出，轻法律、轻制度、轻“头脑”、轻治理的状态普遍存在，这也形成了脱贫攻坚以及乡村振兴工作中的弱项与短板，值得特别关注，应予加快补足。

二、相关建议

1. 进一步提高“法治为本”的认识，把握一条“主线”。

2019年9月，习近平总书记在河南省光山县考察时指出：“我一直强调扶贫既要扶智又要扶志，一个是智慧，一个是志气。”应当说，法治，是智慧之维护、志气之保障；农业发展农村振兴农民致富，需要智商、情商，也需要法商。而且，正如党的十九大报告指出的，“人民美好生活需要日益广泛，不仅对物质文化生活提出了更高要求，而且在民主、法治、公平、正义、安全、环境等方面的要求日益增长”。因此，建议各级政府提高对农村加大法治供给特别是法律服务供给的认识，以满足农民法治需求尤其是法律服务需求，进而形成并完善自治为基、法治为本、德治为先的乡村治理格局。

2. 加强《民法典》下乡村工作，突出一个“主题”。

建议在政府统筹组织下，由“两代表”“一委员”中的法律工作者、政法院校法学教师、执业律师“三路大军”送“典”下乡，对乡村干部及广大农民进行《民法典》的全面普及和教育。其中突出与乡村振兴有关的这个主题：农村承包经营户，农村集体经济组织法人，农村经济合作经济组织法人，村民委员会基层群众性自治组织法人；农村集体所有权，土地承包经营权，宅基地使用权；人格权，婚姻家庭继承制度以及环境污染和生态破坏侵权责任等。

3. 开设乡村法治课堂，打造一个“载体”。

建议在全国的乡镇及村委会开设“乡村振兴法治大课堂”，形成据点网络化，实现课程体系化，以有形的线下为主，附之于无形的线上方式，语音与视频相结合，以案说法，通俗易懂，进行生动活泼、喜闻乐见并且是持续性的法治教育。通过法治大课堂，培育学法用法示范户，创建民主法治示范村。同时，加大人民法院下乡开庭力度，将庭审开进乡村法治课堂，在开庭中进行法治宣传，增强农民朋友学法用法的现场感、体验感、获得感。

4. 推进律师担任乡村法律顾问工作，塑造一个“主力”。

在各地司法行政机关和律师协会组织下，律师下乡村工作正在如火如荼开展，深受广大农民朋友欢迎。但是，覆盖面还不够广，服务性还不够准，持续性还不够强，保障性还不够足。应通过政府购买法律服务的方式，深化律师送法下乡村工作。在此过程中，特别是应该组织实习律师深入农村开展法律服务，并以此作为实习律师培养的应有进阶。

5. 评估乡村振兴战略规划中乡村法治建设落实情况，形成一个“推手”。

中共中央、国务院曾专门印发《乡村振兴战略规划（2018—2022年）》，并发出通知要求各地区各部门结合实际认真贯彻落实。该规划以专节明确了“推进乡村法治建设”的内容。今年是规划实施的关键一年，应评估规划实施三年来的落实情况，推进规划收官之年的落细与完成，以此作为推手和抓手，进一步加强乡村振兴。

（2021年3月，全国政协十三届四次会议上提交的提案）

关于进一步推进法律职业共同体建设的提案

一、背景情况与问题分析

2020年12月25日，最高人民检察院与司法部、中华全国律师协会围绕“深入学习贯彻习近平法治思想，加强检律协作；推动法律职业共同体建设，促进司法公正”召开座谈会，张军检察长出席会议并作重要讲话。2021年1月14日，最高人民法院联合司法部发布《关于为律师提供一站式诉讼服务的意见》，这是运用信息化手段完善保障律师执业权利、便利律师参与诉讼的机制。

以上，均是自2015年9月“两高三部”《关于依法保障律师执业权利的规定》发布以来，司法机关贯彻落实党中央关于深化律师制度改革要求的进一步举措。

律师是全面依法治国的重要力量，是社会主义法治工作队伍的重要组成部分。推进律法、律检等律师与司法人员的良性互动，构建中国特色社会主义法律职业共同体，是贯彻落实习近平法治思想的要求，是维护司法权威、建设高水平平安中国的要求。

当然，我们不可否认的是：当前还存在法律职业共同体意识尚未完全形成、司法活动中律师权利保障尚不够切实充分、司法机关与律师队伍在司法领域热点问题合作的深度有待强化等问题。

二、相关建议

依据习近平总书记关于“坚持建设德才兼备的高素质法治工作队伍”的要求，最高法、最高检、司法部等以及全国律协，应当构建作为“法治专门队伍”的司法人员与作为“法律服务工作者”的律师队伍之间的和谐关系，完善“组织上多往来、私下里慎交往”的良性互动机制，进一步推动法律职业共同体建设。

1. 在制定及完善司法人员及律师的职业规范中，律师及司法人员应互动参与。

作为一种职业，法官、检察官等司法人员与律师都有自己的职业操守和职业规范。其职业规范相交与相通，因而应当在制定与实施中实现互动，为两者间的良性互动机制建设提供规则基础，并使得这种互动更加规范与持续。

2. 司法机关在制定司法规则时，应制度性地安排律师全过程全方位参与。

律师不仅是司法规则的被动遵守者，而且更应该是参与制定者，从而成为真正理解者、主动遵守者以及对当事人遵守规则的教育者与引导者。同样，律师行业规则制定也需要司法人员从宏观层面、中间立场、判例角度参与。

3. 司法文书应充分引述并回应律师意见，在公开裁判文书同时实现律师文书公开。

应进一步加强法律文书释法说理，司法文书应充分引用律师代理及辩护意见，并针对性地回应；通过裁判文书公开，实现律师意见公开。这样将增加司法人员与律师互信，真正实现共同体内的共同促进和相互提高。

4. 司法机关与律师行业的培训工作都应各自邀请对方交叉参与任教。

司法人员与律师应同读一套教材书、共上一堂培训课。在同为学生的同时，还应互为师生。国家法官学院、检察官学院应当与国家律师学院共商、共建、共享，在职业教育与业务培训方面加强互动。

5. 司法机关与律师队伍应互动提示警示，建立并完善互评制度。

司法人员与律师应当“对视”，相互监督、相互提示、相互警示，写好“律师眼中的法官（检察官）”与“法官（检察官）眼中的律师”两篇大文章。司法机关与律师协会应共同制定评价规则，定期开展评价并出具评价报告。

6. 司法机关与律师队伍应建立更为有效的职业互任机制。

在考虑推进司法机关工作人员甚至是法官、检察官去律协挂职的同时，有效针对政策设计“叫好不叫座”的现状，持续并强化推进从符合条件的优秀律师中选拔法官、检察官机制建设。

7. 司法机关应落细落实保障律师执业权利的现有规定。

对于个别司法人员违法侵害律师执业权益的，律师应以正当程序和形式反映诉求，救济权利。从司法机关角度，依法维护律师执业权利是其法定职责，其中刑辩业务尤重、法庭活动尤要，应将已有的保障律师执业权利的规定落地，且落实、落细。

（2021年3月，全国政协十三届四次会议上提交的提案）

关于制定海南自由贸易港法相关问题的提案

一、背景情况

2020年6月，习近平总书记对海南自由贸易港建设作出重要指示，指出在海南建设自由贸易港，是党中央着眼于国内国际两个大局、为推动中国特色社会主义创新发展作出的一个重大战略决策，是我国新时代改革开放进程中的一件大事。习近平总书记强调，要把制度集成创新摆在突出位置，解放思想、大胆创新，成熟一项推出一项，行稳致远，久久为功。

按照党中央部署，全国人大常委会2020年度立法工作计划提出制定海南自由贸易港法。2020年12月，第十三届全国人大常委会第二十四次会议对《中华人民共和国海南自由贸易港法（草案）》进行了审议；2021年1月，全国人大就草案向社会公众征求意见。

《中华人民共和国海南自由贸易港法》（以下简称“本法”）是全国人大就中国特色自由贸易港建设制定的第一部法律。这部法律的出台，不仅将对海南自由贸易港建设产生决定性影响，也将在我国加快推进高水平开放进程中产生重大影响、发挥特殊作用。

二、相关建议

1. 明确海南自由贸易港的法律地位。

建设海南自由贸易港是一项国家重大战略，需要赋予其在法律意义上不同于现行行政区划体系的定位和性质，以从法律逻辑上获得足以支撑海南自由贸易港各项经济社会建设必需的法律授权与制度保障。

为此建议，在本法中明确海南自由贸易港是在坚持党的集中统一领导、坚持中国特色社会主义制度前提下，对标世界最高水平开放形态，经中央授权，实行有别于内地其他地区的经济政策及制度安排的特殊区域。

2. 突出本法作为海南自由贸易港建设“母法”和“基本法”的功能定位。

本法既是海南自由贸易港法治体系建设的“母法”，也是保障海南自由贸易港打造世界最高水平开放形态、实现制度集成创新重大突破的“基本法”。

第一，在草案中新增对本法的定位条款，即：本法以法律形式明确海南自由贸易港各项制度安排，海南自由贸易港应建立以本法为基础、以地方性法规和商事纠纷解决机制为组成部分的自由贸易港法治体系。

第二，规范海南自由贸易港建设中本法与其他现行法律法规的关系。一是以本法协调相关法律。即：在海南自由贸易港建设中，现有法律的某些条款如与本法相抵触，应当优先适用本法。二是以本法规范协调其他政策法规。即：海南自由贸易港实施的法规、规章、政策、规则、标准等，均须以本法为依据，且不得同本法相抵触。三是进一步明确本法与国际公约的关系，准确规定我国缔结或参加的国际条约在海南自由贸易港的适用原则。

3. 明确海南自由贸易港建设中的央地关系。

要按照习近平总书记强调的“中央和国家有关部门要从大局出发，支持海南大胆改革创新”的要求，理顺中央与地方关系，关键是以“一揽子”授权的方式赋予海南自由贸易港充分的改革开放自主权。

第一，在本法总则中明确集中授权的原则。

第二，赋予海南自由贸易港充分的经济管理权，如负面清单制定自主权等。同时，赋予其行政体制改革自主权、更大的地方立法权。

第三，明确地方政府行权保障制度，中央部门及其具有行政管理职能的直属机构制定的行政法规、部门规章、规范性文件以及相关政策与本法不一致的，允许豁免执行或变通执行。

4. 充分体现对标世界最高水平开放形态的本质要求。

本法要充分体现世界最高水平开放形态这一本质要求，最大限度与国际规则接轨，成为我国的一部“最高水平开放法”。

第一，对标国际自由贸易一般做法，将贸易、投资、运输、数据、税收等经济制度形成框架性安排。

第二，对标世界高水平经贸规则，大胆借鉴CPTPP等协定中的竞争政策、限制垄断、电子商务、环境保护等内容。

第三，对标国际一流营商环境，更加强调“双反”立法执法、产权保护与知识产权保护等内容。

（2021年3月，全国政协十三届四次会议上提交的提案）

关于大力发展健康保险的提案

健康保险是国家多层次医疗保障体系的重要组成部分。目前健康保险产业虽有一定的发展，但还有很大的提升空间。

一、问题分析

（一）行业痛点之一，是长期医疗险的困局

1.长险产品严重不足。公开数据显示，2017—2019年上半年有317个百万医疗险产品销售，其中人身险公司仅有40个，财产险公司277个。由于财险公司只能经营短期险，而经营长期医疗险的人身险公司大多聚焦赔付可控、容易上规模的重疾险，造成消费者长期医疗险的需求供给不足。

2.“医疗通胀”影响产品定价。医疗险产品的设计与定价有赖于对医疗大数据的精算与分析，而目前这一类数据存在着不稳定、变化快和地区、人群间差别大的特点，保险公司难以获得丰富的专业数据，从而在产品开发中很难实现有效的风控设计和精确定价。近年来，受医疗技术、人口年龄结构、国民生活方式变化等因素的影响，国内人均医疗费用逐年走高，近10年的年人均住院费用通胀和年人均门诊费用通胀都在6%—7%的水平。而对于医疗险产品而言，由于免赔额的存在，医疗费用通胀对于赔付成本的影响会被放大，对保险公司后期理赔产生极大的压力，因此保险公司设计长期医疗险风险很大。

（二）行业痛点之二，是长期护理保险标准体系问题

从长期护理保险试点工作看，存在着参保范围不同，投资基金多样，合作方式差别，护理状态评定标准各异，保障范围和保障程度差异化等问题。此外，护理服务产业建设滞后，分布不均，资质不齐，专业性不强，缺乏培训体系、认证体系、质量服务标准体系和监督机制。

（三）行业痛点之三，是税优健康险发展缓慢

自2016年开展税优健康保险试点及2017年在全国推广以来，税优健康险市场整体发展明显不及预期。这一现状由多方面原因导致，包括：业务流程复杂，影响消费体验；税优健康保险产品较为单一，吸引力不足，难以满足客户的多元化需求；对保险机构激励还有待提升等。

二、相关建议

（一）建议银保监会进一步完善长期医疗险费率调整规范，允许保险公司一定时间内可以进行费率调整；出台制度鼓励保险公司加强与医疗机构的数据合作，健全医疗数据对保险产品的定价机制；制定政策鼓励保险公司参与医疗机构成本管理，加快建立管理式医疗保险模式，合理控制医疗费用通胀，减少保险公司赔付风险。

（二）推进统一的长期护理保险标准体系建设；建立多渠道、可持续的筹资机制；明确政府主导、商业承办的原则和机制，充分发挥保险公司专业化市场化优势；建立清算平衡的价格机制。

（三）提高税收优惠力度，探索建立税优额度的动态调节机制；简化税务操作手续，提高税收优惠抵扣便利性；丰富产品形态，放宽个人账户使用限制，提高政策灵活度；赋予保险机构更大的业务经营空间，更好地调动保险机构能动性。

（2020年5月，全国政协十三届三次会议上提交的提案）

关于完善传染病疫情防控信息报告、预警和公布法律制度的提案

习近平总书记2月5日在中央全面依法治国委员会第三次会议上发表重要讲话指出："要依法做好疫情报告和发布工作，按照法定内容、程序、方式、时限及时准确报告疫情信息。"

一、问题分析

从《传染病防治法》《突发事件应对法》等相关法律法规来看，疫情信息制度包括信息报告、预警和公布三项环环相扣的内容。信息报告是指疫情信息向政府部门上传并在政府内部流转，信息预警则是在疫情可能发生时的对外警报公布，而信息公布就是对已确定的疫情相关信息向社会进行发布。上述制度规定科学、运用得当，则能在应对疫情时有序预防、高效处置。毋庸讳言，我国上述相关法律规定尚有诸多不健全之处。

在信息报告方面，存在着向国务院卫生行政主管部门进行报告的主体规定不一致的问题；报告责任中"谎报"定义不明确，极易导致报告主体由于害怕承担"谎报"法律责任而不予主动报告的情况发生。

在信息预警方面，《传染病防治法》对“突发性”传染病预警规范缺失，只是对基于流行趋势预测的“常发性”传染病预报有所规定；而且，关于预警的具体内容匮乏，操作性不强；对预警责任亦同样缺失，缺乏监督机制。

在信息公布方面，《传染病防治法》将国务院卫生行政部门作为主要发布主体，而省级卫生行政部门被授权的必要性缺少规范；有关信息公布的程序、内容的具体规定也有待完善。

二、完善建议

（一）关于信息报告制度

1.关于信息报告主体：应在《传染病防治法》中明确“省、自治区、直辖市人民政府”为向国务院卫生行政主管部门报告疫情信息的义务主体。

2.关于信息报告程序：应在《传染病防治法》中明确疾病预防控制机构、各级卫生行政部门、各级政府关于信息报告的时限要求。

3.关于信息报告责任：应在《突发事件应对法》《传染病防治法》中明确“隐瞒”“谎报”“缓报”等用语的具体含义，特别是对“谎报”进行准确界定，对报告主体无主观恶意产生的报告信息偏差情形规定免责条款。

（二）关于信息预警制度

1.关于信息预警主体和权限：吸收《突发事件应对法》的规定，在《传染病防治法》中增加关于“突发性”传染病预警机制的规定，即当重大突发性传染病疫情发生的可能性增加时，由县级以上人民政府就本地区情况及时发出预警并向社会公布。

2.关于信息预警程序：在《突发事件应对法》《传染病防治法》中对预警发布的时机、不同级别预警后的预防和控制措施、预警级别的调整和预警状态的解除等内容进行详细规定。

3.关于信息预警责任：在《传染病防治法》中明确规定各级政府及卫生

行政部门未按法律规定发布预警的法律责任，强化各级政府及卫生行政部门的预警责任意识；并增加条款明确规定，若地方政府及其公职人员在接到一线医护工作者的疫情信息报告后未依法及时履行预警职责时，一线医护工作者有权依据《监察法》等法律法规的规定，向监察机关进行报案或举报。

（三）关于信息公布制度

1.关于信息公布的主体和权限：应当进一步明确国务院卫生行政主管部门具有主导和管理疫情信息公布的职责。修正仅通过“卫生部法定传染病疫情和突发公共卫生事件信息发布方案”就“一揽子”授权省级卫生行政部门对外发布信息，而应强调“必要时”通过“专门”方式进行授权。

2.关于信息公布的程序和内容：在《传染病防治法》中明确规定疫情信息公布的时间、方式、途径、内容等；《突发事件应对法》规定“国家建立健全突发事件的信息公布制度”，并应当对公布信息的各项内容进行明确。

（2020年5月，全国政协十三届三次会议上提交的提案）

关于完善我国医药储备法律制度的提案

2020年2月3日，习近平总书记在中央政治局常委会会议研究应对新型冠状病毒性肺炎疫情工作时讲话强调：“这次疫情暴露出重点卫生防疫物资（如防护服等）储备严重不足，在其他储备方面还可能存在类似问题，要系统梳理国家储备体系短板，科学调整储备的品类、规模、结构，提升储备效能。”

一、背景与问题分析

1997年，国务院发布《关于改革和加强医药储备管理工作的通知》，建立中央与地方两级医药储备制度，实行动态储备、有偿调用的体制。此后，财政部发布《国家医药储备资金财务管理办法》，国家经济贸易委员会发布《国家医药储备管理办法》。2001年《中华人民共和国药品管理法》、2011年《突发公共卫生事件应急条例》分别修订，将药品储备制度上升到法律高度，并纳入公共卫生事件应急储备体系。2020年2月7日，国家发展改革委、财政部、工业和信息化部发布《关于发挥政府储备作用支持应对疫情紧缺物资增产增供的通知》。

梳理上述法律法规及相关规定可以看出，我国现有的医药储备制度规范较少，规定也较为原则，且目前关于我国医药储备制度规定最为详尽的《国家医药储备管理办法》发布时间早在1999年，发文机关、该办法规定的国家医药储备主要管理部门国家经济贸易委员会也已于2003年被撤销。医药储备资金一次性下拨存在风险，资金来源单一；医药储备品种和数量缺乏具体标准且储备形式单一；在医药储备调配方面，信息沟通机制不尽完善；现有制度中缺乏对医药储备物流运输保障及剩余医疗物资收回的规定。

二、相关建议

1.修订相关法律法规，在确立中央及地方医药分级储备制度的基础上，明确我国医药储备中央管理部门为国家工业和信息化部，并对地方管理部门在国家级制度层面上进行统一的明文规定，解决地方管理部门不一的问题。

2.调整医药储备资金的下拨方式并明确下拨程序。如采取分期拨付方式，则由医药储备管理部门会同同级财政部门先拨付一定比例的资金，稳定渠道、保证库存，灾情、疫情等突发事件发生需要实际调用医药储备时，再支付医药储备资金余款；或者采取企业向银行贷款、政府贴息补偿的方式，降低储备资金的风险。同时，建立多元化的医药储备资金体系。例如同时建立相关保险制度，或按照相关规定发行专项用于国家医药储备的公益性彩票，或以政府与社会资本共同出资设立专项用于国家医药储备的政府性基金，引导社会资本投资于国家医药储备领域。

3.针对医药储备品种、数量、形式方面的不足，首先对医药储备年度计划制定的规定进行详细化，且建立完备的供求监测系统，并规定在突发事件发生后应当由医药储备管理部门对所需医疗物资的品种和数量及时进行增补和更新。在储备形式上，采取政府购买的方式，要求企业具备一定期限内的医疗物资生产能力（即生产力储备）；可以与国内外科研机构和生产厂商合作并提供科研经费和采购订单，根据突发情况预测并研发新产品（技术储备）。从而建立起以实物储备为主，资金、生产能力、技术等储备形式为辅的多样化的医药储备机制。

4.建立全国范围内的医药储备信息网络共享平台。同时，建立完备的医药储备物流保障体系。其中，适当设置应急医药调配中心，以快速通行证等形式，在突发事件造成交通管制的情况下，保证应急物流运输快速通行；建立健全应急医疗物资国家物流体系和军民共享机制；配备一定药剂师和医师对医疗物资的发放和使用进行专业指导。

5.完善由地方管理部门就近对剩余医疗物资的收回制度。统一纳入当地医药储备，若有超出储备范围的部分则可以在市场上流通，收回的资金纳入当地医药储备资金。对于疫区的医疗物资，难以进行专业处理排除污染风险的，则应当做销毁处理，不予收回。

（2020年5月，全国政协十三届三次会议上提交的提案）

关于完善我国同情用药制度的提案

一、背景情况及问题分析

2020年2月5日，北京中日友好医院宣布启动对瑞德西韦治疗新型冠状病毒患者的临床研究；2月6日，瑞德西韦在武汉金银潭医院开启临床试验，第一批新型冠状病毒感染的重症患者开始接受用药。

此次临床试验在新型冠状病毒疫情严重的特殊情况下进行，在开展临床试验的机构内使用尚未得到批准上市的药物，属于同情用药制度的范畴。

我国2019年修订的《中华人民共和国药品管理法》第23条虽然对同情用药制度作出了原则性规定，但并未对同情用药制度的申请人、申请程序及责任承担等后续问题进行明确。

同情用药制度下，用作治疗的药物属于临床试验产品，治疗的结果具有不确定性，在这种情况下，必须充分考量制药方和临床试验机构的作用，并由有权机构对其进行严格监管，从而切实保护患者的合法权益。

二、完善建议

1. 明确同情用药制度的适用对象和申请人。

结合我国2017年发布的《拓展性同情使用临床试验用药物管理办法（征求意见稿）》（以下简称《同情用药办法征求意见稿》）第3条的规定，同时借鉴美国、加拿大等国的规定，同情用药的适用对象不应局限于临床试验，而应是罹患特定疾病且处于特定治疗阶段，但现有治疗方法已经用尽，且无法参与到已有的药物临床试验中的患者。《同情用药办法征求意见稿》规定的用药申请人为药品申请人，然而，应关注到药品申请人虽熟悉药物的作用，但对于患者的病理和体征并不熟悉，应参考美国、加拿大和英国等国的做法，由既熟悉病患又熟悉药物的患者的医生作为申请人。

2. 规定规范有效的申请程序。

美国、加拿大、英国等国同情用药的申请程序均是由相应患者的医生向有权机构进行申请，并等待机构的审批。其中，美国还根据患者的不同情形作出审批期限的区分，并关注到紧急情况下的有权机构的加急答复。结合《同情用药办法征求意见稿》，我国同情用药的申请程序应明确由申请人向国家食品药品监督管理总局药品审评中心申请，并应提交申请拓展性同情使用药物的背景及给药方案、前期临床试验总结（若有）等申请材料。同时应根据患者的不同情形作出区分，针对无法长时间等待书面审批结果的情形，如此次武汉面对的疫情，应提供简洁方法进行申请、审批与答复，建立一个快速、有效的申请程序，使患者能够快速获得所需药物。

3. 建立严格的监管制度。

首先，应充分保障患者的知情同意权，患者及其家属都应有机会充分了解试验用药物潜在的风险，特别是患者有权利对于是否接受用药自主作出选择。其次，应充分发挥制药方和医生的作用，要求医生和制药方进行基本的医疗记录，及时向药审中心上报不良反应、副作用等情况，从而形成医生和制药方相互监督的机制。最后，药审中心应负责审核申请，并在全过程中进行实时督导，通过严格的监管机制，确保患者的知情权等相关权益，以及整个过程的公开、透明，保障用药的有效和安全。

（2020年2月，全国政协十三届三次会议上提交的提案）

关于迅速建立全球药品及医疗用品信息平台及储备网络的提案

一、背景及问题

新型冠状病毒引发疫情，医疗用品供不应求问题突出。

习近平总书记在中央政治局常委会会议研究应对新型冠状病毒性肺炎疫情工作时的讲话中指出："这次疫情暴露出重点卫生防疫物资（如防护服等）储备严重不足，在其他储备方面还可能存在类似问题，要系统梳理国家储备体系短板，科学调整储备的品类、规模、结构，提升储备效能。要优化关键物资生产能力布局，在关键物资保障方面要注重优化产能的区域布局，做到关键时刻拿得出、调得快、用得上。"

二、建议内容

1.应尽快建立全国联网的医疗器材、辅材信息平台。这一平台包括医疗器材、辅材供求信息，医疗辅材价格，医疗辅材供应商，医疗辅材相关企业信息等要素。我国已经成为全球最大的医疗器材、辅材生产国，可以把全球其他国家的医疗器材、辅材生产企业也纳入该信息平台，特别是有关医疗器材、辅材上游原材料供应商。

2.应该研究探讨，并视机将主要的医疗器材、辅材上游原材料，纳入期货交易品种，由中国证监会作出相关规定，由期货交易所实施，以市场手段保障相关原材料的正常供应，从而保障医疗器材、辅材的正常生产。

3.从长计议，充分利用境外和境内两个研发和生产根据地，做好药品及医疗物资的储备。

首先，在跨境投资领域早谋划、早布局、早投资、早生产、早见效。推进民营医药企业、民间私募股权投资资本，在境外并购、投资、控股境外研发能力强、拥有中国市场急需的药品和物资生产许可的医药企业，作为战略性技术研发和新药生产储备海外基地。

同时，充分发挥中国的自贸区功能，采取尽可能的优惠措施和支持手段，引进境外研发能力强的医药机构、医药企业来自贸区投资办厂，作为战略性技术研发和新药生产储备国内基地。

对于这些在自贸区的外资企业，按照《中华人民共和国外商投资法》的规定，在知识产权方面予以充分保护。特别明确："国家保护外国投资者和外商投资企业的知识产权，保护知识产权权利人和相关权利人的合法权益；对知识产权侵权行为，严格依法追究法律责任。""国家鼓励在外商投资过程中基于自愿原则和商业规则开展技术合作。技术合作的条件由投资各方遵循公平原则平等协商确定。行政机关及其工作人员不得利用行政手段强制转让技术。"

在法定的情况下，中国政府相关部门有权采取特殊的征收措施，但是应当依法并予以补偿。例如《中华人民共和国突发事件应对法》第52条规定："履行统一领导职责或者组织处置突发事件的人民政府，必要时可以向单位和个人征用应急救援所需设备、设施、场地、交通工具和其他物资，……要求生产、供应生活必需品和应急救援物资的企业组织生产、保证供给，……"《中华人民共和国外商投资法》第20条也有规定："国家对外国投资者的投资不实行征收。在特殊情况下，国家为了公共利益的需要，可以依照法律规定对外国投资者的投资实行征收或者征用。征收、征用应当依照法定程序进行，并及时给予公平、合理的补偿。"

（2020年5月，全国政协十三届三次会议上提交的提案）

关于完善医务人员权益保护立法的提案

习近平总书记日前强调，医务人员是战胜疫情的中坚力量，务必高度重视对他们的保护、关心、爱护，从各个方面提供支持保障。

一、背景情况

医务工作者有如下法定权利：行医权，进行科学研究、参与学术交流、参与学术团体的权利；人格尊严、人身安全不受侵犯的权利；获得报酬和津贴的权利等。

上述权利规定散见于《侵权责任法》《执业医师法》《基本医疗卫生与健康促进法》《刑法》《突发事件应对法》《传染病防治法》《医疗事故处理条例》等法律法规。另外，疫情期间国务院办公厅等部门也分别发布了相关政策。

二、问题分析

（一）对医务人员权利的规定较少，且多为原则性规定

以《执业医师法》为例，全文共四十八条，仅有第21条、第40条为对医务人员权利的规定，其余条款多数为医务人员从医资格、承担义务及医务人员需承担的法律责任等内容。即使是最新的《基本医疗卫生与健康促进法》，对医务人员的权利也仅有三条规定。与此同时，我国法律对医务人员所享有的权利大多为宣示性条款，规定较为原则。

（二）法律文件效力等级较低

该问题主要集中在医务人员福利、待遇权利相关领域。对这些规定较为具体的文件皆为规范性文件，其效力等级偏低，甚至不属于宪法规定的法律渊源。在现实中，医务人员是否能够得到规范性文件所规定的补贴和福利仍需依赖于各地方及医院的具体政策和实际操作。

（三）缺少常态化、基础性立法

与上一问题相似，在医务人员福利、待遇权利方面，尤其是对疫情期间医务人员的该类权利，多数是以单独的规范性文件进行规定的，上述文件仅针对此次疫情，若此后再有新的疫情或其他突发事件，仍需颁布新的规范性文件重新作出规定。

三、相关建议

（一）在强化基本人身权利保障方面

1.将“伤医”行为作为法定加重情形在相关刑事法律中予以规定。建议将伤害、杀害医务人员列入刑法故意伤害罪、故意杀人罪的法定加重情形，更好地发挥刑法的威慑作用，避免类似行为的重复性发生。

2.建立全国性的医疗机构医疗安全共享平台。其目的在于实现信息尤其是“医闹”信息的共享，通过该项共享平台机制对“医闹”事件进行精准定位、重点关注、有效防范。

3.在立法中赋予医务人员“避险权”。在危险情况下，医务人员可以拒绝诊疗，或者是更换其他医务人员进行诊疗，在保证患者利益的前提下，充分保障医务人员安全。

（二）在强化福利、待遇相关权利保障方面

1.修订《突发事件应对法》及《传染病防治法》，将部分政策性规定立法化。在《传染病防治法》“保障措施”一节中增加对疫情防控人员的保障条款，增加“对疫情防控人员应轮换进行工作和休整，保障相关人员的休息时间。对长时间高负荷工作人员应安排强制休息”的条款；增加

“有关单位应对疫情防控人员提供心理调适疏导，适时开展一线医务人员心理健康评估，强化心理援助措施”的条款。在《传染病防治法》及《突发事件应对法》中增设“疫情防控人员（应急救援人员）激励”一节，将疫情防控人员及应急救援人员的事后福利待遇明确化，可包括获得临时性工作补助、卫生防疫津贴或应急救援津贴等物质奖励，以及受到表彰等精神奖励。

2. 修订《执业医师法》，将疫情期间医务人员具体权利保障明确化。在该法第21条中补充：“遇有自然灾害、传染病流行、突发重大伤亡事故及其他严重威胁人民生命健康的紧急情况时，政府等有关部门应当安排解决医务人员的食宿出行等问题，具体措施由相关部门具体规定。”借鉴本次疫情期间的各地措施，有关部门可通过与公交公司、出租车公司、网约车公司合作开设班车接送医务人员出行的方式保障医务人员的出行权，征用医院附近旅馆等方式保障医务人员的住宿权。

（2020年5月，全国政协十三届三次会议上提交的提案）

关于完善突发公共卫生事件下社区主体及相互关系法律制度的提案

3月10日，习近平总书记在武汉考察新冠肺炎疫情防控工作时特别强调：“社区作为防控的最前线，肩负的任务十分繁重。”“抗击疫情有两个阵地，一个是医院救死扶伤阵地，一个是社区防控阵地。坚持不懈做好疫情防控工作关键靠社区。……使所有社区成为疫情防控的坚强堡垒。”

一、背景情况

2000年11月19日国务院发布《民政部关于在全国推进城市社区建设的意见》指出："社区是指聚居在一定地域范围内的人们所组成的社会生活共同体，目前城区社区的范围，一般是指经过社区体制改革后作了规模调整的居民委员会辖区。"

从上述规定来看，社区的法律内涵是居民委员会辖区，包含居民委员会（以下简称"居委会"）、业主大会或业主委员会（以下简称"业委会"）与相关的物业公司对应的居民。此次疫情防控中，街道办事处（以下简称"街道"）工作人员下沉至居委会落实疫情防控措施，一定程度上融入了社区，与上述各主体共同形成了广义上的大社区概念。

二、问题分析

从目前我国法律法规的规定来看，街道具有行政主体资格；居委会属于基层群众性自治组织；业委会具备民事诉讼主体资格，处理与物业管理相关的活动；物业公司属于民事主体，受民商事法律与物业合同调整制约。

从实践中尤其是此次新冠疫情防控工作中来看，虽然社区功不可没，但在有些地方不同程度暴露出一系列深层次的问题。

例如，街道与居委会之间的冲突：居委会面临"双面胶"困境。再如，居委会与业委会之间的冲突：现行法律体系中，发生突发公共卫生事件时业委会不具有法定的配合履行公共管理职能的权责义务。还有，居委会、业委会与物业公司之间的冲突：突发公共卫生事件下物业公司不具有约定的配合履行公共管理职能的权责义务，居委会与物业公司存在部分权责重叠，物业公司不能及时回应业委会及业主诉求，等等。

三、相关建议

应当建立既适用于常规状态下也适用于突发公共卫生事件下的街道、居委会、业委会与物业公司之间协同合作的社区治理模式。

1. 通过立法进一步构建居委会与业委会的协同合作模式。

应明确在突发公共卫生事件中，由居委会及时收集、接收、归纳、提炼业委会及业主诉求，并上报街道进行沟通协调，各方形成合力，切实落实政府疫情防控措施，同时及时回应业主对于自身权益问题的诉求，解决居委会工作中无法对症下药的问题。

2. 通过立法明确突发公共卫生事件下业委会与物业公司的权责义务。

就此次疫情而言，基层组织网格化运作中暴露出的法律空白点是，在突发公共卫生事件时，业委会与物业公司配合落实政府防疫措施等公共管理职能的权责义务并不明确。

例如：2020年2月7日，上海市人民代表大会常务委员会审议通过《关于全力做好当前新型冠状病毒感染肺炎疫情防控工作的决定》，要求居民委员会“应当发挥自治作用，协助相关部门做好社区疫情防控宣传教育和健康提示，落实相关防控措施，及时收集、登记、核实、报送相关信息。业主委员会、物业服务企业应当配合做好疫情防控工作”。

不过，由于目前业委会和物业公司的法定权责义务基本局限于解决物业管理纠纷，并不具备带有公共管理性质的职能。然而，在突发疫情下，要落实政府防控措施又需要业委会与物业公司的及时配合。因此，应当立法赋予业委会在突发公共卫生事件下配合落实政府防疫措施等带有公共管理职能的权责义务；同时，要求在业委会选聘物业公司的合同中增加相应的格式条款，使得在此情况下配合履行居委会、业委会的防疫措施成为物业公司的合同义务。

（2020年5月，全国政协十三届三次会议上提交的提案）

关于完善我国应急征用法律制度的提案

一、问题分析

疫情防控引发社会各界对政府应急征用法律制度的思考。通过梳理我国《宪法》《民法总则》《物权法》《传染病防治法》《突发事件应对法》《防洪法》《国防法》《戒严法》《反恐怖主义法》《国家情报法》《国防交通法》《突发公共卫生事件应急条例》《破坏性地震应急条例》《重大动物疫情应急条例》《国家突发公共卫生事件应急预案》等相关法律法规和规范性文件，可以总结出我国现有应急征用制度存在的问题。

在应急征用客体方面，例如，存在以劳务及生产资源中的人身性权利作为征用客体的问题。再如，存在以国有财产作为征用客体的问题，而国家机关、企业事业组织的财产本就属于国家所有。

在应急征用主体方面，例如，征用主体范围扩大，不利于对公权力的约束。《传染病防治法》规定为“国务院”“县级以上地方人民政府”，《突发事件应对法》规定为“有关人民政府及其部门”，而《突发公共卫生事件应急条例》则规定为“突发事件应急处理指挥部”。再如，缺乏补偿主体，不利于对被征用主体的事后救济。

在应急征用程序方面，我国目前应急征用相关法律条文中，绝大多数无程序性方面的规定，决定与实施程序不完备将会导致行政机关内部无序、权力滥用以及公民寻求救济困难等一系列问题。

在应急征用补偿制度方面，例如，补偿表述不统一，《宪法》规定“补偿”，《民法总则》规定“公平、合理的补偿”，《物权法》则规定“毁损、灭失的给予补偿”，《防洪法》却规定“损坏或无法归还的，适当补偿”。而且，补偿条件不明确，“补偿”与“赔偿”概念混用；补偿程序也不规范。

在应急征用权利救济方面，未向被征用主体提供充分的权利救济渠道，易导致被征用主体申诉无门、维权困难。

在法律责任追究方面，行政机关法律责任不明，难以为不当或违法征用行为“买单”。

在法律术语使用方面，上述相关法律法规中存在不规范使用“调用”“调集”“优先使用”“占用”“临时征用”等术语现象，严格意义上该等用语不属征用，但结合整体来看却又属于征用制度内容。

二、相关建议

1. 依据宪法原则对现有法律法规中违反“征用”法律内涵的客体内容进行清理。

现有法律法规中有将劳务、人力等人身权作为征用客体的问题，对此应予统一修正；同时，应明确对国家机关、事业单位等国家所有的财产可直接调用，而对行政机关工作人员则可直接调集。

2. 对征用主体作出规范性的限制。

严格限制征用主体的范围，由国务院或县级以上人民政府统一行使应急征用权，并明确相应的补偿主体或者针对补偿主体制定原则性规定。

3. 制定系统性的应急征用程序规范。

其中，行政机关内部建立重大突发事件应急征用事先预警、评估机制；给予被征用主体申请行政听证的权利；对决定机关和具体实施主体、财产使用情况等信息及时公示。

4. 建立完善的补偿及赔偿机制。

明确补偿与赔偿责任。无论被征用财产是否遭到毁损，是否有直接的经济损失，均应当予以补偿；被征用财产遭到毁损、灭失的，则应当予以赔偿。同时，对补偿及赔偿程序作出进一步明确。

5. 强化被征用主体的权利救济。

应当直接在法条中明确规定，被征用主体有权申请行政复议或提起行政诉讼。

6. 明确征用主体违法征用的法律责任。

在现有法律条文中补充规定征用主体违法征用或者征用不当应承担的法律责任，包括民事责任、行政责任、刑事责任。

7. 修订法律术语使用不规范之处。

对现有法律法规中"调用""调集""优先使用""占用""征集使用"等容易与征用制度概念产生混淆的法律术语进行审核，并对不当使用之处进行修订。

（2020年5月，全国政协十三届三次会议上提交的提案）

关于完善食用野生动物刑事立法的提案

一、背景及问题分析

1. 野生动物保护范围过窄，对非国家重点保护野生动物保护薄弱。

现行刑法对陆生野生动物的专属罪名体系以保护珍贵、濒危野生动物为核心，且仅限于被列入《国家重点保护野生动物名录》一、二级的范围，尚不包括《全国人民代表大会常务委员会关于全面禁止非法野生动物交易、革除滥食野生动物陋习、切实保障人民群众生命健康安全的决定》（以下简称《决定》）规定的国家保护的"有重要生态、科学、社会价值的陆生野生动物"（以下简称"三有野生动物"），更无法触及其他可能引起公共卫生事件的非珍贵、濒危野生动物。

2. 刑法规制的野生动物交易类型有限，食用非国家重点保护动物的野生动物及其制品未入刑。

虽然《野生动物保护法》禁止生产、经营使用没有合法来源证明的非国家重点保护野生动物及其制品制作的食品，最新出台的《关于依法惩治妨害新型冠状病毒感染肺炎疫情防控违法犯罪的意见》（以下简称《意见》）亦将非法经营非国家重点保护的野生动物及其制品纳入非法经营罪的处罚范围，但在我国目前的《刑法》规范中并没有对野生动物及其制品作出禁食的规制。“没有买卖就没有杀害”，食用使用野生动物及其制品制作的食品，是野生动物交易发生的根本原因之一，应在源头上予以禁止与杜绝。

二、相关建议

1. 扩大刑法就野生动物保护的对象范围：从国家重点保护野生动物扩大到包括“三有野生动物”。

具体而言，将《刑法》第151条规定的走私珍贵动物、珍贵动物制品罪，第341条规定的非法猎捕、杀害珍贵、濒危野生动物罪，非法收购、运输、出售珍贵濒危野生动物、珍贵濒危野生动物制品罪，非法狩猎罪的野生动物保护范围，扩大至包括可能引起各类疾病、病毒传播的各类陆生野生动物，具体可适用《决定》所述“三有野生动物”。由于可能致病的野生动物并不是恒定不变的，因此“三有野生动物”名录应定期由国家卫生部门、检疫部门进行更新。

2. 扩大刑法规制的犯罪行为范围：将食用野生动物纳入刑法规制。

在扩大现有刑法第151条和第341条保护的野生动物范围后，刑法规制已覆盖非法狩猎、猎捕、杀害野生动物，以及非法收购、运输、出售、走私野生动物及其制品。然而，要实现对野生动物“从猎捕杀害到餐桌”的全链条惩治，尚有经营、加工、食用受保护野生动物的行为未被囊括入刑。

因此，一方面依《意见》将经营、加工、出售受保护的野生动物及其制品的行为入刑。对此非法经营行为，设置“情节严重”“情节特别严重”两档量刑情节，可根据受保护的野生动物的数量、价值及非法获利金额予以认定。同时，如果曾由于非法经营、加工、出售受保护的野生动物及其制品而被处以非法经营罪后又再犯的，构成“情节特别严重”，按照“情节特别严重”的量刑予以处罚，以达到宽严相济的效果。

另一方面依《决定》将食用“三有野生动物”纳入刑法的规制范围。基于节约司法资源与刑法规制谦抑性，且更具有操作性，可参照法律对吸毒的规制，即吸毒行为虽不构成违反刑法的犯罪行为，但构成违反治安管理处罚法的行为，因此，可将食用“三有野生动物”纳入治安管理处罚范畴，并在刑法中规定，对因食用“三有野生动物”而被处以三次及以上治安管理处罚者，构成刑事犯罪。

当然，如果曾有非法经营、加工、出售“三有野生动物”的非法经营行为，又违反法律食用“三有野生动物”的，无论食用次数以及是否曾受到过治安管理处罚，均应构成前述非法经营、加工、出售受保护的野生动物及其制品的“情节特别严重”情形，按照“情节特别严重”的量刑予以处罚。

（2020年5月，全国政协十三届三次会议上提交的提案）

关于充分运用税收政策工具支持防疫抗疫及企业复工复产的提案

一、背景及问题分析

新冠肺炎疫情发生以来，党和政府动员全国人民，全面部署、快速反应，全力以赴，打响一场疫情防控的人民战争。

财政部和国家税务总局为做好疫情防控工作，支持相关企业发展，于2020年2月6日发布了第8、9、10号公告，即“关于支持新型冠状病毒感染的肺炎疫情防控有关税收政策的公告”“关于支持新型冠状病毒感染的肺炎疫情防控有关捐赠税收政策的公告”“关于支持新型冠状病毒感染的肺炎疫情防控有关个人所得税政策的公告”。

二、建议内容

（一）进一步细化三个公告

1.8号公告中所述“疫情防控重点物资生产企业”“疫情防控重点保障物资”，没有直接定义，而是规定由“发展改革部门、工业和信息化部”确定企业名单。这样规定，可能会有三个细节问题：（1）跨部门工作却未联合发文，存在衔接配合问题；（2）对“确定”前的空窗期如何操作，没有具体说明；（3）在大量工厂被政府要求“转产”保障物资的大背景下，未能将由于种种原因最终没有被纳入名单，但真实从事了“疫情防控重点保障物资”的企业纳入适用范围。对此问题，建议：只要是具备所需法定资质、能举证证明真实从事了相应生产工作的企业，均可享受相应税收优惠。

2.9号公告中，未明确提及“定向捐赠”，建议给出明确规定。对于“定向捐赠”，应该明确排除关联方定向捐赠，以防止利用捐赠税收减免政策偷逃税收。

3.对捐赠用于疫情防控的进口物资，能否免征进口关税和进口环节增值税、消费税，建议给出明确规定。

（二）进一步扩大税收优惠范围

1.关于对医院的直接现金捐赠：9号公告中，将对医院的直接现金捐赠排除在享受优惠范围之外（优惠范围仅限于“物品”），这种安排法律逻辑并不充分，也不适应目前的特殊紧急情况。建议在目前“医院纷纷告急”“针对红十字会舆情不断”的特殊情况下，税收政策的优惠适用范围扩大到企业和个人对承担疫情防治任务的医院的“直接现金捐赠”。

2.关于临时性工作补助和奖金免征个人所得税：10号公告中，规定对按照政府规定标准取得的“临时性工作补助和奖金”，免征个人所得税。这样规定，不能充分匹配各地政府规定的标准出台晚、不出台、出台标准偏低的大概率现实情况。建议：按照实际发生额免征个人所得税。

3.关于“统购统调统销”业务的税收优惠：建议减征或者免征在疫情防控期间，由政府“统购统调统销”业务产生的增值税、所得税。

（三）下功夫缓解企业现金流紧张状况

1.疫情防控期间，由“政府统购统调统销”，其应缴纳的增值税、所得税，即使不能减免，也应允许延缓缴纳，延缓至企业收到相应专项资金时。对于非“政府统购统调统销”物资，但属于疫情防控所需物资，或疫情防控所需物资的原材料生产企业，也应允许延缓缴纳，延缓至企业收到相应货款。

2.因疫情原因导致企业发生重大损失，正常生产经营活动受到重大影响的，缴纳房产税、城镇土地使用税等地方税种确有困难的，可统一协调各地方政府并给出指导建议。

3.支持疫情防控所需疫苗药品、医疗器械的科研攻关，指导有关企业利用好技术转让、技术开发免征增值税等政策，高新技术企业所得税优惠税率、研究开发费用加计扣除、技术转让所得减免等企业所得税优惠政策。

（四）延长办税时间，为纳税人提供便利

1.不能按期办理纳税申报或者扣缴税款申报的，可申请办理延期申报。

2.办理纳税申报资料不全的，指定合理补充时间，容缺办理。

3.对确有困难不能按期缴纳税款的，允许申请延期缴纳。

（2020年5月，全国政协十三届三次会议上提交的提案）

关于进一步完善《行政复议法》的提案

一、问题分析

1. 功能定位不够精准和与时俱进。

该法制定之初，对其定位是“行政机关自我纠正错误的一种重要监督制度”。然而，随着法治建设的发展和深入，行政复议的功能定位逐步从行政机关内部的纠错机制转变为行政机关与行政相对人之间的行政争议解决机制。2011年，中央首次提出，要“充分发挥行政复议作为解决行政争议主渠道的作用”；2014年《行政诉讼法》修改过程中，立法机关的考量也更为明确，“在定位上，应当把行政争议解决的主战场放在行政复议上”。

2. 公正度与公信力亟待提高。

复议机关与行政行为作出机关之间“领导与被领导”关系的行政组织属性，使其在解决行政争议时有着司法机关所无法比拟的专业优势、裁判优势和地位优势。然而，复议制度的行政性在带来诸多优势“加分项”的同时，也在处理争议的公正度和公信力方面，存在着不少的“减分项”。

从国际视野来看，上述在我国行政复议制度中公正度和公信力的短板，同样也存在于其他国家的类似制度中。为消除这一弊病，世界各国一般采用两种解决路径：一种是逐渐将行政复议进行司法化改造，或者干脆弱化行政复议的作用，更多依赖司法审查，如英国。另一种是对行政复议制度进行再造，努力解决影响公正性的缺陷，以更好地发挥行政复议的功能，如美国。

3. 复议程序空转现象时有发生。

在评判行政复议的质量和效果时，一般会参考两个指标：一是行政复议案件作出维持决定的比例，以检验复议的纠错情况；二是经复议之后不再去法院起诉的比例，以检验通过行政复议实现行政争议有效化解的情况。从实践中来看，这两个指标显示，复议程序“空转”现象时有发生。

二、相关建议

1. 明确行政复议解决行政争议的基本功能。

一是在立法宗旨中增加“解决行政争议”的表述，并将其作为首要宗旨加以确立。二是借鉴诉讼程序中的律师代理制度，形成行政复议案件律师代理全覆盖。鉴于行政复议案件的专业性、复杂性和不对称性，建议在《行政复议法》第10条规定的可以委托代理人参加行政复议的基础上，将律师作为法定代理主体进行确立。三是吸收诉讼程序中的开庭审理模式，扩大复议听证的适用范围，在审议中直接引入言词证据。

2. 建立行政复议委员会并明确其职能。

一是在复议委员会的人员构成上，建议由政府复议机关人员担任常任委员，邀请专家学者、执业律师等专业人士担任非常任委员，且以非常任委员占多数为宜，以使得复议委员会在发挥专业性的同时，最大程度上确保其独立性。二是在审议权限上，复议委员会作为专门的审议机构，应享有一定的调查权，例如召开审议听证会充分听取各方意见。三是明确复议委员会、复议机关和政府的关系。由行政复议机关根据复议委员会的审议意见提出案件处理建议，报政府作出行政复议决定；政府则原则上不改变复议委员会的审议意见。

3. 调整行政复议决定体系。

修法时对行政复议决定的作出情形进行调整，扩大并明确“变更行政行为”决定的适用情形，强化复议机关的纠错职能，防止行政复议的“程序空转”情况。

4. 处理好《行政复议法》与《行政诉讼法》的衔接关系。

一是明确行政复议与行政诉讼受案范围的一致性，将受案范围从“具体行政行为”扩大至“行政行为”。二是强化行政复议机关的责任主体地位，将《行政诉讼法》中“双被告”制度在此次修法中固定下来。三是对行政裁决终局制度加以完善。基于“无漏洞权利救济”原则考虑和“行政复议前置”实际需要，对相关行政复议终局的情形加以限缩，最大限度保护行政相对人的合法权利。

（2020年5月，全国政协十三届三次会议上提交的提案）

关于切实解决律师“会见难”的提案

2015 年 9 月，《关于依法保障律师执业权利的规定》的出台在一定程度上解决了律师“会见难”的顽疾。但依数据显示，在过去的一年，律师会见难的问题再次“卷土重来”，侵犯律师会见权的情况有所“回潮”。为此，在硬件上，建议增加律师会见室、建立远程会见视频系统、增加开放时间等，以解决律师日益增长的会见需求与看守所落后的接待能力之间的矛盾。在软件上，应进一步完善立法、强化执业救济保障、增强司法人员和律师的互动尊重。

一、背景分析

2015 年 9 月最高人民法院、最高人民检察院、公安部、国家安全部、司法部（以下简称“两高三部”）联合出台《关于依法保障律师执业权利的规定》（以下简称《规定》），标志着律师执业权利保障工作进入新阶段，尤其是在一定程度上解决了律师“会见难”的顽疾。

然而，中华全国律师协会维权中心统计的数据显示，在过去的一年、在全国范围内，律师会见难的问题再次“卷土重来”，侵犯律师会见权的情况有所“回潮”，这一趋势在去年下半年更加明显。

2018年上述维权中心及各地方律师协会共接收维权案件642件，其中涉及会见权受到侵害的283件，占总数的44.08%。9月收到维权申请67件，其中侵犯律师会见权的36件，占比为53.73%；10月收到维权申请45件，其中侵犯律师会见权的23件，占51.11%；11月收到维权申请56件，其中侵犯律师会见权的34件，占60.71%；12月收到维权申请50件，其中侵犯律师会见权的29件，占58%。

二、问题及原因分析

从统计与调研来看，办案机关拒绝会见事由包括：直接因涉“黑”涉“恶”68件，占24.03%；任意扩大法定“两类”（涉嫌国家安全与恐怖罪）案件范围62件，占21.91%；无任何事由的39件，占13.78%。

中央发出《关于开展扫黑除恶专项斗争的通知》以来，公安机关查办了一大批涉黑恶案件，形成了压倒性势态。与此同时，犯罪嫌疑人的增加对看守所律师会见室的供给提出了挑战；另一方面，在刑事辩护全覆盖制度下，律师参与刑案数量增加，参与面更广，参与度更深，导致律师日益增长的会见需求与看守所落后的接待能力之间的矛盾愈发突出。除上述“硬”的因素外，关键还有“软”的原因，办案机关对律师执业权认识有偏差，没有真正落实“两高三部”《规定》的明文要求，出于自身办案的需要甚至以案件为“督办”、有领导“批示”为由随意限制律师会见权。

三、建议

建议除了采取增加律师会见室、建立远程会见视频系统、增加周末为开放时间等措施外，特别应该推进以下举措的实施：

1. 完善立法。

进一步修订刑事诉讼法。在刑事诉讼法总则中进一步明确刑辩律师在刑事诉讼中的地位，直接规定："人民法院、人民检察院和公安机关进行刑事诉讼，应当分工负责、互相制约、互相配合，并充分发挥律师的辩护作用，以保证准确有效地执行法律。"

进一步完善律师法。明确界定律师执业权的具体内容、行使方式、保障措施、救济手段、法律责任。同时，将目前行之有效的联席会议制度、应急处置机制、异地协同方式，以及律师协会作为维护律师执业权利的行业主体地位及其职责权限，通过法律的形式进一步予以明确。

2. 强化救济。

强化落实《规定》中有关律师执业权利受到侵害的救济措施，并应进一步强调：人民检察院作为法律监督部门，有权利也有义务对办案机关相关行为进行法律监督，并追究相应责任；人大常委会作为权力机构，对法律实施进行监督拥有职权，定期开展对律师法实施的监督，特别是有针对性地开展对维护律师执业权利的专项监督。

"两高三部"已于2017年6月28日发布《关于办理刑事案件严格排除非法证据若干问题的规定》，建议由上述机关进一步完善这一制度，对于侵犯律师会见权期间所获取的犯罪嫌疑人的口供，应当予以排除，明确不能将其作为定案依据。

3. 增强互动。

推动构建司法人员和律师，尤其是公安机关与律师队伍的彼此尊重、平等相待，相互支持、相互监督，正当交往、良性互动的新型关系。在这一关系中，司法机关尤其是公安机关处于矛盾的主要方面，应在构建这一关系中发挥主动权。公安机关应当健全律师执业权利保障工作制度机制，切实把法律已规定的律师执业权利落实到位。

建议由律师协会定期对律师会见工作进行专项评价，出具评估报告。

律师协会和公安机关共同制定评价规则，对评价内容、评价方式、评价程序、结果公开等作出规定。

（2019年3月，全国政协十三届二次会议上提交的提案）

关于深化“捕诉合一”制度改革，保障辩护律师执业权利，切实维护司法公正的提案

检察院已经全面实施“捕诉合一”机制，检察官审查起诉的工作前移，审查起诉期限将会缩短，而与此同时，辩护律师在批捕阶段主要通过会见犯罪嫌疑人了解案件情况，其知情权与检察官严重不对等，在审查起诉阶段的阅卷权也由于期限缩短而受到影响。因此，应对刑事诉讼法和律师法进行修订，明确调查取证、阅卷及提出意见等权利，充分保障律师的执业权利；同时应进一步深化司法体制改革，完善刑事诉讼制度和机制，切实维护律师的辩护权。

一、背景与问题

目前人民检察院已经全面实施“捕诉合一”机制，按照案件类型设置刑事检察机构，统一履行审查逮捕、审查起诉、补充侦查、出庭支持公诉、刑事诉讼监督等职能。

在“捕诉合一”机制下，逮捕的标准相应提高，逮捕率出现下降；检察官作出逮捕决定后则倾向于提起公诉，导致审查起诉可能出现形式化；检察官审查起诉的工作前移，对案件情况熟悉且掌握全面，审查起诉期限将会缩短，而与此同时，辩护律师在批捕阶段主要通过会见犯罪嫌疑人了

解案件情况，其知情权与检察官严重不对等，在审查起诉阶段的阅卷权也由于期限缩短而受到一定影响。

律师执业权是法定权利，是当事人诉讼权利的延伸，是保障人权、防范冤假错案不可或缺、不可替代的重要因素。因此，一方面，应该对刑事诉讼法和律师法进行修订完善，充分保障律师的执业权利；另一方面，应该进一步深化司法体制改革，完善刑事诉讼制度和机制，切实维护律师的辩护权。

二、相关建议

（一）切实维护律师在批捕及审查起诉阶段的执业权利

1. 关于调查取证权。

从目前法律规定来看，律师在侦查阶段是拥有调查取证权的，但法律对此权利的规定并不明确，实践中律师难以把握，甚至往往认为法无明文规定，具有一定风险便不去行使。

为此，应该进一步完善刑事诉讼法和律师法，进一步以立法的方式明确界定律师在侦查阶段的调查取证权，同时，细化规定调查取证权行使方式，如自行调查和申请调查，并对调查取证权被侵害时的救济措施作出具体可执行的强制性规定。

2. 关于阅卷权。

辩护律师只有在审查起诉时才有阅卷权，而此前在侦查阶段向侦查机关了解案件有关情况，基本上是难以被告知，或虽被告知却也知之甚少，同时也缺乏具体案卷材料对所了解情况的支持。

因此，应明确将律师的阅卷权提前至审查批捕阶段，一方面可以发挥律师在审查批捕过程中的辩护作用，使得检察官的审查批捕“兼听则明”；另一方面在审查起诉时有相对充分的时间了解案情，对检察官提出更有针对性的意见。

3. 关于提出意见权。

应进一步明确，在人民检察院审查批捕时以及侦查机关在案件侦查终结前，“应当”听取辩护人的意见。变目前规定的“可以”为“应当”，变“被动”听取为“主动”听取。目前辩护律师提出要求方予听取，其实在其知情权无法切实保障的情况下，提出要求可能性较小，且即使提出办案机关也以各种理由不认真听、不充分听。因此，应当把听取辩护律师意见作为检察院和侦查机关的法定义务、应有职责，并细化操作性程序，明确法律责任。

（二）推进深化审查批准逮捕程序的诉讼化改革

逮捕是剥夺犯罪嫌疑人人身自由最严厉的一种强制措施。从本质上看，决定逮捕是具有裁断性质的事项，应当由司法人员在认真审查侦查机关的逮捕请求并听取犯罪嫌疑人及辩护律师意见后方可作出。审查逮捕属于司法权，更具中立性；而审查起诉代表国家，要求法院追究被告人的刑事责任，更加积极、主动。虽然实施“捕诉合一”，但两种行为的不同性质依然客观存在。审查批捕程序的诉讼化，可以形成以侦查机关、犯罪嫌疑人及其辩护律师为两翼、检察机关居中的“等腰三角结构”，保证检察官地位的相对独立性。

为此，应当明确规定，检察机关受理审查批逮案件，应当立即通知辩护律师；建立听证审查制度，听取侦、辩双方的意见，在此基础上居中作出是否逮捕的决定。同时，赋予辩护律师对报捕案卷的阅卷权，以使辩护人更充分地了解案情和证据，有针对性地发表辩护意见。这样，将封闭、单向的逮捕审查方式改革为开放式、亲历性的诉讼化模式，发挥律师的辩护功能，力戒偏听偏信、实现兼听则明，以切实保障人权，维护司法公正。

（2019年3月，全国政协十三届二次会议上提交的提案）

关于完善涉外法律服务体系，为“一带一路”建设保驾护航的提案

习近平总书记强调，要“加强涉外法治建设”，“加快推进我国法域外适用的法律体系建设，加强涉外法治专业人才培养，积极发展涉外法律服务，强化企业合规意识，保障和服务高水平对外开放”。据统计，我国律师人数已达42.6万，然从事涉外法律服务的专业律师人数相对较少，律师的涉外法律服务能力有待提高。因此，建议应进一步完善涉外法律服务体系，提高认识，布局参与网络、强化涉外服务意识、积极组建涉外服务机构、培育涉外律师队伍等。

一、背景及分析

习近平总书记最近强调，要“加强涉外法治建设”，“加强涉外法治专业人才培养，积极发展涉外法律服务”。

截至去年年底，我国律师人数已经达到42.6万，然而从事涉外法律服务的专业律师人数相对较少，中国律师的涉外法律服务能力有待提高、在服务“一带一路”建设和企业“走出去”过程中的作用还有很大的发挥空间。

二、相关建议

推进“一带一路”建设，应该强调“法律直通”。法律工作者尤其是律师，不仅是法律服务的设计者、供给者，更是法律直通的“行者”“使

者”。政府及企业都应该有这样的认识和理念：“一带一路”，法律先行，律师领军。

一是布局网络。应该鼓励和支持中国律师事务所到“一带一路”沿线国家及其他国家和地区，设立分支机构，开展驻在国的法律服务。在此过程中，国家外汇管理部门应该提供换汇审批、换汇额度、外汇汇出等方面的优惠和支持；外事部门及司法行政部门应该对中国律师事务所到境外设立分支机构给予资金补贴；税务部门应该将中国律师事务所境外分支机构的业务收入数额抵扣该律师事务所在境内的应纳税所得额，给予税收优惠。

二是培育队伍。政府应着力打造涉外专业律师队伍。政府人力资源部门应将培养涉外律师人才纳入国家总体人才培养规划。全国律师协会及各省级律师协会应制定涉外律师人才培养计划，并将涉外律师送至境外知名法学院及法律服务机构接受教育和培训，政府应对此予以资金支持。鼓励律师事务所因所制宜组织实施涉外律师人才境外培养培训，相关培训费用由税务部门允许于税前扣除。

政府应着力培养涉外仲裁员队伍。国家外事部门、司法行政部门、贸促会及商会等，应制定统一规划并上升到国家战略高度，推荐涉外专业仲裁员至国际仲裁机构，担任决策机构成员、专家机构成员、仲裁委员会仲裁员；推荐优秀青年涉外律师及法学院学生至境外仲裁机构秘书处，担任工作人员或实习人员。对上述人员中需要长期在境外工作的，由外事部门统筹给予在境外租房及往来境内差旅费用等方面的补助。

国家教育主管部门应鼓励和支持高校、科研院所设立涉外法律人才教育培训基地，司法行政部门和律师协会对上述教育培训工作进行业务指导，并提供培训生源。

三是组建机构。除鼓励中国的律师协会及律师事务所加入国际性律师联盟外，国家外事部门及司法行政部门应支持中国的律师协会发起设立以“一带一路”等为主题的国际性律师联盟；鼓励中国的律师事务所牵头创建国际性、联盟性跨境法律服务协作体。对上述所发起的组织如需审批的，外事部门应给予指导和支持，对上述律师联盟及协作体的日常活动经费，应统筹资金给予支持。

四是参与论坛。今年5月，中国将举办第二届高峰论坛。建议政府相关部门批准中华全国律师协会以官方身份参加第二届高峰论坛，并参与策划并承办以“一带一路”法律服务为主题的分论坛。在此基础上允许中华全国律师协会成为高峰论坛的常规性参与方，全面、深入地参与高峰论坛活动及其相关组织工作，充分利用这一国家级平台，向世界讲好“中国法治故事”“中国律师故事”。

五是强化服务。中国外事主管部门应推荐中国律师事务所及境外分支机构担任中国使领馆的常年法律顾问；使领馆可推荐上述律师事务所为在当地的中国企业及公民提供相应法律服务；使领馆亦应建立相应的法律参赞制度。

国务院国资委及各地国资委、全国工商联及各地工商联，应出台政策、制定规则，要求并组织相关国企、民企在参与“一带一路”建设及“走出去”过程中，建立聘请中国律师担任中国法律顾问并由中国律师牵头选定国际律师、组织律师顾问团的制度，聘请中国律师为该企业的合规工作和内控工作提供专项服务。

（2019年3月，全国政协十三届二次会议上提交的提案）

关于进一步加强金融法院建设，为科创板与注册制提供优质司法保障的提案

2019年3月1日，随着《科创板首次公开发行股票注册管理办法（试行）》及相关业务规则的发布施行，科创板与注册制正式落地。为在司法

层面提供全方面的保障，尤其是基于提升法律适用的一致性，实现裁判标准的统一化等考量，针对科创公司发生的有关证券发行与交易、主要涉及证券法和公司法适用的相关案件，例如涉及信息披露的欺诈发行和虚假陈述等，应统一由上海金融法院集中管辖、专业审理，建设稳定可预期的资本市场法治秩序。

一、背景情况

2018年11月5日，国家主席习近平在出席首届中国国际进口博览会时宣布：在上海证券交易所设立科创板并试点注册制，支持上海国际金融中心和科技创新中心建设，不断完善资本市场基础制度。习近平总书记于2019年1月23日主持召开中央全面深化改革委员会第六次会议，审议通过了《在上海证券交易所设立科创板并试点注册制总体实施方案》《关于在上海证券交易所设立科创板并试点注册制的实施意见》。

此前的2018年3月28日，习近平总书记主持召开的中央全面深化改革委员会第一次会议审议通过了《关于设立上海金融法院的方案》。2018年4月27日，十三届全国人大常委会第二次会议通过了《关于设立上海金融法院的决定》；7月31日，最高人民法院审判委员会通过《关于上海金融法院案件管辖的规定》；8月20日，上海金融法院正式揭牌成立。

二、问题及分析

2018年7月31日，最高人民法院审判委员会第1746次会议通过《关于上海金融法院案件管辖的规定》，自2018年8月10日起施行。

从上述规定来看，解决了在上海辖区内"对金融案件实行集中管辖"的大问题。当然这只是金融法院建设的第一步，从未来来看，应该值科创板与注册制推出之机，实现"对金融案件实行跨地域乃至全国性集中管辖"。

在上海证券交易所设立科创板并试点注册制，是中国资本市场期待多时的重大变革，也是中国证券市场千载难逢的发展机遇；是举国性安排，是全局性战略。在此过程中，法治的规范与引领功能的发挥不可替代、不可或缺。金融法院的专业化审判显然有利于促进金融司法对金融市场的规则指引和价值引领。其每一个判决都是足以影响交易、左右监管、推进规范的重要判例。值得关注的是，中国金融市场是全国性的统一市场，金融审判案例对投资人、交易者、发行人、监管者以及不特定的多数人的影响是不分地域的，是全局性的、全国性的。

三、建议内容

为提升法律适用的一致性，实现裁判标准的统一化，增强司法公信力和权威性，推进建立全局性、全国性的规范，建设统一、可预期的资本市场法治秩序，有必要针对在科创板挂牌的公司，对其发生的有关证券发行与交易的、主要涉及证券法和公司法适用的相关案件，例如涉及信息披露的欺诈发行和虚假陈述等案件、涉及股权交易尤其是上市公司控制权争议的股权纠纷案件，以及与上述案件相关的行政案件，由上海金融法院集中管辖、专业审理。

从主体上来说，是在科创板挂牌交易的上市公司；从内容上而言，是与证券市场相关的发行、交易方面的法律纠纷；从地域上则实现了专业案件的区域化乃至全国性集中管辖。做好这样的制度设计，对真正实现上海金融法院的专业化、专门化审判是有意义的，是逐步落实中央全面深化改革委员会会议要求的“对金融案件实行集中管辖”的重要安排，也是“上海金融法院”而不是“上海市金融法院”的设立初衷与题中应有之义。

（2019年3月，全国政协十三届二次会议上提交的提案，
获2019年度全国政协好提案奖）

关于完善公司和证券法律制度，为设立科创板和试点注册制创造良好的法治环境的提案

2019年3月1日，随着《科创板首次公开发行股票注册管理办法（试行）》及相关业务规则的发布施行，科创板与注册制正式落地。从法制建设角度而言，科创板与注册制的落地对法律制度供给提出了更高、更全的需求。为此，有必要针对科创板具体规则的实施，进一步修改完善《公司法》与《证券法》等上位法的规定，如公司表决权差异制度、责令购回制度、保荐人持续督导责任等内容，为科创板并试行注册制的建设提供良好的法制保障。

一、背景情况

2018年11月5日，习近平总书记在出席首届中国国际进口博览会时宣布：在上海证券交易所设立科创板并试点注册制。2019年1月23日，习近平总书记主持召开中央全面深化改革委员会第六次会议，审议通过了《在上海证券交易所设立科创板并试点注册制总体实施方案》。3月1日，证监会发布《科创板首次公开发行股票注册管理办法（试行）》，同时，经证监会批准，上交所相关业务规则随之正式发布施行。

二、问题的提出

2015年12月27日，第十二届全国人大常委会第十八次会议表决通过了《关于授权国务院在实施股票发行注册制改革中调整适用〈中华人民共

和国证券法〉有关规定的决定》，施行期限为两年；2018年2月，第十二届全国人民代表大会常务委员会第三十三次会议决定，上述决定施行期限届满后，期限延长二年至2020年2月29日。

上述决定具体针对股票发行注册制本身，但进行注册制改革涉及诸多法律关系。从法律角度而言，上述决定并不能解决此中的一切相关重大问题。可以说，目前科创板的推出和注册制的改革，对法律制度供给提出了更高、更全的需求。

习近平总书记多次强调，要在法治轨道上推进改革。在庆祝改革开放40周年大会上，习近平总书记再次提出，要坚持法治思维，坚持改革决策和立法决策相衔接。

三、相关建议

1. 关于股东的表决权差异安排。

目前规则所称表决权差异安排，是指发行人可以发行拥有特别表决权的股份，每一特别表决权股份拥有的表决权数量大于每一普通股份拥有的表决权数量。

然而，国务院除对优先股外，尚未对中国内地注册的股份有限公司发行特别表决权股票作出相关规定。因此，国务院制定并颁布股份有限公司发行特别表决权股票的规定成为当务之急。

2. 关于责令购回制度。

目前科创板相关规定明确：发行人骗取发行注册的，中国证监会在作出行政处罚的同时，可以责令上市公司及其控股股东、实际控制人在一定期间从投资者手中购回本次公开发行的股票。

我国证券法尚未直接赋予证券监督管理机构责令相关责任主体履行股份购回义务及实施相关行政强制措施的权利。对此，应该尽快修订证券法，将责令购回制度上升到大法规定的高度。

3. 关于保荐人的督导责任规定。

目前上市规则除明确保荐机构应当向中国证监会和上海证券交易所报送保荐总结报告书外，还规定了保荐机构对日常风险事项、业务和技术风险事项、控股股东风险事项发表意见并披露的职责，规定了保荐机构现场核查报告以及持续督导跟踪报告的披露职责。

我国现行的证券法并未规定保荐机构的持续督导职责。正常理解，保荐机构违反上市规则规定的持续督导职责，是不应该被追究行政责任的。但由于上市规则规定了上述“披露”义务，则有可能其构成证券法规定的“其他信息披露义务人”，而被追究相关行政责任。

因此，应当尽快修订完善证券法，明确保荐机构的持续督导责任。鉴于持续督导的内容极其广泛，又加上科创板上市企业技术本身的高度专业性、科技创新的与时俱进性、生产经营的极大不确定性，应该强调并压实上市公司在技术、生产等专业环节的直接与首要的法律责任，对保荐机构的督导法律责任作出区别性、层次性的安排。

（2019年3月，全国政协十三届二次会议上提交的提案）

关于为民营企业发展提供良好司法环境的提案

习近平总书记在主持民营企业座谈会上强调，“要不断为民营经济营造更好的发展环境”，“保护企业家人身和财产安全，保障企业合法经营”。在中央全面依法治国委员会第二次会议上强调，“法治是最好的营商环境”。因此，民营经济的发展需要良好的法治环境，尤其需要良好的司法环境。建议处理涉及民营企业的案件时，应坚持法治思维，依法办事；司法机关应切实保障企业家人身权利，保障企业合法经营的财产权益；同时推进制定民营企业法。

一、背景情况

习近平总书记最近强调："在我国经济发展进程中，要不断为民营经济营造更好发展环境。"总书记又指出："法治是最好的营商环境。"毋庸置疑，民营经济发展需要有良好的法治环境，尤其需要有良好的司法环境。司法机关应该为民营企业发展推波助澜、保驾护航。

二、问题分析

自2014年以来，最高人民法院、检察院陆续出台关于保护非公有制经济、加强产权保护、为企业家创新创业营造良好环境等文件，政策制定应该非常系统与完善。但从实践中来看，由于种种原因，上述司法政策并未得到全面、充分、到位、深入的贯彻落实，民营企业及企业家合法权益受到侵害的情况时有发生，甚至在某些区域、某一时段还比较普遍、比较严重。

三、相关建议

1. 有关部门及领导切实依法办事是关键。

有关部门和领导应当以法治思维和法治方式处理问题，对涉及民营企业的经济纠纷案件，在没有"兼听"的情况下，避免采用"批示"方式交司法部门处理，而应当要求、引导并支持民营企业通过法律途径解决纠纷、化解矛盾。

对于有关民营企业及企业家涉嫌刑事犯罪的举报，有关部门及其领导在只看到单方证明材料的情况下，也不宜采用"批示"方式交相关办案机关"严肃查处"。由公检法等部门"联合办案"的方式，也不利于防范冤假错案。

2. 司法机关切实保障企业家人身权利是核心。

对民营企业家涉嫌刑事犯罪的，检察机关在审查批捕时，应该充分保障其辩护律师的知情权，并充分听取律师的辩护意见。

对于辩护律师提出的羁押必要性审查的申请，检察机关应当充分听取辩护律师的意见和建议。对已经逮捕的涉嫌犯罪民营企业家，发现对其不需要继续羁押的，应依法建议释放或者变更强制措施。

应充分保障犯罪嫌疑人获得律师会见的权利，办案机关不得任意扩大两类（涉嫌国家安全与恐怖罪）案件范围拒绝律师会见，不得出于自身办案的需要甚至以案件为“督办”、有领导“批示”为由随意地限制律师会见权。

对民营企业及企业家涉嫌犯罪的，在未经终审判决前，避免以“新闻审判”“舆论裁决”的方式，在媒体上由办案机关进行单方面事实和理由的披露，并由犯罪嫌疑人“公开认罪”。

3. 司法机关切实保障民营企业合法财产权益是重点。

在查封、冻结涉案财产及处置涉案财产时，应严格区分个人财产与企业法人财产、出资人财产与公司财产、涉案人员个人财产与家庭成员财产、涉案企业和涉案人员的合法财产与非法财产；而且对查封、冻结与处置的资产，在范围上不应任意扩大，在数额上不应随意增加，应体现适当、合理、公允原则。

4. 法律监督机关强化责任追究机制是保障。

对于办案机关侵害民营企业及企业家合法权益的行为，检察机关应当充分发挥法律监督职能，依法严肃追究相关机关和人员的责任。司法机关应切实实施国家赔偿法，最大限度地依法赔偿受害人的损失。

人大常委会应当定期开展有关民营企业司法环境的专项检查，跟踪监督检察院、法院等司法机关保障民营企业司法政策的落实情况；并可聘请专业机构作为独立第三方，对司法机关保障民营企业司法政策的执行情况进行评估，且将评估结果向全社会予以公布。

5. 推进制定民营企业法是长远之计。

国有企业是“共和国的长子”，习近平总书记也说“民营企业和民营企业家是我们自己人”。“长子”已经有“企业国资法”的维护，“自己人”也应该有“民营企业法”的保障。建议推进制定《中华人民共和国民营企业法》，将上述规定精神具体化、落实化。将竞争中性、要素获取、准入许可、经营运行、政府采购和招投标等制度上升至大法高度。把对侵犯民营企业和企业家行为的责任追究予以法律化。

（2019年3月，全国政协十三届二次会议上提交的提案）

关于将网约车纳入出租汽车统一监管并推进《道路运输条例》修订的提案

2016年7月，交通运输部等部委联合发布了《网络预约出租汽车经营服务管理暂行办法》（以下简称《暂行办法》）。然两年多来，《暂行办法》显露出法律层级低、内容欠缺等问题。同时，巡游车和网约车客观上同属出租汽车行业，却分别由《巡游出租汽车经营服务管理规定》和《暂行办法》两部规章规范，监管尺度不一致、政策差别化对待，引发多重矛盾。为此，建议监管部门客观评估《暂行办法》的实施效果，将网约车与巡游车纳入统一监管，并修订《道路运输条例》。

一、背景情况

交通运输部等7部委联合发布的《网络预约出租汽车经营服务管理暂行办法》施行两年多来，逐渐暴露出法律层级低、内容不够完善等问题，规范效果亟须重新并客观评估。

同时，由于同属出租汽车行业的巡游出租车和网约出租车分别由《巡游出租汽车经营服务管理规定》和《暂行办法》两部规章规范，客观上存在监管尺度不一、政策差别化对待的问题，进一步加剧了行业内不公平竞争，并由此引发多重矛盾。

二、问题分析

1. 现行网约车监管办法立法层级偏低，难以发挥法律规范的效力。

据上海交通执法部门统计，在2018年3月21日至4月2日，不到半个月的时间内，全市交通执法部门累计查处利用网约平台从事非法客运案件211件，其中“滴滴”平台148件，“美团打车”平台63件。就以上违法行为，上海市城市交通运输管理处相关负责人表示，根据《暂行办法》制定的《上海市网络预约出租汽车经营服务管理若干规定》里的最高处罚金额是3万，目前也没有停业整顿的相关处罚措施。这种处罚力度对于每年烧钱数十亿的平台企业来说微不足道，难以发挥惩戒震慑作用。

2. 网约车平台违规运营情况依然严重，社会影响差。

据广州市交通部门通报，2018年1—8月，市交通部门共查处网约车违章778宗，同比增长263.6%，并联合相关部门先后41次对滴滴、易到等网约车平台开展了调查，对平台向无证车辆、无证司机违规派单等违章行为共立案查处240宗。

与此同时，网约车存在严重安全隐患。2018年5月5日郑州空姐遇害案和8月24日浙江乐清女孩被杀害案，均暴露了网约车的安全问题，这些问题的根源就是平台公司长期监管不严、对司机准入缺乏必要审核以及安全措施存在严重漏洞等。

3. 网约车与巡游车分开监管既不利于市场，也与国际通行做法相异。

网约车和巡游车本质上都是向乘客提供临时雇用的汽车，从事客运服务，按里程或时间收费。对网约车与巡游车采用两套不同的监管模式和标准，容易导致从事同样性质服务的企业在定价权、准入机制、税收、服务标准等方面存在严重不公平竞争。比如巡游车采用严格的政府定价，而网约车采用市场调节价，平台有自主定价权，甚至平台通过高额补贴，利用低价竞争抢占市场。

针对统一监管问题，2016年《国务院办公厅关于深化改革推进出租汽车行业健康发展的指导意见》以及交通运输部2018年修订的《出租汽车服务质量信誉考核办法》，均表明了政府部门对网约出租车和巡游出租车进行统一监管的趋势。

在国际上，美国纽约将网约车纳入电召车（指只接受电话预约、不能巡游的出租车）范畴，和巡游出租车一起由纽约出租车和豪华轿车委员会管理，出租车和电召车的基本规范在《纽约市行政法典》中统一制定。新加坡则通过《道路交通安全法》对出租车和网约车进行统一管理。

三、具体建议

1.由交通运输部牵头组织，由发布《暂行办法》的其他部委共同参与，对《暂行办法》施行两年来的实际效果进行评估，并把评估结果向公众报告，接受社会监督。各地政府部门应依法坚决打击非法营运的网约车，对于继续向不具备运营资质的车辆和司机派单的平台，应按照有关规定进行处罚，对于多次出现违规行为的平台应纳入企业征信档案。

2.交通运输部等部门应研究评估将网约车与巡游车纳入统一监管的可行性，及时推进修订《道路运输条例》，明确将网约车与巡游车统一纳入关于出租汽车法规的调整范围，对出租汽车运营的资质、安全、运营、服务等进行统一规范，以通过上位法的制定，提升监管法律层级，消除差异化管理带来的不公平竞争，严格打击网约车非法运营行为，保障从业者与乘客的合法权益，促进出租汽车行业健康稳定可持续发展，更好地满足人民群众出行需求，有效改善城市交通环境。

（2019年3月，全国政协十三届二次会议上提交的提案）

关于加强刑辩律师队伍建设、充分发挥刑辩律师作用的建议

一、问题的提出

目前我国刑辩律师队伍在法治中国建设中的作用愈发彰显。然而不容忽视的是，刑辩律师队伍后备力量供给不足；涉及刑事诉讼的律师维权事件占大多数；涉及刑辩律师的惩戒案例也同样居高不下；司法机关对辩护意见的重视程度有所提升，但刑辩律师应有的功能在很大程度上仍然受到限制，其作用发挥依然还有很大空间。

二、背景情况分析

近年来，在党中央正确领导下，中央政法委以及公检法司安等部门出台了维护律师执业权益、规范律师执业行为、加强律师队伍建设、发挥律师队伍作用的政策及相关规范性文件，特别是司法部批准设立刑辩协会、开展刑事案件律师辩护全覆盖试点、指导全国律协修订刑辩指引等。毋庸置疑，中国律师事业发展以及刑辩律师队伍建设，永远在路上。

三、相关建议

（一）依法明确刑辩律师在刑事诉讼中的地位

应当通过立法规定："人民法院、人民检察院和公安机关进行刑事诉讼，应当分工负责、互相制约、互相配合，并充分发挥律师的辩护作用，

以保证准确有效地执行法律。”

（二）构建司法机关与律师良性互动的新型关系，切实维护刑辩律师执业权利

人民法院应当避免采取责令律师退出法庭甚至强行将律师带出法庭的极端处置措施；在裁判文书中全面客观准确反映律师意见，阐明采纳或不予采纳的理由；通过公开裁判文书，实现控方和辩方意见的公开。司法机关在制定司法解释及其他规则时，应当制度性地安排律师全过程、全方位地参与。建立司法机关与律师的常规性业务沟通机制。建立稳定的从刑辩律师中招录法官、检察官的制度。

（三）切实并加快推进以审判为中心的刑事诉讼制度改革

应当避免有些地方时有发生的政法委对个案（主要是重大敏感案件）协调以及公检法提前对案件沟通定调的做法。应当保障审查逮捕阶段律师的辩护权，提高律师的参与度。应当建立对辩护律师依法提出申请的司法审查制度，将现行由法院自行决定的事项转化为法定的诉讼权利。应当完善庭前会议制度，对庭前会议公开等问题出台制度性安排。应当提升证人出庭比例，对于定罪量刑争议较大的案件，辩护人申请证人出庭的，法院原则上应当准许；建立证人出庭保护机制、补助制度以及便利出庭安排。应当增加当庭宣判比例。

（四）进一步明确刑事案件认罪认罚制度中值班律师的法律地位及相关权利义务

在立法上规定刑事案件认罪认罚制度中值班律师的法律地位和权利义务，协调实施其与辩护律师、法律援助律师又相区别又能对接的机制和制度，并进一步完善政府购买法律服务的支持与保障机制。

（五）建立刑事诉讼中律师专属辩护制度

应当对刑事诉讼法等相关法律进行修改，明确规定只有律师才能担任刑事案件辩护人。

（六）建立健全提升和规范刑辩律师执业素质与执业能力的系统性机制和制度

提高刑辩律师的执业门槛，将上岗培训作为必备条件。推广刑辩律师“师徒制”，司法机关为实习律师参与诉讼提供便利。建立律师事务所对年轻刑辩律师的最低工资保障制度。完善律师事务所重大、群体性刑案的报告和集体讨论制度。加大对优秀专业刑辩律师与优秀特色刑辩律所的宣传表彰力度并加强对刑辩律师违法违规的惩戒工作。建立刑辩律师出庭的分级制度。加强从刑辩律师中推荐各级党代表、人大代表和政协委员的工作。

（七）制定推进刑辩事业可持续发展的财政税收制度

应当在全国层面由司法部牵头、由财政部支持，建立刑辩事务发展专项基金，对专业刑辩律师和特色刑辩律所给予刑辩人才培养、刑辩专著出版、刑事法律宣传、刑辩比赛开展、刑事论坛举办、刑事国际交流等方面的资助。应当推出刑辩业务税收支持政策，对刑辩业务专项收费实施免税或减半征税的优惠。

（2018年3月，全国政协十三届一次会议上提交的提案）

关于完善律师行业税收制度的建议

一、政策背景情况

党和政府非常重视律师行业税收制度的改革和完善。2005年8月25日，在第十届全国人民代表大会常务委员会第十七次会议上，全国人大常委会副委员长顾秀莲在《全国人大常委会执法检查组关于检查〈中华人民共和国律师法〉实施情况的报告》中指出："建议司法行政机关与财政、税务、物价等部门协商，制定统一的律师收费和税收制度。"

2016年6月，中共中央办公厅、国务院办公厅印发《关于深化律师制度改革的意见》，进一步要求："研究完善律师行业财税和社会保障政策，统筹研究律师行业税收政策和会计处理规定。"

二、问题及分析

从推进律师事业发展的实践角度而言，有关律师行业的税收制度还存在以下问题：

一是在税收政策的制定与执行上，对律师行业发展的认识不足，导致律师行业税率过高、税赋太重。律师事务所税收一直是基本参照个体工商户的模式征收，然而随着其收入规模及人员规模的大幅度提高，再参照对个体工商户征税的做法进行征收，显然不合时宜且明显税赋过重，不利于律师业的健康、持续、稳定发展。相反的情形却是，企业所得税率从33%降至25%，高新技术企业所得税率更是降至15%。

二是目前律师行业税收政策税前费用扣除比例偏低。律师事务所相比于生产型企业和劳动密集型企业，正常拓展业务成本和业务培训成本难以列入成本扣除。因此在实际操作中出现了许多律师提供各种、各类发票用以抵扣成本的现象，这种做法并不符合税法相关规定。特别是2013年至2015年执行的对合伙人律师8%、6%、5%的税前费用扣除比例取消后，更加剧了合伙人律师的税负，导致律师事务所难以吸引优秀人才加入合伙人队伍。

三是营改增后应税收入500万以上律师事务所税负增加。对于应税收入500万以上的律师事务所而言，其作为一般纳税人，由于可抵扣进项税额少，导致税负不降反升，在很大程度上影响了律师事务所规模化发展。

四是没有考虑到律师服务的公益属性。律师在办理法律援助案件、开展公益性法律服务时，政府会给予律师一定经费作为补贴。单从补贴金额来讲，不足以弥补律师的一般成本付出，但由于此类补贴不能进行税前扣除而仍进行征税，无疑是加重了律师行业的税务负担，更影响了律师履行社会责任的积极性。

三、相关建议

应当从全面推进依法治国的战略高度，来谋划律师行业的税收制度，给予特定税收政策扶持，制定并实施税收优惠政策。

第一，在如今国家强调制度创新、模式创新、服务创新的大背景下，应参照高新技术企业所得税率优惠为15%的规定，并考虑律师事务所合伙人采用个人所得税与企业所得税合并缴纳的做法，可以对律师事务所合伙人所得税率确定为17%~20%。对于小规模纳税的中小律师事务所，可以适用核定征收的政策，以简化税收成本。

第二，对律师事务所合伙人确实不能提供合法有效凭据但实际发生与业务有关的费用，可按业务收入10%的比例直接在税前予以扣除。

第三，参照企业所得税法的相关规定，采用在计算应纳税所得额时加计扣除方式，明确规定对人力成本、业务培训成本、办案成本、业务拓展成本等律师行业具有相对特殊性的成本科目予以加计扣除。

第四，对于欠发达地区的律师事务所，可以直接从政策上给予优惠税率扶持。对于提供公益性法律服务的律师事务所，可以由事务所以服务时间计算并由司法行政部门或律师协会核定为相应金额，视同为公益事业捐赠可以免税的情形，将该项金额在税前扣除。对于从事涉外专业法律服务、刑辩专业法律服务的律师事务所，对其该专项业务收入采取一定年限、一定数额的免税或减半征税的优惠政策。

（2018年3月，全国政协十三届一次会议上提交的提案）

关于建立律师协会作为第三方机构对人民法院工作进行评价机制的建议

一、背景情况

第三方机构对人民法院工作进行评价，是促进人民法院司法公开规范化、常态化的重要方式，是人民法院接受社会监督的重要体现。

最高人民法院院长周强在去年最高人民法院工作报告中就强调，要"更加自觉地接受人大监督、民主监督、检察机关诉讼监督和社会监督"。上海高级人民法院制定了《上海法院司法公开评估指数设定办法》，定期发布全市法院司法公开评估指数以及评估报告；市一中院、二中院分别委托上海社科院、华东理工大学等开展第三方参与评估。应当说，以上由第三方机构对人民法院工作进行评估的做法，取得了非常好的社会评价，也成为上海推进司法改革的新亮点。

从以上评估报告反映的情况看，评估机构都非常注重评价主体的多元化。如对二中院的评估，评价主体既包括直接参与过该院案件审理的当事人、诉讼代理人、诉讼律师，也包括人大代表、政协委员和社区居民等各方面的公众代表。如对一中院的评估，评估组通过问卷调查，对市民、专业人员、律师、案件当事人四类社会群体进行民意调查，收集主观评价数据。

二、问题及分析

从实践情况来看，应当从直接性、重复性、专业性、公正性的角度，进一步完善对法院的第三方评估机制，更多开展对法院专项工作的第三方评估，特别是应当建立律师协会作为第三方机构进行评价的机制。

律师是司法活动的法定参与方，是司法过程的体验者。如同“审理者裁判”“裁判者负责”一样，“参与者评判”“体验者打分”理所应当，可以更大程度地解决闭门造车式、纸上谈兵式以及道听途说式、人云亦云式的评价，使得这种评判更具有亲历性、直接性、体验性，从而更直白、更确切、更精准。

律师是司法活动的重复参与者，多次出庭、累计办案，特别是律师的专业分工越来越细，在实践中多次出一个审判庭、累计办一个法官担任审判员的案，便更加常见。如果说一次体验不准确，但多次经历一定会更客观，这些重复体验性会使得律师的评价避免“一次性”“小概率”，防止以偏概全、一叶障目，从而尽可能全面、尽可能系统。

律师是专业的法律工作者，与法官、检察官同属法律职业人，构成法律职业共同体，更能够从专业的角度就案论案、就法论法，人为因素比当事人更少些，胜负观念比委托人更淡些，或者说虽论胜负但更容易从法律原则及法律事实角度作出理性判断。因此，律师的评价一定更专业，因而也一定更接近于公正。

同时，对法院工作的评价应该更多一些专项工作、专项机制的评价。如立案登记制是否切实解决立案难问题、证人及鉴定人等出庭问题、裁判文书质量特别是判决书说理释法问题、裁判文书公开问题、财产保全及时性有效性问题、执行难及执行不能问题，以及律师执业权利保障问题等。这些具体的专项问题更具有针对性，评价也更容易具有专业性与客观性，而且都是法院审判过程中的重要问题、司法改革进程中的关键问题。

2016年1月7日，中国社科院法学所与深圳市律师协会联合课题组就发布《深圳市中级人民法院关于基本解决执行难问题的实施标准》的第三方专项评估报告。

三、相关建议

建议由律师协会组织执业律师，定期对人民法院进行专项工作评价，出具独立第三方评估报告。律师协会和人民法院共同制定评价规则，规定评价方式、评价程序、评价公开等内容。正如《最高人民法院关于完善人民法院司法责任制的若干意见》指出："探索建立法院以外的第三方评价机制，强化对审判权力运行机制的法律监督、社会监督和舆论监督。"上述机制的建立，是推进建立司法机关与律师良性互动关系的重要内容，是加强人民法院队伍建设的重要举措，从而推进人民法院公正司法，最终让人民群众在每一个司法案件中都能感受到公平与正义。

（2018年3月，全国政协十三届一次会议上提交的提案）

关于在打好精准脱贫攻坚战中强化法律意识和法律服务的建议

一、政策背景

习近平总书记在十九大报告中指出："要坚决打好防范化解重大风险、精准脱贫、污染防治的攻坚战，使全面建成小康社会得到人民认可、经得起历史检验。"3月5日李克强总理在《政府工作报告》中强调，"坚决打好三大攻坚战"，"要围绕完成年度攻坚任务，明确各方责任，强化政策保障，把各项工作做实做好"。针对加大精准脱贫力度，总理开出了2018年的工作任务单。

二、情况分析

坚决打赢脱贫攻坚战，应注重扶贫同扶志、扶智相结合。扶志、扶智也应包括“扶法”，在提高贫困人口和贫困地区的智力水平即“智商”的同时，增强其法律意识即“法商”也应是题中应有之义。在精准脱贫的道路上，应该有法律引领推进和保驾护航，各方及各级政府应牢固法律意识，依法而行、依法管理、依法归责；而针对被扶主体，应积极提升法律意识，依法交易、依法发展、依法维护脱贫扶贫成果，实现脱真贫、真脱贫。

一是深化农村土地制度改革，完善承包地“三权分置”，探索宅基地所有权、资格权、使用权“三权分置”，需要进一步完善我国土地立法的同时，更需要在实践中为农村尤其是农民提供法律服务。

二是深化农村集体产权制度改革，保障农民财产权益，要完善我国集体所有制经济立法，更要为集体经济组织和成员提供法律服务。

三是加强农村基层基础工作，健全自治、法治、德治相结合的乡村治理体系，需要提供法律宣传、律师服务、司法保障。

四是产业扶贫“上项目”，应建立社会稳定风险评估机制，其中特别要关注法律风险的评估与防范。

五是贫困农村老年人的受赡养权、儿童的受教育权、妇女的生育权、男女的平等权等问题突出，亟须法律的教育启蒙与维护、保障。

六是针对扶贫领域专项资金的使用与管理，违规、违法甚至犯罪情况时有发生，需要司法机关依法打击，也需要刑事律师依法辩护。

七是农村贫困地区黑恶势力不同程度存在，既应该加强依法打击力度，更需要通过法律服务和法治宣传提高农民法律意识、维权意识，保证农村的长治久安。

三、相关建议

一是切实树立“法律扶贫观”，增强精准扶贫工作中的法律意识和法律能力，将法治宣传和教育、法律服务与援助、司法引导和保障在精准脱贫攻坚战中覆盖全领域、贯穿全过程。

二是加快推进“律师进农村工程”，争取让精准扶贫所涉区域的每一个村庄都能够享受公共法律服务尤其是律师的专业服务，在法律矛盾得以妥善化解的同时，法律意识亦得到稳步提升。

三是进一步完善政府购买法律服务的机制，对提供公共法律服务的机构和组织给予财力上的支持和保障，并加大宣传、奖励力度，培养一支懂农业、爱农村、爱农民的“三农”法律服务队伍，推进法律扶贫长效机制建设，打赢、打好精准脱贫攻坚战。

（2018年3月，全国政协十三届一次会议上提交的提案）

关于建立健全重大行政决策公众参与制度的建议

一、背景情况

党的十九大报告指出：“坚持党的领导、人民当家作主、依法治国有机统一是社会主义政治发展的必然要求”；要“健全民主制度，丰富民主形式，拓宽民主渠道，保证人民当家作主落实到国家政治生活和社会生活之中”；“保障人民知情权、参与权、表达权、监督权”。

其中，建立健全重大行政决策公众参与制度，是保障公民的知情权、表达权、监督权，促进决策民主化、科学化、法治化的必要方式和重要保障。

二、实践经验分析

杭州市是较早出台公众参与行政决策规定的城市，2009年8月，杭州市人民政府颁布《重大行政事项实施开放式决策程序规定》。从实施情况看，杭州公众参与具有参与面广、参与时间早、参与渠道多样、政府反馈及时等特点，立法技术、制度构建与科技手段的有机结合也有效保障了公众参与的权利，使得公众参与行政决策逐步从“象征性参与”走向能够切实发挥公众主观能动性和参与热情的“实质参与”。《大连市公众参与政府立法程序规定》则针对地方性法规和政府规章两类法律文件的制定，对公众的参与作出了具体规范。

域外经验亦可供借鉴。欧洲作为公众参与制度的起源地之一，对于组织公众参与行政决策经验丰富。英国的《城乡规划法》、法国的《环境法典》、意大利的城镇电子会议制度等，无论是在组织程序上还是立法技术上都是公众参与行政决策的优秀范本。在美国，不仅在《行政程序法》中规定了公众参与程序，而且各个行政部门根据各自的规范要求，结合待决策事项的具体情况和质量要求，可以采用适用性更强的公众参与程序。

三、相关建议

建议在我们的国家层面制定统一的有关重大行政决策公众参与的制度。该制度适用于国务院所属各机构重大行政决策的公众参与，并对省级人民政府重大行政决策的公众参与也要求依此执行。

第一，这一制度应遵循的基本原则应当是：重大行政决策公众参与应当坚持公开、便民、科学、公正的原则，注重民主性、实效性和灵活性。

第二，这一制度适用的情形应该为：对于和较大群体切身利益密切相关的决策事项，决策机关应当组织公众参与。决策事项依法需要保密或者为了保障国家安全、公共安全、经济安全以及情况紧急需要立即作出决定的，不组织公众参与。

第三，这一制度应当确定公众参与的主要方式：决策承办单位应当通过座谈会、民主协商会、听证会、民意调查、社会公开征求意见等方式听取公众对决策草案的意见。同时，对上述各类形式应作出明确、具体、可操作性的安排，如民主协商会：以民主协商会听取公众意见的，参会人员选取应当注重代表性和公平性；决策草案及相关材料应当在民主协商会召开前一定时间送达参会代表并同时告知参会时间和地点；决策承办单位应当充分听取参会人员意见，并注重与参会人员的沟通解释；决策承办单位应当对民主协商会参会人员的发言和讨论如实记录，形成会议笔录。

第四，这一制度应当确立公众意见的采纳与反馈机制：决策承办单位应当全面、客观地听取公众各方面意见，对公众提出的主要意见及其研究处理情况及时进行公布或反馈，并应当对意见采纳与否作出说明或解释；决策承办单位应当根据采纳的公众意见对决策草案进行修改完善。

第五，这一制度应当确立对决策机构的监督机制：决策承办单位在提交决策草案时未按规则报送公众参与情况书面报告的，或未按规定对未组织公众参与的原因作出说明的，决策机关应当将提交的决策草案退回决策承办单位并要求其按照规定完善相关程序后重新提交。

第六，这一制度应规定法律责任条款：在重大行政决策公众参与工作中，徇私舞弊、弄虚作假、玩忽职守，造成严重后果的，依法追究直接责任人和主要负责人的行政责任。

（2018年3月，全国政协十三届一次会议上提交的提案）

关于推进人民建议征集工作立法的建议

一、背景情况

中国共产党历来重视发挥群众在社会革命与建设发展中的重要作用，始终坚持把“民心”作为制定决策的目标、把“民智”作为优化决策的基础、把“民力”作为实施决策的“动力”、把“民意”作为检验决策的标准，坚持人民群众的主体地位，发挥人民群众的首创精神，保持同人民群众的血肉联系。

李克强总理今年3月5日在作《政府工作报告》中指出："人民政府的所有工作都要体现人民意愿，干得好不好要看实际效果，最终要人民来评判。"

早在1988年，山西省率先实行人民建议征集制度。此后，河北、北京、辽宁、江苏、新疆等省直辖市自治区，郑州、杭州等省会城市以及不少地市县，也纷纷建立这一制度。2014年1月15日，中共上海市委办公厅、上海市人民政府办公厅印发《上海市人民建议征集工作规定》。

二、问题及分析

人民建议征集制度的确立，充分调动了人民群众通过信访渠道参政议政的积极性，公众社会责任感得到加强。据统计，上海市信访办每年平均收到各类人民建议3万多件；建议人来自社会各行各业，更多的是广大普通市民。仅2017年，上海市信访办就以摘报形式上报重要人民建议事项139件，市领导共批示183条，职能部门采纳率92.7%。

当然，从实践中看，人民建议征集制度在实施过程中也有不少问题，碰到不少困难。社会公众对这一制度的知晓度偏低，特别是不少群众认为信访工作就是维稳工作，于是对信访部门办理人民建议征集工作不甚理解，进而减弱或丧失积极性、关注度。有关人民建议征集、办理等工作的信息公开不够，"开门征集、关门处理"的情况时有发生，而有时领导同志对人民建议作了批示后反而更加"秘而不宣"。各地出台的制度性规定总体内容上还比较原则，操作性还有待提高。

三、相关建议

加强人民建议征集工作的立法，在国务院层面制定统一的行政法规，对人民建议制度作出进一步规范、完善并加以引领、推进。

一是确定人民建议征集的法定地位。人民建议权是宪法赋予公民的一项民主权利，是人民群众参与管理国家事务、管理经济和文化事业、管理社会事务的主要形式，是监督国家机关和国家工作人员的重要方式。人民建议征集是党委、政府听取民意、吸纳民智的有效制度，是保障人民群众依法行使民主权利的有效载体，是人民代表大会、政治协商会议实现人民群众民主权利的有益补充。

二是构建人民建议征集与人大、政协工作的对接机制。党的十九大报告特别指出，“有事好商量，众人的事情众人商量，是人民民主的真谛”。人大代表、政协委员可以对大量的人民建议进行再细化、深加工，形成建议、提案，从而形成人民建议、人大代表建议、政协委员提案三驾马车并驾齐驱的局面。

三是强化对人民建议宣传和奖励机制。加大人民建议征集的宣传力度，定期开展对人民建议征集制度的宣传活动，并将其作为普法的一项重要内容。除对优秀建议人颁发奖励证书和物质奖励外，可以考虑授予建议人“优秀市民”等光荣称号，增强建议人的市民荣誉感、自豪感。

四是明确人民建议征集制度内容的体系和规范。细化筛选、梳理、整合、提炼工作标准和流程，并充分利用互联网大数据人工智能手段，将大量的碎片化的意见和建议集中、聚焦，提炼形成具有全局性、普遍性、前瞻性、可操作性内容的人民建议，专报相关决策机构与领导，从而形成市民与领导之间社情民意的“直通车”、百姓智慧与决策权力之间良性互动的“润滑剂”。

五是加强人民建议信息公开工作。除涉及国家秘密、商业机密、个人隐私外，人民建议以及办理进度、回复情况均应在政府官网上公开，这既是对公民知情权、参与权的保障，又是政府人民建议征集工作自我监督、自我加压的体现。

（2018年3月，全国政协十三届一次会议上提交的提案）

关于设立全国性证券期货纠纷调解机构、切实依法维护投资者权益的建议

一、背景情况

中国资本市场是亿万投资者共同参与的交易市场，发挥好资本市场直接融资功能，必须保护好、维护好广大中小投资者的合法权益及参与市场的积极性。

证券期货纠纷的解决是保护投资者合法权益至关重要的一环，是关系资本市场持续发展和深化改革的一项基础性工程。因此，全面系统地掌握矛盾纠纷及解决机制的现状，并以此为依据构建符合国情的全国性纠纷解决机制和机构，将有利于促进我国资本市场多元化纠纷解决机制建设，既体现中小投资者的根本利益，也符合资本市场发展的内在规律。

二、问题及分析

（一）加强调解是有效化解证券期货纠纷的必然选择

近年来，证券期货新产品和新业务涉及的交易关系愈加复杂，中小投资者的风险识别和自我保护能力相对较弱，矛盾纠纷数量呈现不断上升的趋势，合法权益受到损害的现象时有发生。监管部门2016年接受投资者民事纠纷投诉2万多件，由证监会处理的举报1.3万件；2017年接受投资者投诉2.6万多件，证监会处理的举报1.7万多件，纠纷处理的压力逐渐增加。

（二）加强纠纷调解需要建立全国统一的纠纷调解机构

从域外实践看，设立专门统一的证券市场或者金融市场纠纷调处机构

和专门的调解机制是普遍现象。如英国和澳大利亚的FOS组织、美国的FINRA、中国台湾的证券投资人及期货交易人保护中心、香港金融纠纷调解中心等。目前我国内地资本市场法律纠纷的调解力量分散、调解对象狭窄、公信力权威性不够、投入和宣传不足、配套保障不完善，一年1000到2000件的调处量距离市场数万件纠纷的调处需求尚有很大差距。

三、设立全国性证券期货纠纷调解机构的具体建议

（一）设立路径

可以设立全国性证券期货纠纷调解机构，命名为“全国证券期货纠纷调解中心”，作为第三方调解机构，坚持中立、公益、专业原则。考虑到我国资本市场发展基础尚为薄弱，民间组织一些固有缺陷尤为凸显，故宜采取由法定证券监督管理机构主导、相关社会组织配合的模式依法组建。

（二）运作模式

全国性的调解机构设立后，应当在中国证监会的指导下承担全国性市场的纠纷调处职责。第一是建立公开便民的纠纷承接机制，承接整个市场各类来源的纠纷调处申请；第二是在全国范围内设立调解网络，具体负责各地区的纠纷调处任务，便捷灵活地调处纠纷；第三是建立专业权威的调解工作机制，适应证券期货专业调解和投资者保护的需要，增强调解的公信力吸引力；第四是建立中心调解与律师调解的对接机构，充分发挥律师事务所调解工作室功能；第五是建立中心调解与法院诉讼的对接机制，由人民法院依法对调解协议赋予法律效力。

（三）配套保障

一是法律保障。要通过证券法立法修订等方式明确调解机构的地位职责，通过中国证监会管理办法等形式明确调解中心具体的运行机制和管理方式。

二是机制保障。中小投资者在发生纠纷时，与机构和上市公司相比处于天然弱势地位，应通过制度设计体现证券期货纠纷调解对中小投资者的倾斜保护，如国际通行的单边裁决机制，为调解提供司法保障。

三是监管保障。推动形成政府监管对第三方调解的监管支持，通过监管激励和约束引导市场主体调解解决纠纷。

（四）具体设想

目前，由中国证监会批复设立、由行业内相关交易所以及登记结算公司等出资设立的中证中小投资者服务中心有限责任公司（以下简称“投服中心”）是一家综合性公益性投资者服务机构，近年来在证券期货纠纷调解、和解方面开展了很多工作，初步构建了全国调解网络，建立了以单边受理、小额速调、调裁一体的特色调解机制，为建设以调解为主的资本市场纠纷多元化解机制夯实了基础。为此，可以考虑以投服中心为平台，来建设专门的全国性调解机构，以充分发挥现有资源，实现事半功倍。

（2018年3月，全国政协十三届一次会议上提交的提案）

关于将上海国际航空仲裁机制和机构建设纳入国家层面“一带一路”争端解决机制和机构统筹规划和发展的建议

一、背景情况

2018年1月23日，中央全面深化改革领导小组第二次会议审议通过了《关于建立“一带一路”国际商事争端解决机制和机构的意见》（以下简称《意见》），对建立“一带一路”争端解决机制和机构作出明确要求。

近年来，我国航空产业发展迅猛，然而航空领域的法律纠纷亦日益增多。航空纠纷涉及标的巨大、专业性强、影响因素众多、涉及商业机密，甚至关乎国家间贸易关系等问题，越来越多的涉事主体主动选择专业性强、效率高、规则透明的仲裁方式来解决纠纷。因此如何构建“一带一路”航空领域争议解决仲裁机制应引起高度关注。

二、问题及分析

2014 年 8 月 28 日，中国航空运输协会、国际航空运输协会与上海国际仲裁中心签署《国际航空仲裁战略合作协议》，上海国际航空仲裁院（以下简称“仲裁院”）挂牌，作为国际上唯一一家专业处理航空纠纷的仲裁机构提供国际航空仲裁服务。

第一，仲裁院系三方国际机构开展战略合作的平台，具有显著的合力优势，国际航协、中国航协可以积极向其会员推荐仲裁院作为航空争议解决机构，优势互补、前景广阔。

第二，仲裁院依托上海、服务全球，可以依托上海建设国际航运中心的战略契机，参与国际航空争议解决，参与规则制定，提升中国航空界在国际市场的话语权。

第三，仲裁院机构成熟，制度先进，并可以依托上海国际仲裁中心这一成熟的仲裁平台，该中心早在 2014 年 5 月 1 日即颁布《中国（上海）自由贸易试验区仲裁规则》，该规则吸纳诸多国际商事仲裁的先进制度，为国际航空争议当事人提供了最先进的仲裁规则基础。

第四，仲裁院具备雄厚的人才基础，自设立之始就成立了上海国际航空仲裁专家委员会，委员均由国内外著名的航空法专家，以及来自国际知名航空公司、飞机制造商、机场、飞机融资租赁企业的代表组成。

三、建议

基于上海国际航空仲裁院先行探索并相对成熟的运行机制，为有效构建“一带一路”航空领域争议解决仲裁机制，建议如下：

1. 有效整合现有法律服务资源，将上海国际航空仲裁机制和机构的建设，纳入国家层面“一带一路”争端解决机制和机构的总体布局、整体规划和统筹建设之中，将仲裁院打造成为一家专注、专业、专门为“一带一路”航空领域争议解决提供仲裁服务的国际化、权威性法律服务机构。

2.优化多元化纠纷解决机制，将上海国际航空仲裁机制和机构纳入最高人民法院及相关省级人民法院审裁、审调对接统筹安排之中，针对航空领域纠纷，统一对接至仲裁院，在诉前先行以非诉讼的调解或仲裁方式予以解决。

3.明确上海国际航空仲裁机制和机构在国家层面“一带一路”宣传推广事务中的专业法律服务机制和机构的定位，并邀请仲裁院作为代表参与诸如“一带一路国际合作高峰论坛”等相关国家级活动，使之成为我国推进“一带一路”建设中航空领域及法律服务的标杆式机构。

4.可以由国家发改委、商务部、民航局等部门将仲裁院设定为国家级“一带一路”航空领域尤其是航空法治建设的对外交流、人才培训、理论研究基地，为“一带一路”航空领域的建设持续输出国际化规则、基础性理论、高端性人才，并为“一带一路”相关国家和地区培养一批航空法律专业人士。

5.将上海国际航空仲裁机制和机构的建设，通盘纳入上海国际航运中心建设中协调推进发展。建设上海国际航运中心是国家战略，上海应从航空法律后备人才培养、航空法律服务产业发展、航空争议解决规则制定、仲裁机构财力支持保障等诸多方面先行先试，并形成可复制、可推广的经验，为上海国际航运中心建设提供有效的制度创新与供给。

（2018年3月，全国政协十三届一次会议上提交的提案）

关于完善著作权集体管理立法，推动数字文化产业创新发展的建议

一、问题背景

近年来，数字经济已经成为带动经济增长的新动能，并深刻改变着人类的生产和生活方式。随着数字文化产业快速发展，版权产业持续推进，我国的版权社会化服务体系和治理体系已显滞后，尤其伴随着互联网、大数据和人工智能等信息技术发展，版权产业形态和商业模式日趋复杂，对著作权集体管理机制提出了更高要求。虽然《著作权集体管理条例》自颁布以来历经两次修订，但如今著作权集体管理在版权制度的供给方面仍面临着创新性不足、操作缺乏透明度、组织设立存在“高门槛”、缺乏市场竞争等各项问题。

二、现状分析

目前，我国已经成为全球最大的数字内容生产、发行与消费市场之一。截至2017年12月，网络文学用户规模达到3.78亿、网络游戏用户规模达到4.42亿、网络视频用户规模达5.79亿、网络音乐用户规模达5.48亿。显然，数字经济已成为近年来带动经济增长的核心动力。但与此同时，数字文化产业的发展对于著作权集体管理机制提出了新的要求和挑战。

（一）著作权集体管理机制亟须完善

在数字文化产业快速发展的同时，著作权集体管理机制在制度供给上已显滞后。实践中，著作权集体管理机制运作缺乏透明度，缺少市场动

力，致使版权定价较为模糊，诸如知名音乐作者抱怨版权收入奇低的消息频现各大媒体，而且类似消息、投诉与不满绝非个案。著作权集体管理组织在设立上存在“高门槛”，缺少同类组织的市场竞争，容易因垄断而产生高额管理费，且在登记、申报、审批等方面存在准入门槛，不利于形成市场化、规模化著作权交易制度。

（二）《著作权法》等法律制度与数字文化产业发展亟待适应

当前，我国著作权保护水平与我国文化创意产业、经济社会的发展现状已不相适应，尤其是网络等新媒体的迅猛发展带来了很多版权保护的新问题，例如相关法律法规缺乏关于费用收取标准与方法等规定。由于法律规定不尽完善，原创作者、生产者和传播者的积极性受到影响，文化创意产业的可持续发展面临严峻挑战。

三、具体建议

（一）修订《著作权集体管理条例》，完善著作权集体管理机制

第一，降低集体管理组织设立的高门槛，并引入市场竞争要素，建立透明化的管理机制。如《著作权集体管理条例》第7条关于“不与已经依法登记的著作权集体管理组织的业务范围交叉、重合”的规定，应加以修改，使著作权集体管理组织之间形成市场竞争、在作品来源的获取上形成竞争，从而以市场竞争方式促使集体管理组织提高许可效率，切实保障著作权人的合法权益。

第二，在《著作权集体管理条例》等法规的修订中细化关于集体管理收费标准、收费方法等方面的规定，简化集体管理组织的收费程序和运用成本。同时，增加关于使用费争议解决机制的规定，有效化解矛盾，维护各方权益。

第三，建议修改《著作权集体管理条例》第20条关于“不得在合同约定期限内自己行使或者许可他人行使合同约定的由著作权集体管理组织行使的权利”的规定，著作权集体管理应遵循著作权人的意思自治，法律不

应限制权利人在授权集体管理后自身行使权利的空间。

（二）适时修订《著作权法》，进一步推进版权法律制度建设

在《著作权法》层面，一方面将著作权集体管理组织关于市场因素的调整纳入修订内容中，使大规模许可真正成为市场环境下的著作权交易制度；另一方面确立著作权人在授权集体管理上的自愿原则，在授权后不应对著作权人的权利行使产生限制，消除集体管理组织的垄断地位，实现著作权集体管理制度的宗旨。

（2018年3月，全国政协十三届一次会议上提交的提案）

关于设立上海金融法院的建议

一、问题的提出

随着上海国际金融中心建设日新月异，上海法院金融审判工作一直走在全国前列，为建设上海国际金融中心提供司法保障作出了重要贡献。

据《上海市高级人民法院工作报告》（2018年1月25日在上海市第十五届人民代表大会第一次会议上）显示，“五年来全市法院受理各类案件317.84万件，审结314.79万件，同比上升54.2%和52.7%”；“共审结一审民事、商事案件203.97万件，同比上升65.6%”；“审结一审知识产权案件4.42万件，同比上升301.8%”。与此同时，“共审结一审金融案件47.8万件，同比上升358.3%”。另据了解，目前全市金融商事审判人员不足300人，年人均办案250件以上。现设立金融审判庭的除一中、二中及高院外，有七个基层法院，包括浦东、闵行、黄浦、静安、虹口、杨浦、普陀。

从以上数据可以看出，上海目前金融案件数量较多、增幅最快，而且

未来会更多更快，“案多人少”“案多庭少”矛盾突出，加之金融案件专业性强、影响性大，新问题层出不穷、新法规不断涌现，法官及法院压力不小且日渐增大。

金融案件专业性、技术性、国际性、全局性、系统性强，裁判结果对产业发展、市场经济影响深刻，对市场各类主体尤其是属于不特定多数的金融消费者、投资人影响极大，甚至足以引发连锁反应导致社会稳定问题。

二、必要性分析

1. 设立金融法院有助于上海国际金融中心和自贸区建设。

随着上海国际金融中心和自贸区建设的推进，金融市场的不断创新、新型金融业态和经营模式的加速出现、国际金融交易惯例和规则的纷纷涌入，势必会对金融审判法官的知识结构、裁判理念、裁判视野乃至裁判技巧带来较大挑战，此时司法的规范乃至引领功能将会更加凸显，对高度专业的法官队伍和金融审判的需求亦更加强烈。

2. 设立金融法院有利于促进金融司法对金融市场的规则指引和价值引领。

金融审判的每一个判决都是足以影响交易、左右监管、推进规范的重要判例，对不特定多数的金融消费者、市场投资者产生交易及投资的司法预期，对市场监管者产生制定及完善规则、有效实施监管的司法预期，对金融市场国际参与者产生中国法治状况、投资价值及投资环境的司法预期均影响巨大，于是专业权威的审判可起到金融市场的规则指引及价值引领作用。

3. 上海的探索有利于加强我国在国际金融市场的规则话语权。

上海国际金融中心建设是“国家”战略，而且其重要的核心之一便是“国际”二字。因此，上海要建设成真正的国际金融中心，掌握金融市场的规则话语权是必要的组成部分。设立金融法院，凸显金融司法对国内市场和国际市场规则的维护，并致力于从金融安全的角度争取上海国际金融中心在国际金融市场上的话语权，具有相当积极的促进意义。

三、相关建议

目前上海金融案件审判的实际情况为设立上海金融法院提供了坚实的基础。上海各级法院受理的金融案件数量众多，金融审判法官专业性较好且队伍相对稳定；上海金融主体相对集中于浦东新区，上海自贸区亦位于浦东新区；中国资本市场最为重要的三大交易场所即上海证券交易所、上海期货交易所、中国金融期货交易所均位于浦东新区，客观上有助于金融案件朝上海市第一中级人民法院集中。

为此，建议借鉴上海知识产权法院与上海第三中级人民法院共同设立的先例，可以考虑上海金融法院先行设立于上海第一中级人民法院，受理上海各基层法院审判的各类金融案件的上诉业务，并依法受理属于中级人民法院管辖的一审金融案件。当然，也可以一步到位，设立独立成建制的上海金融法院。

（2018年3月，全国政协十三届一次会议上提交的提案，
获2018年度全国政协好提案奖）

关于进一步规范网约车运营的建议

一、背景情况

2016 年 7 月，国务院办公厅颁布《关于深化改革推进出租汽车行业健康发展的指导意见》（以下简称《指导意见》）、交通运输部等七部委联

合发布《网络预约出租汽车经营服务管理暂行办法》(以下简称《暂行办法》)，被业界称为“网约车新政”，为我国出租汽车行业的转型升级和健康发展提供了顶层设计和科学引导，并将网约车规范纳入法制层面予以监管。

二、问题分析

《指导意见》和《暂行办法》两个文件颁布后，一些地方初步取得成效，网约车得到应有规范，为乘客个性化出行带来便利。但是，在两个文件的具体落实和执行过程中，还存有以下问题：

1.各地落实推进“网约车新政”的速度和力度不一。据交通运输部最近发布的数据，在全国338个地级及以上城市中，133个城市已公布出租汽车改革落地实施细则，还有86个城市已经或正在公开征求意见，尚有超过三分之一的城市尚未完成地方执行细则的制定。显然，在这些城市，网约车的运营仍处在政策法规的模糊地带，给当地的交通客运管理增加了难度；同时，在部分已经出台网约车管理细则的地区，也不同程度地存在执行松懈、监管缺位的情况。

2.个别网约车平台违规运营的情况依然严重。《暂行办法》及相关细则明确规定，网约车运行平台、车辆、人员均应具备相应资质。但是，在实践中，仍然存在个别网约车平台在尚未获得网约车运营许可证的地区违规运营，而且向不具备营运资质的车辆和司机派单。同时，部分网约车平台还存在线上线下车辆人员不一致的情况，对市场秩序、乘客安全和社会稳定均构成严重隐患。此外，部分网约车平台在高峰时段和极端天气条件下大幅加价，导致市场混乱，侵害乘客的利益。

3.正规出租汽车企业和从业人员遭遇不公平竞争。出租汽车行业是城市综合交通的重要组成部分，在为乘客出行提供便利与安全服务方面作出了重要贡献，特别是在重要节假日、重大活动及赛事期间，更是承担了保障交通运能、疏导交通压力的社会责任。但近年来，在部分网约车平台无证运营、任意加价、高额补贴等手段的恶性竞争和冲击下，出租汽车行业出现断崖式下滑，企业经营状况恶化、司机收入减少、服务质量下降、乘客不满意率上升，出租车司机拒载、挑客、乱收费等违纪事件频繁发生，行业信誉严重受损，对城市形象带来负面影响。

三、具体建议

随着人民群众生活水平日益提高，汽车出行已成为广大乘客日常出行的一个重要组成部分，网约车这一基于互联网技术应运而生和发展起来的出行方式应纳入法治轨道予以规范，并推进其有序发展。为此提出两点建议：

1. 国务院及其相关部门成立专项工作组对各地出租汽车市场现状进行专题调研，深入了解出租汽车行业发展状况，特别是面临的问题，研究提出解决方案，尤其是出租车定价机制、企业管理模式、出租车经营权机制等，指导和帮助出租汽车企业尽快实现转型升级，更好地为乘客提供服务，为社会创造良好的出行环境。

2. 由交通部牵头组织、其他相关部委共同参与，对各地落实“网约车新政”情况进行专项巡视，并把巡视结果向公众公布，接受社会监督。各地政府部门应依法坚决打击网约车非法营运行为，对于继续向不具备运营资质的车辆和司机派单的平台按照《暂行办法》等有关规定进行处罚，并纳入企业征信档案，弘扬诚信、法治的社会主义核心价值观。

（2018年3月，全国政协十三届一次会议上提交的提案）

第二辑

立足本职，思与行

——上海市政协提案（2008—2017年）

关于加强人民法院裁判文书释法说理的建议

一、背景情况

党的十八届三中全会通过的《中共中央关于全面深化改革若干重大问题的决定》指出："推进审判公开……。增强法律文书说理性，推动公开法院生效裁判文书。"党的十八届四中全会通过的《中共中央关于全面推进依法治国若干重大问题的决定》进一步指出："构建开放、动态、透明、便民的阳光司法机制，推进审判公开……，依法及时公开执法司法依据、程序、流程、结果和生效法律文书，杜绝暗箱操作。加强法律文书释法说理，建立生效法律文书统一上网和公开查询制度。"

二、问题及分析

我们从法院官网上随机抽取了上海各级人民法院的一百份生效判决书，不论是横向还是纵向的比较，这些文书质量当然是好的。不过还是感到，有的裁判文书中"述"多、"论"少，释法说理不够。应该说，体现裁判者功夫的，更多的是"论"。毕竟，"论"体现的是专业性更强的心理思维活动和创造性的文字表述能力。释法说理体现法律依据、表达思维逻辑，是认定事实与作出结论的纽带与桥梁，是专业性的反映，是理论性的彰显。"论"要好，重要的一个方面就是能充分反映"'控''辩''审'三方活动"。在刑事审判中，"控""辩""审"三方缺一不可，控方层层推进、步步为营，辩方"在案件细节上较真""在诉讼环节上挑毛病""在起诉书和判决书字里行间发现漏洞"，审理者居中查实、综合考证、据实判定，从而实现司法精确、公正。因此，裁判文书要真实、准确、完整地记录这一过程，特别是要充分引用律师的意见，并针对性地回应。

三、建议

为此，建议人民法院裁判文书进一步加强释法说理，充分反映“控”“辩”“审”三方活动，切实进一步提高裁判文书的质量。

1. 充分引用律师意见，并针对性地回应。

判决书应该在事实查明和证据认定部分对律师意见予以回应。如对律师提出有异议的证据要说明认证的依据和理由，重视律师举证、质证、认证的过程，在对证据内容列举的同时对律师质证意见予以回应。判决书在裁判理由方面也应对律师意见予以说理回应。法官除了在内部的案件审理报告中详细分析裁判理由，还应在裁判文书中，不只是抽象概括、仅在辩驳意见部分简单回应律师主张，应该在“本院认为”部分对相关认定作出详细说明。

2. 充分记载有关律师的程序性事项。

比如律师申请庭前会议的过程及法官决定情况，律师提出申请非法证据排除的申请及非法证据排除程序的具体过程和结果，律师提出证人出庭的申请及法官同意或者驳回的理由，都应予以充分描述。

3. 关键还是进一步提升法官对律师意见的重视程度。

律师是诉讼活动的参与方，在维护当事人合法权益的同时，维护法律的正确实施和社会的公平正义。对律师的意见，是否回应、如何回应，不仅是法官专业水平如何的体现，更是是否尊重并维护律师执业权益的反映。而且，在裁判文书充分释法说理的前提下，通过公开裁判文书，借以实现控方意见公开、辩方意见公开，从而增强“控”“辩”“审”三方的互信，提高法官、检察官和律师的执业水平与专业能力，实现法治工作队伍相互促进共同提高，“比学赶帮超”效应得以显现。

（2017年1月，上海市政协十二届五次会议上提交的提案）

关于加强人民法院公开裁判文书及时性与共享性的建议

一、背景情况

崔亚东院长在《上海市高级人民法院工作报告》中指出:“全市法院1—12月共受理各类案件71.49万件,审结71.09万件”;“上网生效判决书14.15万篇”。报告又指出:“建立新型高端司法智库,为改革与发展提供智力支撑。”

党的十八届三中全会通过的《中共中央关于全面深化改革若干重大问题的决定》指出:“推进审判公开……。增强法律文书说理性,推动公开法院生效裁判文书。”党的十八届四中全会通过的《中共中央关于全面推进依法治国若干重大问题的决定》进一步指出:“构建开放、动态、透明、便民的阳光司法机制,推进审判公开……,依法及时公开执法司法依据、程序、流程、结果和生效法律文书,杜绝暗箱操作。加强法律文书释法说理,建立生效法律文书统一上网和公开查询制度。”《最高人民法院关于人民法院在互联网上公布裁判文书的决定》要求:“裁判文书生效后七日内必须在中国裁判文书网公布。”

二、问题及分析

从我国的司法实践来看,有些裁判文书在生效后并未及时上网,“犹抱琵琶半遮面”,盖因与法院案多人少、法官日理多案有关。实践中,法官说,判决书“出了”,案便结了;庭长和审管办说,判决书“归档了”,

案便结了。能不能把“上网公开了”，作为法院结案的标准呢？或许这样，用不着七天，甚至更快，便赫然见判决书在网。

三、建议

为此建议，加强公开裁判文书的及时性。人民法院可以进一步完善案管制度与工作流程，在制度上将裁判文书“上网公开”纳入工作流程，以“上网公开”作为案结标准，从而使法官“案结即公开”成为工作习惯，以实现及时公开裁判文书，以公开促公正，最终让人民群众在每一个司法案件中都能感受到公平正义。

同时，加强公开裁判文书的共享性。建立新型高端司法智库，上海高院属于首创，值得称道。在此基础上，人民法院可以与高校及研究机构合作，组建裁判文书研究基地，推进法律适用统一、探索司法运行规律、提取法律完善建议。可以与律师协会等机构合作，委托律师协会作为独立第三方对裁判文书进行评估，并以此作为对人民法院工作评估的重要内容之一。可以与司法行政机关、律师协会合作，推出对诉讼律师的评价机制和体系。诉讼律师好不好、强不强，不是自己说了算，而是裁判文书说了算。可以与国家征信机构合作，不仅使得背信当事人在更大范围内在更重程度上“曝光”，而且将其背信因素予以留痕、存档，为社会诚信体系建设添砖加瓦。

（2017年1月，上海市政协十二届五次会议上提交的提案）

关于加强人民检察院案管工作的建议

一、背景情况

《2017年上海市人民检察院工作报告》指出："健全检察官司法办案全程监督考核体系。"

2011年3月，最高人民检察院曹建明检察长在第十一届全国人民代表大会第四次会议上提出，要"推行案件集中管理，建立统一受案、全程管理、动态监督、综合考评的执法办案管理监督机制"。2011年7月，曹建明检察长在第十三次全国检察工作会议上，对案件集中管理工作作出专门部署。2011年10月28日，经中央编委批准，最高人民检察院正式成立案件管理办公室，标志着案件管理工作已经成为检察系统一项重要的综合业务工作，揭开了全国检察机关案件管理机制改革统一步调、全面开展、大力推进的序幕。

二、问题及分析

2016年10月28日，最高人民检察院举行首届全国检察官案管业务竞赛，上海有一名选手入选"十佳"，曹建明检察长亲切会见了获奖选手。本提案执笔人作为评委参加了本次活动，对案管工作的重要性及上海市检察院案管业务成绩有了进一步的了解。

上海市人民检察院已经建立起较为完善的案管工作机制与制度，紧紧围绕"管理、服务、参谋、监督"职能，对检察机关办理的案件实行统一受理、流程监控、案后评查、统计分析、信息查询、业务考评等，对办案期限、办案程序、办案质量等进行管理、监督、预警，在全国检察系统走在前列，积累了许多可复制可推广的经验。

三、建议

在深化司法改革新的背景下，建议上海市人民检察院进一步加强案管工作。

首先，各级检察机关应当进一步加强对案管工作的重视程度。如同上述全国案管业务竞赛上选手们所言案管部门的“一二三四五”，即案管部门应该是一个“鸟”：啄木鸟；二个“家”：管家、专家；三个“部”：参谋部、监察部、信息部；四个“眼”：安全猫眼、智慧天眼、锐利鹰眼、群众亮眼；五个“兵”：执勤的哨兵、日常的巡逻兵、铁面的稽查兵、精细的信息兵，最后成为业务标兵。可见，案管工作在进一步健全检察官司法办案全程监督考核体系过程中，具有不可替代的作用。

其次，切实进一步解决案管人员的入额问题。案管部门是业务性很强的岗位，不仅要配备足额的检察官，并且要配备资深的检察官。在全国范围内，有的检察机关对于案管部门是不是要配员额检察官还有争议，上海走在了全国前列，率先实施案管检察官入额。据我们在调研中了解，上海案管部门的员额检察官配备还有待提高。改革后全市案管部门入额检察官65人，有的院案管部门就1名入额检察官，而且在入额过程中还有不少限制，如有的案管人员进入了遴选委员会面试，却因为被认为案管工作经历不是办案经历，而被淘汰。对此，我们认为，如果解决不好案管部门检察人员的入额问题，可能会导致负责质量评查的资深检察官从案管部门流失；有能力、有潜力的年轻同志为了早点入额也会考虑转岗到一线业务部门。因此，通过增加案管部门员额，稳定人心；并通过放开案管部门入额限制，吸引更多业务能力强、办案经验丰富的资深检察官到案管部门来，从而切实发挥案管部门对保障公正司法、提升司法公信力的应有功能。

另外，进一步提升案管部门地位、强化案管机构责任。基于案管部门的特别作用、特殊功能，可以考虑案管部门负责人为院检委会委员，参与业务决策。案管部门工作过程中发现的涉及案件质量、办案程序的重要问题，需要提交检委会研究解决，案管部门负责人作为检委会委员参与讨论、参加决策，更有利于发挥案件管理服务业务决策的积极作用，也有利于提升案件管理工作的责任感与权威性。

（2017年1月，上海市政协十二届五次会议上提交的提案）

关于推进上海国际航运中心建设立法的建议

一、背景情况

“十三五”时期是推进上海国际航运中心建设的关键时期。通过地方立法提供法制保障，以发挥立法的引领和推动作用，显得尤为重要且迫切。据了解，目前上海市人大常委会及上海市人民政府就推进国际航运中心建设的立法事宜正紧锣密鼓地开展工作。

二、问题及分析

（一）从“定位”立法角度

依笔者理解，“上海国际航运中心”，主题词有两个，一是“中心”，二是“国际”。就“中心”而言，一种是物理意义上的概念，体现在是“位于”上海这个城市；另一种则是口碑评价上的理解，表明这个城市的权威性与影响力。因此，从“推进”这一中心“建设”的角度，目前政府考虑在上海设立“上海国际航运中心建设发展资金”，为上海建设这一中心提供资金扶持，确有其必要性。但同时为了体现上海这个城市作为“中心”的影响力与辐射力，笔者建议，在上海发起组建“上海国际航运中心建设投资基金”，投资于“一带一路”相关国家和地区的航运基础设施建设，更加具有其国际意义与战略需求。这一点与“亚投行”日前刚刚宣布的“考虑到本地区基础设施发展需求更加迫切的国家较多”“亚投行成立初期，中方暂不申请资金支持”的理念不谋而合，充分体现中国构建人类命运共同体的国际担当。

就“国际”而言，上海应该是从“国内”中心、“涉外”中心直至发展为“国际”中心。“国内”中心、“涉外”中心仍不是“国际”中心，但“国际”中心基础都是“国内”中心、“涉外”中心。在此过程中，尤其需要关注“涉外”中心和“国际”中心之区别。如在仲裁实践中，中方与外方选择在上海仲裁，我们说这是一个“涉外”仲裁；而只有两个外方选择第三地的上海作为仲裁地，则这个仲裁才是真正的“国际”仲裁。因此，发展航运业务时，上海应在考虑“内外”这一因素基础上，更多考虑“外内外”“外外内”“内外外”以及“外外”业务，这才是打造真正的“国际”中心的题中应有之义。这些理念均应体现在立法上，是顶层设计的关键问题，体现了上海国际航运中心建设的国际格局。

（二）从“体系”立法角度

我们现在谈到“航运”，更多的是论及“海运”，而目前大家普遍形成的共识是，还应包括“空运”。其实，“陆运”也不可或缺，应形成“海、陆、空”三管齐下。就上海而言，铁路运输是不容忽视的重要内容，从上海设有铁路基层、铁路中级两级法院便可略见一斑。

在这里值得强调的是，除了有形的“海、陆、空”，还应有无形的“网”，即“互联网+”，或者说“海、陆、空、网”，抑或表达为“互联网+海、陆、空”，才应形成一个完整而丰满的体系。从这一角度，携程、去哪儿、淘宝、唯品会等这些企业及其所代表的电商行业，在立法过程中都应将其发展纳入建设国际航运中心建设体系中通盘考虑。“网”是“海、陆、空”的前端，是触发“海、陆、空”运输的方式和手段，是构成国际航运全产业链的重要环节。

（三）从“内容”立法角度

建设国际航运中心要“软硬”兼施。目前，上海建设国际航运中心的“硬”指标可谓亮丽。

其实，这些“软”件建设仍显不够，举一个例子，航运法律服务不仅仅是建设国际航运中心的“环境”，而且其本身更是国际航运中心的重要“内容”。从这一角度而言，法律服务，包括航运律师、航运仲裁、航运公证、航运调解，以及航运司法保障，都应放入国际航运中心建设的“核心内容”中谋划，重点推进其建设，扶持、引领、保障，而不仅是从“营商环境”角度来考虑，在立法上一笔带过，在实践中说起来重要，忙起来不要。如航运律师业的发展，政府要从规划、人才培养、税收、金融、业务拓展、执业权利保障等多个方面，采取有效措施，推进其实现规模化、规范化、国际化发展。

（四）从“主体”立法角度

推进上海国际航运中心建设的立法，界定相关主体的权利、义务与责任可谓重点内容。如政府“相关部门”，应对其主体是谁、责任内容作出明确具体的规定。对政府这些部门而言，既是权力问题，更是责任问题，越明确越便于实施，越具体越便于监督。

同时，对运营企业而言，应划分类别，分类推进。既出台政策“引”，又颁布条例“留”，更发挥其“在”本身的聚焦与辐射功能。在立法方面，除了对企业及其员工在税收、融资、人才落户、出入境等方面予以支持外，还应考虑子女教育、医疗卫生、继续教育、人才发展空间、社区互动、融入上海文化等一系列“软”性指标。

而且，对航运调解、仲裁机构，除了支持“商事”调解及仲裁机构发展外，上海应建立有关航运“劳动”调解、仲裁专业机构，针对性地解决船员、飞行员的劳资合同法律纠纷问题，这是形成上海国际航运人才高地的重要因素。另外，上海目前有海事法院、铁路基层及中级人民法院，长宁、浦东两个法院重点受理航运相关案件，完全可以借鉴在上海成立专门的知识产权法院的先例，争取政策，择机建立“上海国际航运法院”，为推进国际航运中心建设发挥司法保障作用。

还有，在立法中应明确充分发挥专业高校，如海事大学、海洋大学、交通大学以及复旦大学法学院、华东政法大学国际法学院等，以及上海社科院等研究机构的国际航运人才培养、国际航运学术研究、国际航运法律交流等功能，为上海国际航运中心建设提供“后备军”“人才库”“智囊团”。

三、建议

1. 在上海发起组建“上海国际航运中心建设投资基金”，投资于“一带一路”相关国家和地区的航运基础设施建设。

2. 在立法鼓励发展航运业务中，更多考虑“外内外”“外外内”“内外外”以及“外外”业务，打造真正的“国际”航运中心。

3. 立法内容体系上应涵盖“海、陆、空、网”，将相关电商行业纳入国际航运中心建设体系统盘考虑。

4. 政府要从规划、人才培养、税收、金融、业务拓展、执业权利保障等多个方面，推进上海航运法律服务业发展。

5. 上海可以建立有关航运“劳动”调解、仲裁专业机构。

6. 借鉴在上海设立专门的知识产权法院的先例，争取政策，考虑择机建立“上海国际航运法院”。

（2016年1月，上海市政协十二届四次会议上提交的提案）

关于上海参与推进“一带一路”建设的建议

一、背景情况

推进“一带一路”建设是国家战略。上海义不容辞，当仁不让。据统计，2014年，上海国资系统在沿“一带一路”国家设立了183家公司。在与这些“走出去”的企业交流中，我们了解到，上海企业参与“一带一路”建设普遍缺少整体规划，抱团意识不强，对相关国家法律环境了解不足，投资与贸易信息渠道不畅，政府相关部门指导也较少，行业协会作用发挥不够，“叫好”不“叫座”，甚至影响力不大，“叫好”也难。

二、问题及分析

与此同时，我国其他地区参与“一带一路”建设力度颇大，相关政府也出台一系列鼓励与支持措施。就连香港，也要做“一带一路”“超级联系人”。今年1月13日，梁振英特首发布2016年施政报告，40余次提到“一带一路”，同时，宣布成立由他亲自主持的“一带一路”督导委员会，负责制定香港参与“一带一路”的策略和政策，同时设立“一带一路”办公室。他同时宣布向奖学基金注资十亿港元，资助“一带一路”国家的学生来港求学，奖学金资助对象包括东盟、中亚国家的学生。

三、建议

就上海参与推进“一带一路”建设，提出以下建议：

1. 上海应成立推进“一带一路”建设的协调机构。此协调机构级别要高，领导要强，组织并实施上海推进“一带一路”建设的战略方案，统一协调商务委、发改委、金融办、国资委、经信委、自贸区等相关委办局以及各区县政府，形成政府推动角度的合力。

2. 上海应组建推进“一带一路”建设的行业协会。这一行业协会应打破单一行业、归口管理的界限，从推进企业“走出去”、支持企业参与“一带一路”建设的角度，体现“抱团出海”，组建“联合舰队”，以业务复合化、模式集成化为目标，涵盖基建、装备、互联网、通信、投资、金融、贸易以及咨询、法律、会计等全产业链内容，“软硬”兼施，齐头并进，信息互通，优势互补。

3. 上海应发起推进“一带一路”建设的政府引导基金。这一基金作为引领基金，充分吸收上海的企业参与，设立“推进一带一路建设投资基金”，参与一带一路相关国家和地区的基础设施建设、配合“走出去”企业实施重大项目并购与投资、与“一带一路”相关国家的企业组建专项投资基金，充分体现上海建设国际金融中心与航运中心的实际影响力。

4. 上海应组织发布“一带一路”相关国家投资法律环境指引。1月19日，中国社会科学院蓝迪国际智库在北京发布了首份《“一带一路”相关国家投资法律制度》研究报告。报告涵盖了“一带一路”重要沿线国家巴基斯坦、俄罗斯、伊朗、印度尼西亚和阿联酋，详细介绍了五国发展现状、政治制度、法律体系以及外商投资细则和实践案例，尤其对企业对外投资过程中所关注的税收制度、外汇管理、劳动就业、知识产权和环境保护等内容进行了重点阐述。该报告主要执笔方为国浩律师事务所。为此，上海可以组织上海社科院以及华东政法大学等科研、教学机构，以及上海的涉外法律服务机构，研究、梳理、汇总并定期发布“一带一路”相关国家投资法律环境指引，充分发挥法律服务的引领与推进作用。“一带一路”，法律先行，应成为共识。

5. 上海应设立“一带一路”国际纠纷争议解决中心。目前，上海依托上海国际经济贸易仲裁委员会，已拥有中非联合仲裁上海中心、金砖国家争议解决上海中心、上海国际航空仲裁院等国际性争议解决机构，而且，上海国际经济贸易仲裁委员会现有在册仲裁员858名，来自61个国家和地区，其中外籍仲裁员及港澳台地区仲裁员324名，占37.8%，为上海建设国际争议解决中心打下良好的队伍基础。在新的历史背景下，参与法律服务与争议解决机制全球治理，上海有基础也有责任担当。

（2016年1月，上海市政协十二届四次会议上提交的提案）

关于建立上海法治博物馆的建议

一、背景情况

2009年，笔者在上海市政协十一届二次会议上，提交了“关于建立法院博物馆”的建议。

几年来，全国各地法院博物馆建设方兴未艾，如广西法院博物馆已建设完成，特别是2016年1月6日，中国法院博物馆新馆正式开馆。

专家指出，博物馆是“搜集、保管、研究、陈列、展览有关革命、历史、文化、艺术、自然科学、技术等方面的文物或标本的机构”，属于公共文化机构，不仅要有“文物保护”，还应注重“文化教育”，更为理想化的设计是成为“公共道德培训场所”。

最高人民法院院长周强在中国法院博物馆新馆开馆仪式上说：“中国法院博物馆新馆的建成，是最高人民法院大力加强法院文化建设、弘扬社会主义法治精神的一项重要举措，对于传承中华司法文化、展示法治发展成果、大力弘扬社会主义核心价值观，具有十分重要的意义。”

二、问题及分析

从上海目前的情况看，据不完全统计，拥有博物馆不足百座，与世界级大都市相比，不是多了，而是少了；而且，具有法治属性的博物馆应只有“上海公安博物馆”，另还有上海黄浦区的“上海律师公会旧址陈列馆”，而将提篮桥监狱改造成“上海监狱博物馆”的呼吁似乎也未落地。

上海建设现代化国际大都市，其内涵之一就是“法治完善”。法治文化是城市精神的重要组成部分，以法治为主题的博物馆是法治文化乃至城市精神的外化，它既具有壮观的建筑载体、珍贵的文物史料，又有直观生动的法治场景，更具有深厚的历史与文化底蕴，能让市民更为直观地感受城市的法治精神，从而成为市民法治意识得以培养、法律素养得以提高的重要方式。同时，以法治为主题的博物馆又可以成为国际法治文化的交流平台，成为法治建设的研究教学基地。

三、建议

为此，建议汇总“上海公安博物馆”的公安要素、“上海律师公会旧址陈列馆”的律师要素，并增加法院、检察院、监狱、仲裁以及政府法治、人大立法等体系化的法治要素，建立一个体现“科学立法、严格执法、公正司法、全民守法”要义的综合化的“上海法治博物馆”，使之成为法治上海新标志、国际上海新地标，成为上海市民、全国人民乃至国际友人在上海、来上海的除“上海博物馆”“上海自然博物馆”之外的新去处、好去处、必去处！

（2016年1月，上海市政协十二届四次会议上提交的提案）

关于建立律师协会对法院的第三方评价机制的建议

一、背景情况

崔亚东院长在今年的《上海市高级人民法院工作报告》中指出：“高院制定《上海法院司法公开评估指数设定办法》，定期发布全市法院司法公开评估指数以及评估报告，促进司法公开规范化、常态化，以公开促公正。市一中院、二中院分别委托上海社科院、华东理工大学等开展第三方参与评估，增加透明度。”

2015年11月3日，上海二中院举行“法院工作第三方评价机制研讨会”，会上，华东理工大学作为受委托方发布对上海二中院法官“工作作风、职业道德”的评估报告。2016年1月12日，上海一中院发布由上海社科院法学所受托评估的全国首份“司法公信力”第三方评估报告。

应当说，以上由第三方机构对人民法院工作进行评估的做法，取得了非常好的社会评价，也成为上海推进司法改革的新亮点。

从以上评估报告反映的情况看，评估机构都非常注重评价主体的多元化。如对二中院的评估，评价主体既包括直接参与过该院案件审理的当事人、诉讼代理人、诉讼律师，也包括人大代表、政协委员和社区居民等各方面的公众代表。如对一中院的评估，评估组通过问卷调查，对市民、专业人员、律师、案件当事人四类社会群体进行民意调查，收集主观评价数据。

二、问题及分析

笔者认为，应当从直接性、重复性、专业性、公正性的角度，进一步完善对法院的第三方评估机制，更多开展对法院专项工作的第三方评估。

律师是司法活动的法定参与方，是司法过程的体验者。如同“审理者裁判”“裁判者负责”一样，“参与者评判”“体验者打分”理所应当，可以更大程度地解决闭门造车式、纸上谈兵式以及道听途说式、人云亦云式的评价，使得这种评判更具有亲历性、直接性、体验性，从而更直白、更确切、更精准。

律师是司法活动的重复参与者，多次出庭、累计办案，特别是律师的专业分工越来越细，在实践中多次出一个审判庭、累计办一个法官担任审判员的案，便更加常见。如果说一次体验不准确，但多次经历一定会更客观，这些重复体验性会使得律师的评价避免“一次性”“小概率”，防止以偏概全、一叶障目，从而尽可能全面、尽可能系统。

律师是专业的法律工作者，与法官、检察官同属法律职业人，构成法律职业共同体，更能够从专业的角度就案论案、就法论法，人为因素比当事人更少些、胜负观念比委托人更淡些，或者说虽论胜负但更容易从法律原则及法律事实角度作出理性判断。因此，律师的评价一定更专业，因而也一定更接近于公正。

同时，对法院工作的评价应该更多一些专项工作、专项机制的评价。如立案登记制是否切实解决立案难问题、证人鉴定人等出庭问题、裁判文书质量特别是判决书说理释法问题、裁判文书公开问题、财产保全及时性有效性问题、执行难及执行不能问题，以及律师执业权利保障问题等。这些具体的专项问题更具有针对性，评价也更容易具有专业性与客观性，而且都是法院审判过程中的重要问题、司法改革进程中的关键问题。

2016年1月7日，中国社科院法学所与深圳市律师协会联合课题组就发布《深圳市中级人民法院关于基本解决执行难问题的实施标准》的第三方专项评估报告。

三、建议

综上，建议由上海律师协会组织执业律师，定期对上海法院进行专项工作评价，出具独立第三方评估报告。正如《最高人民法院关于完善人民法院司法责任制的若干意见》指出："探索建立法院以外的第三方评价机制，强化对审判权力运行机制的法律监督、社会监督和舆论监督。"评估不是目的，而是手段，重要的在于使得人民法院借鉴、反思、改进，从而推进人民法院公正司法，最终让人民群众在每一个司法案件中都能感受到公平与正义。

（2016年1月，上海市政协十二届四次会议上提交的提案）

关于改革与完善上海调解和仲裁制度的建议

一、背景情况

上海司法体制改革过程中实施的立案登记制，切实解决了"立案难"问题，让老百姓走进司法程序即有了第一个"获得感"，取得非常好的效果。

当然，随之带来的"诉讼爆炸"愈演愈烈。据上海高院统计，上海各级法院2015年1—11月一审民商案件受理数达37.86万件，同比上升18%，其中5月受理案件数为65871件，同比上升20.42%；2015年全市法官人均办案167个，而浦东法院据说人均日均结案1.07件。而且，这是在司法改革后法院配置资源优化前提下的情况，目前上海法院一线法官人数比司改前增加1.4%，主要办案部门法官增加7.6%。可以这样说，"案多人少的矛盾依然突出"这句话，将在法院工作报告中继续出现。

对此，内，优化法官资源配置刻不容缓，值得继续推进；外，要“减压”“分流”，替代性矛盾纠纷解决机制要加快完善。于是，推进调解、仲裁制度的系统性改革值得提到议事日程上来，并在此过程中充分发挥律师队伍的作用。

二、问题及分析

以上海经贸商事调解中心为例，这是一个独立第三方的社团法人，仅2014年就调解成功109个案件，调解成功率80%、自动履约率100%，其调解的案件尽是期货纠纷、自贸区争议等疑难杂症，而调解员基本上是律师。于是，律师、律所、律协，如何在大调解格局中、在多元解决纠纷机制建设中再显身手，不再只是代理一方，而是居中调停，担当新角色，赋予新使命，值得在制度层面关注并推进。

再如上海国际仲裁中心，借建设自贸区之契机，改革仲裁规则，推出一系列创新制度，如开放名册制度、合并仲裁及案外人加入仲裁、紧急仲裁庭与临时措施、友好仲裁制度等。这些规定在自贸区先行先试，其实已经突破了现行仲裁法的规定。

2015年4月1日，厦门市人大常委会通过《厦门经济特区多元化纠纷解决机制促进条例》，成为全国第一部关于多元化纠纷解决机制的地方立法。目前，厦门全市已建立1400余个调解组织，各类调解人员近7000人，在化解社会矛盾纠纷、维护社会和谐稳定中正发挥生力军作用。

因此在此背景下，我们有必要改革与完善调解与仲裁制度。党的十八届四中全会决定明确指出：“健全社会矛盾纠纷预防化解机制，完善调解、仲裁、行政裁决、行政复议、诉讼等有机衔接、相互协调的多元化纠纷解决机制。加强行业性、专业性人民调解组织建设，完善人民调解、行政调解、司法调解联动工作体系。完善仲裁制度，提高仲裁公信力。”

三、建议

第一，可以考虑制定一个系统的调解条例。特别是对诉调对接程序、调解机构的法律地位、调解文书的法律效力等核心问题，作出明确。其中，总结借鉴医疗卫生、道路交通、劳动关系、家事关系等领域调解工作的经验，依据日前司法部、中央综治办、最高人民法院、民政部制定发布的《关于推进行业性专业性人民调解工作的指导意见》的精神，整合上海已有的归口于各个条线、各类行业、各种专业的调解委员会、调解中心，组建一个由党委领导、政府主导、司法行政机关指导，由社会举办的独立、专业、非营利的调解机构，并建立法人治理结构、制定规范调解规则、统一调解工作流程与标准、聘任专业调解人员，依法依规开展第三方调解工作。在此过程中，律师协会应当成为重要的举办方，执业律师也应当成为调解人员中的中坚力量。

第二，可以考虑出台一个创新的仲裁条例。将上海国际经济贸易仲裁委员会制定的自贸区仲裁规则，在自贸区范围内先行先试的基础上，复制、移植、推广至在本市的仲裁机构，在更多机构、更广案件、更大范围施行并积累经验。同时有必要推进中央层面修订现行的《中华人民共和国仲裁法》，如“去行政化”，解决依行政区划设立机构、仲裁机构由行政机关主管等问题；再如进一步完善仲裁制度的司法保障机制。

上海的司法改革，既要“单兵突破”，又要“系统推进”，以系统改革与完善调解与仲裁制度，来化解立案登记制实施后的“诉讼爆炸”问题，维护公平正义，维护社会和谐稳定，正是题中应有之义。

（2016年1月，上海市政协十二届四次会议上提交的提案）

加快培养上海涉外法律服务人才的建议

在全面推进依法治国大背景下，上海的涉外法律服务业如何乘此东风，并适应、认识我国经济发展新常态，为中国深化改革和扩大开放提供全方位、高质量法律服务，是摆在我们面前的一个迫切问题。

一、全面推进依法治国为发展涉外法律服务提供了史无前例的政策支持

党的十八届四中全会通过的《中共中央关于全面推进依法治国若干重大问题的决定》(以下简称“四中全会决定”）在“建设完备的法律服务体系”一节中指出：“发展律师、公证对法律服务业，……发展涉外法律服务业”；在“创新法治人才培养机制”一节中提到：“建设通晓国际法律规则、善于处理涉外法律事务的涉外法治人才队伍”；在“加强涉外法律工作”中论及：“适应对外开放不断深化，完善涉外法律法规体系，促进构建开放型经济新体制。积极参与国际规则制定，推动依法处理涉外经济、社会事务，增强我国在国际法律事务中的话语权和影响力，运用法律手段维护我国主权、安全、发展利益。强化涉外法律服务，维护我国公民、法人在海外及外国公民、法人在我国的正当权益，依法维护海外侨胞权益。”

可以说，四中全会决定明确界定了涉外法律服务在法律服务体系中以及涉外法律工作中的重要地位，为我国涉外法律服务业的发展指明了前进的方向，将大力发展涉外法律服务提升至党与国家重大决策的高度。可以

说，从来没有这样一个时代如此全面推进依法治国，从来没有这样一个时代如此重视涉外法律服务建设。上海涉外法律服务队伍生逢其时，大有可为，也定能大有作为。

二、中国经济发展新常态为发展涉外法律服务带来了前所未有的振兴机遇

2014年5月，习近平总书记在河南考察时首次公开提及经济发展的“新常态”。12月9日至11日召开的中央经济工作会议，更是明确提出要“准确把握经济发展新常态”，其中特别指出，“我国低成本比较优势发生了转化，高水平引进来、大规模走出去正在同步发生”，为此提出要求，“面对对外开放出现的新特点，必须更加积极地促进内需和外需平衡、进口和出口平衡、引进外资和对外投资平衡，……要改善投资环境，扩大服务业市场准入，进一步开放制造业，推广上海自由贸易试验区经验，稳定外商投资规模和速度，提高引进外资质量。要努力提高对外投资效率和质量，促进基础设施互联互通，推动优势产业走出去，开展先进技术合作，稳步推进人民币国际化”。

经济发展新常态为法律服务特别是涉外法律服务带来了前所未有的机遇，自然也提出了前所未有的挑战。涉外法律服务应该也以自己的新常态适应这一态势，引领这一形势，并提供优质高效的法律服务。

三、完善涉外法律法规体系为发展涉外法律服务提出了更高层次的参与要求

四中全会决定指出，要“适应对外开放不断深化，完善涉外法律法规体系”。按照主管涉外法律工作的国务院副总理汪洋的表述，今后一个时期，我国涉外法律法规体系的完善要着重加强以下工作：一是完善对外贸易法律制度；二是制定出台统一的外国投资法，特别是推行负面清单的外资管理方式；三是尽早出台对外投资法律法规；四是构建中国特色的援外

法律制度；五是完善外国人服务管理法律法规；六是加快领事保护法律法规建设。上述法律法规体系健全过程中，律师的功能与价值不可或缺。正如四中全会决定指出：要“深入推进科学立法、民主立法”，要“健全立法机关主导、社会各方有序参与立法的途径和方式”，“探索委托第三方起草法律法规草案”。

可以说，几乎没有一个职业如律师这般，深入到政治、经济、文化、社会生活的方方面面，律师可以精准把握“最大的社会公约数”，甚至“最大的国际公约数”，其充分参与的法律法规自然有较好的针对性，较强的可操作性，在完善涉外法律法规体系过程中定能大显身手。

四、三十多年上海律师事业的发展与规范为发展涉外法律服务打下了相当坚实的腾飞基础

经过改革开放后律师事业三十多年的发展，上海已经形成了近1.6万名律师的专业队伍，培养了一批规模化、专业化、规范化、国际化的涉外法律服务事务所，成就了一批国际视野、专业水准、诚信勤勉的涉外法律人才，更有商务部门、司法行政、法学院校的关心、支持，为发展涉外法律服务打下了基础，创造了条件。

为此，我们建议：

1. 上海市人民政府及其商务委、司法局，应制定发展上海涉外法律人才队伍的规划，将上海涉外法律人才培养纳入上海“十三五”规划予以前瞻性及通盘性考虑。

2. 上海市人民政府及其商务委、司法局，应当制定年度涉外法律人才培养计划，依托上海市律师协会及各区县司法局，选拔优秀涉外青年律师，在境内集中培训后，选送至国际金融机构、一线国际律所实习，切实培养有实践经验的涉外法律服务后备人才。

3. 上海市商务委、国资委等机构应出台制度，强调上海各类企业，特别是大型国资控股公司，在实施“走出去”战略中，应当聘请上海的涉外

专业律师为法律顾问，并请法律顾问协助选择境外律师，切实防范跨国投资、并购风险，维护企业合法权益。

4.上海市商务委、司法局等机构应加大对从事涉外法律服务的律师事务所的资助力度。提供涉外法律服务，人才储备期长、能力培养成本大，且市场培育期长、拓展风险大，同时早期支出大、收益期长，另外业务收入也相对滞后。在此情况下，应当加大对这些涉外律师事务所的财力支持力度。目前上海已出台《上海市专业服务贸易重点单位（法律服务类）认定管理办法》，可以进一步完善规定，加强支持，加大资助，以壮大涉外律师事务所的实力，提升其能力，在实现涉外法律服务新腾飞的同时，适应并引领中国经济发展新常态，为上海国际化大都市建设作出应有贡献。

（2015年1月，上海市政协十二届三次会议上提交的提案）

推进律师事务所作为第三方起草法规草案工作，充分发挥律师行业在科学立法中的作用

党的十八届四中全会明确提出建设中国特色社会主义法治体系，建设社会主义法治国家。全面推进依法治国，形成完备的法律规范体系是基础；科学立法，是严格执法、公正司法、全民守法的前提。

毋庸讳言，我国的立法工作有许多亟待解决的问题。四中全会决定实话实说、一针见血，如有的法律法规未能全面反映客观规律和人民意愿，针对性、可操作性不强，立法工作中部门化倾向、争权诿责现象较为突出。而上述问题，加上执法、司法、守法环节的诸多问题，则违背社会主义法治原则，损害人民群众利益，妨碍党和国家事业发展，于是四中全会

决定提出，对此“必须下大气力加以解决”。

四中全会决定对解决立法工作中的问题开出不少针对性与操作性极强的“药方”，一语中的，高屋建瓴，而“探索委托第三方起草法律法规草案”正是其中的亮点。

其实，立法机关委托第三方起草法规草案已有多地试点、已经多年探索，而且成效斐然。据统计，2001年4月重庆索通律师事务所受重庆市人大委托起草《重庆市物业管理条例（草案）》，是较早的立法机关委托第三方起草法规草案的案例，当地媒体当时用了“破天荒”“第一次吃螃蟹”来描述。2005年9月，天津市人大将《天津市地方立法听证办法（草案）》的起草工作委托给天津市律师协会承担。2006年5月，山东康桥律师事务所受山东省人大常委会委托起草《山东省消费者权益保护条例（草案建议稿）》，这是山东省首次委托第三方起草地方性法规。而来自广东省的数据显示，在2013年度、2014年度立法工作计划中，有超过1/3的地方性法规通过委托第三方出具建议稿的形式起草，而其中担任第三方最多的是律师事务所。可见，在不少省份，委托第三方特别是律师事务所起草法规草案，已经成为立法工作的“新常态”。

首先，律师的独立性将更大程度地解决立法工作中的部门化倾向。立法工作中存在“部门化”倾向，这是一个不争的事实，而且随着改革进入攻坚期和深化区，改革发展稳定任务之重前所未有，矛盾风险挑战之多前所未有，有大量的法律、法规、规章需要立、必须改、亟待释，甚至废，而此过程中，部门争权、条块诿责、地方保护的现象更加突出，而且所谓“利益集团”“院外活动”开始出现，“部门”有时甚至可能成为“利益集团”的代言人。在此情况下，可能因扯皮久拖不立，可能为利益维权一方，可能由权力设租谋利，而将人民群众利益置于不顾，将改革发展大局抛之脑后。或许上述情况属于极端，但足以严重损害法治建设成果，严重危害立法应有功能，严重损失立法机关信誉。

律师事务所是一种独立于政府的社会组织，按照党的十六届四中全会的界定，其具有“反映诉求、规范行为、提供服务”的社会化功能；依《律师法》规定，其法定职责是“维护当事人合法权益、维护法律正确实施，维护社会公平正义”。律师事务所因不依附于任何机构与部门而具有当然的独立性，而其服务于不特定多数的当事人的特点使其不会也不该服从于任何一个组织，且依十八届四中全会决定要求其心中只有“党的事业、人民利益、宪法法律至上”。因此，律师及律师事务所的定位与职业属性所产生的独立性，将更大程度地减少直至一定程度地消除立法工作中的部门利益、集团利益等“部门化倾向”。

其次，律师的专业性将更大程度地提高立法工作质量。《管子 · 七法》云：“尺寸也、绳墨也、规矩也、衡石也、斗斛也、角量也，谓之法。”“良法善治”，良法是善治的前提。立法工作的成果应是良法，但客观实践中，我们尚有大量的废法，甚至恶法。无用之废法不仅浪费了大量的立法资源，而且更危害法治的价值，更何谓信仰法律、崇尚法治；有害之恶法，不仅阻碍生产力发展与人权保障，而且更为权大于法提供了借以发挥的题材与机会。而介于良法与废恶之间的大量针对性不强、操作性也弱的法律法规，既有立法的部门化倾向所致，更受立法的专业性不足影响。

广大律师不仅受过正规的专门化法学教育，法治意识与法律素养较高，而且其职业特点决定了其知天下之事，悉社会百态，察世间善恶。更重要的，如知屋漏者在宇下，知政失者在草野，广大律师明法律之不足，确政策之不达。可以说，没有一个职业如律师这般，深入政治、经济、文化、社会生活的方方面面，纵向到边，横向至底，党政军民学，东西南北中，无不知没不晓，正如此，可以精准把握“最大的社会公约数”，其参与起草的法律法规自然有较好的针对性，较强的可操作性，质量自不必说，并经法定的立法程序，良法自然天成。

再次，律师的组织性将更大程度地汇集律师行业智慧为立法工作提供服务。律师与律师事务所分别是律师协会法定的个人及团体会员，律师协会是律师与律师事务所法定的行业组织，律师及律师事务所的天然组织性将保证其走中国特色社会法治道路的自觉性与坚定性，律师协会在律师及律师事务所参与立法工作中的引领、组织、支持、保障作用显而易见。目前，中华全国律师协会已拥有26万名律师个人会员、近3万个律师事务所团体会员，在律师与律师事务所参与立法特别是受托以第三方身份起草法律法规草案方面做了大量卓有成效组织工作。而且，律师协会作为一级组织，可以协助立法机关核定律师事务所是否具备第三方的身份资质、推荐优秀的律师事务所成为立法工作中的第三方、对参与起草工作的第三方律师事务所的工作质量进行监督与考评，从而使得律师事务所以第三方参与立法更加具有组织性、更加具有规范化、更有质量保证、更能建立长效机制。行业智慧、整体力量、集体优势，将在律师事务所作为第三方参与立法工作中充分体现其功能与价值。

为此建议，在上海市人大常委会、上海市人民政府在制定地方性法规、规章及规范性文件的过程中，充分发挥律师的作用，推进律师事务所作为第三方起草法规草案工作。日前上海市人大常委会已通过2015年度立法计划建设项目，其中为上海创新驱动、转型发展提供法制保障的项目、为上海环境保护和生态文明建设提供法制保障的项目，特别是为加强和创新社会管理、促进民生改善提供法制保障的项目，律师参与的必要性更强，发挥作用更大。目前，上海律师事业发展规范有序，截至2014年底，律师人数超过1.6万人，律师事务所数量超过1300家，上海律师行业在上海法治建设中正发挥着不可替代的作用。我们相信，律师及律师事务所参与科学立法、民主立法，不仅充分发挥其自身功能与价值，而且将为上海全面推进依法治市作出应有贡献。

（2015年1月，上海市政协十二届三次会议上提交的提案）

构建律师与法官之间良性互动的和谐关系，进一步推进法治工作队伍规范化建设

《中共中央关于全面推进依法治国若干重大问题的决定》（以下简称“全会决定”）指出：“依法规范司法人员与当事人、律师、特殊关系人、中介组织的接触、交往行为。严禁司法人员私下接触当事人及律师、泄露或者为其打探案情、接受吃请或者收受其财物、为律师介绍代理和辩护业务等违法违纪行为，坚决惩治司法掮客行为，防止利益输送。”

可见，当今法治环境下，律师与法官关系问题，可谓既敏感，又重要，小则关乎法官办案与律师执业，大则影响法律实施与正义维护。笔者认为，应当构建律师与法官之间的和谐关系，建立并完善“组织上多往来，私下里慎交往”的良性互动机制。上海是全国首批司法体制改革试点省市之一，应当率先垂范，积累“可复制、可推广”的经验，为促进司法公正、推进依法治国，作出应有的贡献。

一、人民法院应当提高法官全面与准确认识与理解律师的程度

作为谋生的手段，律师首先是一种职业；但它同时又是一种专业，有专业要求，有专业门槛，从而迈入所谓精英阶层；而且，这个古老而历久弥新的职业发展成为一种行业，有行业规范，有行业组织；更重要的是，它是一种事业，在维护当事人合法权益的同时，维护着法治的尊严与社会的公平正义；当然，它也是一种产业，是现代服务业中的专业服务业。正因为如此，我们要从政治的、法律的、社会的、经济的多个角度来解读律

师，这样才能全面而准确地了解、认识并理解律师。可以这样说，人民法院与广大法官对律师的认识与认同，是构建律师与法官间良性互动的和谐关系的理论基础与感情纽带。

二、构建律师与法官和谐的良性互动关系的具体建议

律师与法官，和谐则共荣，对立则两败；和谐应是共鸣的“主旋律”，“死磕”最多为偶尔发生的“跑调走音”。追求和谐，构建互动，实现良性，是律师与法官共同的工作目标。

一是在制定及完善法官及律师的职业规范过程中，律师及法官应该互动地参与。作为一种职业与行业，法官与律师都有自己的职业操守、自己的职业规范。如果说两者相交最为重者，应该一是德，二是能。正可谓德才兼备、德艺双馨、德技俱佳。律师与法官的职业规范是相通的，因而也可以是互动的，不仅在制定与修订中互动，而且更在实施与操作中互动。职业规范的相通性与互动性，更为两者间的互动机制建立与完善提供了规则基础，也会使得这种互动更加规范、更加持续。正是志同道合，志不同道不合，怎相谋，如何动。

二是人民法院在制定各种形式的审判规则时，应当制度性地安排律师全过程与全方位参与。律师不仅是法院规则的被动遵守者，而且更应该是规则的参与制定者，从而成为规则的真正理解者、主动遵守者以及对当事人遵守规则的教育者与引导者。正可谓偏听则暗，兼听则明。最高人民法院院长周强最近就指出：“进一步完善司法解释的工作程序，保证司法解释制定过程公开透明，……有利于吸纳社会公众的意见和建议。”律师更多一些地代表民意，表达百姓的诉求。即使攻其一点也自有其来自实践的理由支撑，虽不全面，但一定很独到，从而使得规则更完整、更完备、更完善。同样，律师行业的规则制定也需要法官的制度性参与，从宏观层面、从中间立场、从判例角度，避免偏颇，减少缺憾，使得律师行业规则更具有高度和前瞻性。

三是人民法院的裁判文书应当充分引述并回应律师代理或辩护意见，在公开裁判文书同时实现律师法律文书的公开。阳光是最好的防腐剂，路灯是最好的警察。公开，是解决一切问题的基础；唯有公开，方能实现公平与公正。全会决定明确指出，依法及时公开“生效法律文书”，“建立生效法律文书统一上网和公开查询制度”。按照周强院长的解释，“我们强调的是依照法律的规定公开，公开是原则，不公开是例外”。生效法律文书上网，是法院自信的表现，有利于强化法官的责任心，可以产生“倒逼”作用。同时，加强法律文书释法说理，又是全会决定的又一具体要求，而在此过程中，裁判文书可以充分引用律师代理意见，并针对性地回应，于是通过裁判文书公开，借以实现律师代理意见公开，从而又强化律师的责任心，对律师提高专业水平与职业道德产生“倒逼”作用。这样的互动公开，将增加法官与律师的互信，提高律师的执业水平与专业能力，提升法官的办案水平与研究能力，真正实现共同体内的共同促进相互提高，可谓“比学赶帮超”效应应能显现。

四是人民法院与律师行业的业务培训都应聘请律师及法官参与任教。律师协会培训中最受律师欢迎的自然是法官的讲课，以案释法，实践性强，操作性强，互动性强。同样，律师给法官讲课自然也非常独到、独特，常有一语惊人之作。不能互为师生，谈何职业共同？加强各级律师学院与法官学院的业务培训互动，自然具有很强的现实性、必要性与可行性。

五是人民法院与律师行业应做到互动提示警示。法官与律师应当“对视”，这种“对视”其实是相互监督、相互提示、相互警示。我们应当做好“律师眼中的法官”与“法官眼中的律师”这两篇大文章。笔者在2008年担任上海律协会长时，上海市第二中级人民法院就专门给上海律协出了一个“司法建议书”，就“近年来受理的律师服务纠纷案逐年上升”，“审理中发现一些亟待重视和解决的问题”，“作了专项统计分析”，向上海律协“通报有关情况”，“提出司法建议”。该院时任院长沈志先亲自登门上海律协，送上司法建议，并征询律师们对法院与法官的意见与建议，反响很大，效果极好，一时传为佳话。

六是选择符合条件的律师出任法官。法官辞职做律师显然不在此互动之列，不过也可考虑法院工作人员甚至是法官去律协挂职，增强对律师行业了解，强化法院与律协互动。在这个互动中更重要的是，推进建立从优秀律师中选拔法官的机制建设。全会决定明确提出："建立从符合条件的律师、法学专家中招录立法工作者、法官、检察官制度。"上海司法改革试点工作方案中便有从优秀律师中选拔或调任法官的内容，无疑这是本次改革的最大亮点之一。目前，许多律师对出任法官并不是"不想""不愿""不能"，而是"不敢"，大概基于对其出任前景的不那么明、程序的不那么清、定位的不那么明。从这一角度我们说，司法改革应当充分吸收法律职业共同体各方的共同参加，其中，律师不应只是旁观者、被选者，应成为参与者、共建者、共享者。

七是人民法院应出台保障律师执业权利的操作性规定。从律师的角度，要充分尊重并配合人民法院和法官独立行使审判权，以事实为根据以法律为准绳，提出维护当事人合法权益的代理或辩护意见；而对于个别法官违反法律侵害律师执业权益的行为，应当以正当的程序和形式反映诉求，救济权利。从法官的角度，依法维护律师执业权利，是人民法院的重要职责。目前在维护律师执业权利方面，刑辩律师尤重，法庭活动尤重。

相识，相知，相敬，相守，这是一个渐进的过程。培根说过："法官与律师的关系不可太密，否则就难免有不公正之嫌。"过密易同流合污，过疏会反目成仇，互动有底线，互动有规矩，而相互认知、彼此认可是基础，可谓随心所欲而不逾矩。法官应畅谈"我的法官梦"，律师应唱响"我的律师梦"；法官与律师还应交流"我心中的律师"与"我心中的法官"，从而在互动中提高，在交流中共进，职业共同体更加专业，法治工作队伍更加强大，从而共同建设法治中国，共同维护公平正义。

（2015年1月，上海市政协十二届三次会议上提交的提案，

获2015年度上海市政协优秀提案奖）

关于在上海设立金融法院的建议

以2013年9月中国（上海）自由贸易试验区挂牌为标志，上海国际金融中心建设跨入崭新的发展阶段。特别是刚刚过去的2014年，在深化改革、加快转型的“新常态”下，上海国际金融中心建设开启“新格局”：自贸区金改精彩纷呈，国际机构总部首次落户，沪港通启航，原油期货破冰……敢闯敢试，星夜兼程，上海成为中国金融改革、开放、创新的排头兵和先行者。

一、问题的提出

应该说，上海法院金融审判工作一直走在全国前列，成绩斐然，有目共睹，在为建设上海国际金融中心提供司法保障方面作出了重要贡献。

据统计，近三年来，上海法院金融案件与日俱增，2012年受理一审案件2.49万件，2013年增加到3.32万件，2014年则猛增至5.83万件，2013年、2014年分别比上一年度增加33.1%、75.4%。目前全市金融商事审判人员约240人，以2014年收案数计，年人均办案243件。现设立金融审判庭的除一中、二中及高院外，有7个基层法院，包括浦东、闵行、黄浦、静安、虹口、杨浦、普陀。另根据崔亚东院长今年1月27日《上海市高级人民法院工作报告》提供的数据，上海法院2014年共受理各类案件55.03万件，同比上升13.2%；受理一审海事海商案件2247件，同比上升2.8%；受理一审知识产权案件6167件，同比上升31%。

从以上分析可以看出，上海目前金融案件增幅较大，而且从趋势来看，未来会更快，"案多人少""案多庭少"情况突出，加之金融案件专业性强、影响性大，新问题层出不穷、新法规不断涌现，法官及法院压力不小且日渐增大。

随着建设上海国际金融中心的进一步推进，金融案件会大幅增长。金融案件专业性、技术性、国际性、全局性、系统性强，裁判结果对产业发展、市场经济影响深刻，对市场各类主体尤其是属于不特定多数的金融消费者、投资人影响极大，甚至足以引发连续反应导致社会稳定问题。为与建设上海国际金融中心相适应与匹配，并为之发挥司法保障与法治引领功能，上海金融审判在机构、队伍、能力与制度建设等方面均应再上新台阶。设立专业、专职、专门的金融法院，为提高金融案件审判效率、实现适用金融法律统一性、促进司法公正，具有现实的迫切性和针对性，对建设上海国际金融中心具有战略性意义。

二、必要性分析

（一）金融纠纷的专业性与技术性呼唤专业的金融审判

2014年以来，国家金融管理部门出台了13项实施细则，以自由贸易账户落地为标志，上海自贸区金改取得新突破。截至2014年10月末，自贸区共开立自由贸易账户约6000个；跨境人民币双向资金池收支总额499亿元；发生人民币境外借款共计190亿元。自由贸易账户在推进便利交易、繁荣金融、加快发展的同时，随之而来的法律新纠纷、争议新形式也会大量涌现。

今年1月9日证监会发布消息说，已于日前批准上海证券交易所开展股票期权交易试点，批复品种为上证50EFT期权，该期权将于近期正式上市。当日下午，上海证券交易所发布股票期权试点系列业务规则。股票期权交易在我国资本市场上属于首创，而对法律界包括司法界也是新生事物，交易规则中虽然规定了投资者适当性制定、交易熔断制度等一系列防范风险的措施，但法律纠纷的产生依然无时不在无处不有。

上述两个方面仅仅是上海国际金融中心建设中的迅速发展的缩影，金融新领域可能发生的案件，无疑专业性与技术性超强，而在解决上述新颖法律纠纷过程中，难免会碰到法律依据不充分的现实困难，司法的规范乃至引领功能将会更显著凸显，呼唤专业的法官队伍、专业的金融审判。

（二）金融案件的跨区域化与国际性要求专职的金融审判机构

党的十八届三中全会决定要求，“推进股票发行注册制改革”。目前《证券法》正在紧锣密鼓修订中，其核心内容便是注册制。中国证监会主席肖钢1月15日刚刚指出：“推进股票发行注册制改革，是2015年资本市场改革的头等大事。”注册制实施后，企业发行上市审核权或将交由交易所行使，于是在上海上市的来自全国各地的公司将全部必须与上海证券交易所建立起发行审核、上市服务、日常监管、再融资审核等一系列带有法定授权、自律监管性质的商事合同关系，跨地域特征将更加明显，为保持适用法律的统一性、避免地方及部门保护利益倾向发生，真正保护投资者合法权益，凡涉及上海证券交易所发行上市的金融案件由上海的法院统一受理，必要性显而易见。

同时，上海国际金融中心建设是“国家”战略，其更重要的核心之一更是“国际”二字。上海国际金融中心建设中的国际性特点，既体现在主体方面，如国际金融机构的云集，也体现在市场角度，如境内境外交易市场的互动联通；既表现为产品方面，如交易品种的全球化交易，也表现为监管角度，如基于市场与品种的跨境监管；更重要的，从建设上海国际金融中心的出发点与功能的理解上，这个中心当然是国际的，不能局限于上海一地、长三角一域，不仅服务中国经济发展，而且必须在配置国际金融资源中大显身手。

于是我们看到，在过去的2014年，上海国际金融中心建设的国际化亮点频现、好戏连台。2014年7月，金砖国家领导人第六次峰会决定将金砖国家开发银行总部设在上海，这是首个总部设于上海的国际金融组织。金砖银行为中国和国际金融体系互动提供了新载体，上海将在全球金融体系中扮演更重要角色。11月17日，沪港通正式上线，沪港两地股票市场交易实现互联互通，这是近年来我国资本市场改革开放过程中的标志性事件之一。上海自贸区首个面向境外投资者的黄金国际板于9月18日正式上线运行。“上海金”有望与“伦敦金”“纽约金”鼎立，成为国际黄金市场的“三极”。中国外汇交易中心推出人民币对欧元、英镑、新西兰元、新加坡元直接交易，这些交易在2014年陆续推出，有利于便利中国和有关国家及地区的贸易和投资，扩大人民币的跨境使用，加速人民币的国际化步伐。2014年12月，中国证监会批准上海期货交易所在其国际能源交易中心开展原油期货交易，中国加入亚太时区原油定价权竞争，等等。

金融国际化的发展，必然带来国际化的涉法争议和法律诉讼。在此过程中，诉讼主体、语言表述、法律适用、判决执行、案例效应等等一系列国际化与跨境化倾向、全局性与系统性趋势，将会更加明显。这对上海司法是个挑战，必然要求有专职的队伍、专职的机构。

（三）金融案件审判的影响性与引领性需要专门的金融法院

党的十四届四中全会公报指出：面对新形势新任务，“必须更好发挥法治的引领和规范作用”。同样，作为中国特色社会主义法治体系重要组成部分的司法体系，必须也能够在全面建成小康社会、实现中华民族伟大复兴的中国梦的历史进程中，发挥规范、引领和推进作用。目前，中国特色的社会主义法律体系已经形成，但金融领域的立法仍需进一步健全。因此党的十八届四中全会特别指出，要“加强市场法律制度建设”，“制定和完善……金融等方面法律法规，促进商品和要素自由活动、公平交易、平等使用”。

在此进一步完善但可能尚未实现完善的过程中，金融审判的每一个判决都是足以影响交易、左右监管、推进规范的重要判例，对不特定多数的金融消费者、市场投资者产生交易及投资的司法预期，对市场监管者产生制定及完善规则、有效实施监管的司法预期，对金融市场国际参与者产生中国法治状况、投资价值及投资环境的司法预期，可谓一石千浪、一语千钧，影响之大，不容忽视。在此情况下，“裁”出一门，专业权威，树立的不仅是人民法院的公平正义，而且彰显的是上海的法治环境、中国的法治进程，需要专门的金融法院正是题中应有之义。

三、现实性选择

我们认为，目前上海金融案件审判的现实性有利于实现上海金融法院的成立。上海各级法院受理的金融案件数量居多，金融审判法官专业性较好且队伍相对稳定；上海金融主体相对集中于浦东新区，上海自贸区亦位于浦东新区；中国资本市场最为重要的三大交易场所即上海证券交易所、上海期货交易所、中国金融期货交易所均位于浦东新区，有助于金融案件朝上海市第一中级人民法院集中。

为此我们建议，可以借鉴上海知识产权法院与上海第三中级人民法院共同设立［包括铁路中级人民法院，“三块牌子一个机构”，“审判独立、行政（党务）合署”］的先例，本着“精简、高效、扁平化”的机构设置原则，可以考虑上海金融法院先行设立于上海第一中级人民法院，受理上海各基层法院审判的各类金融案件的上诉，并依法受理属于中级人民法院管辖的一审金融案件。在条件成熟的适当时机，考虑设立独立成建制的上海金融法院。

笔者在2010年上海政协会议上，曾提出“关于进一步加强我市金融审判工作并适时建立金融法院的建议”。我们认为，随着上海国际金融中心建设的稳扎稳打和不断提速，成立上海金融法院更加具有解决金融法律纠纷专业性、国际化的现实呼唤，而且具有产生引领与规范金融改革、开放与发展实践的影响性的迫切需求，同时也具备了可操作性的上海司法实践基础，在全面推进依法治国的大背景下，可谓千载难逢，值得大力呼吁，值得强力推进！

（2015年1月，作者与张宁、谢荣兴委员在上海市政协十二届三次会议上提交的提案，于2021年1月获上海市政协优秀提案特别奖）

关于上海全面建设法治政府的几点建议

2013年，上海市市长杨雄在《政府工作报告》中指出，要“全面建设服务政府、责任政府、法治政府、廉洁政府”。近几年来，上海在建设法治政府方面成绩卓著，在此仅举一例：2004年国务院依法行政实施纲要发布，依法行政、法治政府作为中国政府建设目标更为清晰。行进在法治之路上，上海市政府领全国风气之先，对2004年至2009年间上海市依法行政状况全面回顾，并以白皮书形式公之于众，社会各界共同参与对政府依法行政的得失予以评判。一本书，记录了上海市政府坚持依法行政的辉煌过往，也昭示着一个现代化国际大都市对法治政府的孜孜以求。上海首发的这本《依法行政状况白皮书》，荣获中国政法大学法治政府研究院2012年第二届“中国法治政府奖”。

党的十八大报告指出：“提高领导干部运用法治思维和法治方式深化改革、推动发展、化解矛盾、维护稳定的能力。”在新的形势下，上海推进法治政府建设任重道远。在此，提出以下建议：

一、切实提升政府官员的法治思维

杨雄市长在《政府工作报告》中提出要“强化法治思维”，对此应切实落到实处。法治思维是指执政者在法治理念的基础上，运用法律规范、法律原则、法律精神和法律逻辑对所遇到或所要处理的问题进行分析、综合、判断、推理和形成结论、决定的思想认识活动与过程。从传统执政理念到法治思维的转变，是一个根本性的转变，法治思维不是天生的，是后天“养成”的，是要靠培养而成、培训而成。为此，建议在全市干部特别是领导干部中进行制度性、系统性的法治思维教育。其中要特别注重对宪法的培训与学习，使之了解并理解什么是“人权”，懂得并敬畏“人民赋权”；同时还要加强对行政法的培训，使之学习并关注权力如何放在“笼子”里。培训老师除了专家学者，应更多选择法官、律师，以案说法，从实践中来到实践中去，提高针对性，提高实战性。

二、切实丰富人民政府的法治方式

上海应该进一步完善行政立法，丰富政府的法治方式与手段。法治方式指执政者通过制定、执行法律、法规、规章，运用法律创制的制度、机制、设施、程序处理各种经济与社会问题、解决各种社会矛盾与争议、促进经济与社会发展的措施、方式、方法。为此，上海可考虑制定“行政程序规范”，覆盖行政行为的全过程及各方面。如在行政决策方面，对于重大行政决策、制定规范性文件都应有相应的程序；再如在行政执法方面，对于行政许可、行政处罚、行政强制、行政给付、行政征收、行政确认等一系列的具体行政行为，也都应有程序、有标准、有救济；又如在特殊行政程序和应急程序方面，行政合同、行政指导、行政裁决、行政调解、行政应急等，都要有制度性安排；另外在听证、行政公开、行政监督等方面，均应有规范性规定。在这方面，湖南省已经走在了前面，山东省也已出台规定，而汕头市、凉山州也已出台市州级规定，西安、武汉也在制定规则中。在上海，静安区于2012年12月已出台《重大行政决策程序规则（试行）》。杨雄市长在《政府工作报告》中指出要“严格依照法定权限和法定程序行使权力、履行职责”。如果没有明确、具体、可操作性且适用于全市的规范性规则，“严格依照”便成为无源之水、无本之木。

三、切实提高市民的法治意识

在建设法治政府、法治社会过程中，提高老百姓的“公民”意识、“市民”意识仍是题中应有之义。“公民”意识、“市民”意识本质上就是法治意识，核心便是宪法意识，特别是在行使权利的时候不能违反法律规定的义务，不能损害国家的、集体的、他人的合法权益。政府也应淡化“群众”“百姓”概念，强化“公民”“市民”理念。从这一角度，上海应加强对市民的法治教育，开展新一轮的以宪法为中心内容的法治宣传培训，以社区为基础，以单位为主体，以传媒为高地，要有时间表，要有路线图，全方位、系统性地进行，坚持不懈地推进。同时，除了宣传教育的春风化雨，进行急风暴雨式的典型性执法也会有其独特效果，如公安部门查处酒驾的决心与措施便可供借鉴。实践证明，加大对违法行为的处罚力度并公之于众，对树立市民法治意识是绝对有效的。提高市民的法治意识，将使人们善于和敢于运用法律手段、以法律规定的形式和程序表达自己的诉求，维护自身的权益，理性而不过激，有序而不失态，和谐而不失衡。须知公民意识的形成、养成与增强需要持续性、扎实性、系统性。

（2013年1月，上海市政协十二届一次会议上提交的提案）

建立健全重大事项社会稳定风险评估中的律师出具法律意见书制度

2013年，上海市市长杨雄在《政府工作报告》中指出：“完善重大事项社会稳定风险评估制度。”在此前上海第十次党代会上，俞正声同志在报告中已经提出：“全面推行重大事项社会稳定风险分析和评估制度。”早在2009年及2010年，胡锦涛同志分别在党的十七届四中、五中全会上均提出，“建立健全重大社会决策、重大工程社会稳定风险评估机制”，“推动建立重大工程项目建设和重大政策制定的社会稳定风险评估机制”。

其实在上海，重大事项社会稳定风险评估工作一直走在全国前列，也已出台相关规范。如2009年5月上海市委办公厅、市政府办公厅正式印发《关于建立重大事项社会稳定风险分析和评估机制的意见（试行）》，2009年底推出《上海市重大决策社会稳定风险分析和评估实施办法（试行）》和《上海市重点建设项目社会稳定风险分析和评估试点办法（试行）》。按照上述规章，定政策、作决策、上项目、搞改革，不仅事先要进行经济、技术、环境评估，也要作社会稳定风险评估，用专家的话说，即不仅看“该不该干”，还要看“能不能干”。

总结上海的实践及各地的做法，社会稳定风险评估的内容包括合法性、合理性、可行性及安全性等方面，特别是在合法性方面，要尤其关注决策权限、决策程序、决策内容的合法性问题；而在安全性方面，则要充分考虑是否会引发较大的社会影响，包括社会治安问题、网络评价风险等，以及为防止此类风险发生或已经出现此类风险后的防范预案与方案是否合法合理。可见，对上述专业性问题的判断必须以法治思维为灵魂、以法律规范为依据、以合法合德为前提、以法律风险防范为重点。

实践已经证明，律师作为社会主义法律工作者，基于其法律角度的专业性及社会方面的独立性，在化解社会矛盾、解决各类纠纷过程中具有不可或缺、不可替代的地位。据笔者了解，目前在政府评估社会稳定风险过程中，比较倚重于第三方咨询和研究机构，虽然也有使用律师的情形，但似乎并未成为制度性的常态，且亦多未归入政府购买法律服务的范畴。

为此，建议市政府层面统一制定并出台规定，明确专业律师作为独立第三方参与社会稳定风险评估，并将律师出具的法律意见书作为风险评估的必要性文件，听取律师专业意见成为政府行使决策权的前置性程序，此为其一。其二，为了保证质量，政府可建立资质管理制度，建立参与风险评估服务的律师库并予以公示。其三，推行入库律师事务所的强制性执业保险安排，以提高入库律师及律师事务所的诚信度（目前上海律协已为全市律师事务所统一办理执业保险，但可要求入库律师在此基础上追加保险金额）。其四，在经过一定阶段的实践后，对律师事务所出具法律意见书工作进行评估、考核，优胜劣汰，切实提高律师及律师事务所的服务质量。其五，将律师事务所出具法律意见书纳入由政府购买服务的范围，并按律师行业正常收费标准支付律师费用，使此项工作进入常态化轨道。

（2013年1月，上海市政协十二届一次会议上提交的提案）

进一步推进上海建设国际并购中心的建议

笔者曾于2009年1月在市政协十一届二次会议上提交《关于打造国际并购服务中心，进一步夯实上海国际金融中心基础建设》的议案，得到上海市金融服务办公室的回应和认同。在此基础上，在上海国际金融中心建设进一步加快的情况下，笔者建议，应进一步推进上海国际并购中心的建设。

一、进一步明确上海国际并购中心的定位和内涵

上海国际并购中心应是上海国际金融中心的重要内容、关键要素、核心基础、不可缺少的组成部分。

上海国际并购中心首先应当是一个并购信息及数据中心，形成一种“天下并购，先看上海”的势态，定期发布“上海并购指数”，指引并规范并购交易，成为并购市场的“晴雨表”。其次应当是一个并购专业交流与示范中心，推进吸引各类并购研究机构、并购专业社会组织落户上海中

心区域，设立年度并购高端论坛，组织各类并购专业讲座，分享并购信息、最佳实践，增强机构黏性和吸引力。再次应当是一个并购中介执业与服务中心，由专业律师事务所、会计师事务所、评估事务所、公证机构、仲裁机构等组成系统而强大的中介服务团队，为各类并购交易提供全方位的服务。最后，在此基础上，这个中心应当也可以成为一个并购运营及交易中心，在这个平台上，各类并购机构及并购基金云集，特别是作为收购主体的“壳公司”纷至沓来，将上海中心区域作为并购主体注册地、资金管理地及并购交易地、股权运营地，并促进并购资本与并购贷款的进一步集聚。

二、发挥上海区域资源禀赋优势，发展有特色的功能型金融

以“一城”“一带”为金融核心功能区、以各区的金融发展为次中心的上海国际金融中心主体框架已经形成，特别是在金融市场体系建设、金融机构集聚等方面成绩显著。

为了发挥上海国际金融中心服务实体经济的作用，加快金融中心各项功能建设，考虑到“一城”“一带”金融中心核心功能区建设任务繁重，应支持上海各区根据区域内资源禀赋、产业战略，根据各区自然集聚的金融机构和要素分布现状，发展有助于实体产业发展、有助于产业集群形成的功能型、产业链型的金融市场和体系，加快扩大金融中心的辐射能力、广度和深度。对非金融核心功能区，发展符合区情并具有面向全国、全球服务和辐射能力的金融要素，应纳入国际金融中心整体战略，给予同样的重视和扶持。在此，上海中心区域的建设国际并购中心的战略应提升到上海市级战略的高度并付诸实施。

三、应采取切实有效的措施推进上海国际并购中心建设与建成

在这一思路下，上海中心区域，如静安区，具备发展并购中心的软硬条件、机构集聚体系、体制机制优势。静安区域内的高品质楼宇能满足高

端专业服务业的地标需求；静安区政府为发展金融和服务业成立的专门部门，具有跨部门整合、发挥政府和财政资源优势的体制；静安区域内集聚的众多500强企业，为并购功能发挥及专业服务业发展提供了服务需求；静安区法律服务机构云集、法律服务体系健全，在上海而言区内境外律所入驻数量第一、中国律所入驻数量第二，上海公证处（东方公证处）、上海仲裁委员会均位于区内；静安区域内证券、银行、会计、咨询、评级、培训和并购基金等各类并购相关机构云集，毕马威、贝恩、艾义凯等咨询机构，国泰君安、光大证券等证券机构，凯雷、檠石、洛希尔、淡马锡、红杉、太平洋等参与并购的股权投资机构，国内最具影响力的专业财经媒体（第一财经）等各类并购要素齐全，具有发展国际并购中心的基础条件。推进静安的并购中心建设，既有利于提升机构集聚和专业服务能级，也有利于提升静安专业服务业品牌和产业集聚粘性，推动静安从依靠楼宇集聚产业，向产业链、价值链为核心的产业集群转型发展，提高就业和第三产业增加值，提高上海金融和专业服务业的辐射能量，使静安尽快成为资本运营和并购融资、并购交易操作、运营、管理的核心区域，成为并购法律服务的核心区域，成为上海国际金融中心金融功能的“一域”，并为上海其他区域推进上海国际金融中心建设发挥示范作用。

因此，市政府有关部门可以考虑与静安区人民政府共同规划、实施国际并购中心计划，并将此提升为市级战略，上升为建设国际金融中心的组成部分。可以考虑指导和支持静安引进“并购领袖联盟”等民间并购组织，举办“并购领袖高峰会”等专业性、区域性、国际性、全球性的高端、高知名度的并购论坛；协调各种资源，支持静安发展并购信息数据产业，推出“上海 · 静安并购指数”；支持静安发展并购融资产业集群，发展并购母基金并引进各类并购基金、并购贷款机构；鼓励静安区政府与上海证券交易所围绕上市公司换股、ST公司重组、控股权并购等市场化并购建立合作关系、共享专业并购服务；集合市区财政扶持资源，支持静安设立专项基金，推动并购要素集聚，发展财经传媒服务产业，提高并购法律服务核心能力，促进信息交流、资本集聚、专业培训和认证等平台建设，扶持并购产业集群做强做大。从而，不断提高上海服务全球并购的能力，为上海国际金融中心建设夯实基础。

（2012年1月，上海市政协十一届五次会议上提交的提案）

制定律师行业中长期人才发展规划，进一步加强上海律师队伍建设

一、背景

2010年4月，中共中央、国务院发布《国家中长期人才发展规划纲要（2010—2020年）》，其中特别提出要加大法律等现代服务业人才培养开发力度，培养造就一支职业化、专业化的社会工作人才队伍，把非公有制经济组织、新社会组织人才开发纳入各级政府人才发展规划等要求。中办发〔2010〕30号文件也明确提出“要认真贯彻《国家中长期人才发展规划纲要（2010—2020年）》，进一步加强律师人才队伍建设，明确发展目标，健全工作机制，落实相关人才政策”。目前国家人力资源和社会保障部、司法部正在研究制定《律师行业中长期人才发展规划》。

改革开放三十年来，特别是近十年来，上海律师事业发展取得了可喜的成绩，律师人才队伍建设得到进一步加强。根据《国家中长期人才发展规划纲要（2010—2020年）》中对“人才”的界定，律师是具有一定专业知识或专门技能，进行创造性劳动并对社会作出贡献的人，是人力资源中能力和素质较高的劳动者，均属人才系列。但毋庸讳言的是，上海四个中心建设特别是国际金融中心建设、国际航运中心建设过程中，上海律师队

伍仍有服务不尽适应的客观情况。在此现状下，为进一步加强律师人才队伍建设，保障上海律师业科学发展，推进律师为上海经济社会发展和民主法治建设提供优质高效法律服务，可以考虑由市委组织部、市人力资源和社会保障局及市司法局制定上海律师行业人才发展规划。

二、建议

在制定上海律师行业人才发展规划过程中，有关上海律师行业人才发展的指导思想、基本原则、主要任务和措施，可遵循国家相关部委即将出台的规划纲要要求并依据上海律师行业发展的特点予以明确即可；而在规定作为人才培养重要载体的重大人才工程方面，则更应适应上海经济社会发展对法律服务提出的新需要、更应针对上海律师人才队伍出现的新情况，因地制宜，与时俱进，创出特色。

应当建立上海律师领军人才工程。“领军”应指“领业务之军”，领军人才则是在每一个律师业务领域的具有代表性的人物，即在这一领域办过一批大案或大项目，担任或担任过这一领域的有关行业监管的专家评审、专业审核职务（如中国证监会发审委委员），对这一领域的法律服务有较高的理论素养甚至从业务上、理论上、政策上、立法上推进该领域法律服务达到更高层次，在该领域实务界、律师服务界具有较高的知名度及获得认可度。领军人才应是律师人才中的最高级，按目前上海1.3万名律师人数的不超过千分之五的比例计，为50—60人为宜。“领军”人物重在“领”，故应是年富力强、战斗在律师服务第一线的专家型律师，真正起到行业率领、示范作用。

应当建立上海律师后备人才工程。“后备人才”的“后备”应是“领军人才”的后备，与领军人才的关系类似共青团与共产党的关系。“后备人才”从时间上而言应在十年后自然成长为新时期的“领军人才”。因此，对后备人才的培养应高起点、严选拔、强推荐。按照与领军人才2：1左右的配比，应有100—200人的后备人才队伍。从律师队伍中百里挑一，为使之在未来成长为领军人才打下基础。

应当建立上海律师高层次复合型紧缺人才工程。对“高层次复合型紧缺人才”应界定其法律服务领域，即金融创新方面、公司税务策划方面、知识产权综合保护方面、国际航运中心建设方面、跨境贸易及国际并购方面、跨国反倾销反垄断方面、航空航天及海洋经济方面及其他战略性新兴产业法律服务方面等业务层次高、需要复合化专业知识、实践当中长期被境外法律服务机构“霸占”乃至“垄断”的专业领域。而一般的民商事、金融证券、公司商务、房地产等不应在此列。对此类人才的培养最重要的“送出去”，在资金方面由政府出大头、律师协会与事务所各出一点，送至境外法学院、专业机构、跨国公司、律师事务所等进行专业培训与定点学习。此类人才不仅是律师行业人才，而且也是上海乃至国家战略人才，是上海乃至国家软实力因素之一，故以政府出资为主、政府培养为主为宜。从年龄层次上，应与领军人才分开，功成名就者很难再去境外深造，要选择一批35岁上下、具有十年左右执业经历的律师进行培养。

应当建立上海青年律师育才工程。这一工程应是对具有3年左右律师执业经历的优秀青年律师的培养工程。一般而言，通过3年左右的实践，已可以初步判定出律师“好苗子”，对这些“好苗子”要重点进行培育，将其作为前述后备人才的后备梯队，与之比较相当于青年团与少先队的关系。按照3∶1的配比，应选拔300—500名的“好苗子”进行培育，使其尽快成长为“小树”（“后备人才”），进而成长为“大树”（“领军人才”），这样律师事业才能基业长青。如果说高层次复合型紧缺人才工程主要由政府出资的话，则本工程应以律师协会及律师事务所为主进行培养，特别是发挥律师事务所的基础育人功能。而从政府角度，应当对育才优异的律师事务所进行资金支持并予以表彰及奖励。

（2012年1月，上海市政协十一届五次会议上提交的提案）

推进建立从优秀律师中选拔法官的机制建设

全国律师工作会议强调，要认真学习贯彻中共中央办公厅、国务院办公厅转发的《关于进一步加强和改进律师工作的意见》，把握律师是中国特色社会主义法律工作者的定位，坚持和完善中国特色社会主义律师制度，推进律师事业又好又快发展。会议特别强调，“加大从律师中选拔法官、检察官力度”。

首先，从优秀律师中选拔法官具备律师方面的基础。近年来，我国律师制度不断完善，律师队伍不断发展壮大，律师在经济社会生活中发挥的职能作用日益凸显。广大律师秉持良好职业道德、自觉运用法律服务经济社会发展、服务人民群众，涌现出一大批先进典型。实践证明，我国律师队伍已经成为落实依法治国基本方略、建设社会主义法治国家的重要力量。律师是中国特色社会主义法律工作者，在执业活动中自觉维护当事人合法权益、维护法律正确实施、维护社会公平正义、维护社会和谐稳定，是中国特色社会主义事业的建设者、捍卫者。

其次，从优秀律师中选拔法官具备法院方面的需求。律师和法官同属法律职业共同体，具有既有别又相通的职业特性。从已经具有多年诉讼工作经历和阅历的律师中选拔法官，不仅符合法官独立、中立的职业特点，而且有助于提高法官的法律素养和认知案情、分析法理、明辨是非的能力。另外，从上海的情况看，2010年全市法院共受理各类案件41.64万件，审结41.65万件，同比分别上升5.3%和4.6%，特别是金融案件，审结2.33万件，同比上升14%；知识产权案件，审结2135件，同比上升44%；海事海商案件，审结1511件，同比上升11.6%。在去年和今年人大会议上的《上海市高级人民法院工作报告》中均有“仍然存在案件数量持续增长、案多人少等困难”的表述。

再次，从优秀律师中选拔法官制度上应无障碍。其一，公务员考试的限制问题。从目前我国人事管理制度来看，法院招录人员必须通过公务员考试。但在《公务员法》第45条又有规定，“确定初任法官、初任检察官的任职人选，可以面向社会，从通过国家统一司法考试取得资格的人员中公开选拔”。从这一条规定看，并不能得出担任法官必须通过公务员考试的结论；但这一条规定却又是列在《公务员法》第七章“职务升降”而非第四章“录用”中，故在实践中存有争议。不过全国人大常委会法工委的意见还是明确的，其在2005年《公务员法》专题新闻发布会上表示：“通过国家司法考试取得资格的这些人担任法官、检察官不需要再参加公务员的录用考试。”其二，司法考试的限制问题。根据《法官法》第12条的规定，初任法官必须通过国家统一司法考试。在2002年之前，我国一直实施的是律师资格考试制度，2002年后，国家统一司法考试才开始进行。律师资格考试能不能代替国家统一司法考试，一直在实践当中还存有争议。不过2009年9月，最高人民法院、最高人民检察院已发文明确了这一问题，即“已通过律师考试取得律师资格的执业律师”，“可以视为已通过国家统一司法考试”，“不必再通过国家统一司法考试”。

具体建议：

1. 建议上海市高级人民法院制定从优秀律师中选拔法官的办法。从上海建设国际金融中心、航运中心的角度，从优秀的、专业的、特别是从事人民法院审判工作紧缺专业的律师中，来选拔法官。在具体制度上要有进一步的明确，如无须再参加公务员考试，原已通过律师资格考试的无须再要求通过统一司法考试，制定明确的选拔条件、考核制度、任命程序、培训制度等。

2. 建议上海市司法局和上海市律师协会制定推荐优秀律师担任法官的

办法。对优秀律师要有明确的客观性指标的界定，特别要明确须经律师协会的认定；对于界定和认定的标准、程序要有具体的规定与要求；在条件与标准方面，要突出“德技俱佳”，“德”强调作为律师、作为法律职业共同体的职业道德要求，在符合律师执业规范的同时，符合法官的职业要求；“技”强调专业化水平，特别是属于上海人民法院审判实践中紧缺的专业人才，如金融法律人才、海商海事法律人才、知识产权法律人才、涉外经贸法律人才等等。

去年的《上海市高级人民法院工作报告》特别指出，上海法院在全国率先推出“一方退出”机制，受到社会各界的理解和赞同，得到市委和最高法院的充分肯定。我们建议，在“退出”的同时，要考虑“引进”，这样才能互动，体现律师与法官同属法律职业共同体，构建形成律师与法官“互相尊重、互相支持、互相监督、平等交流的良好关系”。

（2012年1月，上海市政协十一届五次会议上提交的提案）

政府应当从规划和人才的角度大力推进上海法律服务业的发展

改革开放三十年，特别是近十年来，上海法律服务业特别是律师服务业取得了可喜的发展。从科学发展观的高度，从全面协调可持续的角度，上海律师业的发展是全面的，上海律师在为全面建设小康提供全面法律服务过程中取得了全面的发展。上海律师业的发展也是比较协调的，不仅有律师人数、律所家数、业务收入等数量的增长，而且有律师服务质量的不断提升；不仅有律师业务发展、经济地位的增长，而且有律师社会形象、政治地位的提升；不仅有律师业的发展，而且有律师行业管理体系的完善。上海律师业的发展又显现出较好的可持续性，律师的执业环境逐渐在优化，行业的和谐度不断在增加，青年律师的发展越来越得到关注，党和政府对律师业的发展也更加重视。

在我们理直气壮地讲进步讲发展的同时，我们更要头脑清楚，敢于面对上海律师业发展的不足与差距。目前上海律师服务业业务总量占上海GDP的比例偏低，上海每万名居民拥有的律师人数偏少；上海律师事务所中的规模大所、专业强所较少；上海律师在传统律师业务领域竞争激烈，但在国际经贸业务、金融高端业务、海商海事业务等服务领域却存在律师供应不足的现象；上海律师队伍与上海“四个中心”和现代化国际大都市建设的要求还有差距，上海律师业与北京、广东等律师业发达地区相比现状尚有不足，与浙江、江苏等律师业快速发展地区相比后劲也有不足。

在这里，笔者想从政府的促进因素方面，来谈一谈如何加快发展上海律师服务业。推进作为一种现代服务业、专业服务业的律师业的发展，在政策上应当从规划的、收费的、税收的、金融的、人才培养的、维护执业权益的等多个角度来思考并予以推出。在此，我想重点从规划的和人才培养的角度提出建议。

一、应当把律师服务业的发展纳入城市经济社会发展的整体规划中统盘考虑

目前上海律师业发展不是没有规划，规划也不是没有发挥作用，但这一规划更多的是司法行政机关和行业协会制定的，似乎没有上升到市政府的经济社会发展的整体规划与部署之中，仍属自我规划、自我发展之意。而毋庸置疑的是，律师业的发展涉及几乎所有政府部门，涉及几乎所有各行各业，涉及几乎各种政策手段，远非一家司法行政机关及行业协会能够协调。

我们注意到，浙江已有多个城市以市政府或市发改委的名义颁布了律师业发展规划。

例如杭州市，在2008年即由杭州市人民政府正式发布了《杭州市律师业发展规划（2006—2010年）》。该规划根据《杭州市国民经济和社会发展第十一个五年规划纲要》和《中共杭州市委关于建设“法治杭州”的决定》的要求制定，内容包括：一、杭州律师业发展现状。二、指导思想和发展目标。三、律师业发展的主要任务和措施。（一）充分发挥律师在建设“法治杭州”、构建和谐社会中的职能作用；（二）围绕坚持信念、精通法律、维护正义、恪守诚信的总目标，加强律师队伍建设；（三）坚持市场需求和科学指导相结合，大力推进律师事务所的建设；（四）大力拓展业务领域，积极培育健康成熟的法律服务市场；（五）坚持和完善“两结合”管理体制，树立科学、民主、规范的管理理念。

再如宁波市，由市发改委于2008年1月发布《宁波市律师业发展规划（2008—2020年）》。该规则在充分把握宁波律师业发展现状、机遇的基础上，提出了宁波律师业发展的指导思想和工作目标、主要任务和保障措施等。规划范围为整个宁波市域，规划期限为2008—2020年，重点是近三年，展望到2020年。该规则是指导该市今后一段时期律师业发展的纲领性文件，是各级各部门制定律师业发展年度计划的重要依据。市政府将根据实际情况对规划进行适时调整、补充和完善。

又如绍兴市，2009年6月由市发改委和司法局联合发布《绍兴市律师业发展规划（2008—2012）》。该规划在充分把握绍兴律师业发展现状的基础上，提出了绍兴律师业2008—2012年发展的指导思想和发展目标、任务措施和组织实施方案，指出了今后律师工作将按照规范有序、布局合理、统筹发展的原则，坚持“围绕中心，良性发展，着力提升”的发展思路，是指导绍兴市今后一段时期律师业发展的纲领性文件，是各级各部门制订律师业发展年度计划的重要依据，对提升绍兴市律师业在规模、管理、服务理念、服务模式、专业素质等方面发挥积极作用。

最近，司法部和全国律协正在研究制定中国律师业发展中长期规划，上海司法局也在着手制定上海的律师业发展规划。笔者希望上海的规划发布级别更高，上升到上海市政府的高度，这样才能协调力度更大、指导意义更强、实施效果更好。

二、应当由市政府统一出台留住人才、吸引人才、培养人才的法律专业人才特别是法律专业青年人才的扶持政策

近几年来，在培养法律人才方面，上海司法局和律师协会做了大量卓有成效的工作。上海律协就频频推出推进青年律师发展的“组合拳”。如对青年律师的个人会费缴纳实行“一免二减半”的政策，投入大量经费用于新律师培训，在会费预算中专门设立青年律师扶持基金，评选、宣传优秀青年律师，选拔优秀青年律师赴境外学习培训，推出全国第一个为青年律师创业的扶助型专项募款项目，为青年律师发展搭建多种展业平台等等。但考察兄弟省市，其人才政策级别更高、力度更大、效果更优。

例如浙江省，在我国加入WTO以后，浙江省外向型经济发展很快，浙江企业遭遇反倾销诉讼也随之激增。2006年，浙江省政府同意以省司法厅和省外经贸委为牵头单位选送百名律师到美国和欧盟专门培训反倾销法，人均培训费用15万元，其中省政府承担12万元，省律协、地（市）律协、律师事务所或个人各负担1万元，百名律师的培训经费达千余万元。律师培训归国后，已承办了数十起反倾销案件，在促进国际贸易、维护国家利益方面发挥了重要作用。又如江苏省，2008年由省政府拨款486万元，选送55名专业律师进行国内外两个阶段培训，培养高端涉外法律服务人才。

这些政策的实施起到政府、律师、企业与社会多赢的局面。在浙江，在培养百名反倾销律师之后，又连续制定了培养百名知识产权律师、培养百名跨国并购律师的政策，可谓“三年三个政策，三年三个一百”，三个百名律师为浙江经济又好又快发展起到了不可替代的作用。在江苏，继去年成功组织律师赴美国和欧盟学习反倾销、反补贴等涉外专题内容后，第二期涉外律师高级人才培训班今年又已举行，今年的培训仍包括了远渡重

洋，走出国门取经。而此时，山东省24名律师已到达美国加州大学，开始他们为期70天的涉外法律业务培训。巧合的是，一南一北，江苏与山东两个对外贸易大省先后选拔省内优秀律师公派出国学习。

因此，上海市政府应当把法律人才培养纳入全局考虑，由市人力资源和社会保障局建立类似“法律人才培养基金”，由上海市司法局和律师协会每年确定培养的专业方向并确定选送人员，有计划地培养法律人才。当然，法律人才建设不光是对“存量”的培养，还要有对“存量”的留住与对“增量”的引进。除了上述培养的政策，还可以由上海市人力资源和社会保障局协调相关部门，通过住房补贴、优惠住房贷款、兴建高级人才公寓、对部分高端外国专家和海归人才给予购房退税等措施，来留住和吸引高端法律服务人才加盟律师队伍。

（2010年1月，上海市政协十一届三次会议上提交的提案）

关于进一步加强我市金融审判工作并适时建立金融法院的建议

本提案建议调整金融案件划分标准，将我市金融案件集中纳入金融庭专门审理。同时，根据“两个中心”建设的要求，积极推动在我市率先设立金融法院。

目前全市各级法院在划分金融案件时，一般将主体至少一方为金融机构的民商事纠纷案件划分为金融案件，造成各级金融法庭审理的金融案件大量都是银行信用卡或贷款纠纷案，而诸如上市公司股权争议或一部分股东侵犯其他股东利益等适用《证券法》的证券金融专业性比较强的案件，由于当事人中没有金融机构，则被当作一般民商案件，由一般基层法院而非金融庭审理。由于专业知识的欠缺，造成该类案件的审理尚存在一些问题。

例如，2009年我市某基层法院审理了一起涉及2109万元的证券“短线交易”侵权纠纷案，案件情况如下：某自然人通过法院的公开拍卖取得了上海某上市公司7.89%的股权。随后，在不到两个月的时间内，该自然人即通过证券交易系统，减持了该上市公司4.998%的股份。为此，该上市公司提起诉讼，请求法院依据《证券法》第47条规定，判令该自然人通过上述行为所得的收益归上市公司所有。法院认为《证券法》第47条的立法宗旨是减少和制止内幕交易的发生，由于本案中，该自然人并不具备内幕交易的主体条件，且行为也无利用内幕消息之嫌。故驳回了上市公司的诉请。

对于该案，我们认为：一审法院对立法目的和法律适用进行解释有失妥当，对法律的理解不够全面。根据我国现行的司法体制，法律解释权属于全国人大常委会。在具体案件审理过程中，法院可以依法对个案作出自己的判断，但是不能自行解释法律并以此解释来作出判决。此外，该法院对《证券法》第47条的立法目的理解也不够全面。从证券立法沿革和证券法律法规体系看，《证券法》既要规范和制止内幕交易行为，也要规范上市公司收购行为，保护中小投资者合法权益。

我们建议：

第一，调整金融案件划分标准，将涉及金融法律法规的案件统一纳入金融庭集中审理。在当前条件下，应充分发挥高院在地方司法审判中的指导作用，由市高院明确将纠纷涉及《公司法》《证券法》《证券投资基金法》《商业银行法》《保险法》等金融法规范的案件，集中纳入金融庭审理，充分发挥现有金融庭的专业审判力量，形成具有示范效应的司法判例。同时，高院还应及时总结，以判例或会议纪要形式，指导基层法院，并为全国金融司法审判工作提供实践经验。

第二，进一步加强审判人员培训和审判机制建设，为金融法院的设立做好准备。建议开展多种形式的培训工作，如加强法院与“一行三局”的联系，定期或不定期地由“一行三局”相关专业人员对法官进行金融政策法规培训。同时，在目前金融庭运行的成功经验上，探索构建综合金融审判机制，将金融商事案件、金融行政案件、金融刑事案件一并归由金融庭管辖，统一金融案件的受理和裁判标准，更好地发挥金融审判的规模化、专业化效应，公正高效地审理金融案件。

第三，积极推动设立金融法院。把握好“两个中心”建设的重大历史机遇，充分利用相关政策优势，为上海国际金融中心建设创造良好的法治环境。当前对应航运中心建设，已有海事法院，为此有必要参照海事法院，在上海设立专门的金融法院以支持金融中心建设。而且，今年中国证监会正准备重点协调出台证券相关案件指定管辖的制度，这也为上海金融法院的设立提供了重要的支持。因此，我市有必要通过先行先试，加快形成更具专业化的金融司法体制，积极争取在上海率先设立专门的金融法院，进一步完善上海国际金融中心建设的金融法治环境。

（2010年1月，作者与张宁、谢荣兴委员
在上海市政协十一届三次会议上提交的提案）

政府对上海中小民营企业发行上市应加强辅导和支持

我国创业板创立以来，截至2009年底，申报企业通过中国证监会发审委的比例为79.71%。在上海，这一比例只有50%。三家公司过会，而另三家公司被否决。原因是多样的，企业本身的问题当然是核心，但其中也可看出地方政府在辅导与支持方面还有许多空间。为此，提出以下建议。

一、应当提高政府对中小民营企业上市支持的针对性

这一针对性主要体现在企业发展是有阶段性的，政府针对不同发展阶段的企业应给予个性化的服务和支持。从中国目前发行上市法律和政策看，审核机关认可的是经营业绩稳定、经营模式成熟的企业发行上市，处在业务转型、模式变化阶段的企业是不适合申报上市的，而这一阶段企业正是需要政府大力支持的时候。出于功利性的考虑，证券公司对此类企业兴趣并不是很大。因此，政府应从企业长远发展的角度出发，避免鞭打快牛、竭泽而渔的冒进想法，不主动推进甚至应该为此类公司上市降温。但同时，对于企业转型中转不转、如何转、向什么方向转等问题应给予前瞻性的辅导，对企业在发展的关键阶段给予关键的支持。这属于“雪中送炭”。同时，对于已处于正常发展阶段的企业，政府则应悄悄地走开，远远地注视，锦上添花可少做，忙中添乱应避免，应该是一种“零干扰”的服务。

二、应当提高政府对中小民营企业上市支持的专业性

上述针对性服务是建立在专业性基础之上的。通过对上海三家申报创业板公司被否决原因的分析，股权结构、财务结构、税务问题等是非常重要的原因。如在股权结构上，股东多、股东散、股东小、股东变，规范性不移。在财务结构上，负债率低，如某被否决公司2007年资产负债率为28%、2008年只有8.8%，显然上市融资必要性不大。在税务问题上，有时政府的支持是适得其反的，如某公司申报材料显示税务机关对其2007年采用了核定征收的优惠政策，但这一做法相对于该公司而言显然是在法律上不适用的，于是该公司的税务问题成为被“一票否决”的关键因素。

因此，从政府的角度，第一，对于未来有成长性的产业、企业，要给予自始的“园丁”式的辅导，如此前所提及的股权结构问题、财务结构问题都可以得到优化和规范。当然对于政府而言，则要有对成长性足以判断的专业眼光。第二，在资金、财务、税务等方面的支持上，要从长计议，

增强预见性，充分考虑未来上市审核的要求。如地方性的税收优惠政策都是不合法的，公司存在被追缴和处罚可能的风险；地方性的财政补贴基于其不可持续性，也会被计入非经常性损益，在衡量公司盈利能力时也将被扣减；而税务征收方式的不合适将直接成为合法性的障碍。因此，政府应考虑以未来符合上市条件方式的支持。如支持企业的研发投入；如支持企业吸引人才，采用对科技人才、管理人才个人所得税返还、住房补贴等方式；如对公司改制及筹备上市所发生的前期成本（包括中介机构费用）的补助等。

为了提升这种专业性，笔者在此建议：政府应建立并健全专职的机构，特别是区县，均有必要设立专门的企业发行上市办公室（或金融服务办公室）；同时，企业上市办公室应当配备专职的人员；而且对这些专职人员应当进行专业的培训，使这些对企业的辅导者具有比企业更多的专业的知识和技能，真正能承担起辅导者的责任。这样，中小民企对政府就会有信任，就会坚定发展的信念，树立并保持不怕困难发行上市的信心。

（2010年1月，上海市政协十一届三次会议上提交的提案）

关于上海大力发展汽车租赁产业的建议

一

《联合时报》今年1月19日报道："小区停车难不是小问题，它影响到社区建设，是一个事关社会和谐的大问题！"2010年上海市"两会"召开前夕，市政协委员陆培明又一次提出了"小区停车难"的问题。去年"两会"期间，包括陆培明委员在内，有多位委员曾提交关于此问题的提案。委员们发现，这一问题至今仍未得到妥善解决。不难预料，今年的政协全会上，它仍将是一个热点。

近年来，上海市汽车保有量直线上升。到2008年末，全市汽车保有量为132万辆，其中私人汽车为72万辆（不包括约占45%的外地牌照车辆）。2009年，上海汽车保有量或已逼近150万辆。与此相矛盾的是，上海市居民住宅区停车位始终处于“不够用”的状态：2006年之前建成的小区，大部分以每套房0.1的比例配以车位，即每10户人家才有一个车位；2006年之后建成的小区，房车配比提高到了1∶0.6，即每10户人家有6个停车位。但调查显示，这仍然无法满足居民的需求。

《新闻晨报》2009年7月9日报道：继歌林春天业主殴打保安致死事件后，近日又发生一起业主和保安间的流血冲突。7月3日，闵行罗阳路568弄盛源花园一名业主卢先生因欠缴停车费与保安李师傅发生肢体冲突，闻讯前来劝架的业主儿子小卢一把抱住李师傅后，腹部遭受攻击流血不止。经医院诊断，伤口为刀伤，深至腹腔。闵行警方表示，此事正在进一步调查中。

另据统计，去年第一季度全国机动车保有量日增3.2万辆，截至2009年3月，全国机动车保有量已经达到1.7亿多辆。私人机动车保有量已占机动车总量的76.49%。我国的汽车消费量已经跃居世界首位，且保持较高增长趋势，但汽车的剧增正带来日益严峻的城市问题：交通拥堵、停车难、空气污染……

应用网络搜索“上海堵车”这一关键词，竟然可以找到72万个网页。随着车辆的不断增长，堵车现象越发严重，拥堵的交通为上海的城市形象带来极大的伤害，同时影响上海的商业形象和旅游体验。不久前，网络风靡的某网站，最火热的游戏竟然是“抢车位”，这是网络用户的黑色幽默，同时也是对城市建设的巨大讽刺。通过对广州、北京、上海等城市的烟尘、氮氧化物、一氧化碳和二氧化硫4种主要污染物的统计表明，由交通运输业方面造成的污染已占我国大气污染物的10%。

二

发展汽车租赁产业将有效缓解交通堵、停车难、环境污染的情况。但在我国，汽车租赁产业的发展并不顺利。

美国是全球汽车保有量最大的国家，但其汽车租赁业依然非常兴旺。成立于1918年的赫兹公司（Hertz）是排名世界第一位的汽车租赁品牌，拥有100多万辆租赁车。但该公司在进入中国8年后，却因水土不服，黯然收缩业务。这直接反映了我国租车行业的致命“软肋”。

一是定位问题。汽车租赁一方面可以满足刚性交通需求，同时还能节省资源，但由于缺乏明确的市场定位，因而只能列入普通服务行业。二是税收问题。汽车租赁企业的税费负担重。目前国内的汽车税费主要由购置环节、拥有环节和使用环节三方面的税费组成。在购置环节，除了要承担车价17%的增值税和3%至8%的消费税外，还要承担购置费、牌照费等多种费用。在拥有环节，企业须交纳养路费、保险费、机动车辆管理费等。在使用环节，有年检、工商管理等多种费用。这些较高的税费造成目前汽车租赁价格昂贵。三是法规问题。虽然国家陆续颁布了一些关于汽车租赁的法规，如《汽车租赁业管理暂行规定》《商业特许经营管理办法（试行）》《汽车租赁试点工作暂行管理办法》等，但汽车租赁业作为一个新兴行业，在其发展过程中不可避免会发生新情况、新问题，而有些问题按照原有法规和政策难以解决。四是行业问题。由于没有获得应有的政策支持，企业经营风险大、行业诚信度差、市场混乱，制约了行业的发展。另外由于缺乏相应法规，大部分的租赁公司被骗租率极高，导致经营亏损。一些经营比较不错的租赁企业，无法扩大规模，影响行业的整体发展。

三

国务院总理温家宝在2009年3月5日召开的第十一届全国人民代表大会第二次会议上所作的《政府工作报告》中指出：完善汽车消费政策，加快发展二手车市场和汽车租赁市场，引导和促进汽车合理消费。因此，发展汽车租赁产业已引起党和政府的高度重视。在上海这样一个特大型城市，特别是在举办世博会这样一个时候，大大发展这一产业更是势在必行。为此，提出以下建议：

1. 明确汽车租赁产业为上海重点发展的现代服务业。目前市场上大行其道的连锁汽车租赁业态，应用电子商务模式，实现了全程网络预订、电脑调度，是用现代化的新理念、新技术和新服务方式改造并优化了传统服务行业，本质上实现了服务业的现代化，符合现代服务业的基本特征和整体要求。

2. 制定规范和发展上海汽车租赁产业的地方法规。没有规则不成方圆，上海应率先完善促进汽车租赁产业发展的立法，切实改善汽车租赁行业的法律环境，使汽车租赁经营行为及行业发展有法可依。

3. 制定并实施汽车租赁行业优惠的财税政策。包括适当减免汽车租赁企业的营业税；允许汽车租赁企业在成本的会计处理时，采用加速折旧，降低支出费用；对于国家机关、重点建设项目和高新技术项目的用车需求，由政策性银行提供占该项目资金需求一定比例的中长期贷款等。

4. 改革汽车租赁行业牌照限制政策。为使汽车租赁行业做大做强，应给予汽车租赁企业批量车辆更新以充足的牌照发放。

5. 支持具有发行上市条件的汽车租赁公司进入境内外资本市场融资。目前，中国连锁综合汽车租赁服务提供商主要有三家，分别为上海的一嗨租车有限公司、北京的神州租车（中国）有限公司以及总部位于深圳的至尊汽车租赁股份有限公司。上海应积极推进和支持位于上海的重点租车公司率先进入境内或境外资本市场，成为上市公司，使之真正成为行业龙头。

6. 建立与汽车租赁相关各行业的配套支持。通过建立国内二手车的交易评估体系和培育发展二手车交易市场，为租赁企业大批量更新车辆提供强有力的支持保障；通过鼓励发展特许连锁经营，促使汽车租赁企业形成遍布全国的汽车租赁网络。

7. 宣传租车共享资源理念。政府应向市民大力倡导节约型、环保型汽车消费观念，使市民崇尚低碳生活方式，为上海经济社会可持续发展身体力行。

（2010年1月，上海市政协十一届三次会议上提交的提案）

关于打造国际并购服务中心，进一步夯实上海国际金融中心基础的建议

2008年11月23日，温家宝总理在上海考察时强调，要大力推进企业兼并重组，鼓励企业做大做强，合理利用资源，淘汰落后产能，提高产业集中度。这是温家宝总理对并购在产业集中、升级和经济结构调整中的作用的肯定，是对上海为并购提供更多、更好服务的期待。12月3日，国九条首次以国务院决定的形式，明确了对并购贷款的支持。

并购是在存量基础上，对各种要素资源进行重新优化配置，实现企业产业集中、升级和经济结构调整的重要手段。金融中心是并购融资和并购交易信息的聚集地，是并购基金募集和管理集散地，也是并购专业机构的汇集地，这些功能和作用应成为国际金融中心的重要组成部分。在全球国际金融中心如纽约、伦敦融资和交易大量降低的情形下，我们认为，上海应该抓住时机，打造国际并购服务中心，进一步夯实上海建设国际金融中心的基础。

一、打造国际并购服务中心在今天具有紧迫性

金融海啸是中国企业参与全球产业重新布局的机会，也是上海国际

金融中心的发展机遇。在当前和未来几年的时间里，企业参与并购重组将是一种必然趋势。中国企业能否抓住这次百年一遇的全球产业调整机遇，不仅取决于企业能否拥有参与全球布局的能力，更取决于是否具备并购必不可少的资金支持，即便是可以充分利用换股收购的上市公司也不能例外。

全球金融和经济危机，使得各国际金融中心的融资能力急剧下降，致使并购交易规模和交易量锐减，境内外投资者正在观望中积极寻找新的投资机会。相比较而言，中国市场正日益被境内外投资者看好，并购交易量正在逐步上升。为境内外并购者提供新的并购融资市场，是进一步夯实上海金融中心融资功能的必要内容，也是一次难得的历史发展机遇。

要实现并购融资和交易信息的最佳配置，需要为并购参与方创造一个有形和无形结合、远程和现场结合的信息聚集中心。上海应该具备建设国际并购服务中心的基础条件，如：（1）经济发达、企业众多、项目丰富、金融机构集中；（2）企业集中、中介机构聚集、市场化程度高；（3）民间资本雄厚且活跃，为市场化并购、发展并购基金提供资金和创新保证；（4）上海证券交易所是中国主板交易市场，拥有并购资源及操作平台；（5）上海是亚太重要经济中心、航运中心及多国企业总部所在地；（6）上海的国际化环境口碑较好，金融城市排名靠前；（7）优秀人才聚集、环境宜居；等等。

打造上海国际并购服务中心，具有非常重要的现实意义，这不仅有助于进一步夯实上海国际金融中心的基础，集聚各类并购资源，促进优秀中介机构、并购管理机构以及优秀并购人才向上海聚集，使上海成为并购基金注册、募集和管理集散地，成为境内外并购交易信息和并购融资的枢纽，还将为促进企业快速做大做强、做专做深，促进各种要素最佳配置和流动，推进长三角区域经济一体化，并使金融中心功能辐射全国等发挥重要作用。

二、国际并购服务中心应是一个市场信息聚集中心

并购是在存量基础上对资金、人才、网络和技术品牌等要素的重新优化配置，能否实现最优配置，取决于市场信息是否充分匹配。在并购实践中，找到合适的并购伙伴，是并购市场最大的困难。为了找寻合适的交易机会、获得必要的并购资金和专业的中介机构，市场参与者将花费巨大的人力和财力。这种信息不对称和不充分现象，以及产生的信息错配情况将导致资源错配，极大降低了市场的效率。

相比较成熟市场，我国行业组织不发达、中介机构规模小、市场分散，没有形成网络覆盖，各类并购和投资俱乐部等民间组织量少且非常分散，加上我国地域辽阔、产业分布广等特点，如完全依靠市场自我解决这种信息不对称，既不能适应中国经济发展的需要，更不能满足金融海啸对并购重整的迫切要求。

三、国际并购服务中心应是一个并购基金聚集中心

1. 发展私募股权的同时，还应大力发展并购基金。在成熟并购市场中，超过50%的并购是由并购基金主导或参与的。在私募股权投资发达的市场，并购和重整基金在所有股权投资中的比重超过50%，而且超过50%的股权投资是通过并购方式退出的。发展并购基金，不仅有助于缩短产业集中的时间，推动资源向优势产业和企业集中，也有助于为创业投资和其他股权投资者提供一个退出市场。上海应当注意股权投资发展的均衡性，注重发展并购基金，兼顾不同阶段不同企业的融资和退出需求。

2. 金融海啸的进一步蔓延，迫切需要发展并购和重整基金应对危机。在我国外向度较高的地区，一些企业正在面临破产清算的危机。据全球最大的信用保险公司裕利安宜（Euler Hermes）最新发布的报告，受世界金融和经济危机双重影响，2009年欧美企业破产将大幅上升，其中美国企业破产数将从去年的4.2万家升至6.2万家，增长47.6%；西欧国家今年将有19.7万家企业破产，增长32.2%；汽车、零售、纺织和物流将是欧洲企业

破产最集中的行业。

金融危机影响的进一步加深，我国企业也不可避免受到传导，危机企业和ST上市公司数量难免增多，对危机企业进行重整，防止进入破产清算已经摆在面前。为企业并购提供的贷款规模，难以满足危机企业重整及提升产业集中度、调整经济结构的迫切要求。

3.设立并购重整引导基金，把上海建设成并购和重整基金的注册、募集和管理集散地。我们建议上海设立一个专门的并购引导基金，使上海不仅成为创业和上市前股权投资中心，也成为并购重整等基金注册、募集和管理集散基地，成为推动中国产业升级和产业集中的引擎，成为危机企业拯救的融资和管理基地，也成为推动并购市场发展的主力战场。

四、国际并购服务中心应是一个专业服务聚集中心

1.一个由专业机构和人士运行的平台，才能具备专业的运营和服务能力。一个市场化、专业化、国际化运营的并购信息服务平台，才能提供高质量、丰富的并购交易和融资信息，才能为并购提供信息、融资、研发和培训等服务，才能带动并购中心的形成。

2.一个专门为并购提供服务的平台，才能满足专业性、区域性、全球性并购的要求。基于国有资产转让在各地组建的产权交易所，为促进企业并购尤其是国有企业的并购重组，发挥了极其重要的作用。面对全球金融危机和经济危机，加上产业集中和升级、经济结构调整等多重需求，跨区域和跨境的并购交易将会越来越多，集资产、知识产权、物权、股权等多种功能于一体的产权交易平台，难以满足大规模且专业性更强的并购需求，以及在全球范围匹配交易和融资信息的需要。

3.一个专业的平台才能为建设并购中心发挥龙头作用。专业的平台才能聚集专业的交易和融资信息，才能聚集专业的并购机构和人才，才能增加市场信用，为交易双方、资金供需方提高交易效率，降低交易成本，形成价格发现机制。

五、关于国际并购服务中心建设的几点具体建议

1.可以考虑以全国工商联并购公会及其会员（包括银行、证券公司、基金公司、会计及法律服务机构）为基础，以在沪的各类金融机构为基础，并广泛邀请境内外的其他大型银行和证券公司，共同发起建立一个专业化的为并购交易、并购融资、并购管理人才培养提供服务的专业化信息服务平台。

2.可以考虑由政府或政府出资的公司为主设立一支并购引导基金，为上海国有企业改革，为长三角乃至全国的企业参与全球并购，为产业集中和升级发挥引导作用，使上海成为并购基金的注册、集散和管理基地。

3.以并购信息服务平台为基础，以并购引导基金为支撑，与国际国内的各种并购机构、有并购交易和融资需求的企业建立合作关系，并定期举办各种形式的并购论坛、专业培训和研发等活动，做大上海的并购市场，为上海建设国际金融中心创造条件、打造基础。

（2009年1月，上海市政协十一届二次会议上提交的提案，
国浩上海合伙人费国平亦有贡献）

关于鼓励与支持上海企业抓住机遇期，加紧“走出去”实施参股投资的建议

“走出去”战略是我国对外开放基本国策的重要内容。胡锦涛总书记在党的十七大报告中指出：“坚持对外开放的基本国策，把‘引进来’和‘走出去’更好结合起来，形成经济全球化条件下参与国际经济合作和竞争新优势。”温家宝总理在第十一届人大第一次会议上所作的《政府工作报告》中也提出：“创新对外投资和合作方式，完善和落实支持企业‘走

出去’的政策措施。”韩正市长在去年的《政府工作报告》中进一步指出：“把‘引进来’与‘走出去’结合起来，创新对外投资和合作方式，支持企业开展对外投资和跨国经营，加快培育本土跨国公司和国际知名品牌。积极拓宽‘走出去’的渠道和方式。”

我们认为，“走出去”作为我国的一个国家战略，目的就是希望中国企业通过“走出去”的方式，缩短与国外先进企业之间的技术差距、管理差距、运营差距以及风险规避能力的差距。但实际运作中，中国企业“走出去”的征途困难重重。中国企业缺乏经验，不熟悉国外的经济、法律环境，准备不足；欧美国家一开始也不愿接受这种方式，2005年中海油竞购优尼科败北的案例就是明证，显示了西方国家在经济上的民族主义和保护主义。

一、金融危机带来的难得机遇

去年发生的金融危机，在一定程度上改变了这种局面。欧美众多企业由于受金融危机的影响陷入资金困境，股价一泻千里，为缓解这些企业的资金压力，以美国为代表的欧美国家不得不降低对外国企业的投资门槛要求。美国能源部高官近期就公开对媒体表示：美国欢迎中国对其石油和天然气领域进行投资。中国企业对外并购的阻力陡然减轻。

对于有“走出去”打算的中国企业而言，当前的国际市场为它们提供了一个百年难得的机遇。中国的巨额外汇也有了更好的分流选择，参股投资欧美领先企业成为中国企业的战略性选择。

二、我国企业应做好的充分准备

在这样的经济背景下，上海企业“走出去”的参股投资，应以资源类企业、行业龙头企业和技术领先企业为主要选择对象。这一轮“走出去”的根本目的，在于进入目标体内深度参与其运行，从而学习其先进技术、获得战略性资产，使我们企业达成技术升级，最终达成全行业升级的目标。

上海的收购主体应主要包括国有企业和民营企业两类。国有企业与民营企业相比，具有资金实力强，容易获得政府和银行支持等优势；但它也具有明显的缺点，如决策慢、在国外并购阻力较大等。上海的“走出去”应该积极利用上海实业这样的国有窗口企业。这类企业经过在国际上多年的摸爬滚打，已经积累起丰富的外部经验和厚实的市场人脉，在国际上也已树立起较好的市场形象。

民营企业与国有企业相比，处于资金少、受扶持也少的劣势地位。但民营企业也有明显的优势：产权清晰、机制灵活、决策快，在国外收购的阻力也小。当然，民营企业的最大劣势就是资金实力严重不足，对此政府应该积极扶持，帮助民营企业迈出“走出去”的步伐，如民营企业拿出一定的并购资金，政府应该有相应比例的配套资金做投入扶持。

实际运作中，要引导、组织上海的实体企业与金融企业合作，组成联合体同船出海。实体企业往往注重与标的企业进行战略合作以提升自身价值，金融企业在投资中更注重目标企业的短期回报。因而投资中如将这两类企业结合，组成收购联合体，可以起到取长补短、规避风险、在利益上各取所需的效果。

三、上海政府应完善的政策支持

政府出台的配套措施是上海企业在此次金融危机中出海参股投资能否成功的关键。

1. 在对跨国并购审批过程中加强服务。

我国政府对国内企业跨国并购的相关审批程序十分复杂，费时费力，这在当前国际市场剧烈动荡，机遇转瞬即逝的情况下会延误许多并购机会。上海政府的服务精神在我国有目共睹，在体现监管、审批的职能下，还应更好地为“走出去”的企业提供服务，包括被收购企业所在国的人文、法律环境的调研与提供等。

2. 设立“并购基金”为“走出去”提供融资支持。

上海市可以专门设立一个“境外并购基金”，基金可由主权基金如政府出资的公司（如上海国际集团）出资或相关政府部门设立，对“走出去”并购的上海企业特别是民营企业给予相应的资金支持，使产融结合有一个稳定的支点。

3. 大力发展私募股权投资。

私募股权投资（PE）是我国一个新型的集合投资模式，它具有传统企业所不具备的企业制度优势，目前在市场中正茁壮成长，逐渐发展成为一支极其重要的市场化投资力量。上海应进一步完善促进PE发展的有关税收、金融、人力资源等方面的政策，使上海成为PE聚集中心，并以此作为上海金融中心的重要内容。

4. 充分发挥中介服务机构积极作用。

跨国参股投资需要投资银行、会计师事务所、律师事务所等中介服务机构的参与。投资银行要在目标选择和投资方式设计方面主动行动，周密策划。律师要认真研究国外法律，为参股投资保驾护航。上海应加大对会计、律师、咨询等专业服务业的支持力度，培育具有国际竞争力的专业中介机构队伍，为企业“走出去”提供优质高效服务。

（2009年1月，上海市政协十一届二次会议上提交的提案，
国浩上海合伙人费国平亦有贡献）

关于建立并实施排污权交易机制，切实加强节能减排及环境保护力度的建议

一、我国排污权交易现状

传统观念认为，环境的纳污能力是无限的，其实这是非常错误的。环

境纳污能力作为地球生命支撑力的一部分是有限度的，这就是学者们所说的“安全阀”。在市场经济下，环境是一种资源，一种公共性很强的资源，对经济的发展起着不可或缺的作用。它的所有权应该归属于代表公众的国家，在实行总量控制的前提下，由政府出面通过发放可交易的许可证，将一定量的排污指标卖给污染者。1990年美国清洁空气法修正案应用了基于市场的控制策略，在控制二氧化硫排放方面实施了排污权交易机制，并在实践中取得成功。

我国的排污权交易始于国家环境保护总局1990年开始在16个城市进行的大气排污许可证试点。试点成功证明总量控制的可行性后，国务院又于1996年批准了《“九五”期间全国主要污染物排放总量控制计划》。而我国第一例真正意义上的排污权交易是在2001年11月由南通市两家公司进行的二氧化硫排污权的交易。随后，2002年7月，国家环保总局召开了山东、山西、江苏、河南、上海、天津、柳州等“二氧化硫排放交易”七省市试点会议，进一步研究和部署了进行排污权交易试点工作的具体步骤和实施方案。然而国内至今的排污权交易仅是各地进行的试点，还没有在全国推广开来。而交易的主体仅限于点对点的企业，尚未有跨地区甚至全国性的排污权交易平台。

另一方面，国际上温室气体减排量的交易，即二氧化碳排放权交易，在我国也大有可为。1997年12月，180个国家聚集在日本京都签订了《京都议定书》，并约定于2005年起生效。《京都议定书》的核心是清洁发展机制（CDM），其中规定，从2008年至2012年，所有工业发达国家要将二氧化碳等6种温室气体的排放量在1990年基础上降低5.2%，而发达国家帮助发展中国家减少二氧化碳排放，就可获得等量排放权。中国属于发展中国家，在2012年前免予承担具体减排义务，因此，在中国境内所有减少的温室气体排放量，都可以转变成有价商品向发达国家出售。然而，作为碳排放权交易最大的卖方市场之一，我国目前却没有任何定价权。国际市场上，碳排放权交易价格一般在每吨17欧元左右，国内的交易价格仅8—10欧元。因此，建立我国自己的二氧化碳排放权交易市场平台，整合各种资源信息，形成合理价格，有利于增强我国在未来国际交易中的定价话语权。

二、在上海开展排污权交易的意义

去年上海“两会”后，笔者曾提出关于设立上海环境交易所的建议。2008年8月5日上海环境能源交易所成立，成为国内首个环境能源交易平台。就在同一天，北京环境交易所亦正式挂牌。但目前为止，上海环境能源交易所的交易主要集中在节能减排领域的技术产权交易和环保项目融资。而北京环境交易所目前也仅是开展环保和排污、排放的技术交易。2008年9月25日，天津排放权交易所在天津滨海新区正式揭牌。尽管天津排放权交易所的设立晚于京、沪两地，但由于其是根据国务院批复的《天津滨海新区综合配套改革试验总体方案》关于建立清洁发展机制和排放权交易市场的要求设立的综合性排放权交易机构，其一上来的定位即是建立一个利用市场化手段和金融创新方式促进节能减排的国际化交易平台。2008年12月23日上午10时30分，全国第一笔二氧化硫排放指标电子竞价交易在天津排放权交易所交易成功。

就全球范围而言，环保产业已被视为经济增长的新动力，甚至可能成为下一轮经济周期的主题。而我国要到21世纪20年代才能完成工业化，因此，诸如生态环境日益恶化、温室气体排放量增长迅速等来自气候环境与能源的挑战将持续相当长时间。为应对这些环境方面的挑战，我国在“十一五”期间制定了主要污染物排放量降低10%的目标，而各地环境交易所的建立正是通过建立市场化的交易平台来推进这一目标的实现。就上海而言，2008年全球经济危机以来，原先的六大支柱产业的增长势头开始放缓，未来的新一轮发展，需要有新的动力，其中环境领域应该是考虑的一个方向。上海率先建立了环境交易所，尽管在排污权交易方面落后于天津，但天津的排放权交易综合试点工作仍局限在天津市试点区域内环境容量和污染排放总量控制，并非跨地区的排污权交易。而上海拥有全国最齐全的要素市场，并有领先全国的信息流、资金流、人才流集聚优势。2008年初，总部位于上海的宝钢与英国瑞碳公司、瑞士信贷集团签署《核证减排量买卖协议》，瑞碳和瑞信向宝钢投资超过6000万欧元，用于购买宝钢4号发电机组预计可实现的600万吨二氧化碳减排指标。而仅上海地区，类似宝钢这样有排污权交易需求的企业还有很多。因此，上海市充分利用上海环境能源交易所这个平台，建立并实施排污权交易，是大有可为的。

三、对上海利用环境能源交易所建立并实施排污权交易机制的具体建议

（一）建立上海地区排污权交易的可计量制度

1.确定上海地区的环境容量及其价值。

上海各区县政府应根据环境目标控制点的环境质量标准，结合污染物的扩散模式，确定区域内的污染物允许排放量，即环境容量。由于排污权交易是对环境容量这种资源进行交易，所以，还要求确定环境容量这一资源的价值。

2.配置上海地区各区县的排污权。

如何在现有污染源之间以及现有污染源与将来污染源之间进行合理有效的排污权分配，是排污权交易的首要问题。上海地区各区县的排污权配置可以利用上海环境能源交易所平台，通过拍卖竞价方式来进行。

3.建立排污权交易的时空交易折算指标体系。

由于不同的排放地点、排放时间以及不同的污染物对受控点具有不同的浓度贡献，而受控点环境质量标准是唯一的，所以排污权交易不能用同一的价格尺度标准来进行。上海市环境保护部门应当根据污染物排放在上海地区的空间位置和时间上的分布，以及不同污染物之间的单位排放量的污染程度，制订一套可供交易的折算指标体系。

（二）建立排污权交易的支持及保障制度

1.制定确保排污权有效交易的规则和制度。

上海市环保部门应根据排污权拍卖市场的运行机制和排污权交易的市场机制分别制定相应规则。建议将环保部门的确认作为进入上海环境能源交易所进行排污权交易的前提条件，即有意转让排污权的单位应向区、县级政府环保部门提出申请，经调查监测，确认其具备了超额削减污染物的能力的，由区、县级政府环保部门发放证书确认，方能进交易所进行交易。对成交后违反交易合同的，则应按相应的惩罚制度承担法律责任。

2.建立有利于排污权交易的信息收集平台和机制。

排污权交易是以具有不同边际成本的污染源排放权进行交易来实现资源合理配置的，所以需要大量的有关价格、需求量和供给量、需求单位和供给单位等市场信息，信息收集的程度将直接影响交易成本和交易成功率。上海应建立专门的信息发布电子平台，市、区两级环保部门应协同上海环境能源交易所做好信息收集和发布工作。

（三）在上海市范围内试点排污权交易成功后可推向长三角地区

在上海市范围内试点排污权交易成功后，可向国务院提出申请，将排污权交易推向长三角地区，其中太湖及黄浦江流域的污水排放权交易是首选重点。伴随着经济快速增长和人口迅速增加，太湖及黄浦江流域内水环境污染问题日渐显现，并有愈演愈烈的趋势。同时太湖及黄浦江流域上下游之间大多存在着较大的经济差距以及不同的水环境污染程度，下游地区经济较为发达，其产业大多向低污染、高附加值方向发展，污染程度较低；而上游地区则因工业化起步较晚，存在较多的环境门槛低的高污染行业，污染程度较高，且污染物通过河流对下游地区造成具有显著影响的二次污染。因此对太湖及黄浦江流域的跨地区综合环境管理迫在眉睫。

流域水排污权交易在中国是一个新的尝试，进行太湖及黄浦江流域水排污权交易须进行的基础性工作包括总量核定、监测排放以及科学确定太湖及黄浦江流域污染物扩散模式等。

（四）利用上海国际大都市的优势积极开展二氧化碳排放权交易的尝试

《京都议定书》确立的清洁发展机制的核心之一在于实现温室气体排放

权的自由交易。受目前国内节能减排、发展可再生能源等政策驱动，中国已是世界上最大的碳排放权供应国之一，按照排放量计算，市场份额将近40%。而上海作为一个国际化的大都市，与国内各大城市相比，在金融要素、信息、人才等方面均具有优势，应充分利用上海环境能源交易所的平台，取得国家发改委的支持，进行二氧化碳排放权交易的尝试，提高我国在国际碳排放交易市场上的地位，并切实加强节能减排和环境保护的力度。

（2009年1月，上海市政协十一届二次会议上提交的提案，
国浩执行合伙人刘维亦有贡献）

关于建立上海法院博物馆的建议

一、关于建立上海法院博物馆的必要性

1.建立上海法院博物馆将填补地方法院博物馆的空白。新中国成立以来特别是改革开放以来，上海博物馆的建设得到迅猛发展，现有博物馆77座。但与世界级大都市相比，仍存在不小差距。就国内而言，目前除了延安有原“陕甘宁边区法院”旧址对外开放以外，全国尚无一家地方法院博物馆。上海法院博物馆的建立正好填补这一空白，符合市委、市府对博物馆建设的总体要求。

2.建立上海法院博物馆是展示上海地方法治化建设进程的重要窗口。上海作为大都市，法院的建立和发展是与城市的发展相一致的。全国解放以后特别是十一届三中全会以来，随着依法治国基本方略的逐步推进和上海法制化进程的加快，上海法院建设得到空前的发展，不仅刑事、民事、经济、行政、知识产权等各方面的审判实务得到了极大的发展，而且法院

的两庭建设、行政装备等都取得了显著的成就。建立上海法院博物馆，展示上海悠久的审判史以及法院建立、发展的历史沿革，可以更好地反映上海城市法治化建设的进程。

3.建立上海法院博物馆是培育上海城市精神，提高市民法律素养的重要载体。法院文化是城市精神的一个重要组成部分，法院博物馆是法院文化乃至城市精神的外化，它既具有壮观的建筑、珍贵的文物史料，又有直观生动的审案场景，更具有深厚的历史与文化底蕴，能让市民更为直观地感受城市的法治精神，从而使市民的法治意识得到培养和增强，法律素养得到提高。

二、关于馆址选择的具体建议

博物馆可选在福州路209号，原上海市高级人民法院的办公楼旧址。该楼1925年建成，原为美国花旗总会，是上海市优秀近代建筑，其本身就是难得的文物。该楼由地上六层和地下室组成，总建筑面积约7000平方米。从该建筑的历史内涵、建筑特色以及与法院较深厚的渊源，皆适宜做上海法院博物馆。

（2009年1月，上海市政协十一届二次会议上提交的提案）

进一步完善律师参与处理信访矛盾的长效机制，推进上海率先构建社会主义和谐社会

近几年来，上海律师事业发展迅速。截至2007年底，本市律师事务所已有801家，执业律师近8800人；目前有271家律师事务所与156个街道

和乡镇结对共建，为社区群众提供法律服务；2007年一年中，共代理各类案件127789件，参与各级党政领导信访接待12317次，办理各类法律援助案件7574件，免费接待法律咨询79876人次。

上海律师在参与处理信访矛盾，维护社会稳定，构建和谐社会的过程中发挥着越来越重要的作用。当前，随着上海经济社会的快速发展、经济体制的深刻变革、社会结构的深刻变动、利益格局的深刻调整、思想观念的深刻变化，上海经济社会生活中不断出现新的问题，各类社会矛盾纠纷呈不断上升态势。社会矛盾的化解，和谐社会的建设，客观上要求政府更好的发挥包括律师在内的社会力量的作用。

一、上海律师参与处理信访矛盾的现状

（一）律师参与政府信访接待已形成制度

目前，市委、市政府以及19个区县政府领导的信访接待均由律师参加。直属律师事务所的律师志愿团成员每周一、三、五轮流参加市委、市政府的信访接待，自2001年以来已有千余人次的律师参加，平均每年接待来访市民3000多批、7000人次左右。在区县，政府律师顾问团的律师随同领导参加周四信访接待。比如，闵行区的新闵所从2005年4月起每个工作日都派一名律师在区信访办值班，为信访群众提供免费的法律咨询，几年来值班超过600个工作日，参与化解30人以上的各类群体性社会矛盾和缠访涉诉纠纷案200余起。

（二）律师参与处理信访突出矛盾已涉及全过程

1. 及时参与处理即时产生的矛盾。比如，2003年市律协成立了由264名律师组成的“为被拆迁人提供法律服务律师志愿团”，此事还被评为当年上海法治建设十件大事之一。又如，卢湾区志愿团律师2006年进驻轨道交通站点动迁配套服务中心，历时半年提供免费法律咨询，参与调解矛盾纠纷。

2. 参与化解历史遗留的突出信访矛盾。2006年市委、市政府组织人大

代表、政协委员、律师等组成“市联席办基层组”，开展为期6个月的参与、支持、帮助以动拆迁、涉法涉诉和农村土地征用为主的信访突出问题的化解工作。市律协选派15名骨干律师全脱产参加此项工作，吴益民等四位律师还被评为先进个人受到表彰。

3.参与化解突发性矛盾纠纷。比如在闵行区，遇有突发事件区领导总是第一时间让司法局选派律师介入提出处理建议。又如，徐汇区乌鲁木齐路麦琪里“1·9”纵火案发生后，政府在第一时间请徐晓青律师参与案件的处理，取得良好效果。

（三）律师参与预防和减少信访矛盾产生呈多管齐下之势

1.参与政府决策咨询。许多区政府聘请律师担任法律顾问，为政府依法行政把好法律关。比如，上海浦东新区成立了由70名资深律师、法学专家组成的法律顾问团。

2.服务送到百姓身边。本市已有270多家律师事务所走进社区，在动拆迁纠纷、债务纠纷、劳动就业、工伤事故等方面为基层群众提供法律服务，被老百姓誉为“家门口的法律顾问”。

3.建立信访预警机制。不少区建立了律师在代理案件过程中重大事项报告制度，比如静安区每年都要下发文件，提醒各律师事务所及时报告涉及不稳定因素案件。

二、律师参与处理信访矛盾的问题和困难

（一）政府认识有待继续深化

有些政府部门看到律师工作经济属性的一面比较多，看到其社会属性的一面还比较缺乏；看到律师“救火”的一面过多，看到律师“防火”的一面却相当不足；另外主观上希望发挥律师的作用，但实践中对具体操作细节的探索支持还不够等等。

（二）律师参与的相关机制建设有待继续加强。

1.缺乏律师法定介入机制。目前，政府缺乏一套系统科学的政府重大

决策的具体制度，尤其缺乏一套律师介入重大决策、项目法律风险防范的机制。政府大多是在矛盾火急火燎时才想到律师，由于行政不规范，或者法律救济途径已经穷尽，律师在矛盾激化后参与也很难有大作为。

2.缺乏律师介入保障机制。政府购买法律服务的理念比较淡薄，律师参与化解社会矛盾的服务费缺乏相应的保障机制。现在对律师参与处理信访矛盾的报酬支付大致有三种形式：一是纯无偿的志愿服务；二是给一定的报酬以作表示；三是政府购买服务，但支付标准低于日常执业标准，而且没有形成制度安排。

当然，上海律师队伍总体而言政治觉悟高，业务素质好，但是与上海经济建设和和谐社会的要求相比，律师的综合素质还有待继续提高。

三、进一步推动律师参与处理信访矛盾工作的建议

党的十七大报告指出，“社会稳定是人民群众的共同心愿，是改革发展的重要前提”；“妥善处理人民内部矛盾，完善信访制度，健全党和政府主导的维护群众权益机制”。上海市第九次党代会报告指出，“以化解社会矛盾为主线，加大源头治理力度，强化社会联动调处，重点完善人民调解、行政调解、司法调解有机结合的大调整工作格局，尽最大努力把矛盾纠纷解决在当地、解决在基层、解决在萌芽状态。进一步畅通民意表达渠道，落实信访工作责任制，依法及时合理地处理群众反映的问题，最大限度地减少不和谐因素”。韩正同志在今年的《政府工作报告》中对此也有论述。

为了进一步推动律师参与处理信访矛盾，除了不断提高律师队伍整体素质外，对于政府层面，我们提出以下建议：

（一）建立健全律师介入的有效机制

1.进一步完善介入重大事项风险评估的机制。

对涉及群众切身利益的重大工程、重大改革、重大决策等进行事前社会稳定风险评估，从源头上预防和减少信访矛盾。风险评估的内容应该包

括：合法性，即决策是否符合党的政策和法律法规；合理性，即是否符合大多数群众的利益需求，是否得到大多数群众的理解和支持；程序条件，即是否经过了严格的法定审核程序和周密的可行性论证；环保问题，即是否具备相关部门的环保鉴定；社会治安，即是否可能引发较大的不稳定事件，是否有相应的应急处置预案；等等。

2.进一步完善介入重大项目实施过程的机制。

现在上海的突出信访矛盾中，从数量上看超过70%的是动拆迁矛盾。在拆迁补偿环节，评估单位的选择、补偿方案听证等都需要在律师指导下进行。在动迁过程中既要对动迁公司工作监督，又要对被拆迁人进行法律咨询和宣传。特别是在《物权法》实施后，如何处理好公民权益与公共利益的关系，既是一个法律问题，也是一个政策问题，应该在律师参与下做好工作。

3.进一步完善信访稳定信息沟通传递机制。

一方面，要把律师掌握的信访稳定信息更加主动地纳入各级党委和政府稳工作研判信息系统。另一方面，在处理信访矛盾的过程中要加强律师与信访及相关政府部门的信息沟通。如最近市信访办、市司法局、市律协制定的《律师参与市委市政府信访接待工作试行规定》就规定了每季度一次的工作例会制度。另外，还应建立沟通后反馈机制，进一步提高化解矛盾、解决问题的效果。

4.进一步完善重大信访案件听证、论证机制。

政府有必要组织律师等专家组成专家论证机构，为政府决策重大信访事件把好法律关，就处理意见出具法律论证意见，作为政府决策重大信访的参考依据。

（二）建立健全“政府购买法律服务”的机制

在构建律师参与处理信访矛盾工作机制中，特别建议政府部门树立“政府购买服务”的概念，要有支付法律成本、社会稳定成本的理念，把政府购买服务与律师协会资助服务、律所补贴服务以及个人志愿服务结合起来。建议政府部门每年预算中拿出一笔专项资金，根据律师的工作时间和效果来支付其相应的工作报酬。政府稳定地承担法律服务成本，是确保律师参与处理信访矛盾长效性的关键因素。

（2008年1月，上海市政协十一届一次会议上提交的提案）

制定统一规范的税收政策，促进上海律师服务业又好又快发展

一、上海律师业发展现状

近几年来，上海律师事业发展迅速。截至2007年底，本市律师事务所已有801家，执业律师近8800人；2007年一年全市律师共代理行政、民事诉讼、刑事辩护和非诉讼案件127789件，解答法律咨询178275人次，担任24436家政府部门和企事业单位的常年法律顾问；目前有271家律师事务所与156个街道和乡镇结对共建，为基层群众提供法律服务；2007年一年中，律师参与各级党政领导信访接待12317次，办理各类法律援助案件7574件，免费接待法律咨询79876人次。伴随着上海经济社会的发展，2007年上海律师业务收入近40个亿，比2006年增长25%。

二、上海律师服务业税收情况

根据国家税收征管的规定，税收征收方式包括查账征收和核定征收两种。我国大多数律师事务所在2002年之前一直是实行核定征税，2002年国家税务总局发布《关于强化律师事务所等中介机构投资者个人所得税查账征收的通知》，规定“任何地区均不得对律师事务所实行全行业核定征

税办法。对具备查账征收条件的律师事务所，实现查账征收个人所得税”。但是，我国对律师事务所的会计核算制度长时间内没有统一的规定，2001年财政部颁发了《会计师事务所、资产评估机构、税务师事务所会计核算办法》，在印发通知时提到“律师事务所可参照执行”。但实际上这一核算办法“参照”价值不大。从会计核算要求看，这一规定仍然没有解决长期困扰律师行业的会计计量和确认问题。可见，律师事务所实行“查账征收”尚不具备基本条件。但是，目前对上海律师事务所的所得税征收，基本采用查账征收方式，有些区县对部分律师事务所采用了核定征收方式，但其比例不一，且与兄弟省市特别是律师业发达地区相比偏高。

目前，北京市规定：不适合实行查账征收的律师事务所，可采取核定征收方式。凡采用核定征收方式的，根据律师事务所全年经营收入确定三档超额累进征收率，即不超过100万元的为5%，超过100万~300万元的部分为6%，超过300万元的为7%。天津市规定：对不符合查账征收条件的律师事务所，各区县地税分局一律按其经营收入依不低于9%的综合负担率计征税款。重庆市规定：对确实不具备查账征收条件的律师事务所，根据律师事务所全年经营收入，确定五档超额累进征收率，年经营收入额100万元（含）以下的，征收率为4%，超过100万~500万元（含）的部分为5%，超过500万~1000万元（含）的部分为6%，超过1000万~1500万元（含）的部分为7%，超过1500万元以上的为8%。海南省规定：对不适合实行查账征收的律师事务所，统一采取核定征收的方式；凡采取核定征收方式的，根据律师事务所全年业务收入，确定三档征收率，不超过100万元（含）的为4%，超过100万~300万元（含）的部分为5%，超过300万元的为6%。

可见，许多兄弟省市对律师事务所所得税征收方式有明确的、统一的、稳定的、比例适当的规定，而上海目前却是征收方式不统一、核定比例比较高。据上海市律师协会调查了解，由于没有全市性的统一规定，虽然有区县对部分律师事务所从“招商引资”的角度采用所得税核定征收，但经核定的征收比例也各不相同，基本上在其经营收入的10%以上。而被采用查账征收方式的律师事务所，其整体税赋比例（含营业税及其附加）达其经营收入的25%以上。对上海律师事务所税收征收政策的不规范不统一，客观上成为上海律师事业发展受限的重要因素之一。如与北京律师业相比，上海律师业务收入近三年来一直是其收入的一半，目前北京律师人数已达1.6万人，其2006年业务收入为62亿元，2007年近80亿元。而广东律师业近年也增长很快，目前也拥有1.5万名律师，其2006年业务收入为35亿元，2007年超过45亿元。

三、规范上海律师服务业税收制度的政策背景

（一）上海大力发挥现代服务业的需要

2005年10月，党的十六届五中全会审议通过了《中共中央关于制定国民经济和社会发展第十一个五年规划的建议》，该建议第13条明确提出："制定和完善促进服务业发展的政策措施，大力发展金融、保险、物流、信息和法律服务等现代服务业，……提高服务业的比重和水平。"上海市第九次党代会报告明确指出："现代服务业'短腿'问题比较突出"，要"加快发展会计、审计、法律、咨询、评估、设计等专业服务业"。韩正同志在今年《政府工作报告》中也指出，上海目前"现代服务业发展相对滞后"，要"抓住新一轮国际产业转移的机遇，把现代服务业放到优先发展的位置"，"大力发展现代服务业，完善促进现代服务业发展的政策"，"促进会计、审计、法律、咨询、评估、设计、检测等专业服务业、中介服务业规范发展"。上海市财政局在今年的《关于上海市2007年预算执行情况和2008年预算草案的报告》中也提出："落实配套政策"，"制定物流、信息、会展、中介等服务贸易集聚政策，加快现代服务业发展，提升上海服务全国能级"。

（二）党和政府非常关注律师服务业税收制度的改革和完善

2003年8月，司法部推出《关于拓展和规范律师法律服务的意见》，

特别提出“要加强与有关部门协商，进一步完善律师事务所收费、税收和财务管理制度”。

2004年，司法部在《2004年中国律师业发展政策报告》中指出，“改善律师执业的政策环境，加强对律师业税收政策、收费政策的研究，会同有关部门制定出符合中国律师业实际情况，有利于调动律师积极性，有利于规范律师相关行为的税收和收费政策”。

2005年6月14日，第六次全国律师代表大会提出，“各级党委、政府一定要从实践‘三个代表’重要思想，维护司法公正，促进依法治国，构建和谐社会的高度，完善律师收费、财务管理和税收制度，为律师业的发展提供有力保障”。

2005年8月25日，在第十届全国人民代表大会常务委员会第十七次会议上，全国人大常委会副委员长顾秀莲在作《全国人大常委会执法检查组关于检查〈中华人民共和国律师法〉实施情况的报告》中，“建议司法行政机关与财政、税务、物价等部门协商，制定统一的律师收费和税收制度”。

四、关于完善上海律师服务业税收制度的具体建议

第一，建议上海税务管理机关根据《中华人民共和国税收征收管理法》《财政部、国家税务总局关于印发〈关于个人独资企业和合伙企业投资者征收个人所得税的规定〉的通知》《国家税务总局关于印发〈核定征收企业所得税暂行办法〉的通知》的相关规定，制定适用全市的统一的律师事务所所得税征收规定。

第二，这一规定应明确，对不具备查账征收条件的律师事务所应根据律师事务所全年经营收入实行核定征收方式。

第三，对于被采用核定征收方式的律师事务所，应当采用超额累进征收率实施税收征收。

第四，应当制定合理的税率。这一税率的核定应从大力发展上海现代

服务业出发，与北京等地的政策相比充分体现出对上海律师服务业发展的有效支持性和大力促进性。

（2008年1月，上海市政协十一届一次会议上提交的提案）

建立上海环境交易所的思考与建议

随着地球环境变化的不断加剧，世界各国越来越重视环境保护，特别是今年的印尼巴厘岛全球环境大会和年初中国南方大雪灾之后，环境与经济的可持续发展问题甚至成了普通老百姓谈论的话题。对此，笔者也深有感触。作为山东东岳化工有限公司（以下简称“东岳化工”）的法律顾问，笔者参与了其与日本新日铁和三菱公司于2007年进行的全球最大二氧化碳排放权交易的谈判。东岳化工通过技术改造减少了HFC23气体（氯氟碳化物生产过程中副产品）的排放额度，从而将每年的二氧化碳等温室气体排放量减少约1 000万吨，并将这部分排放额出售给日本公司。据1997年达成并于2005年2月16日正式生效的《京都议定书》之清洁发展机制（CDM机制），发达国家企业可以通过帮助发展中国家减少温室气体排放来获得二氧化碳排放额度。新日铁为东岳化工提供减少温室气体排放的技术支持，三菱公司则担当这笔二氧化碳排放权交易中间商。

在此过程中，笔者深深地体会到排污权交易对于促进环境保护的巨大作用，并由此而产生了建立上海环境交易所的设想。在此，笔者从市场、政策、法律等方面对建立上海环境交易所作一分析。

一、建立上海环境交易所的必要性

（一）从目前我国环境保护现状和上海环保压力角度分析

2007年2月2日，联合国政府间气候变化专门委员会发布全球气候评估报告，认为20世纪中期至今观测的大部分气温上升有很大可能性与人类活动产生的温室气体排放有关。国际上普遍注意到，中国目前已是全球第二大温室气体排放国。按照国际能源机构估计，到2009年，中国将取代美国成为最大的温室气体排放国，比原先预测的早了近10年，中国不久将排放全球20%的二氧化碳。

又据统计，目前我国人均每年二氧化碳排放量为2.7吨，而上海人均排放量居全国前列，凸显绿色压力。

（二）从排污权交易本身的市场化属性角度分析

1.有利于实现治理成本最小化。排污权交易的结果是污染治理主要由治理成本小的企业完成，从而实现了全社会总的污染治理成本最小化和产值的最大化。

2.有利于污染物排放的宏观调控。有了排污权交易，政府机构可以发放和购买排污权来实施污染物总量的控制，影响排污权交易价格，从而控制环境标准。

3.有利于公众的参与。环境保护组织等团体可以进入市场购买排污权，并不卖出，从而降低污染水平。这种办法通过支付意愿反映了人们的选择，强化了公众的参与意识，使社会公众能够积极有效地配合政府的行动。

4.有利于发挥市场灵活机制。排污权的价格由市场确定，通过排污权价格的变动，排污权市场可以对经常变动的市场物价和厂商治理成本做出及时的反应。

5.有利于刺激企业的技术革新。排污权交易使减排变得有利可图，客观上产生了对于污染治理技术的需求，使得此类技术的开发变得现实可行，促使环境保护产业迅速发展。

6.有利于环境保护与经济的可持续发展。在政府控制的污染物排放总量一定的前提下，如果在环保技术上取得重大进展或者产业结构进行调整，实际的污染物排放量会降低，降低的排放量就为大量新企业的进入留出了发展空间，从而可以在不降低环境质量的前提下实现经济的稳定增长。

（三）从全球排污权交易情况及交易市场发展角度分析

2003年，世界上第一个以温室气体减排为目标和贸易内容的交易所成立于美国芝加哥。此后阿姆斯特丹的欧洲气候交易所、奥斯陆的北方电力交易所、法国的未来电力交易所、德国的欧洲能源交易所也随即成立。最新的一个消息是，加拿大蒙特利尔气候交易所于今年5月30日开市。但是，全球目前尚没有一家兼顾二氧化碳排放权、二氧化硫排放权、城市垃圾无害化处理收费权和城市污水处理收费权等多品种交易的综合性环境交易所。

北京市发改委曾召开新闻发布会，称北京将筹建气候交易市场，为国内外企业搭建温室气体排放权交易平台。湖北省也正在酝酿把排污权交易引入产权交易市场。在“深港金融特区”筹备中，建立碳交易所也是其建设内容之一。而天津市将在近期将排放权市场筹建细化方案递交到国家相关部委。而上海在这方面更具先天优势，上海在证券交易所、期货交易所、黄金交易所、产权交易所等方面的运作经验，将有利于环境交易所的建立和运行，同时环境交易所也可以成为上海国际金融中心的有机组成部分。

二、建立上海环境交易所的构想

（一）确定上海环境交易所的初期交易品种

根据我国实际情况，参考美国的经验，上海环境交易所可率先实行二氧化碳排放权交易、二氧化硫排放权、城市垃圾无害化处理收费权和城市污水处理收费权交易制度。其中，二氧化碳排放权交易可以发展国际会员，根据目前已经进行的上百个二氧化碳排放权交易项目情况看，现有的《清洁发展机制项目运行管理暂行办法》足以保障上海环境交易所二氧化碳排放权交易的进行。城市垃圾无害化处理和城市污水处理相对集中，其收费往往通过政府渠道进行，并有一定的政府补贴，交易相对简单，推出这一交易品种旨在通过收费权的交易推动相关污染物处理的集约化和相关技术的提高。

而二氧化硫排放权主要针对电力、钢铁企业，我国电力、钢铁企业因燃煤而产生的二氧化硫超过二氧化硫排放总量的一半。而二氧化硫亦是我国城市大气污染的主要污染源之一，北京为保障2008年奥运会的顺利召开，减少二氧化硫大气污染，甚至将首钢停产迁址。由于电力、钢铁企业规模大、效益好，因此便于实施污染源在线监测和实施清洁生产，便于计量化、标准化，有利于排放权交易的实施。

（二）确定区域环境资源总量

以二氧化硫排放权交易为例，需要在全国二氧化硫污染物排放总量控制计划的基础上，根据各地的环境质量状况，参照排污申报登记有关数据，按照公平、公开、公正的原则，确定全国电力、钢铁行业二氧化硫排放总量和每家企业的初始排放量。

（三）确定市场交易规则

在上海环境交易所设立初期，交易市场规模较小，排放权许可证的转让可采取统一挂牌、柜台交易的方式。在柜台交易累积了一定经验后，可以设计标准化产品，在交易所进行电子化撮合交易。

（四）确定市场准入规则

上海环境交易所需对排放权许可证交易市场的进入作必要的审检，包括对市场主体的资格和排放权限的审核。

（五）确定上海环境交易所的监管机构

上海环境交易所作为一个排污权交易市场，其交易监管涉及金融、发展改革、环保、工商行政等诸多部门。考虑到监管的实际效果，笔者认为上海环境交易所应由上海市人民政府协同国家环境保护部组建机构共同监管。从属地看，上海具有良好的金融体制，可由类似上海市金融办的机构负责协调上海环境交易所运作所涉及的金融要素的监管，而具体交易品种则应得到国家环境保护部的认可。由于排污权一直由国家环境保护部管理，未来交易和执行环节复杂，需要上海市政府和国家环境保护部进行全面的协调合作。建议设立由上海市人民政府与国家环境保护部共同组成的上海市环境金融监管办公室，作为上海环境交易所的监管机构。

环境交易所不但对于我国来说，而且在全球范围内而言都还是新生事物。我们应该与时俱进、解放思想、大胆探索，建立一个与中国环保政策相匹配的、适合我国国情的、且又是规范化与国际化的排污权交易市场，造福中国，造福人类。

（2008年1月，上海市政协十一届一次会议上提交的提案，
国浩执行合伙人刘维亦有贡献）

第三辑

讲好法治故事

（2012—2022年）

又乘春风浩荡时　共谱奋进新篇章

一、会前感言

时间过得真快。今年已经是本届全国政协的第五次会议了。其实我和大家一样，都倍加珍惜、加倍努力。政协委员是一个光荣的身份，光荣的另外一层含义就是责任与担当。而且，今年的大会又是党的二十大召开之前的一次重要会议。于此百年未有之大变局之际，政协委员们更应该为国家发展献真言、谏良策。

作为一名法律工作者身份的委员，我努力结合自身工作，立足制度层面，推进法治建设。具体而言，一是聚焦国家大政方针，细化思考，提出法治完善方案；二是结合个人调研学习，发现问题，提出制度供给建议。

例如，今年我提出的一个提案是“进一步加强扎实推动共同富裕的法律体系建设”，这是我学习习近平总书记《扎实推动共同富裕》重要文章引发的一个思考。再如，长三角区域一体化发展，是习近平总书记亲自宣布的国家战略，于是我今年还提出一个“设立长三角地区检察院，推进跨行政区划检察改革”的提案。

再比如，我在上海张江高科技园区学习调研时，在与企业家和科学家交流中发现，推进我国生物医药产业的发展，还应该在投资体制和集中采购政策上加以完善。另外，我在上海一家名叫“真爱梦想”的慈善机构座谈交流中，觉得推进慈善信托还应该加大政策支持与制度供给的力度。

的确，基于专业、深入实践、认真思考，才能提出好建议、好提案。

特别想告诉大家的是，过去的两年里我非常荣幸担任了全国政协学习民法典读书群的两期群主。在全国政协领导的亲自关心和社法委领导的直接引领下，读书活动不仅群内开花，而且芳香外溢，通过人民政协报全媒体的传播，在社会上产生广泛影响。而在此基础上编辑出版的《学好用好民法典》一书，一经推出也大受欢迎。

新的一年，全国政协多个读书群正在热火朝天，委员们都在挑灯夜读。这是一个大学校，这是一个大课堂。我们努力学习、虚心请教，致力提升自己的履职本领，做一名名副其实的优秀委员。

今天的北京阳光灿烂，“正莺儿啼，燕儿舞，蝶儿忙”。一年之计在于春，大会即将拉开大幕，我们将不负春光，不负人民！

二、平安中国

多年前有个电视剧《我爱我家》主题曲中有一句话：“内心的平安那才是永远。”正如习近平总书记强调的：“平安是老百姓解决温饱后的第一需要。”

应该说，进入新时代，平安不仅仅是社会治安意义上的平安，人民群众追求的是更高层次、更加全面、更为持续的平安状态，实现内心的安定、安宁和安享。具体而言，包括人的权利能够得到确认和尊重，而当权利受到侵害时能够依法维护和保障。其实，这对新时代平安中国建设、法治中国建设提出了要求、开出了题目。党和政府是答卷人，必须满足人民群众的时代要求、合理诉求、理性追求，从而“努力让人民群众在每一项法律制度、每一个执法决定、每一宗司法案件中都感受到公平正义”。

更高水平的平安中国建设，正是要为新时代人民群众对民主、法治、公平、正义、安全、环境日益增长的需求提供更多的制度供给、更好的法治产品、更优的社会环境。

我们注意到，《民法典》作为“一部写满权利的宣言书”，明确规定：“自然人享有生命权、身体权、健康权、姓名权、肖像权、名誉权、荣誉权、隐私权、婚姻自由等权利。”“自然人的个人信息受法律保护。”“自然人因婚姻家庭关系等产生的人身权利受法律保护。”“民事主体的财产权利受法律平等保护。”“民事主体依法享有物权。”“民事主体依法享有债权。”“民事主体依法享有知识产权。”“自然人依法享有继承权。”“民事主体依法享有股权和其他投资性权利。”等等。民法典庄严宣布：“民事主体的人身权利、财产权利以及其他合法权益受法律保护，任何组织或者个人不得侵犯。”权利确认加权利保护，让人民群众心安、乐业、幸福。

今年2月23日，最高人民法院发布人民法院大力弘扬社会主义核心价值观典型民事案例，这是继2020年5月发布第一批典型案例后发布的第二批典型案例，紧系人民生活、关乎群众利益、紧扣社会主义核心价值观、紧贴民法典实施的问题。我的理解，最高人民法院发布典型案例，彰显了人民法院坚持“法安天下、德润人心”大力践行和弘扬社会主义核心价值观的鲜明态度和坚定决心，为行善者撑腰，让失德者失利，积极引领社会风气向上向善。“随风潜入夜，润物细无声。”法治追求的，正是一种最好的平安状态。

今天，人民群众关心的、在意的不仅是自身的权利，更有公共安全、公共利益，例如生态文明、环境保护。我们关注到，人民检察院牢记“公共利益代表”的神圣职责，正在促进补强公共保护领域治理短板。日前，最高人民检察院发布2021年度十大法律监督案例，其中最高检直接立案办理南四湖环境公益诉讼案位列其中。加强生态环境司法保护，已经成为检察工作着重点、着力点，去年一年起诉破坏生态环境资源犯罪4.9万人，办理相关公益诉讼案件8.8万件。环境的平安、生态的平安，让人民群众的心更加平安。

三、法律援助

江山就是人民，人民就是江山。党和政府的初心和使命就是全心全意为人民服务。从这一角度而言，法律援助法的意义就在于体现党和政府坚持以人民为中心的宗旨，体现党和政府尊重和保障人权的价值追求。

总书记指出，要“让人民群众在每一项法律制度、每一个执法决定、每一宗司法案件中都感受到公平正义”。总书记强调，“决不允许让普通群众打不起官司”；要“切实解决好老百姓打官司难问题，特别是要加大对困难群众维护合法权益的法律援助”。因此，法律援助法的出台，正是践行习近平法治思想的重要体现。

从另外一个角度，法律援助法的出台和实施，彰显了中国律师制度的本质和中国律师队伍的属性。律师制度是中国特色社会主义法律制度的重要组成部分。习近平总书记指出：“律师队伍是依法治国的一支重要力量，要大力加强律师队伍思想政治建设，把拥护中国共产党领导、拥护社会主义法治作为律师从业的基本要求。”《法律援助法》第16条第1款规定：“律师事务所、基层法律服务所、律师、基层法律服务工作者负有依法提供法律援助的义务。”《律师法》第42条也规定：“律师、律师事务所应当按照国家规定履行法律援助义务，为受援人提供符合标准的法律服务，维护受援人的合法权益。”《法律援助法》的出台和施行，让律师和律师事务所履行法律援助义务，更有规范，更有指引，更有保障，从而体现人民律师为人民服务的宗旨和追求。

从实践中来看，许多律师和律师事务所不仅依照律师法和法律援助法的规定，履行法律援助义务，而且在日常提供法律服务过程当中做了大量的公益法律事务，包括为妇女儿童、老年人、残疾人、生活困难群众提供优惠收费或免费的法律服务。从律师履行社会责任和提供公益法律服务的实践来看，后者已经占了更大的比例。做公益，已经成为律师的常态；做公益法律服务，已经成为律师的习惯。

拿我自己所在的律师事务所来说，我们将律师法律援助义务和律师公益法律服务作为新律师培训的入门课。一方面，从律师职业道德的角度、从法律援助义务和社会责任的角度进行教育；另一方面，给予新律师进行法律援助和公益法律服务的技术层面的培训，特别是进行民法典的学习，通过民法典的实施，切实维护人民群众合法权益。

同时，我们把老律师提供法律援助和公益法律服务的案例，以喜闻乐见、生动活泼的方式，向新律师展现。例如，我所在的国浩律师（上海）事务所，今年春节期间由年轻律师自编自演，推出11幕话剧《代理人》，生动演绎老律师曾经为受害者家属无偿代理的“老虎吃人案”的故事，让年轻律师在润物细无声中，体会并传承老律师的人民律师情怀。

落实《法律援助法》，为人民群众提供法律援助和公益法律服务，关键在于践行人民律师的宗旨。

习近平同志指出：“推进全面依法治国，根本目的是依法保障人民权益。”“要积极回应人民群众新要求新期待，系统研究谋划和解决法治领域人民群众反映强烈的突出问题，不断增强人民群众获得感、幸福感、安全感，用法治保障人民安居乐业。”这是习近平法治思想的核心内容，深刻阐明了全面依法治国“为了谁”的根本问题，为新时代深化依法治国实践锚定了前进方向。

我国《律师法》第2条第2款明确规定：“律师应当维护当事人合法权益，维护法律正确实施，维护社会公平和正义。”我国宪法作为国家根本大法、作为治国安邦总章程，全面规定了公民的基本权利和义务，特别规定公民的人身自由、人格尊严不受侵犯。党的十九大报告提出，保障人民知情权、参与权、表达权、监督权，保护人民人身权、财产权、人格权。民法典则特别规定“民事主体的人身权利、财产权利以及其他合法权益受法律保护”，并且在“总则”中以第5章集中规定了民事权利，特别将“人格权”单列为“编”，体现了中国特色、人民属性。

中国律师是社会主义法治工作队伍的重要组成部分，是法律服务队伍的主体，必须以优质高效的法律服务在法治建设第一线建功、于保障人民最前沿立业。维护人民权益，是人民律师的法定义务。

解决了这一认识问题、思想问题、意识问题，便能在法律服务工作中一切从人民利益出发，落实以人民为中心的思想，切实履行律师法和法律援助法规定的义务，并且践行人民律师履行社会责任的价值追求，从而实现自己的职业价值与人生价值。把有意义的事情做得有意思，把有意思的事情做得有意义。在为人民群众提供法律服务过程中体验职业幸福、实现人生理想。

四、营商环境

周强院长在最高人民法院工作报告中，强调“助推法治化营商环境建设”。报告指出，坚持“两个毫不动摇”，平等保护各类市场主体合法权益；坚决防止把民事责任变为刑事责任；弘扬契约精神和企业家精神；依法破除对民营企业在投资市场准入等领域设置的门槛；清理涉民营企业积案；建立涉企案件生产经营影响评估机制。这些内容，具有很强的针对性和现实性。

张军检察长则强调“着力营造安商惠企法治化营商环境”。他指出，疫情多点散发，经济承压，更需以法治稳企业稳预期、保就业保民生；力防企业因案陷入困境，持续落实对企业负责人涉经营类犯罪依法能不捕的不捕、能不诉的不诉、能不判实刑的提出适用缓刑建议等检察政策；开展涉案企业合规改革试点；依法可不捕、不诉的，责成涉案企业作出合规承诺、切实整改；共建第三方监督评估机制，司法、执法、行业监管联手，以严管体现厚爱；针对一些涉企案件长期“挂案”，该结不结、该撤不撤，对证据不足、侦查无果的，坚决落实疑罪从无，企业活力得以释放；允许社区矫正对象临时赴外地从事生产经营活动；弹性监管融入信任，更利改造、更利发展。这些内容，赢得代表委员阵阵掌声。

人民法院和人民检察院的司法功能，在于胸怀国之大者，在统筹发展和安全中依法履行职责，充分发挥法治的引领、规范和保障作用，服务“十四五”良好开局。对此，结合李克强总理的政府工作报告，更加彰显司法机关推进打造法治化营商环境的重要性。

在今年政府工作报告中，用“市场主体”一词包括企业、中小微企业、中小企业、小微企业、民营企业、“企”等相关用语，累计近80次，体现了对市场主体的重视。的确，我国经济尚处在突发疫情等严重冲击后的恢复发展过程中，国内外形势又出现很多新变化，保持经济平稳运行难度加大，更要发挥超过1.5亿户市场主体的作用。

对政府而言，在打造法治化营商环境时，应“善于运用改革创新办法”（本次政府工作报告用语），一方面要使国有企业发挥优势，但又要有所节制；另一方面对民营企业而言，要依法保护产权和企业家权益，但又要使其规范运营。

政府应完善产业与市场规则，对国有企业进入的产业领域应该有一定的节制。对于民营资本干不了、干不好、干不久以及不想干、不敢干、不能干的涉及公共事务、公共利益的有形及无形基础设施类的领域，国有资本应发挥引领、控制功能，提升产业链供应链支撑和带动能力。

要完善法制，将保障民营企业依法平等使用资源要素、公开公平公正参与竞争、同等受到法律保护的政策与精神法定化、具体化、落实化。同时，应构建亲清政商关系，弘扬企业家精神，特别是推进其建立规范、高效的合规体系，保障民营经济依法运营、据规治理，从而行稳致远、基业长青。

从以上分析可见，政府与司法机关应形成合力，统筹协调，建设法治政府，完善司法政策，努力让市场主体和人民群众在每一个行政执法中、在每一宗司法案例上，都能感受到公平正义。

作为一名律师，我们还有一个独特的视角，就是在推进法治化市场化营商环境中，司法机关应进一步维护律师执业权益，而维护律师执业权益，最终会落实在维护当事人合法权益特别是保护企业家权益、保护企业产权上。

周强院长在报告中有4处8次提到律师，指出：与全国律协召开座谈会，健全工作机制，切实保障律师执业权利，充分发挥律师促进公正司法和人权保障的重要作用。律师服务平台为33名律师提供在线立案服务244万件、案件排期避让提醒40万次。并特别强调：“切实保障律师依法履职。”

在张军检察长的报告中，更是以专段强调“深化检律良性互动”，特别指出：尊重、支持律师履职，连续两年会商司法部、全国律协，四级检察院同步落实。从严监督纠正执法司法人员侵犯律师执业权利1770件，同比上升84.8%。全面试点律师互联网阅卷，查阅案卷一次也不用跑。邀请律师参与公开听证、信访化解，专业法律服务备受好评。与司法部等出台指导意见，规范检律交往、离任检察人员从事律师职业；中国检察官协会与全国律协倡议构建“亲”不逾矩、“清”不疏远职业共同体。

应该说，在疫情常态化防控时期，律师会见权如何维护又出现新问题、发生新情况。虽然各地公安机关建立视频会见系统，但有的办案机关以各种理由尤其是疫情防控借口为律师正常行使会见权设置障碍的情形并不少见，特别是有些案件采取指定监视居住等强制措施，在疫情防护条件欠缺、视频系统不备状态下，律师会见难成为一大顽疾。不少律师反映，指定监视居住已经成为“变相羁押”“超羁押”强制措施，而此过程中违反法定情形拒绝律师会见已成常态。而被公安机关采取指定监视居住这一措施的，大多是市场主体尤其是民营企业经营者、管理者、产权人。如何避免“老板被抓，企业垮台”，维护律师的会见权是一个特殊的角度。检察机关应进一步加强法律监督，维护律师执业权利特别是会见权任重道远。

五、法治故事

“讲好中国法治故事、讲中国法治好故事”，这是我在人民大会堂听取两院工作报告时的最直接体会。

周强院长和张军检察长的报告，接地气，察民情，合时势，场景感十足，可读性很强，诉说中国司法故事，讲好了中国法治故事、讲了中国法治好故事。

例如最高人民法院工作报告中就说：“对外逃腐败犯罪分子虽远必惩，让其人财两空”“让公众不再为自己的‘脸面’担忧”“守好百姓‘看病钱’‘救命钱’”“群众头顶上、脚底下安全更有保障”“不让权利人赢了官司输了市场”“对傍名牌等不正当竞争行为予以制裁”“‘碰瓷式’维权不受保护”“让‘诚实而不幸’的债务人可以从头再来”“让侮辱烈士的人受到制裁，让成边英雄的丰碑永远高高耸立”“通过司法断案弘扬真善美、鞭笞假恶丑”“让网上购物买得放心、用得安心”“让‘依法带娃’成为家长必修课”……

在最高人民检察院工作报告中，特别讲到：湖北一民营企业涉经济犯罪，经合规整改，被依法决定不起诉；快递女子被造谣出轨案自诉转公诉；“老夫少妻”恶搞发布案以公诉案件立案；南四湖受污染由最高检直接立案，历时十月初现一湖碧水；网络博主恶意诋毁志愿军英烈被提起公诉；携手各方为孩子们撑起一片法治艳阳天；社会在进步，不“关起来”也能管得住；“纠错不能止于国家赔偿、追责必须落到责任主体”不是口号；全过程人民民主让公平正义可“围观”、受评价、更可感……

我们期待着最高人民法院、检察院一以贯之推进并完善发布典型案例工作，并广泛推介和宣传，充分发挥司法的教育、评价、指引、示范功能，推动习近平法治思想以及社会主义法治理念、核心价值观转化为广大人民群众的情感认同和行为自觉。“随风潜入夜，润物细无声”；功在当代，利在千秋！

（2022年3月，全国两会期间接受新华社、《人民日报》、《人民政协报》、《法治日报》、《解放日报》等媒体记者采访时的发言）

依法捍卫英烈荣光

“审理侵害英烈名誉荣誉、褒渎英雄墓碑等案件，让侮辱烈士的人受到制裁，让戍边英雄的丰碑永远高高耸立。”

"网络博主恶意诋毁志愿军英烈、恣意侮辱卫国戍边烈士，海南、新疆检察机关以涉嫌侵害英雄烈士名誉、荣誉罪提起公诉，附带民事公益诉讼，以法治维护英烈权益、捍卫英烈荣光。"

这是3月8日上午回响在人民大会堂的最高人民法院院长周强、最高人民检察院检察长张军的铿锵报告，赢得人大代表政协委员一片掌声。

《中共中央关于党的百年奋斗重大成就和历史经验的决议》指出，党的百年奋斗从根本上改变了中国人民的命运前途，开辟了实现中华民族伟大复兴的正确道路，深刻影响了世界历史进程，锻造了走在时代前列的中国共产党。我们不能忘记：一百年来党领导人民浴血奋战，百折不挠，在此过程中无数英烈抛头颅洒热血，为中国人民站起来富起来强起来作出了不可磨灭的卓越贡献。

《决议》进一步强调："党坚持以社会主义核心价值观引领文化建设，注重用社会主义先进文化、革命文化、中国优秀传统文化培根铸魂""专门设立烈士纪念日"。纪念，是为了传承、为了弘扬。习近平总书记就曾指出："实现我们的目标，需要英雄，需要英雄精神。我们要铭记一切为中华民族和中国人民作出贡献的英雄们，崇尚英雄，捍卫英雄，学习英雄，关爱英雄。"

应当说，英雄烈士的事迹和精神是中华民族共同的历史记忆和宝贵的精神财富，是中国共产党领导中国各族人民近百年来不懈奋斗伟大历程、可歌可泣英雄史诗的缩影和代表，是实现中华民族伟大复兴的强大精神动力。这一论断，已经成为全体中国人民的坚定共识！

侮辱、诽谤英雄烈士，不仅伤害其遗属的感情，而且是对社会公共利益的损害。英雄和烈士，作为一个国家和民族精神的体现，是引领社会风尚的标杆，其姓名、名誉、荣誉等，必须在法律上予以充分的、坚决的保护，于引领社会尊崇英烈、惩恶扬善的风气，弘扬社会主义核心价值观，意义重大、影响长远。

2018年4月27日，中华人民共和国第十三届全国人民代表大会常务委员会第二次会议通过《中华人民共和国英雄烈士保护法》，自2018年5月1日起施行。

该法规定了对侵害英烈权益的举报和报告权。其第24条明确：“任何组织和个人有权对侵害英雄烈士合法权益和其他违反本法规定的行为，向负责英雄烈士保护工作的部门、网信、公安等有关部门举报，接到举报的部门应当依法及时处理。”第25条第3款规定：“负责英雄烈士保护工作的部门和其他有关部门在履行职责过程中发现第一款规定的行为，需要检察机关提起诉讼的，应当向检察机关报告。”

该法明确了对英烈权益保护的私益诉讼与公益诉讼相结合规则。其第25条规定：“对侵害英雄烈士的姓名、肖像、名誉、荣誉的行为，英雄烈士的近亲属可以依法向人民法院提起诉讼。英雄烈士没有近亲属或者近亲属不提起诉讼的，检察机关依法对侵害英雄烈士的姓名、肖像、名誉、荣誉，损害社会公共利益的行为向人民法院提起诉讼。”“英雄烈士近亲属依照第一款规定提起诉讼的，法律援助机构应当依法提供法律援助服务。”

该法列明了侵害英烈权益的责任承担方式。其第26条规定：“以侮辱、诽谤或者其他方式侵害英雄烈士的姓名、肖像、名誉、荣誉，损害社会公共利益的，依法承担民事责任；构成违反治安管理行为的，由公安机关依法给予治安管理处罚；构成犯罪的，依法追究刑事责任。”

对此，我国《民法典》第185条做了呼应：“侵害英雄烈士等的姓名、肖像、名誉、荣誉，损害社会公共利益的，应当承担民事责任。”

同时，我国《刑法》第299条之一予以配合：“侮辱、诽谤或者以其他方式侵害英雄烈士的名誉、荣誉，损害社会公共利益，情节严重的，处三年以下有期徒刑、拘役、管制或者剥夺政治权利。”而上述“情节严重的”，从司法实践来看，是指造成严重的不良影响，或者侵害行为持续时间长、范围广等情形。

经典案例最有说服力、最具权威性。杭州市民瞿某在其网络店铺出售两款贴画，其一印有“董存瑞舍身炸碉堡”形象及显著文字“连长你骗我！两面都有胶！！”另一款印有“黄继光舍身堵机枪口”形象及显著文字“为了妹子，哥愿意往火坑跳！”某网友发现后向杭州市西湖区检察院举报。经依法确认无符合条件的原告起诉，西湖区检察院向杭州互联网法院提起民事公益诉讼。法院认为：英雄烈士董存瑞在“解放战争”中舍身炸碉堡，英雄烈士黄继光在“抗美援朝”战争中舍身堵枪眼，用鲜血和生命谱写了惊天动地的壮歌，体现了崇高的革命气节和伟大的爱国精神，是社会主义核心价值观的重要体现。任何人都不得歪曲、丑化、亵渎、否定英雄烈士的事迹和精神。被告瞿某作为中华人民共和国公民，应当崇尚、铭记、学习、捍卫英雄烈士，不得侮辱、诽谤英雄烈士的名誉。在网络平台发布、销售上述贴画，造成了恶劣的社会影响，损害了社会公共利益，依法应当承担民事法律责任。故判决瞿某立即停止侵害英雄烈士名誉权的行为，即销毁库存，不得再继续销售案涉贴画，并于判决生效之日起10日内在国家级媒体公开赔礼道歉，消除影响。

而本文开篇提到的最高人民法院、最高人民检察院工作报告所述案件之一，就是某网络大V恶意诋毁志愿军“冰雕连”的案件。2021年10月6日，罗某平在其三亚市住处使用新浪微博账号发表帖文，侮辱在抗美援朝长津湖战役中牺牲的中国人民志愿军“冰雕连”英烈，引发公众强烈愤慨，造成恶劣社会影响。今年2月18日，海南省三亚市城郊人民检察院针对罗某平发表侮辱志愿军英烈名誉、荣誉言论的行为，依法向三亚市城郊人民法院提起公诉和刑事附带民事公益诉讼。检方起诉指控：被告人罗某平以侮辱方式侵害英雄烈士名誉、荣誉，损害社会公共利益，情节严重，依法应当以侵害英雄烈士名誉、荣誉罪追究其刑事责任，并请求判令罗某平承担相应民事责任。对此，罗某平自愿认罪认罚。

有网友看了大片《长津湖》后这样感慨：“让一个民族软弱，最恶劣的办法就是坏掉他们的图腾，污名化他们的英雄，让后来人再也不想给这个民族去努力去抗争。”的确，在新时代的今天，在世界百年未有之大变局之际，我们更要树立斗争精神，依法守护我们的英雄、捍卫我们的烈士，维护社会公共利益，传承和弘扬英雄烈士精神、爱国主义精神，培育和践行社会主义核心价值观，激发实现中华民族伟大复兴中国梦的强大精神力量！

（原载于《中国政协》，2022年第3期）

加快“扎实推动共同富裕”的法律体系建设

习近平总书记2021年10月15日在《求是》发表《扎实推动共同富裕》的重要文章，指出“共同富裕是社会主义的本质要求，是中国式现代化的重要特征”。他强调，要“坚持以人民为中心的发展思想，在高质量发展中促进共同富裕，正确处理效率和公平的关系，构建初次分配、再分配、三次分配协调配套的基础性制度安排，加大税收、社保、转移支付等调节力度并提高精准性，扩大中等收入群体比重，增加低收入群体收入，合理调节高收入，取缔非法收入，形成中间大、两头小的橄榄型分配结构，促进社会公平正义，促进人的全面发展，使全体人民朝着共同富裕目标扎实迈进”。

“立善法于天下，则天下治；立善法于一国，则一国治。”习近平总书记指出：“推进国家治理体系和治理能力现代化，当然要高度重视法治问题。”“我们要加强重要领域立法，确保国家发展、重大改革于法有据，把发展改革决策同立法决策更好结合起来。要坚持问题导向，提高立法的针对性、及时性、系统性、可操作性，发挥立法引领和推动作用。”习近平总书记进一步指出：“我们已经踏上了全面建设社会主义现代化国家、向第二个百年奋斗目标进军的新征程，立足新发展阶段，贯彻新发展理念，构建新发展格局，推动高质量发展，满足人民群众对民主、法治、公平、正义、安全、环境等日益增长的要求，提高人民生活品质，促进共同富裕，都对法治建设提出了新的更高要求。建设中国特色社会主义法治体系，要顺应事业发展需要，坚持系统观念，全面加以推进。”

因此，扎实推动共同富裕，需要加强法制建设，加快形成并进一步完善扎实推动共同富裕的法律体系。

一、进一步完善坚持社会主义基本经济制度的立法

习近平总书记强调：“扎实推进共同富裕必须坚持社会主义经济制度。”《中华人民共和国宪法》第6条规定：“中华人民共和国的社会主义经济制度的基础是生产资料的社会主义公有制，即全民所有制和劳动群众集体所有制。社会主义公有制消灭人剥削人的制度，实行各尽所能、按劳分配的原则。国家在社会主义初级阶段，坚持公有制为主体、多种所有制经济共同发展的基本经济制度，坚持按劳分配为主体、多种分配方式并存的分配制度。”依据宪法要求，《中华人民共和国民法典》在“物权”编第206条明确：“国家坚持和完善公有制为主体、多种所有制经济共同发展，按劳分配为主体、多种分配方式并存，社会主义市场经济体制等社会主义基本经济制度。国家巩固和发展公有制经济，鼓励、支持和引导非公有制经济的发展。国家实行社会主义市场经济，保障一切市场主体的平等法律地位和发展权利。”

宪法和民法典有关社会主义基本经济制度的规定，是推动共同富裕的经济基础和物质前提，也是推动共同富裕的制度基础和法治保障。与此同时，推动共同富裕相关的法律及其体系均应充分体现这一规定，切实落实这一要求。

（一）

目前，体现我国公有制与多种所有制经济共同发展的“法律法规”层级的法律规范，从主体上分析大体有如下分布：

国有经济	《中华人民共和国全民所有制工业企业法》 《中华人民共和国企业国有资产法》
集体经济	《中华人民共和国乡村集体所有制企业条例》 《中华人民共和国乡镇企业法》 《中华人民共和国城镇集体所有制企业条例》
非公经济	《个体工商户条例》 《中华人民共和国个人独资企业法》
混合经济	《中华人民共和国公司法》 《中华人民共和国合伙企业法》

毋庸讳言，以上法律法规应进一步修订、综合化完善。

一是因“年久失修”，应与时俱进。

上述许多法律法规制定时间久远，如《全民所有制工业企业法》，于1988年4月13日经第七届全国人大第1次会议审议通过，虽于2009年8月27日作出部分修改，至今也已过去了13年，显然已有相当程度的时过境迁。

“为国也，观俗立法则治，察国事本则宜。不观时俗，不察国本，则其法立而民乱，事剧而功寡。”正如习近平总书记指出的：“全面推进依法治国，必须从我国实际出发，……既不能罔顾国情、超越阶段，也不能因循守旧、墨守成规。”

同时，我们再看看其他相关法律法规的制定或修改时间：《中华人民共和国企业国有资产法》系2008年10月28日第十一届全国人大常委会第5次会议通过；《乡村集体所有制企业条例》《城镇集体所有制企业条例》系1991年9月9日国务院令第88号发布；《中华人民共和国乡镇企业法》系1996年10月29日第八届全国人大常委会第22次会议通过；《个体工商户条例》系2011年3月30日国务院第149次常务会议通过；《中华人民共和国个人独资企业法》系1999年8月30日第九届全国人大常委会第11次会议通过；《中华人民共和国合伙企业法》系1997年2月23日第八届全国人大常委会第24次会议通过，2006年8月27日第十届全国人大常委会第23次会议修订。

我们注意到，党的十八大以来，以习近平同志为核心的党中央统筹推进“五位一体”总体布局，协调推进“四个全面”战略布局，在深化国有企业改革、优化营商环境、加强产权保护、促进资本市场健康发展等方面作出重大决策部署，推动公司制度和实践进一步完善发展，公司注册登记数量由2013年的1033万家增加到目前的约3800万家，同时对公司法修改提出一系列任务要求。在此背景下，《中华人民共和国公司法》已经启动修订，目前正在向社会公开征求意见。

二是要协调统一，须拾遗补阙。

有关社会主义基本经济制度的立法，从主体上而言，应尽可能全面地涵盖所有所有制形式。目前来看，尚有遗漏处、缺少项。

我国《民法典》第99条规定：“农村集体经济组织依法取得法人资格。法律、行政法规对农村集体经济组织有规定的，依照其规定。”第100条规定：“城镇农村的合作经济组织依法取得法人资格。法律、行政法规对城镇农村的合作经济组织有规定的，依照其规定。”显然，对农村集体经济组织和城镇农村合作经济组织的立法属当务之急，农村与乡镇正是推进共同富裕的“一线”甚至是“火线”。

另外，民法典在第一编第二章以专节即第四节“个体工商户和农村承包经营户”的形式规定了“两户”的法律地位与民事责任。因此，在加快修订“个体工商户条例”的同时，应尽早出台“农村承包经营户”的专门规定，并与《中华人民共和国农村土地承包法》的相关规定相协调与相匹配。

三是应抓紧重点，予规范引领。

我国《宪法》第11条规定："在法律规定范围内的个体经济、私营经济等非公有制经济，是社会主义市场经济的重要组成部分。国家保护个体经济、私营经济等非公有制经济的合法的权利和利益。国家鼓励、支持和引导非公有制经济的发展，并对非公有制经济依法实行监督和管理。"

我们注意到，1978—2020年，中国GDP增长了39倍，民营经济贡献了"5、6、7、8、9"，即50%以上的税收、60%以上的国内生产总值、70%以上的技术创新成果、80%以上的城镇劳动就业，以及90%以上的企业数量。截至2020年底，我国民营企业已经达到4000多万家，在各行各业中都发挥了重要作用。

在此背景下，推进制定"民营企业法"是长远之计。国有企业是"共和国的长子"，习近平总书记也说"民营企业和民营企业家是我们自己人"。"长子"已经有"企业国资法"的维护，"自己人"也应该有"民营企业法"的保障。因此，建议推进制定《中华人民共和国民营企业法》，将保障民营企业依法平等使用资源要素、公开公平公正参与竞争、同等受到法律保护的政策与精神法定化、具体化、落实化。

（二）

土地制度是我国基本经济制度的重要组成部分。《中华人民共和国宪法》第10条规定："城市的土地属于国家所有。农村和城市郊区的土地，除由法律规定属于国家所有的以外，属于集体所有；宅基地和自留地、自留山，也属于集体所有。国家为了公共利益的需要，可以依照法律规定对土地实行征收或者征用并给予补偿。任何组织或者个人不得侵占、买卖或者以其他形式非法转让土地。土地的使用权可以依照法律的规定转让。一切使用土地的组织和个人必须合理地利用土地。"第9条规定："矿藏、水流、森林、山岭、草原、荒地、滩涂等自然资源，都属于国家所有，即全民所有；由法律规定属于集体所有的森林和山岭、草原、荒地、滩涂除外。国家保障自然资源的合理利用，保护珍贵的动物和植物。禁止任何组织或者个人用任何手段侵占或者破坏自然资源。"我国《民法典》第二编

“物权”第二分编“所有权”第五章专门规定了“国有所有权”和“集体所有权”，对土地、矿藏、水流、海域，森林、山岭、草原等自然资源相关权利等均作出了明确。

我国现已陆续颁布并实施《中华人民共和国土地管理法》《中华人民共和国城市房地产管理法》《中华人民共和国农村土地承包法》等土地方面的法律，以及《中华人民共和国矿产资源法》《中华人民共和国森林法》《中华人民共和国草原法》《中华人民共和国水法》等自然资源方面的法律。

“劳动是财富之父，土地是财富之母。”这是马克思在《资本论》中引用的古典政治经济学之父威廉·配第的一句话，可见土地之于财富与富裕的重要性。

从目前上述法律规定看，以土地管理法为例，侧重的是“管理”，如其第一章就开宗明义：“为了加强土地管理……”但同时，为了更好地推进发展，在“归属”与“保护”的前提下，应当突出“利用”与“开发”，以民法典规定的“占有、使用、收益和处分”的权益为法律依据，在“使用”与“收益”上下功夫、做文章，推进“财富之母”更充分地造富人民。在此思路上，可以考虑制定统一的“土地基本法”，并以此为“母法”，形成土地法律体系乃至“土地法典”。

二、进一步推进激发市场主体活力的法律规范完善

扎实推动共同富裕，应当坚持高质量发展。习近平总书记提出了“在高质量发展中促进共同富裕”的总思路，为扎实推进共同富裕明确了发展路径。而高质量发展，须更大程度激发市场主体的活力。因此，应进一步加快有关激发市场主体活力的法律法规完善。

依我国市场主体登记条例的规定，市场主体是指在中华人民共和国境内以营利为目的从事经营活动的自然人、法人及非法人组织，一般包括：（一）公司、非公司企业法人及其分支机构；（二）个人独资企业、合伙企

业及其分支机构；（三）农民专业合作社（联合社）及其分支机构；（四）个体工商户；（五）外国公司分支机构；（六）法律、行政法规规定的其他市场主体。

有关市场主体的立法，包括此前提到的《中华人民共和国全民所有制工业企业法》《中华人民共和国企业国有资产法》《中华人民共和国乡村集体所有制企业条例》《中华人民共和国乡镇企业法》《中华人民共和国城镇集体所有制企业条例》《中华人民共和国个体工商户条例》《中华人民共和国个人独资企业法》《中华人民共和国公司法》《中华人民共和国合伙企业法》。对此，除了本文上一节有关三条建议，还有一条就是：应“全程”立法，行“全面”覆盖。也就是说，从市场主体“出生”到“死亡”的“全生命周期”，都应有法律法规的规范、引领和保障。

2021年8月24日《中华人民共和国市场主体登记条例》公布，并于2022年3月1日起施行。市场主体登记管理制度是市场主体开展经营活动的基础性制度，事关市场主体合法权益保护、市场秩序维护以及营商环境持续优化。改革开放以来，我国先后出台了《中华人民共和国企业法人登记管理条例》《企业名称登记管理规定》《中华人民共和国公司登记管理条例》《中华人民共和国合伙企业登记管理办法》《企业法人法定代表人登记管理规定》《农民专业合作社登记管理条例》《个体工商户条例》等多部规范市场主体登记管理的行政法规，在推动经济发展、促进创业就业等方面发挥了重要作用。与此同时，现行制度也逐渐暴露出一些与新时期市场主体发展不适应、不协调的问题。例如登记管理法规体系比较零乱，不利于为市场主体提供清晰的指引；再如制度规则不统一，制度规则的系统性、科学性有待提升；又如内容相对滞后，不符合当前实际情况，特别是与近年来深化商事制度改革、继续大力简政放权、强化事中事后监管的要求相比还有较大差距。在此背景下，统一的市场主体登记立法便应运而生了。

“未知生，焉知死”，这是古代哲人所说的名言。反过来，在市场经济背景下，同样的道理在于“未知死，焉知生”。因此，市场主体的“死”

与“生”一样，同样具有法律后果和责任意义。2006年8月27日，第十届全国人大常委会第23次会议通过了《中华人民共和国企业破产法》，为规范企业破产程序，公平清理债权债务，保护债权人和债务人的合法权益发挥了积极作用。

俗话说，“不破不立”。从企业运营过程来看，“破”不是目的，“立”才是宗旨。因此，“破产重整”应当成为“主角”，作为“重点”。目前作为破产法中的专章，“破产重整”应当独立出来，并结合金融市场与并购重组的实践形成“破产重整法”，以进一步发挥保障债权人和投资者利益、维护市场稳定与良性秩序的重要职能。

还有第二条，对“类项”合并，重“形式”强化。意即提取公因式、合并同类项，强化从“组织形式”角度的立法。目前我国关于市场主体的立法侧重于主体的所有制形式，如全民、集体、个体等。应当说，这些立法基本上属于“特别法”，应以其“组织形式”为出发点，以“法律责任”为归宿点，突出“一般法”概念。例如，不管是国有控股还是民营资本，只要采用了“公司”（有限责任公司、股份有限公司）这种组织形式，都应适用“公司法”；而未采用公司体制的全民企业、集体企业、个人独资企业，都应适用“企业法”；而不管是公司还是企业，具有法人资格的，都属营利法人，独立承担民事责任；而上述企业类型中的个人独资企业、个人合伙企业，不具有法人资格，则不属营利法人，属于具有营利性的非法人组织。

上述类别分析，符合民法典中有关“法人”“营利法人”“非法人组织”的规定，应以此为基本依据，统筹制定“企业基本法”，突出以营利为目的的自然属性，并强化企业产权保护；并以此作为全民所有制企业法、集体所有制企业法、个人独资企业法、合伙企业法的“一般法”，同时对上述这些“特别法”作出统一化的修订。

三、进一步加强市场运行与市场调控相关法律体系建设

高质量发展应当处理好市场与政府的关系，即应充分发挥市场在资源

配置中的决定性作用，更好发挥政府作用，推动有效市场和有为政府更好结合。2021年中央经济工作会议要求，“要正确认识和把握资本的特性和行为规律”；“要发挥资本作为生产要素的积极作用，同时有效控制其消极作用。要为资本设置‘红绿灯’，依法加强对资本的有效监管，防止资本野蛮生长”。

（一）

资本野蛮生长的空间是市场。我国已经出台预防和制止垄断行为、保护市场公平竞争、提高经济运行效率、维护消费者利益和社会公共利益的相关法律规范。以平台经济反垄断为例：

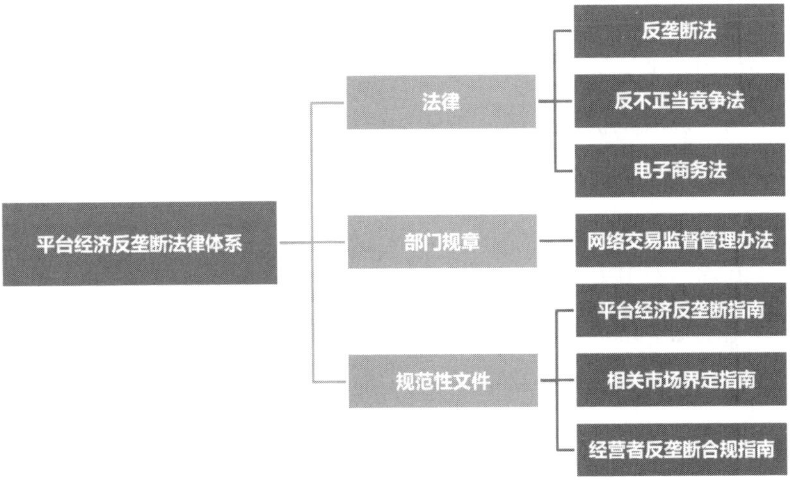

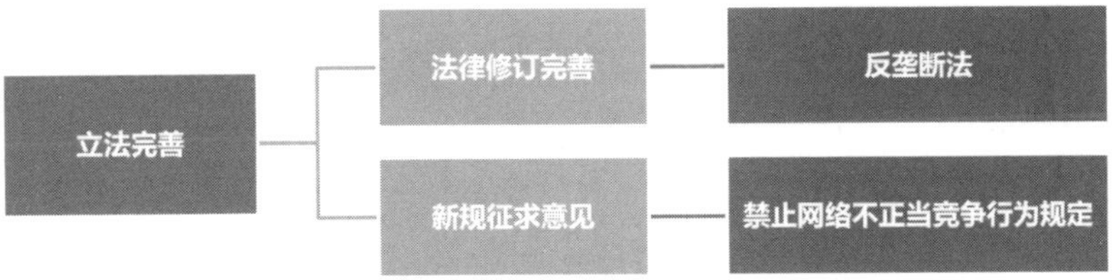

2020年初公布的《〈反垄断法〉修订草案（公开征求意见稿）》首次增加了有关互联网经营者市场支配地位认定依据的规定。应当说，《反垄断法》适用于所有主体，对内资外资、国有民营、大中小企、网企普企，可谓一视同仁、平等对待，其目的在于保障各类市场主体平等参与市场竞

争。只有不断完善平台企业垄断认定、数据收集使用管理、消费者权益保护等方面的法律规范，维护市场公平竞争，才能推动市场保持创新、激励主体维持活力、实现经济健康发展。

（二）

为了持续优化营商环境，不断解放和发展社会生产力，加快建设现代化经济体系，推动高质量发展，制定优化营商环境方面的法律法规变得尤为重要。《优化营商环境条例》经2019年10月8日国务院第66次常务会议通过，自2020年1月1日起施行。

我们注意到，该条例第30条规定："国家加强社会信用体系建设，持续推进政务诚信、商务诚信、社会诚信和司法公信建设，提高全社会诚信意识和信用水平，维护信用信息安全，严格保护商业秘密和个人隐私。"

市场经济就是信用经济，加强信用体系立法刻不容缓。健全社会信用体系，要求建立健全信用标准体系，制定公共信用信息目录和失信惩戒措施清单，完善失信主体信用修复机制；推广信用承诺制度。加强信用信息归集、共享、公开和应用，推广惠民便企信用产品与服务；建立公共信用信息和金融信息的共享整合机制；培育具有国际竞争力的企业征信机构和信用评级机构，加强征信监管，推动信用服务市场健康发展；加强信用信息安全管理，保障信用主体合法权益；建立健全政府失信责任追究制度。

为此，应以《民法典》第7条"民事主体从事民事活动，应当遵循诚实信用，秉持诚实，恪守承诺"为基本依据，制定统一的"信用法"，通过信用体系立法，持续推进国家诚信建设。

（三）

第八届全国人大常委会第4次会议于1993年10月31日通过《中华人民共和国消费者权益保护法》，该法自1994年1月1日起施行，并在2013年10月25日由第十二届全国人大常委会第5次会议作了修正，其主要内容是完善消费者权益保护制度，包括强化经营者义务、规范网络购物等新的消费方式、建立消费公益诉讼制度。2014年3月15日，新法施行。

新《消费者权益保护法》以第五章专章规定了“消费者组织”，其第36条明确：“消费者协会和其他消费者组织是依法成立的对商品和服务进行社会监督的保护消费者合法权益的社会组织。”第37条进一步规定了消费者协会应履行的公益性职责。

应进一步修订《消费者权益保护法》，完善消费者组织的法律定位。以中国消费者协会为例，其于1984年12月经国务院批准成立，是对商品和服务进行社会监督的保护消费者合法权益的全国性社会组织。该会章程第2条规定：“中国消费者协会是由国家法律确认、国务院批准成立的保护消费者合法权益的全国性社会团体。”

依《民法典》第87条规定：“为公益目的或者其他非营利目的成立，不向出资人、设立人或者会员分配所取得利润的法人，为非营利法人。非营利法人包括事业单位、社会团体、基金会、社会服务机构等。”其第90条进一步规定：“具备法人条件，基于会员共同意愿，为公益目的或者会员共同利益等非营利目的设立的社会团体，经依法登记成立，取得社会团体法人资格；依法不需要办理法人登记的，从成立之日起，具有社会团体法人资格。”基于消费者协会并没有会员的概念，所以其并非法律意义上的社会团体，而更多的类似于民法典第88条规定的事业单位法人，即：“具备法人条件，为适应经济社会发展需要，提供公益服务设立的事业单位，经依法登记成立，取得事业单位法人资格；依法不需要办理法人登记的，从成立之日起，具有事业单位法人资格。”

为此，应当以修订并强化消费者协会的地位与职权相关规定为契机，进一步完善消费者权益保护法，切实保护消费者的合法权益，维护社会经济秩序，促进社会主义市场经济健康发展。

四、进一步健全按劳分配为主体、多种分配方式并存的相关法律体系

坚持按劳分配为主体、多种分配方式并存，健全各类生产要素由市场

决定报酬的机制，是扎实推进共同富裕的基本实现方式。

（一）

习近平总书记指出："鼓励勤劳创新致富。幸福生活都是奋斗出来的，共同富裕要靠勤劳智慧来创造。要坚持在发展中保障和改善民生，把推动高质量发展放在首位，为人民提高受教育程度、增强发展能力创造更加普惠公平的条件，提升全社会人力资本和专业技能，提高就业创业能力，增强致富本领。"

如此前所言，"劳动是财富之父"，应形成人人爱劳动、致富靠劳动的良好社会风尚。为了保护劳动者的合法权益，调整劳动关系，早在1994年我国已出台《中华人民共和国劳动法》。其中，以专章即第二章共六条对"促进就业"作了规定。以此为基础，2007年8月30日第十届全国人大常委会第29次会议审议通过了《中华人民共和国就业促进法》，目的在于促进就业，促进经济发展与扩大就业相协调，促进社会和谐稳定。上述两部法律分别于2018年12月29日、2015年4月24日进行了修正，应当说基本符合目前经济社会发展状况，但仍有必要作进一步完善。

如在"职业教育和培训"方面。习近平总书记强调："要防止社会阶层固化，畅通向上流动通道，给更多人创造致富机会，形成人人参与的发展环境，避免'内卷''躺平'。"因此，促进就业法中"职业教育与培训"这一章即可进一步强化，如加强职业教育和培训的政府政策支持力度、加大对市场化职业教育和培训机构的扶持强度，在制度层面和法律责任上予以更加明确、更具效力的支持。

在保障劳动者权益尤其是劳动者按劳分配权益过程中，健全工资决定及增长机制尤为关键。因此，应坚决贯彻落实今年1月1日起施行的《中华人民共和国工会法》，并适时制定"工资集体协商"与"最低工资"相关法规，将按劳分配为主体的我国分配制度真正落到实处，夯实全体劳动者共同富裕的法律基础。

（二）

多种分配方式并存强调健全科技创新人才权益分配制度。《中华人民共和国专利法》早在1984年3月12日即由第六届全国人大常委会第4次会议通过，经四次修正，最新施行的为2020年10月17日第十三届全国人大常委会第22次会议通过的修正版。

我国《民法典》第123条明确规定“民事主体依法享有知识产权”。知识产权，是权利人依法就发明、实用新型、外观设计等客体享有的专有的权利。在“合同”编中，民法典又专门规定了“技术合同”，包括技术开发合同、技术转让合同和技术许可合同、技术咨询合同和技术服务合同。

2021年12月24日，第十三届全国人大常委会第32次会议对1993年制定、2007年修订的《中华人民共和国科学技术进步法》再次作了修订。该法第33条规定：“国家实行以增加知识价值为导向的分配政策，按照国家有关规定推进知识产权归属和权益分配机制改革，探索赋予科学技术人员职务科技成果所有权或者长期使用权制度。”第60条规定：“各级人民政府、企业事业单位和社会组织应当采取措施，完善体现知识、技术等创新要素价值的收益分配机制，优化收入结构，建立工资稳定增长机制，提高科学技术人员的工资水平；对有突出贡献的科学技术人员给予优厚待遇和荣誉激励。利用财政性资金设立的科学技术研究开发机构和高等学校的科学技术人员，在履行岗位职责、完成本职工作、不发生利益冲突的前提下，经所在单位同意，可以从事兼职工作获得合法收入。技术开发、技术咨询、技术服务等活动的奖酬金提取，按照科技成果转化有关规定执行。国家鼓励科学技术研究开发机构、高等学校、企业等采取股权、期权、分红等方式激励科学技术人员。”

通过上述一系列规定，让广大的科技工作者、各类创新人才，充分享有、充沛享受科技创新成果相对应的权益分配所得，并进而推进科技进步、创新动力。

（三）

拓宽居民股息、红利等增收渠道，保护中小投资者合法权益是“多种分配方式并存”的题中应有之义。

对此，应重点贯彻落实《中华人民共和国证券法》。2019年12月28日第十三届全国人大常委会第15次会议对该法作了进一步修订，第一条即明确“规范证券发行和交易行为，保护投资者的合法权益，……”并以第六章专章规定“投资者保护”，在维护投资者尤其是中小投资者利益方面，具有里程碑的意义。

（四）

多渠道增加农民集体和个人分享的增值收益、资产收益是推进农民共同富裕的重要内容，尤其不容忽视。

专家分析，中国农民目前最大的问题是97%的年收入来自劳动收入，几乎没有财产性收入。党的十八届三中全会对农村“三块地”，即集体经营性建设用地、农村承包地和宅基地的依法有序流转，做了系统性的顶层设计。该次会议通过的《中共中央关于全面深化改革若干重大问题的决定》指出：“在符合规划和用途管制前提下，允许农村经营性建设用地出让、租赁、入股，实行与国有土地同等入市、同权同价。”“在坚持和完善最严格的耕地保护制度前提下，赋予农民对承包地占有、使用、收益、流转及承包经营权抵押、担保权能，允许农民以承包经营权入股发展农业产业化经营。”“保障农户宅基地用益物权，改革完善农村宅基地制度，选择若干试点，慎重稳妥推进农民住房财产权抵押、担保、转让，探索农民增加财产性收入渠道。”《中华人民共和国国民经济和社会发展第十四个五年规划和2035年远景目标纲要》（以下简称《纲要》）也明确：“建立健全城乡统一的建设用地市场，统筹推进农村土地征收、集体经营性建设用地入市、宅基地制度改革。”

因此，应结合“土地基本法”的制定和土地法律体系的完善，将上述“三块地”改革纳入统筹规划之中，并以此为核心路径，设计并实现农民财产性收入倍增计划，将广大农民的共同富裕落在实处、落袋为安。

五、进一步强化与二次分配相关的法律制度的改革和完善

习近平总书记强调，要“正确处理效率和公平的关系，构建初次分配、再分配、三次分配协调配套的基础性制度安排”。专家指出，一次分配是基础，二次分配是关键。而二次分配包括税收、社保以及转移支付三个重要方面。

一是应进一步完善税收法律制度。

习近平总书记为我国税收改革与完善作出了重要指示：“在依法保护合法收入的同时，要防止两极分化、消除分配不公。要合理调节过高收入，完善个人所得税制度，规范资本性所得管理。要积极稳妥推进房地产税立法和改革，做好试点工作。要加大消费环节税收调节力度，研究扩大消费税征收范围。要加强公益慈善事业规范管理，完善税收优惠政策。”

按照税法功能作用的不同，可以将税法分为税收实体法和税收程序法两大类。税收实体法主要是指确定税种立法，具体规定各税种的征收对象、征收范围、税目、税率、纳税地点等，例如增值税、消费税、营业税、企业所得税、个人所得税、资源税、房产税、城镇土地使用税、印花税、车船税、土地增值税、城市维护建设税、车辆购置税、契税和耕地占用税。像《中华人民共和国企业所得税法》《中华人民共和国个人所得税法》《中华人民共和国增值税暂行条例》《中华人民共和国营业税暂行条例》，都属于税收实体法。

税收程序法则是指税务管理方面的法律，主要涉及税收管理、发票管理、税务机关、税务争议处理等。例如《中华人民共和国税收征收管理法》。

上述税收种类中，增值税、消费税以及关税都属于间接税，而个人所得税、企业所得税、房地产税、遗产税属于直接税。完善税收制度，直接税改革是重中之重。例如，应该进一步降低个人所得税率。目前我国个人

所得税实行7级累进、最高45%的所得税率，就世界范围来看算是比较高的。但另一数据显示，我国每年的个人所得税占全部税收收入的比重仅为7%，大大低于发达国家20%、发展中国家15%的比重。其中一个很重要的原因就是，因税率过高，高收入群体转嫁个人所得税，导致税基减少，税收总量降低。再如，就是应适时依法开征房地产税、遗产税和赠与税。

还有一个很重要的立法应该是，制定“税收优惠法”。目前我国有关税收优惠的规定繁多，分种类、按行业，因时、因地，长短不一、对象各异。应出台统一的“税收优惠法”，对各类税收优惠，特别是对中小微企业的所得税优惠，作出更高层级、更为稳定、更加长远、更有预期的法律规定。

二是应进一步完善社会保障法律制度。

一般而言，社会保障制度由社会保险、社会救助、社会福利、优抚安置等内容组成。其中，社会保险是社会保障的核心内容。

在社会保险方面。2010年10月28日第十一届全国人大常委会第17次会议通过《中华人民共和国社会保险法》，并于2018年12月29日经第十三届全国人大常委会第7次会议修正。这是在我国社保体系中起支架作用的重要法律，是一部着力保障和改善民生的立法，对于建立覆盖城乡居民的社会保障体系，更好地维护公民参加社会保险和享受社会保险待遇的合法权益，使公民共享发展成果具有重要意义。

该法第2条明确：“国家建立基本养老保险、基本医疗保险、工伤保险、失业保险、生育保险等社会保险制度，保障公民在年老、疾病、工伤、失业、生育等情况下依法从国家和社会获得物质帮助的权利。”作为与社会保险法内容相关联的法律，我国目前还有《中华人民共和国老年人权益保障法》《工伤保险条例》《失业保险条例》《中华人民共和国人口和计划生育法》等法律法规，相互协同、彼此呼应，基本覆盖了我国社会保险领域的方方面面。

值得关注的是《中华人民共和国老年人权益保障法》的完善。一方面，这是进一步完善养老服务体系的需要。《中共中央国务院关于加强新时代老龄工作的意见》（2021年11月18日）指出："有效应对我国人口老龄化，事关国家发展全局，事关亿万百姓福祉，事关社会和谐稳定，对于全面建设社会主义现代化国家具有重要意义。"在此背景下，应当推动养老事业和养老产业协同发展，健全基本养老服务体系，大力发展普惠型养老服务，支持家庭承担养老功能；完善社区居家养老服务网络，推进公共设施适老化改造；强化对失能、部分失能特困老年人的兜底保障；深化公办养老机构改革，提升服务能力和水平，完善公建民营管理机制；加强老年健康服务，深入推进医养康养结合；加大养老护理型人才培养力度；逐步提升老年人福利水平，完善经济困难高龄失能老年人补贴制度和特殊困难失能留守老年人探访关爱制度；健全养老服务综合监管制度；构建养老、孝老、敬老的社会环境，强化老年人权益保障；逐步延迟法定退休年龄，促进人力资源充分利用；发展银发经济；等等。另一方面，应结合民法典的实施，从弘扬社会主义核心价值观、民事行为能力、监护制度、民事法律行为效力、代理制度、居住权制度、业主的建筑物区分所有制制度、合同法律制度、人格权规定、婚姻家庭及继承法律制度等与老年人权益最密切关联的方面，对老年人权益保障作出更有针对性、更具操作性的法律规定。

在社会救助方面。社会救助事关困难群众衣食冷暖，关系民生、连着民心，是一项兜底线、救急难、保民生、促公平的基础性制度安排。《社会救助暂行办法》自2014年5月施行；中办国办2020年4月印发《关于改革完善社会救助制度的意见》，对改革完善社会救助制度作出了顶层设计和系统部署。为促进社会救助制度更加成熟、更加定型，兜住兜牢困难群众民生底线，2020年9月7日《中华人民共和国社会救助法（草案征求意见稿）》予以公布，目前正在征求社会各界意见。

在社会福利方面。社会福利一般是指向困难群体，主要是残、幼、老群体，提供的带有福利性的包括物质支持和服务支持在内的社会支持和帮助。

为维护残疾人的合法权益，发展残疾人事业，保障残疾人平等地充分参与社会生活，共享社会物质文化成果，《中华人民共和国残疾人保障法》于1990年12月28日经第七届全国人大常委会第17次会议通过，并经2008年4月24日第十一届全国人大常委会第2次会议修订，后于2018年10月26日由第十三届全国人大常委会第6次会议修正。

《中华人民共和国未成年人保护法》则是一部专门保护未满18周岁公民合法权益的法律，1991年即已通过，2020年修订后于2021年6月1日起施行。现行法律分为家庭保护、学校保护、社会保护、网络保护、政府保护、司法保护、法律责任等九章，明确各级政府应当建立未成年人保护工作协调机制，细化政府及其有关部门的职责；强化监护人的第一责任人意识，同时明确学校幼儿园的报告制度；对监护人监护、校园安全、学生欺凌、学习负担等问题均有涉及。

应当说，上述两部法律，加上老年人权益保障法，其相关内容共同构成了我国社会福利制度的核心内容。

在社会优抚方面。社会优抚是政府对军人及其家属所建立的，由国家和社会对其提供各种优待、抚恤、养老、就业安置的一项社会保障制度。

早在1984年5月31日，第六届全国人民代表大会第2次会议即通过《中华人民共和国兵役法》，经2021年8月20日第十三届全国人大常委会第30次会议修订后自2021年10月1日起施行。

2020年11月11日，为了加强退役军人保障工作，维护退役军人合法权益，让军人成为全社会尊崇的职业，第十三届全国人大常委会第23次会议通过了《中华人民共和国退役军人保障法》，自2021年1月1日起施行。

此外，2004年8月国务院和中央军委联合发布《军人抚恤优待条例》（2011年7月修订），2011年7月国务院发布《烈士褒扬条例》，2011年10月国务院和中央军委联合发布《退役士兵安置条例》。

《中共中央关于党的百年奋斗重大成就和历史经验的决议》指出："随着时代发展和社会进步，人民对美好生活的向往更加强烈，对民主、法治、公平、正义、安全、环境等方面的要求日益增长。”“人民对美好生活的向往就是我们的奋斗目标，增进民生福祉是我们坚持立党为公、执政为民的本质要求，让老百姓过上好日子是我们一切工作的出发点和落脚点，补齐民生保障短板、解决好人民群众急难愁盼问题是社会建设的紧迫任务。必须以保障和改善民生为重点加强社会建设，尽力而为、量力而行，一件事情接着一件事情办，一年接着一年干，在幼有所育、学有所教、劳有所得、病有所医、老有所养、住有所居、弱有所扶上持续用力，加强和创新社会治理，使人民获得感、幸福感、安全感更加充实、更有保障、更可持续。”

应当说，在中国特色社会主义新时代的今天，我国社会保障的内涵被大大地丰富了。《纲要》就强调：“围绕公共教育、就业创业、社会保险、医疗卫生、社会服务、住房保障、公共文化体育、优抚安置、残疾人服务等领域，建立健全基本公共服务标准体系。”可以说，这些内容远远超出了传统意义上的社会保险、社会救助、社会福利和社会优抚的范围，而在住房保障、公共卫生、教育公平、公共文化、公共法律服务等方面，也同样应该努力让人民群众有更多的获得感、幸福感和安全感。

在住房保障方面。早在2010年11月住房和城乡建设部就表示，住房保障法的起草已列入十一届全国人大常委会立法规划和国务院2010年立法计划，并已形成基本住房保障法征求意见稿。

《纲要》强调，要坚持“房子是用来住的，不是用来炒的”的定位，要加快建立多主体供给、多渠道保障、租购并举的住房制度，让全体人民住有所居、职住平衡；要有效增加保障性住房供给，完善住房保障基础性制度和支持政策，完善住房保障体系。因此，在此基础上，应考虑尽快制定“住房保障基本法”。

在公共卫生方面。应该改革疾病预防控制体系，建立稳定的公共卫生事业投入机制，落实医疗机构公共卫生责任，完善突发公共卫生事件监测预警处置机制，建立健全统一的国家公共卫生应急物资储备体系，筑牢口岸防疫防线，加强公共卫生学院和人才队伍建设，完善心理健康和精神卫生服务体系。

目前我国医疗方面的法律法规主要有《中华人民共和国传染病防治法》《中华人民共和国国境卫生检疫法》《中华人民共和国执业医师法》《中华人民共和国精神卫生法》《中华人民共和国药品管理法》《中华人民共和国护士管理办法》《医疗事故处理条例》《医疗器械监督管理条例》《医疗机构管理条例》《乡村医生从业管理条例》《突发性公共卫生事件应急条例》，以及《中华人民共和国母婴保健法》《中华人民共和国义务献血法》等。

实事求是地说，上述法律法规是无法充分覆盖并有效适应构建强大公共卫生服务体系需求的。因此，在此基础上，应考虑制定“公共卫生基本法”。

在发展教育事业方面。为了保障适龄儿童、少年接受义务教育的权利，保证义务教育的实施，提高全民族素质，1986年4月12日第六届全国人民代表大会第4次会议通过了《中华人民共和国义务教育法》，并于2018年12月29日经第十三届全国人大常委会第7次会议作了修改。

为了发展高等教育事业，实施科教兴国战略，第九届全国人大常委会第4次会议于1998年8月29日通过了《中华人民共和国高等教育法》，并在2018年12月29日由第十三届全国人大常委会第7次会议进行了修改。

为了实施科教兴国战略，发展职业教育，提高劳动者素质，1996年5月15日《中华人民共和国职业教育法》由第八届全国人大常委会第19次会议通过。2019年12月，教育部发布《中华人民共和国职业教育法修订草案（征求意见稿）》，面向社会公开征求意见。2021年6月7日，“职业教育法修订草案”首次提请全国人大常委会审议，该草案明确职业教育与普通教育“具有同等重要地位”，并围绕职业教育与普通教育相互融通作出多项规定，包括“支持和鼓励中小学根据实际需要增加职业教育内容”。

关键在于，应当加快推进基本公共教育均等化。为此，要巩固义务教育基本均衡成果，完善办学标准，推动义务教育优质均衡发展和城乡一体化；加快城镇学校扩容增位，保障农业转移人口随迁子女平等享有基本公共教育服务；改善乡村小规模学校和乡镇寄宿制学校条件，加强乡村教师队伍建设，提高乡村教师素质能力，完善留守儿童关爱体系，巩固义务教育控辍保学成果；巩固提升高中阶段教育普及水平，鼓励高中阶段学校多样化发展；规范校外培训；完善普惠性学前教育和特殊教育、专门教育保障机制；提高民族地区教育质量和水平。

因此，应该在此基础上，统一制定“公共教育基本法”。

在公共文化方面。习近平总书记指出：“促进人民精神生活共同富裕。促进共同富裕与促进人的全面发展是高度统一的。要强化社会主义核心价值观引领，加强爱国主义、集体主义、社会主义教育，发展公共文化事业，完善公共文化服务体系，不断满足人民群众多样化、多层次、多方面的精神文化需求。”

党的十八届四中全会审议通过的《中共中央关于全面推进依法治国若干重大问题的决定》指出，要制定《文化产业促进法》，把行之有效的文化经济政策法定化，健全促进社会效益和经济效益有机统一制度规范。2019年6月28日，《文化产业促进法（草案征求意见稿）》面向社会征求意见，其中明确地方政府在促进地方文化基础设施建设方面的义务，确保人民群众可以享受更好的公共文化服务。

完善公共文化服务体系，应当优化城乡文化资源配置，推进城乡公共文化服务体系一体建设；创新实施文化惠民工程，广泛开展群众性文化活动；推进公共图书馆、文化馆、美术馆、博物馆等公共文化场馆免费开放和数字化发展；推进媒体深度融合，做强新型主流媒体；发展档案事业；深入推进全民阅读，建设“书香中国”；创新公共文化服务运行机制，鼓励社会力量参与公共文化服务供给和设施建设运营。

因此，在此基础上，应当突出保障人民群众文化权益的核心主题，制定统一的“公共文化基本法”。

在公共法律服务方面。习近平总书记指出："人民对美好生活的向往更加强烈，对民主、法治、公平、正义、安全、环境等方面的要求日益增长。"总书记强调："要始终坚持以人民为中心，坚持法治为了人民、依靠人民、造福人民、保护人民，把体现人民利益、反映人民愿望、维护人民权益、增进人民福祉落实到法治体系建设全过程。"因此，我们应该特别关注人民群众在公共法律服务方面的需求。

目前我国已出台《中华人民共和国律师法》《中华人民共和国公证法》《中华人民共和国仲裁法》《中华人民共和国人民调解法》《中华人民共和国法律援助法》等有关法律服务方面的法律法规。

习近平总书记进一步指出："要深化公共法律服务体系建设，加快整合律师、公证、司法鉴定、仲裁、司法所、人民调解等法律服务资源，尽快建成覆盖全业务、全时空的法律服务网络。""要加快解决有些地方没有律师和欠发达地区律师资源不足问题，决不允许普通群众打不起官司。"

因此，完善公共法律服务体系、法律援助和国家司法救济制度，乃应有之义，属当务之急。在此基础上，应该出台"公共法律服务基本法"。

三是应加快转移支付制度立法。

转移支付制度，是国家基于中央和地方财政之间的纵向不平衡、各区域之间的横向不平衡，为实现区域间各项经济社会事业协调发展而采取的财政政策。

据了解，目前我国只有一个由财政部出台的属于部门规章的《过渡期财政转移支付办法》，法律上层级显然不高，实施随意性明显过大。

因此，应制定"转移支付法"，明确转移支付的目的、原则、方式、资金用途；要求转移支付须与各级政府预算同步，实行预算管理；规定相关项目公开制，接受社会监督；确立专门中央转移支付管理机构等，从而提升转移支付的规范性、效率化，在推进共同富裕中切实发挥其不可替代的作用。

六、加快建立相关三次分配的基础性法律制度

有专家指出：一次分配讲效率兼顾公平，二次分配讲公平兼顾效率，而三次分配则讲志愿、讲道德。如前所述，一次分配是基础，二次分配是关键，那么三次分配就是配套和辅助补充。

（一）

谈到三次分配，首先应当提及慈善事业。为发展慈善事业，弘扬慈善文化，规范慈善活动，保护慈善组织、捐赠人、志愿者、受益人等慈善活动参与者的合法权益，促进社会进步，共享发展成果，第十二届全国人民代表大会第4次会议于2016年3月16日通过了《中华人民共和国慈善法》。依据此法，慈善活动是指自然人、法人和其他组织以捐赠财产或者提供服务等方式，自愿开展的下列公益活动：（一）扶贫、济困；（二）扶老、救孤、恤病、助残、优抚；（三）救助自然灾害、事故灾难和公共卫生事件等突发事件造成的损害；（四）促进教育、科学、文化、卫生、体育等事业的发展；（五）防治污染和其他公害，保护和改善生态环境；（六）符合该法规定的其他公益活动。而该法所称慈善组织，就是指依法成立、符合规定，以面向社会开展慈善活动为宗旨的非营利性组织；慈善组织可以采取基金会、社会团体、社会服务机构等组织形式。

其中，基金会是指利用自然人、法人或者其他组织捐赠的财产，以从事公益事业为目的，按照规定成立的非营利性法人。基金会分为面向公众募捐的基金会和不得面向公众募捐的基金会；公募基金会按照募捐的地域范围，又分为全国性公募基金会和地方性公募基金会。

我国已制定有《基金会管理条例》，旨在规范基金会的组织和活动，维护基金会、捐赠人和受益人的合法权益，促进社会力量参与公益事业，于2004年2月11日由国务院第39次常务会议通过，自2004年6月1日起施行。

我国《民法典》专节规定了“非营利法人”制度，其第87条规定：“为公益目的或者其他非营利目的成立，不向出资人、设立人或者会员分

配所取得利润的法人，为非营利法人。非营利法人包括事业单位、社会团体、基金会、社会服务机构等。”

《民法典》第90条规定了“社会团体”，即：“具备法人条件，基于会员共同意愿，为公益目的或者会员共同利益等非营利目的设立的社会团体，经依法登记成立，取得社会团体法人资格；依法不需要办理法人登记的，从成立之日起，具有社会团体法人资格。”

第92条则规定了“基金会”“社会服务机构”等捐助法人，即：“具备法人条件，为公益目的以捐助财产设立的基金会、社会服务机构等，经依法登记成立，取得捐助法人资格。”

《民法典》进而在相关章节中，对社会团体、基金会、社会服务机构的治理结构、财产管理、资产处置等事项作出了进一步的规定。

为此，应当依据《民法典》的规定，对《基金会管理条例》作出完善，以推进健康规范发展为出发点，修订为《基金会条例》，并同步制定《社会团体条例》和《社会服务机构条例》；或者将事业单位法人包含其中，依民法典的分类与定位，制定统一的“非营利法人法”，进一步彰显并引领这些机构的公益目的属性，推进公益事业和慈善事业的健康发展。

（二）

从另外一个角度，我国民法典“营利法人”一节在第86条明确规定了营利法人的社会责任，即：“营利法人从事经营活动，应当遵守商业道德，维护交易安全，接受政府和社会的监督，承担社会责任。”

企业社会责任（Corporate social responsibility，CSR）是指企业在创造利润、对股东和员工承担法律责任的同时，还要承担对消费者、社区和环境的责任。企业的社会责任要求企业必须超越把利润作为唯一目标的传统理念，强调要在生产过程中对人的价值的关注，强调对环境、消费者、社会的贡献。20世纪80年代，企业社会责任运动开始在欧美发达国家逐渐兴起，包括环保、劳工和人权等方面的内容，由此导致消费者的关注点由单一关心产品质量，转向关心产品质量、环境、职业健康和劳动保障等多个方面。

我国在20世纪90年代中期到本世纪初，在国际销售商、品牌商推动下逐步重视起社会责任问题；从本世纪初到2006年，企业社会责任开始得到广泛关注。2006年1月1日起施行的修订版公司法第5条第1款规定："公司从事经营活动，必须遵守法律、行政法规，遵守社会公德、商业道德，诚实守信，接受政府和社会公众的监督，承担社会责任。"

目前正在修订的《公司法》，更是以专条来加强公司社会责任。即："公司从事经营活动，应当在遵守法律法规规定义务的基础上，充分考虑公司职工、消费者等利益相关者的利益以及生态环境保护等社会公共利益，承担社会责任。国家鼓励公司参与社会公益活动，公布社会责任报告。"

因而，在此基础上，可以制定专门的"企业社会责任法"。

（三）

发展慈善事业需要大力发展志愿服务事业，鼓励和规范志愿服务。

志愿服务，是指志愿者、志愿服务组织和其他组织自愿、无偿向社会或者他人提供的公益服务。2017年6月7日，《志愿服务条例》经国务院第175次常务会议通过，于2017年8月22日发布，自2017年12月1日起施行。

志愿服务是彰显社会主义核心价值观的重要表现。我国宪法第24条第2款规定："国家倡导社会主义核心价值观，提倡爱祖国、爱人民、爱劳动、爱科学、爱社会主义的公德，在人民中进行爱国主义、集体主义和国际主义、共产主义的教育，进行辩证唯物主义和历史唯物主义的教育，反对资本主义的、封建主义的和其他的腐朽思想。"

我国民法典将弘扬社会主义核心价值观作为立法目的规定于第1条，即："为了保护民事主体的合法权益，调整民事关系，维护社会和经济秩序，适应中国特色社会主义发展要求，弘扬社会主义核心价值观，根据宪法，制定本法。”同时民法典进一步作了明确，如第4条规定：“民事主体在民事活动中的法律地位一律平等。”第5条规定：“民事主体从事民事活动应当遵循自愿原则，按照自己的意思设立、变更、终止民事法律关系。”再如第6条规定：“民事主体从事民事活动应当遵循公平原则，合理确定各方的权利和义务。”又如第7条规定：“民事主体从事民事活动应当遵循诚信原则，秉持诚实、恪守承诺。”应当说，以上有关平等、自愿、公平、诚信的基本原则，都集中体现了社会主义核心价值观。

为此，应当以社会主义核心价值观为统领，制定统一的“志愿服务法”。

（四）

虽然说“三次分配靠自愿”的提法通俗易懂，但是从三次分配的本质内涵上来讲，此说法并不够严谨，也不尽全面。应当说，三次分配在我国尚处起步阶段，人均捐款与发达国家相比差距甚大。但据统计，我国家产10亿美元的富豪人数已经超过美国，位居世界第一。从国际经验看，如果没有遗产税、赠与税等税种，仅仅靠宣传号召、道德感召，也很难做强做优做大三次分配。

因此，开征遗产税、赠与税，同时通过完善所得税法给予慈善事业和其他社会公益事业以税收优惠，才能真正推动三次分配健康顺利地迅猛发展。也正因如此，这些法律都应该相互配套，彼此配合，如此这般才能真正发挥法治的引领和保障作用。

七、加快推进促进农民农村共同富裕的法律制度健全

促进农民农村共同富裕是扎实推进共同富裕的核心点、关键处。如果说发展好是“做大蛋糕”，分配好是“切好蛋糕”，那么，在切蛋糕时，须为农民农村着想，留足份额，也就是“留足蛋糕”。习近平总书记就强调：“促进共同富裕，最艰巨最繁重的任务仍然在农村。农村共同富裕工作要抓紧，但不宜像脱贫攻坚那样提出统一的量化指标。要巩固拓展脱贫攻坚成果，对易返贫致贫人口要加强监测、及早干预，对脱贫县要扶上马送一

程，确保不发生规模性返贫和新的致贫。要全面推进乡村振兴，加快农业产业化，盘活农村资产，增加农民财产性收入，使更多农村居民勤劳致富。要加强农村基础设施和公共服务体系建设，改善农村人居环境。”总书记还特别指出：“进城农民工是中等收入群体的重要来源，要深化户籍制度改革，解决好农业转移人口随迁子女教育等问题，让他们安心进城，稳定就业。”

（一）

为了全面实施乡村振兴战略，促进农业全面升级、农村全面进步、农民全面发展，加快农业农村现代化，2021年4月29日第十三届全国人大常委会第28次会议通过了《中华人民共和国乡村振兴促进法》，该法自2021年6月1日起施行。

为全面推进乡村振兴，加快农业产业化，增加农民财产性收入，应多措并举：发展多种形式适度规模经营，加快培育家庭农场、农民合作社等新型农业经营主体，健全农业专业化社会化服务体系，实现小农户和现代农业有机衔接；深化农村宅基地制度改革试点，加快房地一体的宅基地确权颁证，探索宅基地所有权、资格权、使用权分置实现形式；积极探索实施农村集体经营性建设用地入市制度；允许农村集体在农民自愿前提下，依法把有偿收回的闲置宅基地、废弃的集体公益性建设用地转变为集体经营性建设用地入市；建立土地征收公共利益认定机制，缩小土地征收范围；深化农村集体产权制度改革，完善产权权能，将经营性资产量化到集体经济组织成员，发展壮大新型农村集体经济。

在此基础上，应结合乡村振兴促进法，如本文此前所述，加快“土地基本法”制定工作，并推进农村集体经济组织立法。

（二）

同时，应加快农业转移人口市民化。要坚持存量优先、带动增量，统筹推进户籍制度改革和城镇基本公共服务常住人口全覆盖，健全农业转移人口市民化配套政策体系，加快推动农业转移人口全面融入城市，其中深化户籍制度改革尤为关键。

在这方面，应放开放宽除个别超大城市外的落户限制，试行以经常居住地登记户口制度；对各类城市落户标准、落户条件、落户政策作出分类处理；健全以居住证为载体、与居住年限等条件相挂钩的基本公共服务提供机制，鼓励地方政府提供更多基本公共服务和办事便利，提高居住证持有人城镇义务教育、住房保障等服务的实际享有水平。同时，依法保障进城落户农民农村土地承包权、宅基地使用权、集体收益分配权，建立农村产权流转市场体系，健全农户“三权”市场化退出机制和配套政策。

1958年1月9日，《中华人民共和国户口登记条例》由第一届全国人大常委会第91次会议通过，并于当日以中华人民共和国主席令公布，自1958年1月9日起施行。此条例是现行有效的法律中唯一由第一届全国人大常委会通过的法律，也是现行有效的唯一由毛泽东主席以主席令公布的法律；是共和国立法史上进行“合宪性审查”的第一部法律，也是目前生效时间最长的法律。

近年来，社会各界呼吁改革户籍制度、制定户籍法的声音不断传出。在第十届全国人大期间，有代表就提出制定户籍法的议案，指出1958年制定的户籍管理制度已不能适应当前户籍管理制度改革和经济社会发展的需要，为使户籍制度改革有法可依，应制定户籍法。该届全国人大内司委认为，制定户籍法是必要的，但由于中国地区差异大，户籍管理制度改革有难度，有的涉及社会管理的诸多方面和法律法规及政策的不少调整，要根据户籍管理制度改革的进度和相关法律法规实施的情况通盘考虑，建议条件成熟时列入十一届全国人大常委会的立法计划。为此，第十届全国人大常委会第30次会议表决通过了全国人大内司委交付审议的关于代表提出的议案审议结果的报告。

应当说，我国户籍制度改革正在加速推进。2014年，中共中央、国务院印发《国家新型城镇化规划（2014—2020年）》，提出“有序推进农业转移人口市民化”和“统筹推进户籍制度改革”。2017年党的十九大报告则提出："以城市群为主体构建大中小城市和小城镇协调发展的城镇格局，加快农业转移人口市民化。"国家发展改革委公布的《2019年新型城镇化建设重点任务》也明确规定，积极推动已在城镇就业的农业转移人口落户。《纲要》则明确，要统筹推进户籍制度改革和城镇基本公共服务常住人口全覆盖，健全农业转移人口市民化配套政策体系。

在此背景下，一部适合中国国情、保障人民权益、推进共同富裕的户籍法，已呼之欲出。

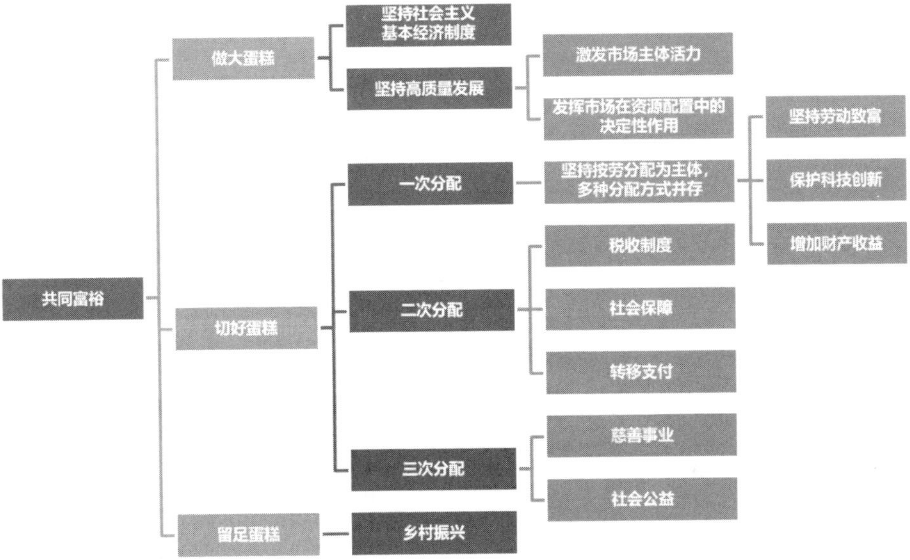

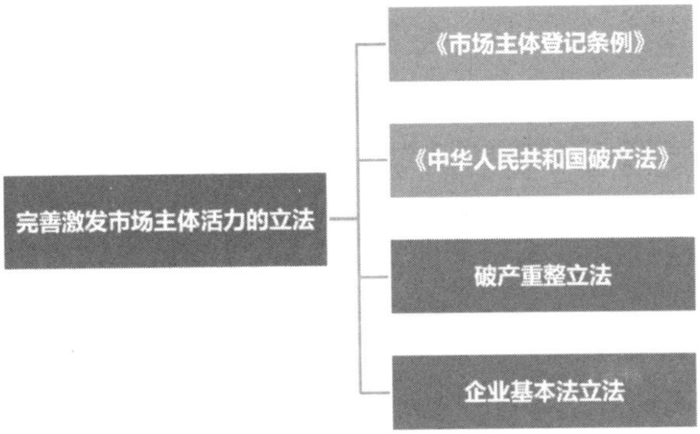

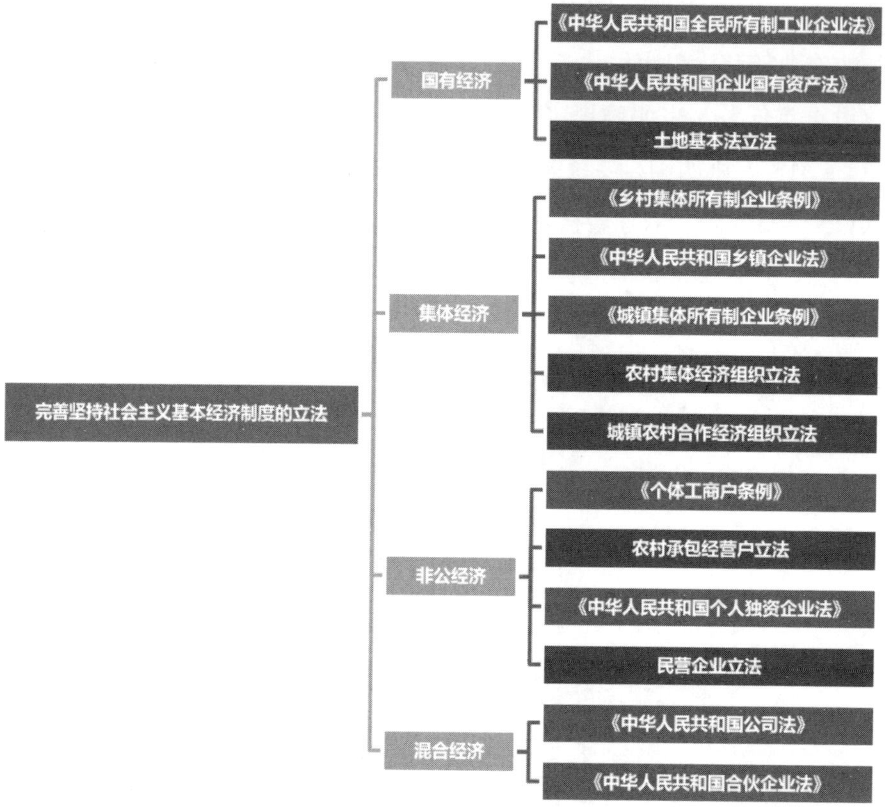
完善坚持社会主义基本经济制度的立法
国有经济
《中华人民共和国全民所有制工业企业法》
《中华人民共和国企业国有资产法》
土地基本法立法
集体经济
《乡村集体所有制企业条例》
《中华人民共和国乡镇企业法》
《城镇集体所有制企业条例》
农村集体经济组织立法
城镇农村合作经济组织立法
非公经济
《个体工商户条例》
农村承包经营户立法
《中华人民共和国个人独资企业法》
民营企业立法
混合经济
《中华人民共和国公司法》
《中华人民共和国合伙企业法》

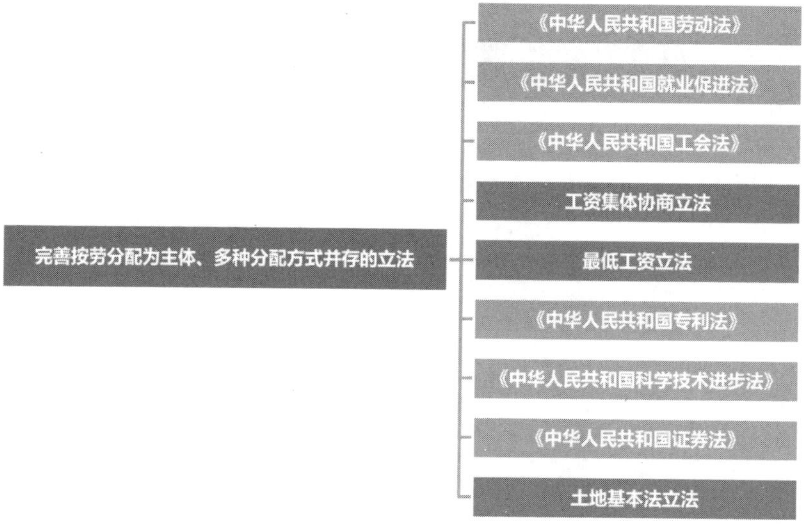
完善按劳分配为主体、多种分配方式并存的立法
《中华人民共和国劳动法》
《中华人民共和国就业促进法》
《中华人民共和国工会法》
工资集体协商立法
最低工资立法
《中华人民共和国专利法》
《中华人民共和国科学技术进步法》
《中华人民共和国证券法》
土地基本法立法

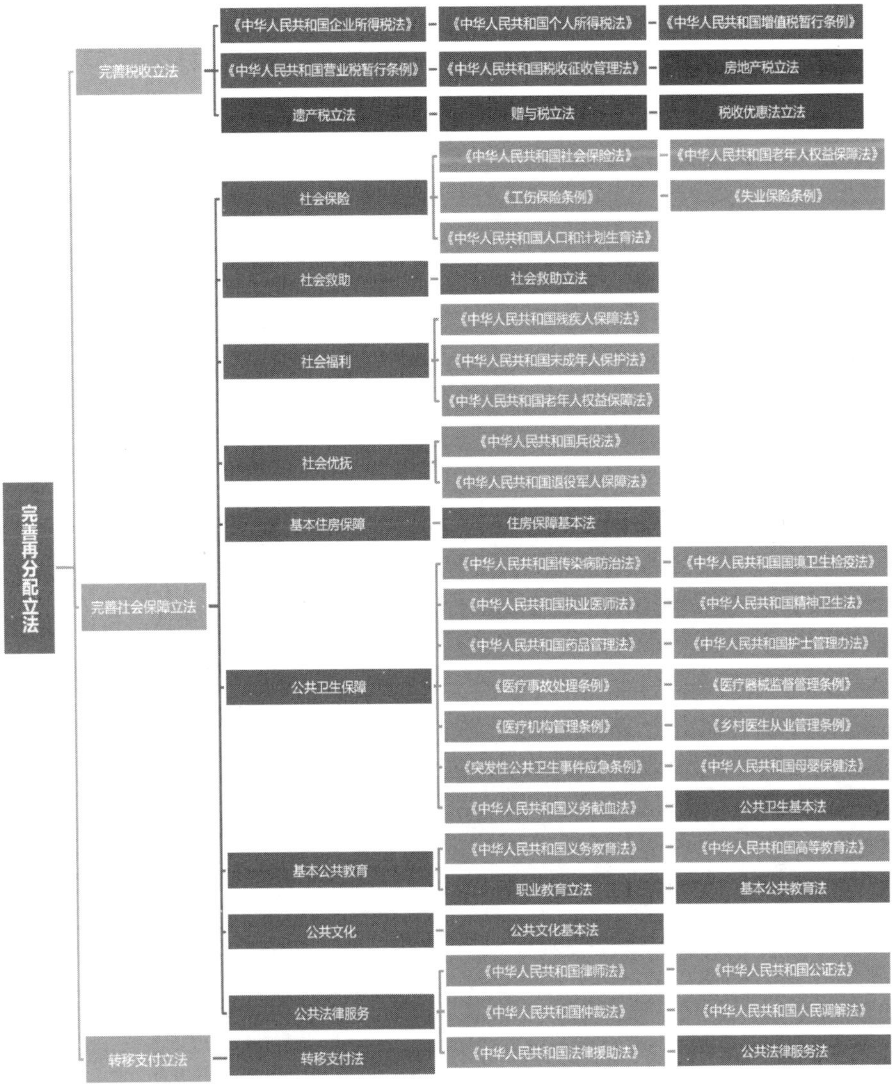
完善再分配立法
完善税收立法
《中华人民共和国企业所得税法》
《中华人民共和国个人所得税法》
《中华人民共和国增值税暂行条例》
《中华人民共和国营业税暂行条例》
《中华人民共和国税收征收管理法》
房地产税立法
遗产税立法
赠与税立法
税收优惠法立法
完善社会保障立法
社会保险
《中华人民共和国社会保险法》
《中华人民共和国老年人权益保障法》
《工伤保险条例》
《失业保险条例》
《中华人民共和国人口和计划生育法》
社会救助
社会救助立法
社会福利
《中华人民共和国残疾人保障法》
《中华人民共和国未成年人保护法》
《中华人民共和国老年人权益保障法》
社会优抚
《中华人民共和国兵役法》
《中华人民共和国退役军人保障法》
基本住房保障
住房保障基本法
公共卫生保障
《中华人民共和国传染病防治法》
《中华人民共和国国境卫生检疫法》
《中华人民共和国执业医师法》
《中华人民共和国精神卫生法》
《中华人民共和国药品管理法》
《中华人民共和国护士管理办法》
《医疗事故处理条例》
《医疗器械监督管理条例》
《医疗机构管理条例》
《乡村医生从业管理条例》
《突发性公共卫生事件应急条例》
《中华人民共和国母婴保健法》
《中华人民共和国义务献血法》
公共卫生基本法
基本公共教育
《中华人民共和国义务教育法》
《中华人民共和国高等教育法》
职业教育立法
基本公共教育法
公共文化
公共文化基本法
公共法律服务
《中华人民共和国律师法》
《中华人民共和国公证法》
《中华人民共和国仲裁法》
《中华人民共和国人民调解法》
《中华人民共和国法律援助法》
公共法律服务法
转移支付立法
转移支付法

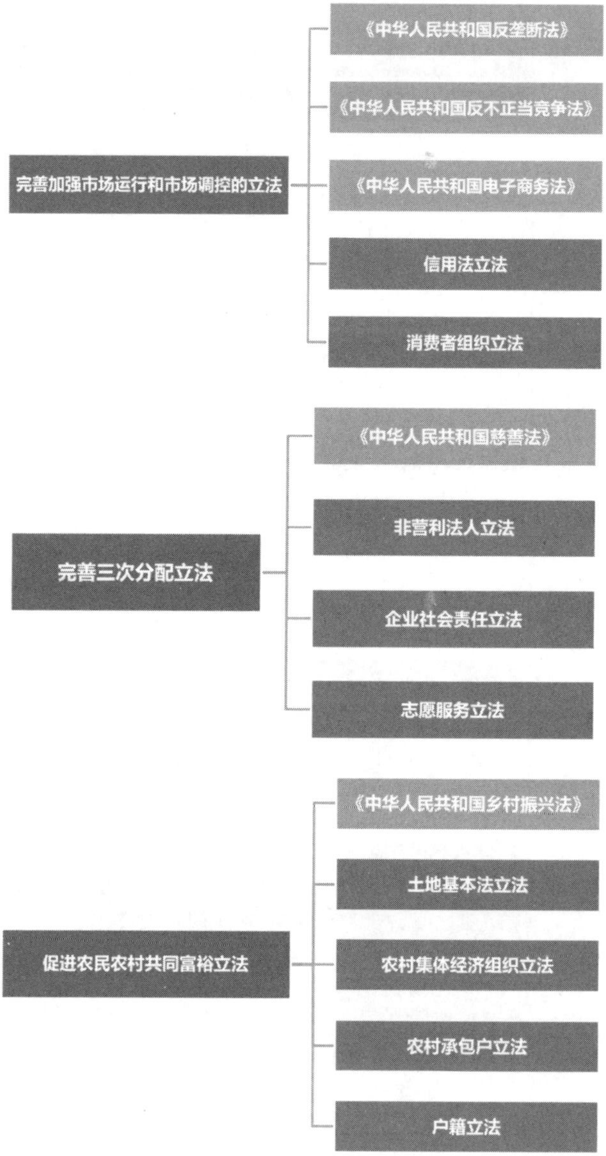

（2022年2月为《关于进一步加强“扎实推动共同富裕”的法律体系建设的提案》所作的研究报告，部分内容原载于《人民政协报》，2022年2月15日）

完善养老服务体系，应当加强老年人权益保障的法律制度建设

《中华人民共和国老年人权益保障法》于1996年8月29日经第八届全国人大常委会第21次会议通过，现施行版本于2018年12月29日由第十三届全国人民代表大会常务委员会第七次会议修正。

在完善养老服务体系过程中，离不开法律的规范、引领和保障。值得关注的是《中华人民共和国老年人权益保障法》的完善，并以此为基本法，形成维护老年人权益的法律规范体系。一方面，进一步完善养老服务体系给立法完善提出了新要求。《中共中央国务院关于加强新时代老龄工作的意见》（2021年11月18日）指出："有效应对我国人口老龄化，事关国家发展全局，事关亿万百姓福祉，事关社会和谐稳定，对于全面建设社会主义现代化国家具有重要意义。"在此背景下，应当推动养老事业和养老产业协同发展，健全基本养老服务体系，大力发展普惠型养老服务，支持家庭承担养老功能；完善社区居家养老服务网络，推进公共设施适老化改造；强化对失能、部分失能特困老年人的兜底保障；深化公办养老机构改革，提升服务能力和水平，完善公建民营管理机制；加强老年健康服务，深入推进医养康养结合；加大养老护理型人才培养力度；逐步提升老年人福利水平，完善经济困难高龄失能老年人补贴制度和特殊困难失能留守老年人探访关爱制度；健全养老服务综合监管制度；构建养老、孝老、敬老的社会环境，强化老年人权益保障；逐步延迟法定退休年龄，促进人力资源充分利用；发展银发经济；等等。另一方面，应结合民法典的实

施，从弘扬社会主义核心价值观、民事行为能力、监护制度、民事法律行为效力、代理制度、居住权制度、业主的建筑物区分所有制制度、合同法律制度、人格权规定、婚姻家庭及继承法律制度等与老年人权益最密切关联的方面，对老年人权益保障作出更有针对性、更具操作性的法律规定。

《民法典》第一篇“总则”第一章“基本规定”第一条开宗明义，要“弘扬社会主义核心价值观”。习近平总书记曾经说，“培育和弘扬社会主义核心价值观必须立足中华优秀传统文化”，而孝悌忠信正是中华优秀传统文化的核心内容之一。《民法典》通篇贯穿了对未成年人、老年人、残疾人、妇女等的民事权利保护，其第128条进一步规定“法律对未成年人、老年人、残疾人、妇女、消费者等的民事权益保护有特别规定的，依照其规定”。

1. 应运用并完善民法典规定的监护制度，切实保障老年人权益。

《民法典》第26条第2款规定：“成年子女对父母负有赡养、扶助和保护的义务。”第28条规定了配偶、父母、子女，其他近亲属，其他愿意担任监护人的个人或者组织（经被监护人住所地的居民委员会、村民委员会或者民政部门同意）按顺序担任无民事行为能力或者限制行为能力的成年人的监护人；而“没有依法具有监护资格的人的，监护人由民政部门担任，也可以由具备监护职责条件的被监护人住所地的居民委员会、村民委员会担任”（第32条）；第34条第4款则明确了一个特殊情形，即“因发生突发事件等紧急情况，监护人暂时无法履行监护职责，被监护人的生活处于无人照料状态的，被监护人住所地的居民委员会、村民委员会或者民政部门应当为被监护人安排必要的临时生活照料措施”。

应该说，以上这些规定，构建了以家庭监护为基础、社会监护为补充、国家监护为兜底的中国特色监护制度，体现了中国特色社会主义制度的优越性。

特别值得我们关注的是，第33条规定了意定监护制度，也就是说：“具有完全民事行为能力的成年人，可以与其近亲属、其他愿意担任监护人的个人或者组织事先协商，以书面形式确定自己的监护人，在自己丧失或者部分丧失民事行为能力时，由该监护人履行监护职责。”而第35条又规定：“监护人应当按照最有利于被监护人的原则履行监护职责。监护人除为维护被监护人利益外，不得处分被监护人的财产。……成年人的监护人履行监护职责，应当最大限度地尊重被监护人的真实意愿，保障并协助被监护人实施与其智力、精神健康状况相适应的民事法律行为。对被监护人有能力独立处理的事务，监护人不得干涉。”这些内容，均充分体现了最大程度尊重被监护人意思表示、充分维护被监护人合法权益，表达了以人为本、尊重老年人的意愿和意志。

在此背景下，应通过立法进一步支持、规范和保障社会组织的发展。一方面，使其成为“社会监护为补充”层面的主力军；另一方面，为“国家监护为兜底”提供主要力量，通过政府购买服务的方式，实现国家监护的兜底。

2. 运用和完善民法典有关民事法律行为效力的规定，切实保障老年人权益。

全国政协有一个“推进老龄化现代化”的读书群，全国政协委员、最高人民检察院副检察长孙谦在发言中就特别谈道：“近年来，一些犯罪分子专门针对老年人弱点实施违法犯罪，导致许多老人身陷诈骗、传销、非法集资、伪劣食品药品保健品等旋涡，多年积攒的养老金血本无归，身心俱损，社会影响极其恶劣。”

对此违法犯罪，在刑法司法上严厉打击的同时，对于尚不构成刑事犯罪的，应当充分运用民法典有关民事法律行为效力的规定，尊重老年人真实意思表示，切实维护老年人的合法权益。

《民法典》第144、145条就对无民事行为能力人、限制民事行为能力人实施的民事法律行为的效力作出了明确规定，即：“无民事行为能力人实施的民事法律行为无效。”“限制民事行为能力人实施的纯获利益的民事法律行为或者与其年龄、智力、精神健康状况相适应的民事法律行为有效；实施的其他民事法律行为经法定代理人同意或者追认后有效。”

《民法典》规定了民事法律行为的可撤销制度，这对于老年人经常发生基于重大误解而实施的民事法律行为、受对方或第三方欺诈而实施的民事法律行为、受人胁迫或被趁之危实施的民事法律行为，都是一项重要的法律制度，是维护老年人权益的可用法律武器。

因此，一方面，应对老年人加大这方面法律知识的宣传与教育；另一方面，司法机关在司法实践当中，应形成更多的案例，提炼更多的判例，从司法政策角度进一步贯彻落实民法典的上述基本精神。

3. 运用并完善民法典规定的居住权制度，切实保障老年人权益。

我国《民法典》在第二编“物权”第三分编“用益物权”中规定了“第十四章居住权”制度。其第366条规定：“居住权人有权按照合同约定，对他人的住宅享有占有、使用的用益物权，以满足生活居住的需要。”

居住权制度起源于罗马法，具有扶弱、施惠的功能，一般通过遗嘱、遗赠等单方面法律行为作出，居住权人取得居住权后只能用于居住而不享有取得收益的权利，居住权人死亡后权利即告消灭，不得继承。我国早在2002年物权法制定时，即讨论过是否要规定居住权的问题，不过2007年物权法正式颁布时并未写入。现在民法典写入居住权，体现了与时俱进精神，一方面是基于加快建立多主体供给、多渠道保障、租购并举的住房制度改革的需要，同时也是为了更好地满足住宅所有权人意思自由的需求。应该来讲，这一制度对保障老年人权益、尊重老年人意思自治，具有特殊的意义。

例如，老年人作为住宅所有权人，可以将其住宅出售，同时约定由住宅受让人在该房屋上为其设定居住权并一次性或分期向其支付价款，以作为其养老金。这也就是我们大家日常关注的“以房养老”模式。在此过程中，办理居住权登记时，同时完成所有权变更登记，实现所有权和居住权的分离。也就是说，老年人通过出让房产并保留居住权的方式，实现以房养老的目的。

再如，老年人也可以用遗嘱的方式为其尚在人世的老伴，特别是“夕阳恋”的老伴，设定一个居住权，同时指定其住宅的所有权由其子女继承，避免家庭矛盾、子女叛逆。这样，既解决了生存配偶的居住问题，也可以满足立遗嘱人将其遗产交由其子女继承的愿望，可谓一举两得。

《民法典》第371条强调：“以遗嘱方式设立居住权的，参照适用本章的有关规定。”在这里，值得我们关注的是，遗嘱设立居住权的，应保证遗嘱有效为前提。特别是老年人遗嘱设立居住权时，要注意遗嘱的形式和效力。对于无民事行为能力或限制民事行为能力的老年人作出的遗嘱、受欺诈或者胁迫作出的遗嘱、伪造以及被篡改的遗嘱，应依法认定为无效。

遗嘱设立居住权时，负有相应义务的继承人或受遗赠人应当履行相应义务。例如，老年人作为遗赠人与受遗赠人签订遗赠抚养协议，由受遗赠人负责遗赠人的衣食住行及死后的丧葬等，并在遗嘱人死亡后取得住宅的居住权，而受遗赠人未履行其抚养义务的，人民法院则可以依照民法典的规定，经利害关系人或有关组织的请求，取消其居住权。

为此，基于民法典的基本依据，应出台针对居住权尤其是老年人适用居住权制度的专项规定，以进一步提升这一制度落实的可操作性和针对性，在维护老年人权益、完善养老服务体系中是这一制度设计真正发挥作用。

4. 运用并完善民法典规定的婚姻家庭法律制度，切实保障老年人权益。

我国《民法典》第五编是“婚姻家庭”，开宗明义即强调：“婚姻家庭受国家保护。”“保护妇女、未成年人、老年人、残疾人的合法权益。”因此，婚姻家庭编是民法典中保护老年人合法权益的最核心内容。

一个非洲谚语说：“当一个老人去世，一座图书馆也随之消失。”就是说老年人是“财富”，老年人不是“包袱”。我国也有一句老话：“家有一老，如有一宝。”专家认为：“老年人有满足他人需要的价值，自身存在和发展也是一种价值。事实上，传统的德孝元素、价值观，相互作用，相互促进，在社会治理中发挥着凝聚共识、汇聚人心的重要作用。老龄化的今天，老年群体在家庭、社会和实践中用中华民族的优秀伦理道德去教育、塑造下一代，这正是老年群体应承担传承优秀文化的责任所在。”

应当说，在《民法典》“婚姻家庭”编中，充分弘扬社会主义核心价值观和中华民族优秀伦理道德，首先在这一编的“一般规定”中，对老年人的“存在与发展价值”以及老年人的合法权益，作了原则性规定、明确性要求。例如，“家庭应当树立优良家风，弘扬家庭美德，重视家庭文明建设。”再如，“夫妻应当互相忠实，互相尊重，互相关爱；家庭成员应当敬老爱幼，互相帮助，维护平等、和睦、文明的婚姻家庭关系。”还有，“禁止家庭暴力。禁止家庭成员间的虐待和遗弃。”

现实生活中，“黄昏恋”“夕阳红”时有发生。应该说，大部分老年人的子女乐见其成，但也有不少老年人的子女或从中作梗，或坚决反对，老人们为此不胜其恼。其实，老年人完全可以拿起民法典的武器，来维护自己的婚姻自主权利。《民法典》第1046条规定：“结婚应当男女双方完全自愿，禁止任何一方对另一方加以强迫，禁止任何组织或者个人加以干涉。”这里的“个人”，当然也包括老人的家庭成员，特别是子女。尤其是《民法典》第1069条，更加明确且针对性地规定：“子女应当尊重父母的婚姻权利，不得干涉父母离婚、再婚以及婚后的生活。子女对父母的赡养义务，不因父母的婚姻关系变化而终止。”

说到赡养，应当说，赡养老人既是中华民族的传统美德，对成年子女而言更是法定的义务。《民法典》第1067条第2款就规定：“成年子女不履行赡养义务的，缺乏劳动能力或者生活困难的父母，有要求成年子女给付赡养费的权利。”

另外一点也应予关注，就是《民法典》第1070条明确了“父母和子女有相互继承遗产的权利”。生活中最令人痛心的就是“白发人送黑发人”，在此情况下，父母对子女的遗产具有继承权。

还有就是，“照顾不照顾老人”是夫妻离婚时财产利益如何平衡的一个重要条件。这也从一个角度充分体现了我国民法典是将老年人权益保护精神贯穿立法始终的。其第2088条是这样规定的："夫妻一方因抚育子女、照料老年人、协助另一方工作等负担较多义务的，离婚时有权向另一方请求补偿，另一方应当给予补偿。具体办法由双方协议；协议不成的，由人民法院判决。"

《民法典》的这些基本制度和基本精神，一方面都应该在老年人权益保障法及其相关规定，尤其是相关的地方性法规中有所体现；同时，应加大对这方面规范的教育力度，让家庭每一个成员知晓，这些内容不仅属于道德范畴，更是法律性规范，具有强制力和约束力。

5. 运用并完善民法典规定的继承法律制度，切实保障老年人权益。

这里举一个非常有意思的案例，看看我们如何从尊重老人意识自治、保障老人权益角度出发来解决问题，并进一步完善遗嘱信托制度。

湖北宜昌一位赵老太太长期独居，父母已逝，没有血缘至亲，平日与两只爱犬相依为命。2019年5月，年事已高的赵老太太留下这样一份"遗嘱"：将名下市价60万元的房产卖掉，把钱留给狗狗继承。

一时间，各类法律人士均作出各种各样的法律分析：例如，根据我国法律，不允许狗继承遗产，因此赵老太太这份遗嘱属于无效遗嘱。再如，根据我国法律，继承权属于身份权，而狗属于"物"，是不可能享有继承权的。又如，根据我国法律，赵老太太留下的财产包括狗狗本身，均属无主财产，应收归国家所有或者归集体所有……

对于这样一位老人，我们可能不应从法律的角度机械地适用法条，更不能从心理的角度判断其思维正常还是不正常，而应该从法律的温度和法理的精度上，找到真正尊重其意思表示的处理方法。

其实，我们从《民法典》第1133条中，可以找到最为切近赵老太太"遗嘱"意思的条款。该条说的是，"自然人可以依照本法规定立遗嘱处置个人财产，并可以指定遗嘱执行人。"具体而言有三种方式：自然人可以立遗嘱将个人财产指定由法定继承人中的一人或者数人继承，即遗嘱继承；自然人可以立遗嘱将个人财产赠与国家、集体或者法定继承人以外的组织、个人，即遗赠；还有就是："自然人可以依法设立遗嘱信托。"

于是，赵老太太的"财产由狗继承"的意思表示，最为精准的解释就是：赵老太太作为委托人，设立遗嘱信托，由一人或一机构作为受托人，照顾狗狗直至"生老病死"，负责其"生养死葬"，而受托财产正是赵老太太名下市值60万元的房产的权利，客观上狗狗即为"受益者"……

可见，在实践中，立法机关和人民政府应该精准把握法律上的本质含义，并且创造出更多的法律制度产品，满足人民群众日益增长的在公平、正义、民主、法治方面的合理需求。

最后，还有另外一个角度的问题，那就是老年人合法权益应该受到充分保护的同时，老年人本身也应提升法律意识，树立依法维权观，"法安其行，德润其心"，特别是在行使权利时牢记并履行相关义务。

现实生活中，从媒体上我们经常看到类似老年人路边摔倒却"讹"扶助人、公交车上对年轻人不让座"恶语相加"、超市"顺走"物品被抓后心脏病发作、马路上大摇大摆闯红灯不听"警察叔叔"劝、公共场所随口吐痰反"怼"清洁人员等这样的事例。虽属极个别、极少数，但对周围人群尤其是年轻人的心理影响却不容小觑（甚至有青年学生困惑"是老人变'坏'了还是'坏'人变老了"）。

还是《民法典》第131条和第132条说得好："民事主体行使权利时，应当履行法律规定的和当事人约定的义务。""民事主体不得滥用民事权利损害国家利益、社会公共利益或者他人合法权益。"《中共中央国务院关于加强新时代老龄工作的意见》（2021年11月18日）也特别强调："加强老年人权益保障普法宣传，提高老年人运用法律手段保护权益意识。"这些，也是完善养老服务体系中必须关注、应予落实的重要内容。

（2021年11–12月，参加全国政协"老龄化治理现代化读书群"的发言、接受新华社记者有关完善老年人服务体系建设采访的发言）

家庭教育：利在当代　功在千秋
—— 一部促进家庭教育的基本法

《中华人民共和国家庭教育促进法》（以下简称“家庭教育促进法”或“本法”），是我国第一部有关促进家庭教育的法律，也是我国促进家庭教育的基本法。此法颁行，对于发扬中华民族重视家庭教育的优良传统，引导全社会注重家庭、家教、家风，增进家庭幸福与社会和谐，培养德智体美劳全面发展的社会主义建设者和接班人，具有深刻的现实意义和深远的历史意义。

一、在宪法统领下，本法与民法典、未成年人保护法协同，共同构成促进家庭教育的法律体系，具有体系化和基础性。

家庭教育促进法的出台具有宪法的明确依据。我国《宪法》第19条规定：“国家发展社会主义的教育事业，提高全国人民的科学文化水平。”第24条进一步规定：“国家通过普及理想教育、道德教育、文化教育、纪律和法制教育，……加强社会主义精神文明的建设。国家倡导社会主义核心价值观，提倡爱祖国、爱人民、爱劳动、爱科学、爱社会主义的公德……”以上是从国家层面的要求，而从公民角度，我国《宪法》第46条规定：“中华人民共和国公民有受教育的权利和义务。国家培养青年、少年、儿童在品德、智力、体质等方面全面发展。”第49条则规定：“父母有抚养教育未成年子女的义务。”

今年已经施行的我国《民法典》第1条就规定要“弘扬社会主义核心

价值观”，在第五编“婚姻家庭”中明确“保护妇女、未成年人、老年人、残疾人的合法权益”；第1043条则具体规定：“家庭应当树立优良家风，弘扬家庭美德，重视家庭文明建设。……家庭成员应当敬老爱幼，互相帮助，维护平等、和睦、文明的婚姻家庭关系。”

去年刚刚修订的《中华人民共和国未成年人保护法》(本文简称“未成年人保护法”)第5条同样规定：“国家、社会、学校和家庭应当对未成年人进行理想教育、道德教育、科学教育、文化教育、法治教育、国家安全教育、健康教育、劳动教育……”在其第二章“家庭保护”中则明确：“未成年人的父母或者其他监护人应当学习家庭教育知识，接受家庭教育指导，创造良好、和睦、文明的家庭环境。”

从以上分析可以看出，我国宪法以及民法典、未成年人保护法的规定，不仅为家庭教育促进法提供了依据，而且上下呼应，左右协同，共同构筑成为相对完整、较为系统的促进家庭教育法律的基本体系与基础内容。

二、家庭教育促进法合情、因时，明确了我国家庭教育的本质内涵、根本任务、法定要求、基本内容和方式方法，具有全面化和针对性。

关于家庭教育，古今中外见仁见智。此次本法依据中国国情、结合当前实际，一锤定音：家庭教育是指“父母或者其他监护人为促进未成年人全面健康成长，对其实施的道德品质、身体素质、生活技能、文化修养、行为习惯等方面的培育、引导和影响”。这一内涵覆盖了德、智、体、美、劳等诸多方面，对扣好人生的第一粒扣子，其意义可谓不言而喻。

具体而言，应当教育未成年人爱党、爱国、爱人民、爱集体、爱社会主义；培养其良好社会公德、家庭美德、个人品德意识和法治意识；帮助其树立正确的成才观；引导其养成良好生活习惯和行为习惯；增强其自我保护的意识和能力；帮助其树立正确的劳动观念；等等。

在此基础上，本法规定了家庭教育的根本任务，即“立德树人”，要培育和践行社会主义核心价值观，弘扬中华民族优秀传统文化、革命文化、社会主义先进文化，促进未成年人健康成长。

家庭教育是一门学问、一门人生大学问，是一门学科、一门综合学科，因此应当尊重未成年人身心发展规律和个体差异；尊重未成年人人格尊严，保障未成年人合法权益；贯彻科学的家庭教育理念和方法；注重与学校教育、社会教育紧密结合、协调一致。

在具体方式方法上，实施家庭教育应当关注未成年人的生理、心理、智力发展状况，尊重其参与相关家庭事务和发表意见的权利，要“亲自养育”“共同参与”“相机而教”“潜移默化”“严慈相济”“尊重差异”“平等交流”“相互促进”。

当然，“教育者”本身也需要接受教育。我们注意到，本法对“培养中国好父母”提出了义务性要求：“未成年人的父母或者其他监护人应当树立正确的家庭教育理念，自觉学习家庭教育知识，……掌握科学的家庭教育方法，提高家庭教育的能力。”可见，这部法律，俨然就是一部育儿百科、成长大全，具有很强的可读性、引领性！

为呼应减轻义务教育阶段学生作业负担和校外培训负担的“双减”，本法与时俱进地规定了家庭和政府的“双责”：“未成年人的父母或者其他监护人应当合理安排未成年人学习、休息、娱乐和体育锻炼的时间，避免加重未成年人学习负担……”而县级以上地方人民政府则“应当加强监督管理，减轻义务教育阶段学生作业负担和校外培训负担，……推进学校教育和家庭教育相互配合。”

三、家庭教育促进法明确了家庭、国家、社会三者义务与责任，彼此独立，相互支持，全面协同，具有约束力和操作性。

本法在总则中即规定：“未成年人的父母或者其他监护人负责实施家庭教育。国家和社会为家庭教育提供指导、支持和服务。”

在此原则下，第14条进一步明确：“父母或者其他监护人应当树立家庭是第一个课堂、家长是第一任老师的责任意识，承担对未成年人实施家庭教育的主体责任，用正确思想、方法和行为教育未成年人养成良好思想、品行和习惯。”

应当说，这是贯彻习近平新时代中国特色社会主义思想的重要体现。习近平总书记指出：“家长应该担负起教育后代的责任。家长特别是父母对子女的影响很大，往往可以影响一个人的一生。”同时他又特别强调：“办好教育事业，家庭、学校、政府、社会都有责任。”

于是，对于政府职责，第6条则规定：“各级人民政府指导家庭教育工作，建立健全家庭学校社会协同育人机制。县级以上人民政府负责妇女儿童工作的机构，组织、协调、指导、督促有关部门做好家庭教育工作。”

从社会角度，第38条明确：“居民委员会、村民委员会可以依托城乡社区公共服务设施，设立社区家长学校等家庭教育指导服务站点，……为未成年人的父母或者其他监护人提供家庭教育指导服务。”

应当说，本法对家庭、政府、社会的相关规定，不是单纯的宣示性条款，而属于义务性规范，如不履行则应承担相应责任。例如第48条“未成年人住所地的居民委员会、村民委员会、妇女联合会，未成年人的父母或者其他监护人所在单位，……发现父母或者其他监护人拒绝、怠于履行家庭教育责任，或者非法阻碍其他监护人实施家庭教育的，应当予以批评教育、劝诫制止，必要时督促其接受家庭教育指导”，从这一规定来看，父母拒怠履责要担责，而对此父母追责，则又属于居委会等相关机构的义务与职责。

习近平总书记曾在2001年给父亲习仲勋同志写过一封“拜寿信”，其中有言：“我们从小就是在父亲的这种教育下，养成勤俭持家习惯的。这是一个堪称楷模的老布尔什维克和共产党人的家风。这样的好家风应世代相传。”树立良好家风并世代相传，此法可期！修身齐家治国平天下，为中华民族伟大复兴，我们代代努力、接续奋斗！

（原载于《中国政协》，2021年第24期）

《学好用好民法典》，飞入寻常百姓家

“蹉跎莫遣韶光老，人生唯有读书好。”宋末元初学者翁森在《四时读书乐》中写下的这一诗句，是“学习民法典读书群”导读组编著的《学好用好民法典》一书前言的第一句话，也是我们导读组全体成员及读书群参与委员们的切身体验和共同感受。

读书好，好读书，读好书；当然写书也好，因此还应好写书，写好书！在今天的座谈会上，我想向各位领导和委员们汇报一下我们学习民法典、宣传民法典、“写作”民法典的故事。

首先从“一个群”说起。这个群，就是全国政协社会和法制委员会承办的“学习民法典读书群”。这个读书群不是读的一般之书，而是读的法律之“典”，要注重法理和实践相印证、体系与重点相结合。令我们深受鼓舞的是，汪洋主席深入群中作出重要指示：“以案说法好！”刘奇葆副主席则欣然题诗：“万众享良法，岭上皆梅花。”委员们争先恐后认真学“典”，为我们这本书的撰写与出版打下了坚实基础。

“群中学，网上宣。”人民政协网几乎同步将我们的学习成果从群内“溢出”、向社会发布。如果说“一个群”重在“内修”，而透过“一张网”便形成“外溢”，全方位登陆、全时空发布。吕忠梅副主任不仅是“群里”总策划，也是“网上”总导演，并且亲自出场、率先示范，带领我们导读组成员既发声，又亮相。导读组成员从群中发言提炼撰写而成的千字小文每周“上网”，这也便成为此书的基本素材与主要内容。

“一本书”提炼自“一个群”的精彩，升华于“一张网”的闪亮。这本《学好用好民法典》，按照“把准政治方向，强调内外有别，尊重传播规律，稳步扩大影响”的原则，集群中读书的深度与网上传播的广度之大成，按照民法典体例铺开，以经典案例为切入点，围绕其所涉法律问题，从委员导读、名词解释、问题解答、讨论交流等多个角度渐次展开；图表与文字皆有，案例与原理兼备，故事共人物一色，法条与释义齐飞；在一字一句中领悟立法精神、坚定法治信仰，在释明解意中把握亮点特色、厚植法治理念；突出民法典的生活化与实用性、易读性和普适化，真正让民法大典走进千家万户、让法治书香浸润百姓心间。

王利明、孙宪忠、张新宝、王轶、夏吟兰五位教授给读书群的演讲大作，也为我们收入“囊”中；读书群参考书目，其实也是我们这本书的参考书目，是王利明教授主编的《民法学》、黄薇主任主编的《中华人民共和国民法典释义》。某种角度而言，我们也是“站在巨人的肩膀上”。

语言转为文字，文字变成铅字，人所共知并非易事。毕竟，要的是“奇文共欣赏，疑义相与析”。更何况，本书初衷是“让民法典走到老百姓身边，走进人民群众心里”。因此我们选择最贴近百姓大众的民事制度，聚焦最关联社会生活的法律条款，从身边事引申，以经典案释明，通俗易懂，雅俗共赏，把1260个法条转化与释读为总计50万字的一篇篇小文：“‘苟晶们’被冒名顶替上大学，能依据民法典维权吗？”“少年打赏女主播，此钱可否要得回？”“‘月球土地’和‘虚拟货币’，民法典保护吗？”“疫情来了，合同无法履行怎么办？”……寄希望引人入胜、手不释卷。十名导读委员即撰稿人挑灯夜战，字斟句酌；吕忠梅副主任更是殚精竭虑，反复推敲……终成此作。

一本书的问世，自然要鸣谢“一群人”。感谢汪洋主席的重要指示，“以案说法”已成为我们的读典方法论、编书着力点。感谢刘奇葆副主席的重要指示，“溢出”效应使我们感受到读书与履职双驱动、双收获的魅力。而250多名委员废寝忘食参与并互动于读书群中，正是我们撰稿的

“总后台”。正是“一群人”，成就了“一个群”，支撑了“一张网”，写就了“一本书”！

“书香致远，墨卷至恒。”“晴空一鹤排云上，便引诗情到碧霄。”读书精彩纷呈，履职硕果满枝。我们期待此书能登委员书架、入百姓书桌，为传播与宣传民法典尽上绵薄之力！

（2021年10月12日，在全国政协“政协委员读书活动线下交流会暨政协委员读书笔记图书出版座谈会”上的发言，原载于《人民政协报》，2021年10月19日）

织密保护未成年人的“天罗地网”

六一儿童节，国家给未成年人送上一份大礼：《中华人民共和国未成年人保护法》（以下简称“未成年人保护法”）正式施行。这不是一部新法律，早在20世纪初的1991年，未成年人保护法就已出台；这又是一部新法律，去年10月修订后又添新内容，并于今年6月1日“闪亮登场”。

最新版的未成年人保护法给我们最直观的感受、最深刻的印象就是：东西南北中、党政军民学，肩负起保护未成年人的共同职责，织密呵护祖国花朵的“天罗地网”。正如这部法律在总则中明确规定的：“保护未成年人，是国家机关、武装力量、政党、人民团体、企业事业单位、社会组织、城乡基层群众性自治组织、未成年人的监护人以及其他成年人的共同责任。国家、社会、学校和家庭应当教育和帮助未成年人维护自身合法权益，增强自我保护的意识和能力。”

一、家庭保护是未成年人保护的“基础”

习近平总书记指出：“家庭是人生的第一所学校，家长是孩子的第一任老师。”未成年人的父母或者其他监护人应当学习家庭教育知识，接受家庭教育指导，创造良好、和睦、文明的家庭环境。共同生活的其他成年家庭成员应当协助未成年人的父母或者其他监护人抚养、教育和保护未成年人。

为此，未成年人保护法在第16条明确规定了未成年人的父母或者其他监护人应当履行的10项监护职责，并在第17条明确规定了未成年人的父母或者其他监护人不得实施的11项侵犯未成年人身心健康、财产权益或者不依法履行未成年人保护义务的行为。

毋庸讳言的是，未成年人在成长过程中“我的行为我作主”的叛逆行为与父母一厢情愿“都是为了你好”的出发点之间的冲突与矛盾。对此，未成年人保护法第19条作出了针对性的规定：“未成年人的父母或者其他监护人应当根据未成年人的年龄和智力发展状况，在作出与未成年人权益有关的决定前，听取未成年人的意见，充分考虑其真实意愿。”

这样的规定符合保护未成年人应当坚持“最有利于未成年人的原则”。按照这一原则，处理涉及未成年人事项应当充分听取未成年人的意见。这不仅是我国的法律原则，也是《联合国儿童权利公约》的核心准则。该公约第12条第1款就明确规定：“缔约国应确保有主见能力的儿童有权对影响到其本人的一切事项自由发表自己的意见，对儿童的意见应按照其年龄和成熟程度给以适当的看待。”

二、学校保护是未成年人保护的“前提”

学校应当全面贯彻国家教育方针，坚持立德树人，实施素质教育，提高教育质量，注重培养未成年学生认知能力、合作能力、创新能力和实践能力，促进未成年学生全面发展。

“为什么从来没有一节课，教给我们如何变成大人？”电影《少年的你》中校园欺凌受害者陈念发出如此感叹。校园欺凌是个大问题！对此，未成年人保护法在第39条作了明确规定："学校应当建立学生欺凌防控工作制度，对教职员工、学生等开展防治学生欺凌的教育和培训。学校对学生欺凌行为应当立即制止，通知实施欺凌和被欺凌未成年学生的父母或者其他监护人参与欺凌行为的认定和处理；对相关未成年学生及时给予心理辅导、教育和引导；对相关未成年学生的父母或者其他监护人给予必要的家庭教育指导。"同时，进一步明确，对实施欺凌的未成年学生，学校应当根据欺凌行为的性质和程度，依法加强管教；对严重的欺凌行为，学校不得隐瞒，应当及时向公安机关、教育行政部门报告，并配合相关部门依法处理。

三、社会保护是未成年人保护的"环境"

全社会应当树立关心、爱护未成年人的良好风尚，形成未成年人保护的良好环境。

例如，对社会普遍关注的未成年人出入娱乐场所问题。未成年人保护法第58条就规定："学校、幼儿园周边不得设置营业性娱乐场所、酒吧、互联网上网服务营业场所等不适宜未成年人活动的场所。营业性歌舞娱乐场所、酒吧、互联网上网服务营业场所等不适宜未成年人活动场所的经营者，不得允许未成年人进入；游艺娱乐场所设置的电子游戏设备，除国家法定节假日外，不得向未成年人提供。经营者应当在显著位置设置未成年人禁入、限入标志；对难以判明是否是未成年人的，应当要求其出示身份证件。"

从司法实践看，"服务对象"应当受到限制的营业场所不限于上述几类。一家黑文身馆，在三年的时间里，用有毒有害颜料给40多名未成年人文身，事后又擅自给这些孩子清洗文身。检察机关认为，涉事文身馆侵害了未成年的合法权益，已侵害社会公益，遂提起了公益诉讼。今年6月1日上午，由江苏省宿迁市检察院提起的全国首例为未成年人文身民事公益诉讼案，在宿迁市中级人民法院宣判。法院判决，文身馆老板章某立即停止向未成年人提供文身服务的行为，并于判决生效之日起十日内在国家级公开媒体向社会公众书面赔礼道歉。

四、网络保护是未成年人保护的“重点”

国家、社会、学校和家庭应当加强未成年人网络素养宣传教育，培养和提高未成年人的网络素养，增强未成年人科学、文明、安全、合理使用网络的意识和能力，保障未成年人在网络空间的合法权益。在目前信息时代、网络社会背景下，网络保护已成为未成年人保护的重点，这也成为最新未成年人保护法的最新处、最亮点。

数据最能说明问题。中国是名副其实的互联网大国，近3亿未成年人中有超过99%的“小网民”。《青少年蓝皮书：中国未成年人互联网运用报告（2020）》显示，未成年人的互联网普及率已达99.2%，10岁及以下开始接触互联网的人数比例达到78%，32.9%的小学生网民在学龄前就开始使用互联网。

在此过程中，技术手段非常重要。未成年人保护法第69条就明确规定：“学校、社区、图书馆、文化馆、青少年宫等场所为未成年人提供的互联网上网服务设施，应当安装未成年人网络保护软件或者采取其他安全保护技术措施。智能终端产品的制造者、销售者应当在产品上安装未成年人网络保护软件，或者以显著方式告知用户未成年人网络保护软件的安装渠道和方法。”

五、政府保护是未成年人保护的“关键”

县级以上人民政府承担未成年人保护协调机制具体工作的职能部门应当明确相关内设机构或者专门人员，负责承担未成年人保护工作。政府保护，已经成为未成年人保护“大厦”中的“关键”环节。

以上海市为例，今年2月上海明确由“市未成年人保护委员会”作为全市未成年人保护工作的协调机制。“市未保委”由23个部门组成，主要职责是聚焦未成年人保护法明确对未成年人的“六大保护”，突出统筹指导、议事协调、监督执行、保障落实等职能。与此同时，上海启动《上海市未成年人保护条例》的修订工作，加快推动完善该市未成年人保护法规体系；上海并开展针对“家庭监护状况和监护能力评估指标体系”的研究，制定《未成年人家庭监护能力评估指引》，作为本市地方标准向社会发布，这也成为全国首个关于家庭监护能力评估方面的地方标准。

实践中如何发挥对未成年人保护的政府“兜底”功能非常值得关注。像我们碰到的未成年人流浪乞讨或者身份不明、但暂时又查找不到父母或者其他监护人的情况，对此民政部门应当依法对该未成年人进行临时监护。未成年人保护法第92条规定了包括上述情况的七种情形，例如监护人下落不明且无其他人可以担任监护人、未成年人遭受监护人严重伤害或者面临人身安全危险需要被紧急安置，在这些情形下政府都应该承担起临时监护责任。

六、司法保护是未成年人保护的“保障”

公安机关、人民检察院、人民法院和司法行政部门应当依法履行职责，保障未成年人合法权益。这一司法举措，构成未成年人保护的最有权威的最终保障因素。

近期，“学霸”父母不让娃上学的案例在网上热传。上海普陀区一小学发现有学生长期缺课，经了解该学生爸妈都是高级知识分子，妈妈全职在家，于是居家育儿。普陀区检察院“检校问诊室”掌握情况后，耐心与家长沟通：“义务教育是国家统一实施的所有适龄儿童、少年必须接受的教育，这是公民的权利和义务，每一位公民都应当遵守。即便孩子在家里接受教育的效果突出，但没有与外人沟通相处的经历，将来如何在社会上立足？你们夫妻二人的高学历都是国家和学校培养的，因此你们也该相信，学校能将你们的孩子培养成才。”检察官一番法理情的苦口婆心，打动了家长，目前孩子已回归校园。

在对未成年人司法保护过程中，应当特别关注保护未成年人的隐私。对此未成年人保护法第110条就明确规定：“公安机关、人民检察院、人民法院讯问未成年犯罪嫌疑人、被告人，询问未成年被害人、证人，应当依法通知其法定代理人或者其成年亲属、所在学校的代表等合适成年人到场，并采取适当方式，在适当场所进行，保障未成年人的名誉权、隐私权和其他合法权益。

人民法院开庭审理涉及未成年人案件，未成年被害人、证人一般不出庭作证；必须出庭的，应当采取保护其隐私的技术手段和心理干预等保护措施。”

最后值得强调的是，在贯彻实施未成年人保护法过程中，应当特别注重与其他法律的衔接。这也是从法律体系的角度，来共同筑牢保护未成年人权益的钢铁长城。

例如《预防未成年人犯罪法》。2020年12月26日，《中华人民共和国预防未成年人犯罪法》由中华人民共和国第十三届全国人民代表大会常务委员会第二十四次会议修订通过，与未成年人保护法一起，自2021年6月1日起施行。

这一法律的亮点就在于，一是明确不良行为和严重不良行为的概念，健全预防和矫治教育的措施；二是改革完善收容教养制度，将原来收容教养的对象实施分流：一方面与刑法修改对接，对已满12周岁不满14周岁的未成年人，犯故意杀人、故意伤害致人死亡或者以特别残忍的手段致人重伤造成严重残疾，情节恶劣，经最高人民检察院核准追诉的，依法追究刑事责任；另一方面，将实施刑法规定的犯罪行为，因不满法定刑事责任年龄不予刑事处罚的，送专门学校进行专门矫治教育。

未成年人保护法和预防未成年人犯罪法可谓未成年人保护法律的“姊妹篇”，如鸟之两翼，车之二轮。前者侧重于未成年人的权益保护，后者重点为未成年人的教育挽救。两法一体施行，协同发力，形成保护未成年人的完整体系。

再如《中华人民共和国民法典》。民法典自2021年1月1日正式施行至今已半年有余，这是一部“写满权利”的宣言书，当然也是保护未成年人合法权益的法律宝典。

未成年人保护法第2条规定“本法所称未成年人是指未满十八周岁的公民”，其终极依据是民法上的规定，即民法典第17条所言“十八周岁以上的自然人为成年人。不满十八周岁的自然人为未成年人”。

未成年人保护法要求“未成年人的父母或者其他监护人应当根据未成年人的年龄和智力发展状况”做好家庭保护、“学校应当根据未成年学生身心发展特点，进行社会生活指导、心理健康辅导、青春期教育和生命教育”等等，而具体实施必然要依据民法典第二章“自然人”第一节“民事权利能力和民事行为能力”的相关规定。

未成年人保护法规定了“家庭保护”、提及了“家庭成员”，而对这些基本概念界定的依据正是民法典。其第1045条就规定：“亲属包括配偶、血亲和姻亲。配偶、父母、子女、兄弟姐妹、祖父母、外祖父母、孙子女、外孙子女为近亲属。配偶、父母、子女和其他共同生活的近亲属为家庭成员。”

少年强则国强，少年进步则国进步。习近平总书记强调：“各级党委和政府、全社会都要关心关爱少年儿童，为少年儿童茁壮成长创造有利条件。”家庭、学校、社会、网络、政府、司法齐保护，未成年人保护法、预防未成年人犯罪法以及民法典等诸法律共发力，培土护苗、聚木成林，就一定能够让少年儿童成长为心怀远大抱负，有知识、有品德、有作为的顶梁柱，为实现中华民族伟大复兴的中国梦时刻准备着！

（原载于《中国政协》，2021年第13期）

上海金融法院提案的故事

2021年1月，上海市政协十三届四次会议期间，本人于第十二届第三次会议上牵头提交的第876号提案《关于在上海设立金融法院的建议》获优秀提案特别奖。

此前2019年、2020年，本人关于设立上海金融法院以及有关金融案件实施集中管辖的提案，连续两年获全国政协“好提案”。

今天在这里向大家讲述上海金融法院提案的故事。

一

2010年1月在上海市政协十一届三次会议上，经时任上海证监局局长张宁同志倡议，由张宁和我、谢荣兴（时任国联安基金管理公司督察长）等委员提出设立上海金融法院的提案。

在提案中，我们是这样分析并建议的：

关于进一步加强我市金融审判工作并适时建立金融法院的建议

本提案建议调整金融案件划分标准，将我市金融案件集中纳入金融庭专门审理。同时，根据“两个中心”建设的要求，积极推动在我市率先设立金融法院。

目前全市各级法院在划分金融案件时，一般将主体至少一方为金融机构的民商事纠纷案件划分为金融案件，造成各级金融法庭审理的金融案件大量都是银行信用卡或贷款纠纷案，而诸如上市公司股权争议或一部分股东侵犯其他股东利益等适用《证券法》的证券金融专业性比较强的案件，由于当事人中没有金融机构，则被当作一般民商案件，由一般基层法院而非金融庭审理。由于专业知识的欠缺，造成该类案件的审理尚存在一些问题。

例如，2009年我市某基层法院审理了一起涉及2109万元的证券“短线交易”侵权纠纷案，案件情况如下：某自然人通过法院的公开拍卖取得了上海某上市公司7.89%的股权。随后，在不到两个月的时间内，该自然人即通过证券交易系统，减持了该上市公司4.998%的股份。为此，该上市公司提起诉讼，请求法院依据《证券法》第47条规定，判令该自然人通过上述行为所得的收益归上市公司所有。法院认为《证券法》第47条的立法宗旨是减少和制止内幕交易的发生，由于本案中，该自然人并不具备内幕交易的主体条件，且行为也无利用内幕消息之嫌。故驳回了上市公司的诉请。

对于该案，我们认为：一审法院对立法目的和法律适用进行解释有失妥当，对法律的理解不够全面。根据我国现行的司法体制，法律解释权属于全国人大常委会。在具体案件审理过程中，法院可以依法对个案作出自己的判断，但是不能自行解释法律并以此解释来作出判决。此外，该法院对《证券法》第47条的立法目的理解也不够全面。从证券立法沿革和证券法律法规体系看，《证券法》既要规范和制止内幕交易行为，也要规范上市公司收购行为，保护中小投资者合法权益。

我们建议：

第一，调整金融案件划分标准，将涉及金融法律法规的案件统一纳入金融庭集中审理。在当前条件下，应充分发挥高院在地方司法审判中的指导作用，由市高院明确将纠纷涉及《公司法》《证券法》《证券投资基金法》《商业银行法》《保险法》等金融法规范的案件，集中纳入金融庭审理，充分发挥现有金融庭的专业审判力量，形成具有示范效应的司法判例。同时，高院还应及时总结，以判例或会议纪要形式，指导基层法院，并为全国金融司法审判工作提供实践经验。

第二，进一步加强审判人员培训和审判机制建设，为金融法院的设立做好准备。建议开展多种形式的培训工作，如加强法院与“一行三局”的联系，定期或不定期地由“一行三局”相关专业人员对法官进行金融政策法规培训。同时，在目前金融庭运行的成功经验上，探索构建综合金融审判机制，将金融商事案件、金融行政案件、金融刑事案件一并归由金融庭管辖，统一金融案件的受理和裁判标准，更好地发挥金融审判的规模化、专业化效应，公正高效地审理金融案件。

第三，积极推动设立金融法院。把握好“两个中心”建设的重大历史机遇，充分利用相关政策优势，为上海国际金融中心建设创造良好的法治环境。当前对应航运中心建设，已有海事法院，为此有必要参照海事法院，在上海设立专门的金融法院以支持金融中心建设。而且，今年中国证监会正准备重点协调出台证券相关案件指定管辖的制度，这也为上海金融法院的设立提供了重要的支持。因此，我市有必要通过先行先试，加快形成更具专业化的金融司法体制，积极争取在上海率先设立专门的金融法院，进一步完善上海国际金融中心建设的金融法治环境。

市政协对这份提案非常重视。提案在办理过程中，时任上海政协副主席朱晓明和高小玫同志带队，赴上海高院进行走访调研，时任上海高院院长应勇同志即对此提案作了高度评价。

在调研座谈上，应勇院长向政协委员们介绍了上海金融审判工作的情况，针对提案，他画龙点睛讲了话，我印象中他说了这么几个关键词。第一这个提案非常的“好”，有利于上海国际金融中心的建设和发展。第二这个提案非常的“专”，是一个专业性的提案，特别对我们金融审判工作具有专业针对性。第三这个提案非常的“实”，是一个实实在在的提案，如果实现的话，对上海发展意义特别重大。最后他说这个提案非常的“大”，他说“大”的时候，大家都笑起来，他说这还真的不是我们上海高院能够办得了的事情，也不是上海能办得了的事情，但我们要向最高人民法院汇报，要向中央汇报，来推进这项工作。

上海市政协《联合时报》专门对这次提案办理活动进行了专题报道：

加强金融审判工作推动金融中心建设市政协副主席朱晓明领衔促办重点提案（2010年6月25日）

6月24日，市政协副主席朱晓明率领部分委员，赴市高级人民法院，主持召开“加强金融审判工作，推动金融中心建设”重点提案办理协商会。市高级人民法院院长应勇参加。

“加强金融审判工作，推动金融中心建设”是今年市政协重点提案专题之一，专题中包括由市政协委员张宁、吕红兵、谢荣兴在市政协十一届三次会议上提交的“关于进一步加强我市金融审判工作，并适时建立金融法院的建议”提案。

提案认为，目前全市各级法院在划分金融案件时，一般将主体至少一方为金融机构的民商事纠纷案件划分为金融案件，而某些由于当事人中没有金融机构的案件，则被当作一般民商案件，由一般基层法院而非金融庭审理。由于专业知识的欠缺，造成该类案件的审理尚存在一些问题。提案建议调整金融案件划分标准，将我市金融案件集中纳入金融庭专门审理，并根据“两个中心”建设的要求，积极推动设立金融法院；开展多种形式的培训工作，进一步加强审判人员培训和审判机制建设，为金融法院的设立做好准备。

会上，市高级人民法院有关负责同志介绍了本市金融审判工作情况和提案办理情况。据介绍，上海已有金融专门法庭，承担了80%以上的金融案件。市高级人民法院将进一步强化服务金融中心建设的大局意识，理顺对金融案件的科学合理界定，加强对金融商事审判工作的调查研究，提高金融审判法官的业务水平。

委员们认为，要站在上海建设国际金融中心的战略高度认识加强金融审判工作，在承办国际化的案件中要具有国际化的理念，符合国际化规则。要注重人才的培养，打造一支专业化的审判队伍，高水平做好金融审判工作。

朱晓明在讲话中希望各部门紧紧围绕上海建设国际金融中心的战略目标，不断加强法律法规建设，积极为金融市场的发展提供良好的司法环境和司法保障。

市政协副秘书长朱志诚参加。

二

2015年1月市政协第十二届三次会议期间，经进一步调研提炼、集思广益，由我本人执笔、张宁等11位市政协委员参与联署，再次提交了“关于在上海设立金融法院的建议”提案。

在提案中，我们分析并建议：

关于在上海设立金融法院的建议

以2013年9月中国（上海）自由贸易试验区挂牌为标志，上海国际金融中心建设跨入崭新的发展阶段。特别是刚刚过去的2014年，在深化改革、加快转型的“新常态”下，上海国际金融中心建设开启“新格局”：自贸区金改精彩纷呈，国际机构总部首次落户，沪港通启航，原油期货破冰……敢闯敢试，星夜兼程，上海成为中国金融改革、开放、创新的排头兵和先行者。

一、问题的提出

应该说，上海法院金融审判工作一直走在全国前列，成绩斐然，有目共睹，在为建设上海国际金融中心提供司法保障方面作出了重要贡献。

据统计，近三年来，上海法院金融案件与日俱增，2012年受理一审案件2.49万件，2013年增加到3.32万件，2014年则猛增至5.83万件，2013年、2014年分别比上一年度增加33.1%、75.4%。目前全市金融商事审判人员约240人，以2014年收案数计，年人均办案243件。现设立金融审判庭的除一中、二中及高院外，有七个基层法院，包括浦东、闵行、黄浦、静安、虹口、杨浦、普陀。另根据崔亚东院长今年1月27日《上海市高级人民法院工作报告》提供的数据，上海法院2014年共受理各类案件55.03万件，同比上升13.2%；受理一审海事海商案件2247件，同比上升2.8%；受理一审知识产权案件6167件，同比上升31%。

从以上分析可以看出，上海目前金融案件增幅较大，而且从趋势来看，未来会更快，“案多人少”“案多庭少”情况突出，加之金融案件专业性强、影响性大，新问题层出不穷、新法规不断涌现，法官及法院压力不小且日渐增大。

随着建设上海国际金融中心的进一步推进，金融案件会大幅增长。金融案件专业性、技术性、国际性、全局性、系统性强，裁判结果对产业发展、市场经济影响深刻，对市场各类主体尤其是属于不特定多数的金融消费者、投资人影响极大，甚至足以引发连续反应导致社会稳定问题。为与建设上海国际金融中心相适应与匹配，并为之发挥司法保障与法治引领功能，上海金融审判在机构、队伍、能力与制度建设等方面均应再上新台阶。设立专业、专职、专门的金融法院，为提高金融案件审判效率、实现适用金融法律统一性、促进司法公正，具有现实的迫切性和针对性，对建设上海国际金融中心具有战略性意义。

二、必要性分析

1. 金融纠纷的专业性与技术性呼唤专业的金融审判

2014年以来，国家金融管理部门出台了13项实施细则，以自由贸易账户落地为标志，上海自贸区金改取得新突破。截至2014年10月末，自贸区共开立自由贸易账户约6 000个；跨境人民币双向资金池收支总额499亿元；发生人民币境外借款共计190亿元。自由贸易账户在推进便利交易、繁荣金融、加快发展的同时，随之而来的法律新纠纷、争议新形式也会大量涌现。

今年1月9日证监会发布消息说，已于日前批准上海证券交易所开展股票期权交易试点，批复品种为上证50EFT期权，该期权将于近期正式上市。当日下午，上海证券交易所发布股票期权试点系列业务规则。股票期权交易在我国资本市场上属于首创，而对法律界包括司法界也是新生事物，交易规则中虽然规定了投资者适当性制定、交易熔断制度等一系列防范风险的措施，但法律纠纷的产生依然无时不在无处不有。

上述两个方面仅仅是上海国际金融中心建设中的迅速发展的缩影，金融新领域可能发生的案件，无疑专业性与技术性超强，而在解决上述新颖法律纠纷过程中，难免会碰到法律依据不充分的现实困难，司法的规范乃至引领功能将会更加凸显，呼唤专业的法官队伍、专业的金融审判。

2. 金融案件的跨区域化与国际性要求专职的金融审判机构

党的十八届三中全会决定要求，“推进股票发行注册制改革”。目前《证券法》正在紧锣密鼓修订中，其核心内容便是注册制。中国证监会主席肖钢1月15日刚刚指出：“推进股票发行注册制改革，是2015年资本市场改革的头等大事。”注册制实施后，企业发行上市审核权或将交由交易所行使，于是在上海上市的来自全国各地的公司将全部必须与上海证券交易所建立起发行审核、上市服务、日常监管、再融资审核等一系列带有法定授权、自律监管性质的商事合同关系，跨地域特征将更加明显，为保持适用法律的统一性、避免地方及部门保护利益倾向发生，真正保护投资者合法权益，凡涉及上海证券交易所发行上市的金融案件由上海的法院统一受理，必要性显而易见。

同时，上海国际金融中心建设是“国家”战略，其更重要的核心之一更是“国际”二字。上海国际金融中心建设中的国际性特点，既体现在主体方面，如国际金融机构的云集，也体现在市场角度，如境内境外交易市场的互动联通；既表现为产品方面，如交易品种的全球化交易，也表现为监管角度，如基于市场与品种的跨境监管；更重要的，从建设上海国际金融中心的出发点与功能的理解上，这个中心当然是国际的，不能局限于上海一地、长三角一域，不仅服务中国经济发展，而且必须在配置国际金融资源中大显身手。

于是我们看到，在过去的2014年，上海国际金融中心建设的国际化亮点频现、好戏连台。2014年7月，金砖国家领导人第六次峰会决定将金砖国家开发银行总部设在上海，这是首个总部设于上海的国际金融组织。金砖银行为中国和国际金融体系互动提供了新载体，上海将在全球金融体系中扮演更重要角色。11月17日，沪港通正式上线，沪港两地股票市场交易实现互联互通，这是近年来我国资本市场改革开放过程中的标志性事件之一。上海自贸区首个面向境外投资者的黄金国际板于9月18日正式上线运行。“上海金”有望与“伦敦金”“纽约金”鼎立，成为国际黄金市场的“三极”。中国外汇交易中心推出人民币对欧元、英镑、新西兰元、新加坡元直接交易，这些交易在2014年陆续推出，有利于便利中国和有关国家及地区的贸易和投资，扩大人民币的跨境使用，加速人民币的国际化步伐。2014年12月，中国证监会批准上海期货交易所在其国际能源交易中心开展原油期货交易，中国加入亚太时区原油定价权竞争，等等。

金融国际化的发展，必然带来国际化的涉法争议和法律诉讼。在此过程中，诉讼主体、语言表述、法律适用、判决执行、案例效应等等一系列国际化与跨境化倾向、全局性与系统性趋势，将会更加明显。这对上海司法是个挑战，必然要求有专职的队伍、专职的机构。

3. 金融案件审判的影响性与引领性需要专门的金融法院

党的十四届四中全会公报指出：面对新形势新任务，“必须更好发挥法治的引领和规范作用”。同样，作为中国特色社会主义法治体系重要组成部分的司法体系，必须也能够在全面建成小康社会、实现中华民族伟大复兴的中国梦的历史进程中，发挥规范、引领和推进作用。目前，中国特色的社会主义法律体系已经形成，但金融领域的立法仍需进一步健全。因此党的十八届四中全会特别指出，要“加强市场法律制度建设”，“制定和完善……金融等方面法律法规，促进商品和要素自由活动、公平交易、平等使用”。

在此进一步完善但可能尚未实现完善的过程中，金融审判的每一个判决都是足以影响交易、左右监管、推进规范的重要判例，对不特定多数的金融消费者、市场投资者产生交易及投资的司法预期，对市场监管者产生制定及完善规则、有效实施监管的司法预期，对金融市场国际参与者产生中国法治状况、投资价值及投资环境的司法预期，可谓一石千浪、一语千钧，影响之大，不容忽视。在此情况下，"裁"出一门，专业权威，树立的不仅是人民法院的公平正义，而且彰显的是上海的法治环境、中国的法治进程，需要专门的金融法院正是题中应有之义。

三、现实性选择

我们认为，目前上海金融案件审判的现实性有利于实现上海金融法院的成立。上海各级法院受理的金融案件数量居多，金融审判法官专业性较好且队伍相对稳定；上海金融主体相对集中于浦东新区，上海自贸区亦位于浦东新区；中国资本市场最为重要的三大交易场所即上海证券交易所、上海期货交易所、中国金融期货交易所均位于浦东新区，有助于金融案件朝上海市第一中级人民法院集中。

为此我们建议，可以借鉴上海知识产权法院与上海第三中级人民法院共同设立［包括铁路中级人民法院，"三块牌子一个机构"，"审判独立、行政（党务）合署"］的先例，本着"精简、高效、扁平化"的机构设置原则，可以考虑上海金融法院先行设立于上海第一中级人民法院，受理上海各基层法院审判的各类金融案件的上诉，并依法受理属于中级人民法院管辖的一审金融案件。在条件成熟的适当时机，考虑设立独立成建制的上海金融法院。

笔者在2010年上海政协会议上，曾提出"关于进一步加强我市金融审判工作并适时建立金融法院的建议"。我们认为，随着上海国际金融中心建设的稳扎稳打和不断提速，成立上海金融法院更加具有解决金融法律纠纷专业性、国际化的现实呼唤，而且具有产生引领与规范金融改革、开放与发展实践的影响性的迫切需求，同时也具备了可操作性的上海司法实践基础，在全面推进依法治国的大背景下，可谓千载难逢，值得大力呼吁，值得强力推进！

该提案被列入市政协当年专委会（指导组）重点协商办理提案。时任上海政协副主席姜樑同志、社会和法制委员会主任缪晓宝同志带队来到上海高院专题调研。时任上海高院院长崔亚东同志对设立金融法院的必要性也非常认可。

崔亚东院长、盛勇强常务副院长向委员们详细通报了上海金融审判工作的情况。盛院长特别介绍：金融审判工作呈现出几个特点，第一个就是量非常大；第二个就是增长非常快；第三个金融案件的专业化程度非常高，出现了很多新颖性甚至是创新性的案件；第四个是金融案件具有国际化的特点，许多是涉外的金融法律纠纷。另外上海法院金融审判工作一直在加强，而且在全国走在前面，有很多的区法院设立了金融庭，一中院、二中院和高院也都有金融庭，金融审判队伍非常的扎实，这也为设立金融法院打下基础。

当然院长们也谈到设立上海金融法院不是上海的事权，要进一步向上海市委汇报、向最高法院汇报，同时去中央相关部门去争取政策，来推进这项工作。后来据我们知道，崔院长做了大量工作，法院的同志们说，没有崔院长不懈的努力、多方做工作，这件事是很难成的。

在此次会议上，上海金融办时任主任郑杨也应邀参加了会议，他从政府的角度也特别提出在上海设立金融法院的必要性和重要性。

《联合时报》对这次这调研活动作了专门报道：

为设立“金融法院”增进共识，市政协举行“关于在上海设立金融法院的建议”重点协商办理提案专题座谈姜樑参加（2015-05-29）

5 月 26 日下午，市政协举行“关于在上海设立金融法院的建议”重点协商办理提案专题座谈。市政协副主席姜樑参加。

近年，上海金融案件增幅较大，“案多人少”“案多庭少”情况突出，加之金融案件专业性强、影响性大，新问题层出不穷、新法规不断涌现。在年初举行的市政协十二届三次会议期间，吕红兵、张宁、刘嘉音、黄绮、周天平、江宪、胡光、张毅、游闽键、吴家平、裘索、安翊青等12位委员联署提交了《关于在上海设立金融法院的建议》提案，建议设立专业、专职、专门的金融法院。这一提案被列入市政协2015年专委会（指导组）重点协商办理提案专题，由市政协社法委负责相关工作。提案由上海市高级人民法院承办。

“在上海设立专门的审判机构和组织，即金融法院，对相关案件进行专业化审理，是我们的共识。”座谈会上，市高院院长崔亚东开门见山。近年来，上海金融商事纠纷案件增长较快，金融商事案件呈现出新类型案件审理难度大、国际化程度持续提高等特点。2014年，一审和二审金融商事案件分别受案54586件和571件，同比分别上升75.72%和21.04%，无论案件数量还是增幅，均为历年最高。

市高院认为，目前在上海设立金融法院存在的困难主要集中在法律制度层面，需要全面深化改革的政策配套和机构设置的政策支持，关键是必须由全国人大作出一定的法律安排。

座谈会上，提案执笔人吕红兵委员期待把在上海设立金融法院放在更高的格局来看，应与建设上海国际金融中心的国家战略相匹配，并为之发挥司法保障与法治引领功能。郑杨、张宁、王勇等委员认为，设立金融法院是上海国际金融中心建设中软实力基础环境的重要组成部分，应纳入“十三五”规划加以推进。许珊燕委员针对金融审判专业人才队伍的培养和储备建言，认为应设置金融专业培训课程，不断加强相关法官对金融专业知识和金融形势政策的了解与熟悉程度，提高正确运用金融法律的水平。

姜樑在发言中强调，在上海设立金融法院具有解决金融法律纠纷专业性、国际化的现实呼唤，具有产生引领与规范金融改革、开放与发展实践影响性的迫切需求，同时也具备了可操作性的上海司法实践基础，提案者和承办方亦有高度共识，“我们要凝成合力，寻求突破，坚持不懈地推进相关工作”。

为推进这一提案落地，进一步借鉴国际金融审判实践经验，2016年上海政协副主席李逸平同志带队专赴澳门和香港就金融审判进行调研。调研归来，调研组由原上海市人民政府法制办公室副主任罗培新同志执笔形成专题报告，认为基于上海实际情况，尤其是建设上海国际金融中心的客观需求，建立一个专门的金融法院非常必要。课题组认为，在上海设立专门的金融法院，做到金融案件专业化审理的“形神”合一，不仅必要，而且可行。金融法院的设立，必将进一步提升上海金融审判的专业化水平，增强金融案件裁判规则的中国话语权，提高上海国际金融中心的国际竞争力。

不管是2010年还是2015年的有关设立上海金融法院提案提交后，上海高院一直与委员们有沟通；上海市政协领导和社会法制委员会领导非常重视，密切关注，一直为这个提案的论证、办理搭建平台，出谋划策，大力推进。

2015年的时候，上海证券交易所桂敏杰理事长在全国两会上也提出设立上海金融法院的提案。此前张宁局长已经到上海证券交易所担任监事长，桂敏杰理事长在我们上海提案基础上做了大量论证与进一步完善，在全国两会上也提出了。大家共同商议，上下努力，目的就是希望设立上海金融法院的提议能够在上海层面尤其是在中央层面都能够听到声音，推进上上下下形成共识。

三

2018年在全国政协十三届一次会议上，我联合东方财富董事长其实、上海外国语大学教授黄绮提交“关于设立上海金融法院的提案”。内容如下：

关于设立上海金融法院的提案

一、问题的提出

随着上海国际金融中心建设日新月异，上海法院金融审判工作一直走在全国前列，为建设上海国际金融中心提供司法保障作出了重要贡献。

据《上海市高级人民法院工作报告》（2018年1月25日在上海市第十五届人民代表大会第一次会议上）显示，“五年来全市法院受理各类案件317.84万件，审结314.79万件，同比上升54.2%和52.7%”；“共审结一审民事、商事案件203.97万件，同比上升65.6%”；“审结一审知识产权案件4.42万件，同比上升301.8%”。与此同时，“共审结一审金融案件47.8万件，同比上升358.3%”。另据了解，目前全市金融商事审判人员不足300人，年人均办案250件以上。现设立金融审判庭的除一中、二中及高院外，有七个基层法院，包括浦东、闵行、黄浦、静安、虹口、杨浦、普陀。

从以上数据可以看出，上海目前金融案件数量较多、增幅最快，而且未来会更多更快，“案多人少”“案多庭少”矛盾突出，加之金融案件专业性强、影响性大，新问题层出不穷、新法规不断涌现，法官及法院压力不小且日渐增大。

金融案件专业性、技术性、国际性、全局性、系统性强，裁判结果对产业发展、市场经济影响深刻，对市场各类主体尤其是属于不特定多数的金融消费者、投资人影响极大，甚至足以引发连锁反应导致社会稳定问题。

二、必要性分析

1. 设立金融法院有助于上海国际金融中心和自贸区建设

随着上海国际金融中心和自贸区建设的推进，金融市场的不断创新、新型金融业态和经营模式的加速出现、国际金融交易惯例和规则的纷纷涌入，势必会对金融审判法官的知识结构、裁判理念、裁判视野乃至裁判技巧带来较大挑战，此时司法的规范乃至引领功能将会更加凸显，对高度专业的法官队伍和金融审判的需求亦更加强烈。

2. 设立金融法院有利于促进金融司法对金融市场的规则指引和价值引领

金融审判的每一个判决都是足以影响交易、左右监管、推进规范的重要判例，对不特定多数的金融消费者、市场投资者产生交易及投资的司法预期，对市场监管者产生制定及完善规则、有效实施监管的司法预期，对金融市场国际参与者产生中国法治状况、投资价值及投资环境的司法预期均影响巨大，于是专业权威的审判可起到金融市场的规则指引及价值引领作用。

3. 上海的探索有利于加强我国在国际金融市场的规则话语权

上海国际金融中心建设是"国家"战略，而且其重要的核心之一便是"国际"二字。因此，上海要建设成真正的国际金融中心，掌握金融市场的规则话语权是必要的组成部分。设立金融法院，凸显金融司法对国内市场和国际市场规则的维护，并致力于从金融安全的角度争取上海国际金融中心在国际金融市场上的话语权，具有相当积极的促进意义。

三、相关建议

目前上海金融案件审判的实际情况为设立上海金融法院提供了坚实的基础。上海各级法院受理的金融案件数量众多，金融审判法官专业性较好且队伍相对稳定；上海金融主体相对集中于浦东新区，上海自贸区亦位于浦东新区；中国资本市场最为重要的三大交易场所即上海证券交易所、上海期货交易所、中国金融期货交易所均位于浦东新区，客观上有助于金融案件朝上海市第一中级人民法院集中。

为此，建议借鉴上海知识产权法院与上海第三中级人民法院共同设立的先例，可以考虑上海金融法院先行设立于上海第一中级人民法院，受理上海各基层法院审判的各类金融案件的上诉业务，并依法受理属于中级人民法院管辖的一审金融案件。当然，也可以一步到位，设立独立成建制的上海金融法院。

2018年3月28日傍晚，我正好在车上，习惯性地收听收音机，中央人民广播电台发布了习近平总书记主持深改委会议新闻，其中有审议通过设立上海金融法院的方案的内容。

听到这个消息，心里还是很平静的，我觉得这是情理之中的一件事，设立上海金融法院应该是国家深化改革、推进上海国际金融中心建设、防范化解重大金融风险的重要举措。真的没有认为是因为我们几位政协委员的提案促成了这个结果，而是上上下下，从中央到地方、从司法界到整个法律界形成的共识，是对司法审判工作在经济社会发展中重要作用的认可，以及国际金融中心建设在新时代再上新台阶的重要安排，也是推进全国依法治国的必要内容。

倒是第一时间有几位记者朋友给我发信息，说两会上关于上海金融法院的提案建议终于实现啦，特别是上海媒体的记者说，真是不容易，你们这个提案从上海两会期间提交开始，至今有8年多，终于有结果了。在这样的鼓励感染下，我仔细回忆了这几年的历程，还真是有些感动和兴奋。

2018年4月27日《联合时报》顾晓红记者撰写专题报道："委员九年建言终见瓜熟蒂落拥有独立建制的金融法院即将在沪设立。"

本报讯（记者　顾晓红）

第十三届全国人大常委会第二次会议4月25日审议了《关于在上海设立金融法院的决定（草案）》。一个独立建制的金融法院即将在沪设立，其审级与上海市其他中级人民法院相同。

从2010年起，本市多位政协委员连续提交相关提案，呼吁在上海设立我国第一个金融法院。9年后，这一愿望终于成为现实。

2010年初，市政协十一届三次会议期间，市政协委员张宁、吕红兵、谢荣兴联署提交提案"关于进一步加强我市金融审判工作并适时建立金融法院的建议"。当年办理结果是"留作参考"。提案办理期间，时任市政协副主席朱晓明、高小玫曾带队赴提案承办单位上海市高院走访调研。针对提案，时任市高院负责人表示，提案建议有利于上海国际金融中心的建设和发展，其落实对上海发展意义重大，但需要向中央汇报来推进这项工作。

2015年初，市政协十二届三次会议期间，由吕红兵执笔、张宁等11位市政协委员参与联署，提交了“关于在上海设立金融法院的建议”提案。提案被列入市政协当年专委会（指导组）重点协商办理提案专题。“在上海设立专门的审判机构，即金融法院，对涉金融案件进行专业化审理，是我们的共识。”市高院院长负责人在市政协召开的协商座谈会上表示。与会时任市政协副主席姜樑认为，在上海设立金融法院具有解决金融法律纠纷专业性、国际化的现实呼唤，具有产生引领与规范金融改革、开放与发展实践的迫切需求，同时也具备了可操作性的上海司法实践基础，提案者和承办方亦有高度共识。这件提案的办理结果是“列入计划拟解决”。市高院认为，在上海设立金融法院存在的困难主要集中在法律制度层面，需要全面深化改革的政策配套和机构设置的政策支持，关键是必须由全国人大作出法律安排。

2015年3月，全国政协十二届三次会议期间，十二届全国政协委员、上海证券交易所理事长桂敏杰提交了“关于在上海设立金融法院的建议”提案，建议借鉴最高人民法院设立巡回法庭和成立知识产权法院的成功改革经验，在上海设立专门的金融法院。

2016年秋，市政协副主席李逸平带队，部分委员赴澳门和香港就金融审判进行调研。调研报告认为，“在上海设立专门的金融法院，做到金融案件专业化审理的‘形神’合一，不仅必要，而且可行。”

2017年1月，市政协社法委常务副主任李芬华提交社情民意信息“关于进一步加强金融审判工作，加快设立金融法院的建议”。她认为，港澳地区在金融法治建设、加强金融监管、金融纠纷集中、专业化处理机制等方面有许多做法是值得上海学习和借鉴的。她建议，加快在上海设立金融法院，以专业化来提高金融审判质量，为上海国际金融中心建设营造良好的法治环境。

今年3月，全国政协十三届一次会议期间，由吕红兵执笔，黄绮和其实等全国政协委员联署，提交了“关于设立上海金融法院的建议”提案，建议借鉴上海知识产权法院与上海第三中级人民法院共同设立的先例，考虑上海金融法院先行设立于上海第一中级人民法院，受理上海各基层法院审判的各类金融案件的上诉业务，并依法受理属于中级人民法院管辖的一审金融案件。

3月28日，中央全面深化改革委员会第一次会议审议通过了《关于设立上海金融法院的方案》。提出要发挥人民法院的职能作用，对金融案件实行集中管辖，推进金融审判体制机制改革，提高金融审判专业化水平，建立公正、高效、权威的金融审判体系。4月25日，最高人民法院将《关于在上海设立金融法院的决定（草案）》提请第十三届全国人大常委会第二次会议审议。最高人民法院院长周强在作相关说明时表示，设立上海金融法院，将进一步提高金融审判专业化水平，统一裁判标准，促进法律统一适用，提升金融审判质效和司法公信力，为“到2020年将上海国际金融中心基本建成与我国经济实力以及人民币国际地位相适应的国际中心”提供有力的司法服务和保障。

“金融法院首设上海，是集体努力的结果。随着上海国际金融中心建设的提速，解决金融法律纠纷专业性、国际化的现实呼唤，引领与规范金融改革的迫切需求，都是催生金融法院成立的实践基础。”吕红兵说，“无疑，上海在推进国家金融战略，探索完善中国特色金融审判体系，加大金融司法保护力度，营造良好金融法治环境等方面，必将发挥更重要的战略作用。”

2019年8月，全国政协提案委员会发布2018年度“好提案”。60件提案获得“好提案”，其中包括我们这份设立上海金融法院的提案。

四

上海金融法院设立了，但有关金融法院的建设任重道远，依然值得我们持续关注，建言献策。

2018年我参与了上海金融法院制定5年规划的讨论论证工作。赵红院长、肖凯副院长参加会议，并详细介绍了5年规划的制定情况。我总的感觉就是，法院领导们站得高、看得远、想得深、悟得透；规划高屋建瓴，描绘了金融法院“未来的样子”即“愿景”，并且对发展路径作了明确具体的布局。

两个方面印象比较深刻：一是征求意见的广泛性。除了我参加本次会议，上海市司法局金融法制专家、上海证券交易所首席律师、金融机构法务负责人、法学院金融法教授等都来了。第二个印象更深的就是金融法院领导们集思广益、从善如流。对大家提出的意见和建议充分吸收，在此基础上对规划做了不少修改。例如在谈到金融法院未来目标，我与不少专家都异口同声地谈到在专业化方面应该达到“卓越”的境界，而不是一般的专业化凸显；在谈到培养人才时，我就特别指出，金融法院不光是精英人才的“汇聚”，更应该是精英人才发挥作用、做出成就。非常欣喜地看到，最后出台的规划特别提出了“审判水平卓越”“精英人才辈出”。

另外我比较关注金融法院成立以来的实际运作情况，特别感觉金融法院应该有更大的作为，于是聚焦的一个问题就是“集中管辖”。我也专门研究了最高人民法院的司法解释，并对金融法院案件受理的情况作了梳理和分析，准备在2019年全国两会提案中提出集中管辖的问题。

此次对“集中管辖”的提出，结合习近平总书记2018年在进口博览会上亲自宣布的在上海证券交易所“设立科创板并试点注册制”的背景。2019年1月30日中国证监会和上海证交所发布科创板和注册制相关文件之后，我高密度和深层次地参与了相关规则的研讨论证工作，分别参与了上海证券交易所理事长黄红元和中国证监会主席易会满主持的两次会议，对科创板和注册制有了更深刻的了解与认识。在充分调研与反复论证基础之上，形成了这样一个提案：

关于进一步加强金融法院建设，为科创板与注册制提供优质司法保障的提案

2019年3月1日，随着《科创板首次公开发行股票注册管理办法（试行）》及相关业务规则的发布施行，科创板与注册制正式落地。为在司法层面提供全方面的保障，尤其是基于提升法律适用的一致性，实现裁判标准的统一化等考量，针对科创公司发生的有关证券发行与交易、主要涉及证券法和公司法适用的相关案件，例如涉及信息披露的欺诈发行和虚假陈述等，应统一由上海金融法院集中管辖、专业审理，建设稳定可预期的资本市场法治秩序。

一、背景情况

去年11月5日，国家主席习近平在出席首届中国国际进口博览会时宣布：在上海证券交易所设立科创板并试点注册制，支持上海国际金融中心和科技创新中心建设，不断完善资本市场基础制度。习近平总书记于今年1月23日主持召开中央全面深化改革委员会第六次会议，审议通过了《在上海证券交易所设立科创板并试点注册制总体实施方案》《关于在上海证券交易所设立科创板并试点注册制的实施意见》。

此前的2018年3月28日，习近平总书记主持召开的中央全面深化改革委员会第一次会议审议通过了《关于设立上海金融法院的方案》。

2018年4月27日，十三届全国人大常委会第二次会议通过了《关于设立上海金融法院的决定》；7月31日，最高人民法院审判委员会通过《关于上海金融法院案件管辖的规定》；8月20日，上海金融法院正式揭牌成立。

二、问题及分析

2018年7月31日，最高人民法院审判委员会第1746次会议通过《关于上海金融法院案件管辖的规定》，自2018年8月10日起施行。

从上述规定来看，解决了在上海辖区内“对金融案件实行集中管辖”的大问题。当然这只是金融法院建设的第一步，从未来来看，应该值科创板与注册制推出之机，实现“对金融案件实行跨地域乃至全国性集中管辖”。

在上海证券交易所设立科创板并试点注册制，是中国资本市场期待多时的重大变革，也是中国证券市场千载难逢的发展机遇；是举国性安排，是全局性战略。在此过程中，法治的规范与引领功能的发挥不可替代、不可或缺。金融法院的专业化审判显然有利于促进金融司法对金融市场的规则指引和价值引领。其每一个判决都是足以影响交易、左右监管、推进规范的重要判例。值得关注的是，中国金融市场是全国性的统一市场，金融审判案例对投资人、交易者、发行人、监管者以及不特定的多数人的影响是不分地域的，是全局性的、全国性的。

三、建议内容

为提升法律适用的一致性，实现裁判标准的统一化，增强司法公信力和权威性，推进建立全局性、全国性的规范，建设统一、可预期的资本市场法治秩序，有必要针对在科创板挂牌的公司，对其发生的有关证券发行与交易的、主要涉及证券法和公司法适用的相关案件，例如涉及信息披露的欺诈发行和虚假陈述等案件、涉及股权交易尤其是上市公司控制权争议的股权纠纷案件，以及与上述案件相关的行政案件，由上海金融法院集中管辖、专业审理。

从主体上来说，是在科创板挂牌交易的上市公司；从内容上而言，是与证券市场相关的发行、交易方面的法律纠纷；从地域上则实现了专业案件的区域化乃至全国性集中管辖。做好这样的制度设计，对真正实现上海金融法院的专业化、专门化审判是有意义的，是逐步落实中央全面深化改革委员会会议要求的“对金融案件实行集中管辖”的重要安排，也是“上海金融法院”而不是“上海市金融法院”的设立初衷与题中应有之义。

2019年3月在全国政协十三届二次会议上，我联合几位在沪政协委员提交了上述这个提案。

这个提案获得了全国政协的认可。2020年6月，全国政协提案委员会发布2019年度“好提案”，在沪全国政协委员王光贤和我分别从不同角度提出的有关科创板注册制上市公司案件集中管辖的提案，获得了“好提案”，成为55个“好提案”之一。最高人民法院也出台司法解释，采纳了我们的建议。

五

2019年7月17日，上海市政协提案委员会组织开展学习调研活动。来自市政协提案委员会、经济委员会、社会和法制委员会、市政协无党派人士界别的市政协委员及在沪全国政协委员赴上海证券交易所、上海黄金交易所和上海金融法院调研。市政协副主席李逸平参加。《政协头条》《联合时报》作了如下报道：

本次学习调研活动主题为“以科创板试点注册制为契机，推动上海国际金融中心和科创中心联动发展”。自去年以来，广大市政协委员就如何利用设立科创板契机促进资本市场和科技创新有效联动等工作积极建言献策。在今年年初的市政协十三届二次会议期间，有关科创板议题的提案超过10件。今年6月26日，市政协召开专题议政性常委会议，围绕“抓住在上海证券交易所设立科创板并试点注册制重大机遇，深入推进上海国际金融中心和科创中心建设”开展专题议政。把委员就此持续献策热情转化为更高质量建言成果，需要搭建有效的知情明政平台。为此，市政协提案委组织本次学习调研活动。

科创板于6月13日正式开板。7月22日，科创板首批公司将上市。委员们了解到，上交所正在为下周首批公司在科创板上市做好准备工作，包括引入投资者适当性管理制度，避免不合格投资者跟风炒作，公开异常交易监控标准，并将在新股上市初期加强异常交易行为监管等。在上海黄金交易所，委员们详细了解了交易所目前运行情况，希望交易所坚持市场化、国际化发展方向，早日建设成为国际一流的综合性黄金交易所，夯实我国黄金市场金融基础设施。

“这座法院的建立离不开你们的心血。”来到本次调研活动第三站——上海金融法院，在门口迎接委员们的法院负责人很快找到在沪全国政协委员吕红兵和十二届市政协常委，上交所原党委副书记、监事长张宁，向他们致意。邀请吕红兵和张宁参加本次学习调研活动，包含组织者“请提案者亲眼看到建议落实”的用心。在沪设立金融法院，从2010年第一件相关提案问世到2018年上海金融法院在福州路揭牌，包括吕红兵、张宁在内多位委员先后提交4件提案持续建言。走进金融法院，听取法院近一年来工作情况介绍，“功不唐捐，深感欣慰”成为吕红兵和张宁共同感受。

座谈会上，委员们就金融法院如何发挥“铸盾”功能为科创板和注册制有效运行提供法治保障等与院方深入探讨。市高级人民法院党组副书记、副院长茆荣华当场吁请委员们围绕三个议题为金融法院工作再谋良策：进一步落实金融风险防范各项措施、增强金融服务实体经济理念、依法保护科创板投资者合法权益。“金融法院从建立到更好发挥作用，乃至如何更好落实设立科创板等新的重大任务，加快上海五个中心建设，这些工作俱任重道远。政协委员智慧与坚持的价值正体现在这里。”李逸平总结道，他希望委员们通过本次活动，就此议题继续深入调研思考，交出满意的“委员作业”。

牢记政协领导交出满意的“委员作业”的叮嘱，我们对金融法院建设作了进一步的思考。

关于金融法院的未来，我们的理解，上海金融法院，第一应该是一个中级人民法院；第二是专业法院，主审各类金融案件。以上这两点的定位目前应该是明确的。第三是综合法院，即金融民事、行政及刑事都应该覆盖——刑事案件受理可能还需要进行制度设计，也需要匹配设立相应的检察机关，但这应该是一个方向；第四是受理案件范围，实现跨区域（如长三角）、全国性集中管辖，比如涉及上海证券交易所产品的交易纠纷，不管原告被告在哪里，都应该由上海金融法院来受理。关于此两点还有待大家形成共识并努力推进。

对此我也作了充分的调研和论证，并专门请教了上海金融法院副院长林晓镍同志。在此基础上，我执笔撰写了这样一个建议。于是在今年的全国政协会议即全国政协十三届四次会议上，我联合其实、黄绮、王丽萍、冯丹龙、黄西勤、王世明、徐海斌等委员又提交了《关于加强金融法院建设，推进案件审判“三合一”的提案》。

关于加强金融法院建设，推进案件审判“三合一”的提案

一、背景情况及问题分析

2018年3月28日，习近平总书记主持召开中央全面深化改革委员会第一次会议，审议通过了《关于设立上海金融法院的方案》。8月7日，最高人民法院公布关于上海金融法院案件管辖的规定。8月20日，上海金融法院揭牌成立。

今年1月20日，十三届全国人大常委会第二十五次会议听取了最高人民法院院长周强所作《关于在北京设立金融法院的决定（草案）》的说明，这将是继上海金融法院后我国的第二家金融法院。

上海金融法院自成立以来，勇于开拓创新、全力服务大局，聚焦主责主业、狠抓执法办案，取得了令人瞩目的成绩。在刚刚过去的2020年，受理各类金融案件7230件，同比上升4.97%；涉案标的总额1822.22亿元人民币，同比增长14.51%。

不过我们注意到，上海金融法院受理的案件均为金融民商事案件和涉金融行政案件，并不包括涉金融刑事案件。

北京金融法院也将是如此。在十三届全国人大常委会第二十五次会议上，周强院长介绍，北京金融法院专门管辖北京市内应由中级人民法院管辖的金融民商事案件和涉金融行政案件。

知识产权法院的情况也大致如此。2014年10月27日，最高人民法院审判委员会第1628次会议通过关于北京、上海、广州知识产权法院案件管

辖的规定，上述法院管辖相关辖区内的知识产权民事和行政案件，亦不包含刑事案件。

从司法实践看，司法案件的“民刑交叉”“又民又行”“行转化刑”“三合而一”是常态，像民法典第187条就规定“民事主体因同一行为应当承担民事责任、行政责任和刑事责任的，承担行政责任或者刑事责任不影响承担民事责任”。应当说，司法机关已经关注并开始针对此规律性现象，对专门法院的案件管辖作出了进一步完善。

2021年第一个工作日，海南自由贸易港知识产权法院正式收案。这是我国第四个知识产权专门法院，管辖海南省内应由中级人民法院管辖的知识产权民事、行政、刑事案件，实行知识产权审判“三合一”。

今年1月15日，最高人民法院发布《关于人民法院为海南自由贸易港建设提供司法服务和保障的意见》。其中除了再次明确实施知识产权审判“三合一”改革外，还提出海事审判“三合一”改革，即在海口海事法院逐步推动形成以民商事、行政案件为主，涵盖特定刑事案件的海事案件“三合一”专业化审判机制。

二、相关建议

借鉴海南自由贸易港知识产权法院全面管辖知识产权民事、行政、刑事案件从而实行知识产权审判“三合一”的制度设计，应推进上海金融法院探索全面管辖金融民事、行政、刑事案件从而实现金融案件审判“三合一”机制建设；在积累经验基础上，北京金融法院也可适时跟进。

其理由在于：深化探索金融规范发展的司法保护规律和法院审判规律，并进一步提高诉源治理能力；通过“一站式”处理纠纷，解决矛盾，处罚违法，惩治犯罪，提高审判效率，提升整体效能；培养既在金融领域中“专业”又在审判业务上“复合”的法官队伍……从而进一步健全完善金融审判体系，营造良好金融法治环境，推进国家金融战略实施，促进经济和金融健康发展。

我们注意到：应由海南自由贸易港知识产权法院审理的第一审知识产权刑事案件，由海南省人民检察院第一分院提起公诉。海南省基层人民法院第一审知识产权刑事判决、裁定的上诉、抗诉案件，由海南省人民检察院第一分院依法履行相应检察职责。

因此，在具体实施中，由上海金融法院审理的第一审金融刑事案件，可以设计为由上海市检察院第三分院对口提起公诉。该检察分院设立了金融创新检察研究中心，并与上海金融法院签署加强工作联系配合备忘录，成为全国首家民、行、刑“三审合一”的金融检察部门。当然从长计议，也可以新成立上海市人民检察院金融检察分院，依法履行相应检察职责。

六

上海金融法院从书面提案到实际诞生，历时9年时间。

如果说2010年第1份提案主要还是从规范金融案件审判这一技术性角度入手，则2015年第2份提案则提升到上海国际金融中心建设这一国家战略的高度予以考虑。而2018年在全国政协提案设立金融法院的时候，已经充分认识到设立上海金融法院有利于加强我国在国际金融市场规则话语权这一广度，以及有助于防范化解重大金融风险这一重大“攻坚战”国家任务这一深度了。此后，有关“集中管辖”和“三合一”的提案，则对资本市场法治完善、司法体制改革更具有针对性，并充分考虑金融服务实体经济的宗旨，这应该就是司法功能的力度。

发挥法治在经济社会发展中的引领、推进、规范和保障作用，让人民群众在每一个司法案件中都能体会到公平正义，这是我们作为法律工作者的政协委员，应该日思夜想、殚精竭虑并身体力行的事业！

上海金融法院设立以来成绩多多。今年1月上海金融法院官方网站发布2020年工作回顾，获得业内外人士的高度赞扬。

上海金融法院提案的故事，只是我们这么多政协委员参政议政、建言献策的一个缩影。“士不可以不弘毅，任重而道远。”我本人也将牢记初心，继续努力，不负众望，不辱使命。

附：三篇新闻报道

1. 新华社北京2018年3月28日电

中共中央总书记、国家主席、中央军委主席、中央全面深化改革委员会主任习近平3月28日下午主持召开中央全面深化改革委员会第一次会议并发表重要讲话。他强调，深化党和国家机构改革全面启动，标志着全面深化改革进入了一个新阶段，改革将进一步触及深层次利益格局的调整和制度体系的变革，改革的复杂性、敏感性、艰巨性更加突出，要加强和改善党对全面深化改革统筹领导，紧密结合深化机构改革推动改革工作。

中央全面深化改革委员会副主任李克强、王沪宁、韩正出席会议。

会议审议通过了《中央全面深化改革委员会工作规则》《中央全面深化改革委员会专项小组工作规则》《中央全面深化改革委员会办公室工作细则》。

会议审议了《关于深化纪检监察体制改革和中央纪委国家监委机构改革情况的报告》《关于第一轮中央环境保护督察总结和下一步工作考虑的报告》。

会议审议通过了《关于深入推进审批服务便民化的指导意见》《关于设立上海金融法院的方案》《关于形成参与国际宏观经济政策协调的机制推动国际经济治理结构完善的意见》《进一步深化中国（广东）自由贸易试验区改革开放方案》《进一步深化中国（天津）自由贸易试验区改革开放方案》《进一步深化中国（福建）自由贸易试验区改革开放方案》《关于规范金融机构资产管理业务的指导意见》《关于加强非金融企业投资金融机构监管的指导意见》《关于改革国有企业工资决定机制的意见》《公安机关执法勤务警员职务序列改革方案（试行）》《公安机关警务技术职务序列改革方案（试行）》《关于深化项目评审、人才评价、机构评估改革的若干意见》《关于进一步加强科研诚信建设的若干意见》《关于加强公立医院党的建设工作的意见》《关于加强人民调解员队伍建设的意见》。

会议强调，设立上海金融法院，目的是完善金融审判体系，营造良好金融法治环境。要围绕金融工作服务实体经济、防控金融风险、深化金融改革的任务，发挥人民法院的职能作用，对金融案件实行集中管辖，推进金融审判体制机制改革，提高金融审判专业化水平，建立公正、高效、权威的金融审判体系。

2. 新华社北京2018年4月27日电

十三届全国人大常委会第二次会议27日下午在北京人民大会堂闭幕。会议经表决，通过了人民陪审员法、英雄烈士保护法、关于修改国境卫生检疫法等六部法律的决定，国家主席习近平分别签署第4、5、6号主席令予以公布。栗战书委员长主持会议。

会议表决通过了关于国务院机构改革涉及法律规定的行政机关职责调整问题的决定、关于设立上海金融法院的决定。

全国人大常委会副委员长王晨、曹建明、张春贤、沈跃跃、吉炳轩、艾力更·依明巴海、万鄂湘、陈竺、王东明、白玛赤林、丁仲礼、郝明金、蔡达峰、武维华，秘书长杨振武出席会议。

国务委员兼国务院秘书长肖捷，最高人民法院院长周强，最高人民检察院检察长张军，国家监察委员会负责人，全国人大各专门委员会成员，各省、自治区、直辖市人大常委会负责人，部分全国人大代表，以及有关部门负责人等列席会议。

3. 中国法院网上海2018年8月20日讯

按照以习近平同志为核心的党中央深化司法体制改革、全面推进依法治国的重大决策部署，为健全完善金融审判体系、营造良好金融法治环境，上海金融法院8月20日正式揭牌成立。上海市委书记李强和全国人大常委会副委员长王东明为上海金融法院成立揭牌。

上海市委副书记、市长应勇宣读中共上海市委《关于设立上海金融法院的批复》，最高人民法院党组副书记、副院长江必新在揭牌活动上讲话。上海市委常委、市委秘书长诸葛宇杰，市人大常委会副主任沙海林，市政协副主席徐逸波出席，市高级人民法院院长刘晓云主持。

揭牌后，李强、王东明、应勇、江必新等察看了上海金融法院诉讼服务中心。李强等同现场工作人员一一握手，询问人员配备情况，了解窗口服务范围。随后走进审判法庭，这里除具备同步录音录像等信息化技术外，还具有远程庭审、互联网直播、证人远程出庭、跨境远程认证等功能。李强在听取上海金融法院建设相关情况后说，中央在上海设立金融法院，是对上海的信任和重托，要充分发挥好人民法院的职能作用，依法妥善审理金融案件，有效规范金融秩序，切实维护金融安全，依法服务和保障金融改革。要深入推进正规化、专业化、职业化建设，打造一支既政治过硬又本领高强的一流金融审判队伍，为上海国际金融中心建设提供有力法治保障。

2018年3月28日，中央全面深化改革委员会第一次会议审议通过了《关于设立上海金融法院的方案》；4月27日，十三届全国人大常委会第二次会议通过了《关于设立上海金融法院的决定》；7月31日，最高人民法院审判委员会通过《关于上海金融法院案件管辖的规定》。上海金融法院正式成立后，将紧紧围绕金融工作服务实体经济、防控金融风险、深化金融改革的任务，对金融案件进行集中管辖，推进金融审判体制机制改革，着力提高金融审判质效和司法公信力，提升国际金融交易规则话语权；借鉴发达国家和新兴市场国家金融司法的有益经验，结合我国经济社会发展状况以及审判工作实际，探索完善中国特色的金融司法体系；深化司法体制改革，优化司法职权配置，全面落实司法责任制，规范审判权力运行机制，实行法官员额制，精干内设机构，推行扁平化管理。

（2021年6月，接受《人民政协报》记者采访时的发言）

关于日本政府决定以海洋排放方式处置福岛核电站事故废水的相关建议

2021年4月15日，外交部部长助理吴江浩召见日本驻华大使垂秀夫，就日本政府决定以海洋排放方式处置福岛核电站事故废水提出严正交涉。

一、相关分析

日本是《联合国海洋法公约》以及诸多环境保护国际公约缔约成员国，其上述行为严重违反《联合国海洋法公约》《伦敦倾废公约》《控制危险废物越境转移及其处置巴塞尔公约》《及早通报核事故公约》等国际公约规定的义务，严重违反国际法上国家主权原则、国际合作原则以及可持续发展原则。

对此，日本应承担国家环境责任。《关于核损害民事赔偿责任维也纳公约》规定：核设施的运营方应当根据该设施登记国的有关规定对核事故进行投保，当核事故发生时，则由国家来保障运营方的赔偿责任。《核损害赔偿补充公约》作为该公约的修订版，增加了对环境损害赔偿的内容，不限于对核事故造成的环境损害进行修复的费用，还包括采取污染预防措施而产生的费用，以及环境损害导致的其他经济损失的赔偿。日本于2015年4月15日加入该补充公约，此公约也已正式生效。因此，东京电力公司和日本政府应共同承担上述环境损害赔偿责任。

二、对策建议

（一）做好风险防范工作

我国应尽快启动风险防范和危险监测。根据《国家核应急预案》《核事故辐射影响越境应急管理规定》等规定，对境外核事故予以监测及防护，尤其是海关等机构应当加大监测力度，对进口的海产品、来自污染区的船舶和人员等进行放射性污染水平监测。通过对上述各种监测数据汇总运用，结合境外实时动态，对事态变化进行持续性评估，尽可能准确地预测发展态势。

在具体实施中，可以联合环太平洋国家，特别是韩国、东盟诸国和澳新等国，建立专门核废水海洋环境监测网，对相关海域进行监测，收集证据，提出预警；派遣海洋环境监测船只到倾倒海域附近取样调查，掌握第一手数据；对于公务船只无法到达的海域，发挥民间组织作用收集证据；采取海洋卫星监控手段，对日本核废水倾倒船只航行轨迹、倾倒地点及核废水流向等进行监控；对进口的日本海洋渔业产品实行严格检验检疫；重点对沿海居民健康状况及与核物质有关的病变数据进行收集，分析研判相关疾病与日本核废水倾倒的因果关系；穷尽其他合法调查手段尽可能多地掌握日本核废水的相关数据与资料。

（二）采取综合施压措施

日本政府在捕鲸等问题上有蔑视国际法的“前科”，不能完全寄希望于法律手段，采取综合施压手段非常必要。

可考虑“外交施压+舆论压力+国际组织压力+民间组织压力+科学检测+经济制裁”等综合施压方式。日本政府的倾倒决定得到了美国政府支持，但并不等于美国人民和全世界民众都支持，特别是日本国内民众对此反响也十分强烈。因此，应善于运用综合施压手段迫使日本政府碍于国际社会普遍压力，进而最终收回倾倒决定，或采取相应妥善处理措施。

（三）加强国际技术合作

日本国土面积狭小，存储核废水存在现实困难，处置福岛核电站危机能力有限，这也是客观问题。因此，国际社会有必要主动向日本政府施以援手，提供必要的国际援助和科技力量，包括相应设备和技术力量支持，开展国际合作，共同解决困境。

建议我国政府联合周边国家和国际组织，积极与日本政府进行磋商，要求派遣援助人员参与日本核废水有害物质的调查，查明事实真相。尽管目前日本采取了拒不配合姿态，但在综合施压情况下，有可能改其一意孤行，继而采取相对配合的立场。

（四）做好仲裁诉讼应对

协商是国家间处置争端最常见的手段，但从日本政府目前态度看，协商解决不必然能够奏效，于是仲裁与诉讼应对必须未雨绸缪。

国际海洋法法庭是《联合国海洋法公约》（简称《公约》）规定的具有约束力的程序之一，由21名来自不同国家的独立法官组成。这些法官平时被尊称为“法官”，在依据《公约》附件六的程序开庭时，其身份被表述为“仲裁员”，开庭程序亦为仲裁程序。法庭可以在争端一方不出庭或对案件不进行辩护时作出裁决，且裁决为最终结论，争端各方应予遵守，但法庭没有强制执行权。我国可以依据《公约》规定对日本提起仲裁。

另外可以采取诉讼措施。一是国家提起诉讼。国际法院作为联合国的主要司法机构，依《国际法院规约》可以对当事国依据国际法或国际公约提交的一系列案件进行管辖，国际法院亦专门设立环境事务分庭。我国可以就日本核废水排放行为对我国海洋环境造成的损害向国际法院提起诉讼。

二是受害者提起民事诉讼。相关国家的受害居民和企业均可基于“污染者付费原则”向日本侵权方提起民事诉讼。日本于2015年4月15日已加入《核损害赔偿补充公约》，根据该公约第五章关于管辖权的规定，福岛核废水排放的受害者可在日本提起民事赔偿诉讼。

在此过程中，应当由中国律师牵头组建跨国的专业环保法律师团队，并在国际法专家、环保组织配合下，做好民事诉讼预案，收集并保存证据、提炼并研究案例、跟踪并关注事态进展、互动并交流掌握情况，以在合适的时机、以合适的方式提出索赔，提起诉讼，维护权益。

（2021年4月19日，向全国政协提交的社情民意，原载于2021年4月20日《人民政协报》。国浩大连律师朱晖，国浩大连管理合伙人、主任张旭涛亦有贡献）

“市场主体”与产权保护

听取李克强总理政府工作报告，一个比较深刻的印象就是，报告对“市场主体”的重视。

在报告中，总理直接用“市场主体”一词多达近20次（而用“企业”“民营企业”“中小微企业”等超过60次），不仅在两个小标题上直接用上了“市场主体”（“围绕市场主体的急需制定和实施宏观政策，稳住了经济基本盘”；“深入推进重点领域改革，更大激发市场主体活力”），特别是在总结“殊为不易”的一年来的工作时，重点指出：“上亿市场主体在应对冲击中展现出坚强韧性”，并与“各地区各部门”“广大人民群众”相提并论，共同“诠释了百折不挠的民族精神，彰显了人民是真正的英雄，这是我们战胜一切困难挑战的力量源泉”。这或许是在以往年度政府工作报告中未曾有过的一种表达方式。

置“市场主体”于如此高的地位，充分体现了法治政府建设的理念，其中一条就是，“充分发挥市场在资源配置中的决定性作用，更好发挥政府作用，推动有效市场和有为政府更好结合”。因此，才应进一步转变政府职能，深入推进重点领域改革，更大激发市场主体活力。

与此同时，应该进一步完善立法，强化法律实施，依法保护产权，特别是保障非公有制企业合法权益。李克强总理在政府工作报告中强调，“各类市场主体都是国家现代化的建设者，要一视同仁、平等对待。”

我们注意到，司法机关强调要把民法典中蕴含的产权保护理念贯彻到刑事司法中，尽量把对企业正常生产经营活动的负面影响降到最低，对涉案企业负责人依法“慎捕”“慎诉”，得到包括企业、企业家在内的市场各方主体及社会各界人士的广泛认同。

检察机关在行政机关配合下，正在探索构建企业刑事合规管理工作机制。应该以刑事诉讼法的形式，来确认并规范这一司法制度创新、产权保护制度创新，并通过此制度依“大法”建立，进一步完善惩治单位犯罪制度、认罪认罚从宽制度，并进一步推进行政监管法律体系的健全。

推进制定民营企业法则是长远之计。国有企业是“共和国的长子”，习总书记也说“民营企业和民营企业家是我们自己人”。“长子”已经有“企业国资法”的维护，“自己人”也应该有“民营企业法”的保障。建议推进制定《中华人民共和国民营企业法》，将保障民营企业依法平等使用资源要素、公开公平公正参与竞争、同等受到法律保护的精神法定化、具体化、落实化。

（原载于《人民政协报》，2021年3月12日）

读书群与大学校

汪洋主席的工作报告，我个人感觉：“一短一长”“一少一多”“一平一起”。

篇幅“短”了，但有关完善政协工作制度体系、加强专门协商机构建设等内容却意义深“长”。

字数“少”了，但干货“多”、金句“多”。例如说到服务疫情防控和经济社会发展，都是干干的实例。谈到协商议政时，用了“各抒己见而又乐于互动，谋有差异而又善于求同，使建言资政更有用，凝聚共识更有效”；广大政协委员要“知责于心、担责于身、履责于行，更好把报国之志、为民之心和履职之能结合起来”等等，金句频出。

汪洋主席在做报告时一如既往的语调“平”和、“平”实，但报告的内容深深打动了我们委员们的心，掌声“起”来，很响而且很长。

我个人体会：汪洋主席关于加强专门协商机构建设的内容，是本次报告的重点、亮点、理论创新点。

报告中，有关专门协商机构定性是核心，有关专门协商机构制度是基础，有关提升专门协商机构履职能力是关键。三者密不可分，共同构成了加强专门协商机构建设的内在逻辑和整体体系。这是深入贯彻习近平总书记关于加强和改进人民政协工作的重要思想、全面落实中央政法工作会议精神的充分体现，也是进一步把人民政协制度优势转化为国家治理效能的必要之举。

对于我们每一位政协委员而言，全面提升政治把握能力、研究调查能力、联系群众能力、合作共事能力，是我们政协委员履职的必然要求，更是提升专门协商机构整体履职能力的客观需要。我们要加强学习，克服能力不足、本领恐慌，知责于心、担责于身、履责于行！

汪洋主席在报告中特别强调：“能力不足、本领恐慌是摆在每位委员面前的现实问题，加强学习是所有委员的重要任务。”早在延安的时候，毛主席对我党干部就提出了本领恐慌问题，在今天这一问题同样值得我们大家关注。

我们身处百年未有之大变局之中，特别是高质量发展给我们提出了高水平履职的主题和课题。而高水平履职，需要我们的政治判断力、政治领悟力、政治执行力，也需要我们的调查研究能力、联系群众能力、合作共事能力。

这些能力的提升，靠实践，也靠学习。在实践中淬炼，在学习中提高，方能克服我们的能力不足，本领恐慌。这也是为什么我们大家都充分理解并非常赞同汪洋主席“把读书群办成高质量的大学校”的倡议。在读书中，我们把自己的工作放进去，把自己作为委员的履职摆进去，学习促进履职，履职引领学习，双促进，双提高，不负众望，不负重托。

（原载于《人民政协报》，2021年3月6日）

以推动民法典有效实施凝聚法治共识

2021年1月1日，《中华人民共和国民法典》正式施行。近期，人民法院纷纷发布民法典“首案”。好意同乘、自甘风险，婚姻撤销、子女抚养……不经意间，值此“千门万户曈曈日”，业已“飞入寻常百姓家”，中国正式步入“民法典元年”！

在中国特色社会主义法律体系中，民法典是一部固根本、稳预期、利长远的基础性法律。习近平总书记指出：“民法典实施得好，人民群众权益就会得到法律保障，人与人之间的交往活动就会更加有序，社会就会更加和谐。”

的确，民法典从来不只是立法者和法学家的事，也不应由法官和律师独享；她应该走进千家万户，来到每个人的身边，陪伴其一生，守护其一世。我想讲两个故事，谈谈自己的体会。

2020年6月1日晚，新华社发布民法典全文。第二天上午，我就来到上海市静安区南京西路街道开讲“老百姓身边的民法典”。“生老病死”“远亲近邻”“家长里短”；“舌尖上”“绳子上”“头顶上”的安全……

居民们听得津津有味，却意犹未尽。

再说说我身边的不少社法委委员同人，在民法典编纂中贡献智慧，于民法典出台后率先学研，自民法典施行日切实履行；与此同时，汇编案例、撰写教案、巡回演讲，如宣言书、宣传队、播种机，不辞辛苦甘做法典宣教“小蜜蜂”。

汪洋主席常说，要“汇聚众志、凝聚共识、集聚众力”，“凝聚共识也是履职成果”。法律，就是人民的共识。找到最大公约数缺不了法律规范，画出最大同心圆少不了法律思维。就像以“书香政协”引领“书香社会”，我们应把自己学典心得与体会、感悟与思考，“溢出”和百姓共商、升华与社会共享。

“功崇唯志，业广唯勤”。我们政协委员应做尊法学法守法用法的模范，而我们委员中的法律工作者更应同时当宣传法律的先进，设定主题到企业座谈、去社区互动、来学校演讲、进乡村调研，开启“民法典委员大合唱”。

宣讲民法典，应讲透一个“意义”。这就是习近平总书记要求的，要讲清楚：实施好民法典，是坚持以人民为中心、保障人民权益实现和发展的必然要求，是发展社会主义市场经济、巩固社会主义基本经济制度的必然要求，是提高我们党治国理政水平的必然要求。

宣讲民法典，应把握一条“红线”。“民法典是一部‘权利’宣言书”，“权利”二字应贯穿始终。民法典“权利确认”，系统确立民事主体的人身权利、财产权利以及其他合法权益；同时“权利保护”，规定对上述权利“任何组织和个人不得侵犯”；而且“权利自主”，弘扬私法自治。“我的权利我做主”，“我的权利我‘首’护”，“权利义务相一致”，“越自律则越自由”。

宣讲民法典，应创新一类“方法”。那就是，以案说法，以例释典。“一个案例胜过一打文件”。小案例、大道理，小案子、大情理，小案件、大法理。运用身边发生的案件、最新出现的案例，设定场景切入，使听者有现场感、体验感，通俗易懂，雅俗共赏，如“随风潜入夜，润物细无声”。

宣讲民法典，应提升一种“境界”。这不是普通宣传，也有异常规讲课，而是践行习近平法治思想之体现。总书记强调，要“用法治保障人民安居乐业”。努力让百姓养成“民法思维”，提升“法律意识”，共建“法治社会”，我们义不容辞。

从胎儿时到身后事，从自然人到社会人，从民（事）主体到商（事）主体，从守法者到维权人……一枝一叶总关情，总有一款适合你。让民法大典，走到人们身边，走进人们心里！

（2021年3月8日，在全国政协十三届四次会议上的大会发言，
原载于《人民政协报》，2021年3月9日）

“群主”的体会与思考

不经意间，从7月之初的挥汗如雨，到岁末年尾的围炉夜话，在全国政协领导们悉心指导以及社法委主任们的直接策略、亲自参与下，我们的学“典”大戏已悄然拉上帷幕。

你方唱罢我登场，大珠小珠落玉盘。从第一条“立法原则”到第一千两百六十条“施行日期”，半年多，确切一点说，是27周、189天、6.3个月，我们一条条学、一款款读，七大编加附则，84章、1260条，十余万字，学习了很多，研究了很久，收获得很满！

在此过程中，我本人非常荣幸担任了群主，自己学，领着读（我还担任了总则编的导读人）；相互学，配合读（配合其他导读委员）；时时在线，处处上心，在吕忠梅副主任的直接领导下，与其他9位导读委员共同努力，总体而言还是完成了这个光荣而艰巨的任务，也得到了全国政协领

导的肯定。我总结了一下我们的读典工作：

从学习内容上，我们注重系统性学习通俗性研读。

例如，我们经常讲“民法典是一部写满权利的宣言书”，于是我们就从“权利”二字出发，从“人”“权”“行”“责”四个方面并进。“人”就是权利主体，例如自然人、法人、非法人组织；“权”就是权利内容，包括我们分别学习的物权、人格权、婚姻家庭方面的权利等；“行”就是权利载体，即民事行为，贯穿于每一编、每一章、每一条、每一款。“责”就是权利救济，例如侵权责任。当然我们的这个理解可能还不是特别的精准，但我们的学习主体不是法学院的学生，也不都是法律工作者，所以我们强调通俗易懂，让大家一看就明白，一听就掌握；愿意学而且学得进，因为学得进于是更加愿意学。

在学习方法上，我总结了四句话。

一是以案说法。一个案例胜过一打文件。小案例、大道理，小案子、大法理，小案件、大情理。我们拿身边发生的案子、最新发生的案件、最高人民法院的指导性案例，以案说、拿案释，设定场景切入，让大家有体验感。如谈笑间樯橹灰飞烟灭一般，阅读甚至“悦”读案例中，法律知识尽收于囊中。

二是密结理论。理论是试金石，是庖丁解牛的那把刀。法学理论不是高深不可及，在小案例里、小故事中尽得其妙。忠梅主任专门开辟“委员说法”“教授读典”小栏目，寓理论于故事中、取现实于历史里，明晰、明快，大家受益匪浅。

三是说文解字。法典中的每一句用语，每一项用词，每一个用字，都是反复推敲，字斟句酌，体现立法者的意图，反映解决现实问题的深意。例如我们就说，“法人”到底是不是“人”？为什么叫“营利”而不叫“盈利”与“赢利”，也不用“谋利”和“牟利”？为什么法条中用了那么多的“等”字，而这些“等”的含义又是什么？

四是交流交锋。兼听则明，偏听则暗；道理越辩越明。有时候委员们当代理律师，有时候委员们又当法官；或据理力争，或居中裁判。像苟晶被冒名顶替上大学这个案例，大家针锋相对，说理说法，直至“升级”到如何完善立法，既接地气分析问题，又向前看目标导向。

在学习效果上，实现里里外外双丰收。

学习群内，大家收获满满，体会多多。同时这种丰硕的成果“溢出”至群外飘香。政协网上，文章源源不断，持续花开。截至目前，六个小栏目，已经发布文章179篇、已达20万字。同时，忠梅副主任率领我们导读人做了四次视频连线采访，并由人民政协网精心制作向社会发布，好评如潮，点赞不断，阅读量均以万计甚至突破数十万。

民法典从来不是法学家的事，也不应由法官和律师独享；她应该走进千家万户，来到每个人的身边，陪伴其一生，守护其一世。全民守法既是法治国家的核心形式，更是法治建设的终极内容。

于是我就在想，在老百姓学习民法典的过程中，如何避免碎片化，使得大家的学习有一条贯穿全典的红线，牵一发动全身；或者说纲举目张；或者说用一根项链，串起每一颗散落的闪亮明珠，从而让我们对民法典的学习更有科学性、系统性、针对性、有效性。通过学习，我觉得这条红线就是“权利”这两个大写的字。具体而言，就是民法典开宗明义讲的“权利保护”，以及作为权利保护前提的“权利确认”，还有就是作为私权而言的“权利自主”。这些都是我们在学习民法典宣传民法典中最值得关注的主线主题主要。

（2021年1月15日，在全国政协“学习民法典”读书群线下交流活动暨社会和法制委员会委员学习座谈会上的发言）

深刻领会民法典的“民族性”与“包容性”

习近平总书记在中共中央政治局5月29日就“切实实施民法典”举行的第二十次集体学习会议上强调：“民法典系统整合了新中国70多年来长期实践形成的民事法律规范，汲取了中华民族5000多年优秀法律文化，借鉴了人类法治文明建设有益成果，是一部体现我国社会主义性质、符合人民利益和愿望、顺应时代发展要求的民法典。”

应当说，民法典具有强烈的“民族性”，集中体现了社会主义核心价值观；同时，民法典又具有充分的“包容性”，广泛借鉴了国外立法先进成果。也正因为如此，如习近平总书记所言，这是一部“具有鲜明中国特色、实践特色、时代特色的民法典”。

一、诚实守信，天人合一，惠民利民，见贤思齐……这些中华优秀传统文化，在民法典中都能找得到

我国法律的第一条基本上是有关“立法目的”的规定，民法典也不例外。其第一编“总则”第一章“基本规定”第一条规定：“为了保护民事主体的合法权益，调整民事关系，维护社会和经济秩序，适应中国特色社会主义发展要求，弘扬社会主义核心价值观，根据宪法，制定本法。”因此，“弘扬社会主义核心价值观”成为民法典的立法目的之一。

习近平总书记曾经说，“培育和弘扬社会主义核心价值观必须立足中华优秀传统文化。”在2014年2月24日中共中央政治局第十三次集体学习会议上，总书记强调要“深入挖掘和阐发中华民族传统文化讲仁爱、重民

本、守诚信、崇正义、尚和合、求大同的时代价值，使中华优秀传统文化成为涵养社会主义核心价值观的重要源泉”。

民法典第4条规定：“民事主体在民事活动中的法律地位一律平等。”第5条规定：“民事主体从事民事活动应当遵循自愿原则，按照自己的意思设立、变更、终止民事法律关系。”第6条规定：“民事主体从事民事活动应当遵循公平原则，合理确定各方的权利和义务。”第7条规定：“民事主体从事民事活动应当遵循诚信原则，秉持诚实、恪守承诺。”

应当说，以上有关平等、自愿、公平、诚信的基本原则，都集中体现了社会主义核心价值观。

民法典第8条规定：“民事主体从事民事活动不得违反法律，不得违背公序良俗。”第10条规定：“处理民事纠纷应当依照法律，法律没有规定的，可以适用习惯，但是不得违背公序良俗。”

上述两条规定都提到了“公序良俗”。公序，就是公共秩序；良俗，就是善良习俗。前者强调的是国家和社会层面的价值理念，后者则突出的是民间的道德观念，两者相辅相成，互为补充，而其内容则集中体现了社会主义核心价值观的内核。

民法典第9条规定了“绿色原则”：“民事主体从事民事活动，应当有利于节约资源，保护生态环境。”

民法典“着上绿色”，具有鲜明的时代特征，顺应绿色立法潮流。而这一构建生态时代人与自然的新型关系的法治思想，更是传承了天地人和、人与自然和谐共生的我国优秀传统文化的理念。应当说，道法自然、天人合一，是中华优秀传统文化蕴含的思想观念，为人们认识和改造世界提供了有益启迪，为治国理政提供了有益借鉴。

同样，惠民利民、安宁富民，也是中华优秀传统文化蕴含的思想观念。这一观念在民法典中也有集中并充分的体现。

例如，民法典第113条规定：“民事主体的财产权利受法律平等保护。”第114条规定：“民事主体依法享有物权。”第118条规定：“民事主体依法享有债权。”第119条规定：“依法成立的合同对当事人具有法律约束力。”第123条规定：“民事主体依法享有知识产权。”第124条规定：“自然人依法享有继承权。自然人合法的私有财产，可以依法继承。”第125条规定：“民事主体依法享有股权和其他投资性权利。”

而中华优秀传统文化蕴含的道德规范，体现着评判是非曲直的价值标准，潜移默化地影响着中国人的行为方式。

例如，孝悌忠信、礼义廉耻的荣辱观念。民法典通篇贯穿了对未成年人、老年人、残疾人、妇女等的民事权利保护。其第128条进一步规定：“法律对未成年人、老年人、残疾人、妇女、消费者等的民事权益保护有特别规定的，依照其规定。”民法典不仅以专编规定了“人格权”，而且在总则中专门在第5章“民事权利”中规定了自然人的人身权利。第109条规定：“自然人的人身自由、人格尊严受法律保护。”第110条规定：“自然人享有生命权、身体权、健康权、姓名权、肖像权、名誉权、荣誉权、隐私权、婚姻自主权等权利。”第111条规定：“自然人的个人信息受法律保护。”第112条规定：“自然人因婚姻家庭关系等产生的人身权利受法律保护。”

再如，崇德向善、见贤思齐的社会风尚。民法典规定了无因管理、不当得利制度，其中第121条规定：“没有法定的或约定的义务，为避免他人利益受损失而进行管理的人，有权请求受益人偿还由此支出的必要费用。”第122条规定：“因他人没有法律依据，取得不当利益，受损失的人有权请求其返还不当利益。”民法典规定了正当防卫制度，第181条规定：“因正当防卫造成损害的，不承担民事责任。”民法典规定了保护见义勇为和乐于助人的制度，第183条规定：“因保护他人民事权益使自己受到损害的，由侵权人承担民事责任，受益人可以给予适当补偿。”第184条规定：“因自愿实施紧急救助行为，造成受助人损害的，救助人不承担民事责任。”特别值得一提的是，民法典第185条特别明确：“侵害英雄烈士等的姓名、肖像、名誉、荣誉，损害社会公共利益的，应当承担民事责任。”

二、胎儿保护、监护制度、法人制度、个人信息保护……民法典的这些规定，都不同程度借鉴了国外立法先进成果

既要有世界眼光，具有包容性，善于学习外国的立法经验，借鉴人类法治文明成果，又绝不可照搬外国法制理念和模式，两者皆不可偏废。可以说，上述立法精神体现在民法典的诸多制度与相关条款之中。

例如，大家普遍关注的胎儿利益保护制度。

瑞士民法典、匈牙利民法典对胎儿利益均有保护性规定，对其保护范围采取总括的方式，没有限定具体的内容。法国、德国、日本等国家法律则只在涉及赠与、遗产继承、损害赔偿等事项上进行保护。我国民法典规定，涉及“遗产继承、接受赠与等”胎儿利益保护的，胎儿视为具有民事权利能力。此处的“遗产继承”“接受赠与”都比较明确，而现实生活千变万化且不断发展，故在此用了一个“等”字，应该说为未来立法留下空间。

另外，关于胎儿享有民事权利能力的条件，瑞士等国家认为胎儿在母亲怀胎期间并无民事权利能力，在胎儿出生后再向前追溯，至怀胎期间即具有；而日本则认为胎儿在母亲怀胎期间便具有民事权利能力，但是胎儿出生时为死体的，其民事权利能力自始不存在。我国民法典编纂过程中采用了后者观点。

综上，我们看到民法典第16条这样规定：“涉及遗产继承、接受赠与等胎儿利益保护的，胎儿视为具有民事权利能力。但是胎儿娩出时为死体的，其民事权利能力自始不存在。”

再如，监护制度。

民法典总则第二章第二节专节对监护作了规定，构建了以家庭监护为基础、社会监护为补充、国家监护为兜底的中国特色监护制度。

联合国《儿童权利公约》对儿童自主意识充分尊重，其第12条第1款规定：“缔约国应确保有主见能力的儿童，有权对影响到其本人的一切事项自由发表自己的意见，对儿童的意见应按照其年龄和成熟程度给予适当

的看待。”民法典第35条第2款规定的“未成年人的监护人履行监护职责，在作出与被监护人利益有关的决定时，应当根据被监护人的年龄和智力状况，尊重被监护人的真实意愿”便明确体现了这种精神。

另外，民法典第35条第3款进一步规定：“成年人的监护人履行监护职责，应当最大限度地尊重被监护人的真实意愿，保障并协助被监护人实施与其智力、精神健康状况相适应的民事法律行为。对被监护人有能力独立处理的事务，监护人不得干涉。”这一条款规定了最大程度尊重成年被监护人意愿的原则，顺应当今国际上成年监护制度改革的趋势。

又如，法人制度。

法人制度是民商法上一个重要的法律制度，其在理论上有“法人拟制”说，如德国，主张在自然人之外承认法人在法律上的拟制的民事权利能力；有“法人实在”说，强调法人的社会实在性，又细分为“法人有机体”说和“法人组织体”说。前者是说法人与自然人一样，系有个人意识的有机体；后者则认为法人本身就是一种组织体，以法律价值判断被赋予了人格。

俄罗斯民法典采用了“法人组织体”说，20世纪以来这一学说逐渐被予以公认。我国民法典顺应国际潮流和理论通说，也采用了这一学说。由此民法典第57条作了这样的规定：“法人是具有民事权利能力和民事行为能力，依法独立享有民事权利和承担民事义务的组织。”

值得注意的是，我国民法典第83条规定了“法人人格否认”即“揭开法人面纱”的制度。

大家都知道公司法人的“两个有限”原则，即公司法人、法人出资人均承担有限责任。但是，如果公司法人的出资人滥用法人独立地位和出资人有限责任，严重损害法人的债权人的利益，则出资人应当对法人债务承担连带责任。这就是许多国家普遍采用的“法人人格否认”即“揭开法人面纱”的制度，美国、阿根廷公司法都有相关类似的规定。

我国公司法第20条也作了这样的明确，这次民法典延续确认了这一制度，即："营利法人的出资人不得滥用法人独立地位和出资人有限责任损害法人债权人的利益；滥用法人独立地位和出资人有限责任，逃避债务，严重损害法人债权人的利益的，应当对法人债务承担连带责任。"

另如，个人信息法律保护。

目前欧盟有关于个人数据自动化处理的保护协定，日本有个人信息保护法，我国台湾地区也有电脑处理个人资料保护法。当然，在名称上各不相同，欧盟国家多数采用"个人数据"说法，日本、俄罗斯、韩国使用"个人信息"概念，我国台湾地区则用"个人资料"或"个人数据"。

我国民法典用语"个人信息"，其第111条明确规定："自然人的个人信息受法律保护。任何组织或者个人需要获取他人个人信息的，应当依法取得并确保信息安全，不得非法收集、使用、加工传输他人个人信息，不得非法买卖、提供或者公开他人个人信息。"

（原载于《人民政协》，2020年第10期）

完善行政复议程序机制的思考

修订《行政复议法》应当依据对行政复议制度的定位，对行政复议程序机制进行再造。在此过程中，应当关注"公正""高效""多元""便民"原则，将其熔铸于整个行政复议程序的全过程，并使之成为行政复议工作的基本原则和价值追求。

一是"公正"。总书记指出："努力让人民群众在每一个司法案件中感受到公平正义。"这一要求同样也适用于行政复议工作。而其中，独立、专业、公开，是保证公正的核心因素。

首先在机构设置上，建立复议委员会制度。可以由政府复议机关人员以及专家学者、执业律师组成，在发挥专业性的同时，最大程度确保独立性。复议委员会具有一定的调查权，可以召开听证会听取各方意见。复议机关根据复议委员会的审议意见提出案件处理建议，报政府作出决定。

其次在审理机制上，变当前书面审理为主为原则上采用听证方式。除复议申请人不要求听证或者案情简单确无必要的案件外，进行听证，增进参与感，保障表达权，增强对抗性，突出行政复议的纠纷裁决属性。

再次在监督机制上，建立行政复议公开制度。通过决定书网上公开、指导案例等制度，提升行政复议的透明度，保障公众知情权、参与权和监督权。

二是“高效”。实践中多地政府对“繁简分流”做法进行了有益探索，通过前端的案件分流，减缓中端复议机关的工作强度，进而加快末端行政相对人的纠纷解决速度。应明确“繁简分流”原则，优化资源配置，提高审议效率；同时，并可建立“复非分流”机制，加强复议与非复议解决方式分流。

三是“多元”。行政争议持续时间长、化解难度大、社会关注度高、易呈现群体性特征，更加需要借助多方合力共同推进对其实质性解决。《行政复议法》修改过程中，应将行政调解、行政和解作为法定的行政争议解决方式加以强化，通过更加灵活、多样、便捷的多元化解决方式，促使争议双方互相理解、彼此谅解，从而达成合议和解、案结事了政和。

四是“便民”。行政复议制度“无偿、专业、高效”的运行理念，意在打造一款便民利民的公共法律服务产品。总书记常用典“治国有常，而利民为本”。在行政复议制度改革的设计中，更应将“便民利民”原则渗入到每一个环节。可以参照“一网通办”等形式，实现统一受理、集中管辖，让群众在“家门口”即能申请行政复议。吸收借鉴此次抗击疫情中“网办”成功经验，打造“智慧复议”，降低群众维权成本。确立律师代理参与听证制度，依托律师独立地位与专业力量，充分维护行政相对人的合法权益。

（2020年6月5日，在十三届全国政协第36次双周协商座谈会上的发言）

《民法典（草案）》三论

一、《民法典（草案）》的最新之处——一部适用于全时空的民法典

在人民大会堂拿到厚厚的《民法典（草案）》，粗粗浏览王晨副委员长的《说明》，精神为之一振：这次我的三个提案中的内容，在这个最新稿的民法典（草案）中，竟都有直接的最新规定条款对应。我的三个提案分别是：完善公共卫生事件下社区主体及相互关系法律制度；完善我国应急征用法律制度；完善我国医药储备法律制度。

李克强总理在《政府工作报告》说："在疫情防控中，公共卫生应急管理等方面暴露出不少薄弱环节。"

疫情是一场"大考"，也是一场"大战"；是"医疗之战"，也是"法律之战"，是对国家治理体系和治理能力现代化一次"实战"考验。考验过后，我们应该吸取教训，总结经验，提炼规律。

结合疫情防控，这次民法典审议稿有四处作了新规定，这正是民法典编纂过程中的与时俱进之处，也是我国科学立法、民主立法的时代性、人民性所在，即体现时代特点，反映人民民意。

此四处最新规定包括：结合此次疫情防控工作，对监护制度作了进一步完善，规定因发生突发事件等紧急情况，监护人暂时无法履行监护职责，被监护人的生活处于无人照料状态的，被监护人住所地的居民委员会、村民委员会或者民政部门应当为被监护人安排必要的临时生活照料措施（草案第34条第4款）。

结合疫情防控工作，在征用组织、个人的不动产或者动产的事由中增加“疫情防控”（草案第245条）；明确物业服务企业和业主的相关责任和义务，增加规定物业服务企业或者其他管理人应当执行政府依法实施的应急处置措施和其他管理措施，积极配合开展相关工作，业主应当依法予以配合（草案第285条第2款、第286条第1款）。

结合新冠肺炎疫情防控工作，完善国家订货合同制度，规定国家根据抢险救灾、疫情防控或者其他需要下达国家订货任务、指令性计划的，有关民事主体之间应当依照有关法律、行政法规规定的权利和义务订立合同（草案第494条第1款）。

上述四处与疫情相关的最新内容中，有三点与我的提案相对应，即征用，社区主体权责，还有医药储备中生产能力储备的实施即指令性计划签订与履行合同。

法律的生命力在于实施。许多法律条款都是在紧急适用时才被激活，于是方知其立法效果如何；许多法律制度都是在需要施行时才恨其欠缺，于是更需要与时俱进予以补足。而目前正是对我们这场“考试”的“失分项”进行深刻反思、强化研究的最好时机。补齐短板，强化弱项，增添不足，于是我们的法律更完善，从而构筑成为一个闭环的、严密的体系，适用于全时空与全天候、各种状态包括常态与应急，切实维护和保障人民群众的合法权益，亦正可谓“法网恢恢，疏而不漏”。

二、《民法典（草案）》与我们每个人的最关切之处——一部保护个人权利的民法典

5月6日，脱口秀演员王越池（艺名“池子”）在微博上发表声明，指责中信银行泄露其个人账户交易信息。5月7日，有媒体从上海银保监局获悉，该局已关注到王越池指责中信银行泄露其个人账户交易信息一事，并正式介入调查。当日凌晨，中信银行道歉，称已将涉事支行行长撤职。5月9日，中国银保监会消费者权益保护局发布通报，将按照相关法律法规，

启动立案调查程序，严格依法依规进行查处。

法律界一致认为，这是一个典型的侵犯公民个人信息权利的案例。

我国民法典（草案）在第四编“人格权”中，以第六章“隐私权和个人信息保护”专门明确了对个人信息的保护。

第1034条规定：“自然人的个人信息受法律保护。”并进一步明确：“个人信息是以电子或者其他方式记录的能够单独或者与其他信息结合识别特定自然人的各种信息，包括自然人的姓名、出生日期、身份证件号码、生物识别信息、住址、电话号码、电子邮箱地址、行踪信息等。”

第1038条规定：“信息处理者不得泄露、篡改其收集、存储的个人信息；未经自然人同意，不得向他人非法提供个人信息，但是经过加工无法识别特定个人且不能复原的除外。信息处理者应当采取技术措施和其他必要措施，确保其收集、存储的个人信息安全，防止信息泄露、篡改、丢失；发生或者可能发生个人信息泄露、篡改、丢失的，应当及时采取补救措施，按照规定告知自然人并向有关主管部门报告。”

由此可见，个人信息的受侵权人，完全可以拿起民法典这一法律武器来维护自己的合法权益。

的确，民法典被称为“社会生活百科全书”，更是民事权利的宣言书和保障书。如果说宪法重在限制公权力，那么民法典就重在保护私权利。

我国民法典第一编第一章第一条开宗明义，规定了制定本法的宗旨与目的：“保护民事主体的合法权益，调整民事关系，维护社会和经济秩序，适应中国特色社会主义发展要求，弘扬社会主义核心价值观。”第三条则义正词严：“民事主体的人身权利、财产权利以及其他合法权益受法律保护，任何组织或者个人不得侵犯。”

保护权利的前提是确立权利。

我国民法典在总则中以专章，即第五章全面规定了“民事权利”。

例如：“自然人的人身自由、人格尊严受法律保护。”“自然人享有生命权、身体权、健康权、姓名权、肖像权、名誉权、荣誉权、隐私权、婚姻自主权等权利。法人、非法人组织享有名称权、名誉权、荣誉权等权利。”“自然人的个人信息受法律保护。”“自然人因婚姻家庭关系等产生的人身权利受法律保护。”

再如：“民事主体的财产权利受法律平等保护。”“民事主体依法享有物权。”“民事主体依法享有债权。”“民事主体依法享有知识产权。”

又如：“自然人依法享有继承权。”“民事主体依法享有股权和其他投资性权利。”“法律对数据、网络虚拟财产的保护有规定的，依照其规定。”

以上规定，可谓全面与充分，亦可谓系统并科学。

保护权利的手段是追责侵权。

我们经常说，没有救济，就没有权利。而救济的目的，在于追究违约方或侵权者的责任。

我国民法典第一编第八章对“民事责任”系统地作了规定。

第176条先行明确：“民事主体依照法律规定和当事人约定，履行民事义务，承担民事责任。”接下来即规定了“承担按份责任”“承担连带责任”两种形式。在第179条中，列举了承担民事责任的方式，包括：停止侵害，排除妨碍，消除危险，返还财产，恢复原状，修理、重作、更换，继续履行，赔偿损失，支付违约金，消除影响、恢复名誉，赔礼道歉。

当然，一个侵权行为可能会造成多种后果、严重后果。于是，第187条明确：“民事主体因同一行为应当承担民事责任、行政责任和刑事责任的，承担行政责任或者刑事责任不影响承担民事责任；民事主体的财产不足以支付的，优先用于承担民事责任。”

保护权利的边界是履行义务。

虽然，“民事主体按照自己的意愿依法行使民事权利，不受干涉。”然而，“民事主体行使权利时，应当履行法律规定的和当事人约定的义务。”“民事主体不得滥用民事权利损害国家利益、社会公共利益或者他人合法权益。”而且，民事主体从事民事活动，应当遵循“自愿”“公平”“诚信”原则；“不得违反法律，不得违背公序良俗”；“应当有利于节约资源、保护生态环境”。

说到这里，我们可以举两个与疫情防控相关的例子。

例如，对“密接者”在指定场所进行医学观察。这是对特定的人在特定的情况下于特定的场所限制其人身一定的自由的一种行为。这种情况在本质上，体现的是一种权利与义务的对等，而且在法律上具有充分依据：不仅符合我国民法典的基本原则，而且在《传染病防治法》上也有明确规定。该法第39条就规定：“对医疗机构内的病人、病原携带者、疑似病人的密切接触者，在指定场所进行医学观察和采取其他必要的预防措施。拒绝隔离治疗或者隔离期未满擅自脱离隔离治疗的，可以由公安机关协助医疗机构采取强制隔离治疗措施。”

再如，政府基于疫情防控需要对民事主体财产进行“征用”。我国民法典第117条就规定了这种特殊情形：“为了公共利益的需要，依照法律规定的权限和程序征收、征用不动产或者动产的，应当给予公平、合理的补偿。”我国《突发事件应对法》第12条也有明确：“有关人民政府及其部门为应对突发事件，可以征用单位和个人的财产。”

从头到尾，逐字逐句，学遍长达共计7编84章1260条的中国民法典，博大精深之中，字里行间、力透纸背的就是两个字：“权利”！合法权利，依法保护，于是，人民的生活将会更加美好！

三、《民法典（草案）》与我们这个社会的最密切之处——一部激发社会活力的民法典

笔者是一名执业律师。说到律师，大家自然认为律师与诉讼法律最为关联：法庭之上，口若悬河，唇枪舌剑。的确，出庭律师当然与民事诉讼法律、刑事诉讼法律息息相关。其实，对任何一名律师而言，作为其执业单位的律师事务所，则与民法典更为紧紧相连。

我国律师法第14条规定：“律师事务所是律师的执业机构。”从实践中来看，律师事务所的组织形式主要是合伙制。而“合伙”二字的基本依据

正是民法典的规定。我国民法典第三编“合同”第二分编“典型合同”第二十七章“合伙合同”，就对合伙制度做了基本性规定。

如果说律师事务所内部体制是合伙制，那么对外如何承担民事责任呢？也就是说其为“法人”还是“非法人”呢？答案也在民法典中。

我国民法典（草案）第一篇“总则”第四章“非法人组织”中，其第102条就规定：“非法人组织是不具有法人资格，但是能够依法以自己的名义从事民事活动的组织。”非法人组织即包括不具有法人资格的专业服务机构，如律师事务所。第103条继续规定：“非法人组织应当依据法律的规定登记。设立非法人组织，法律、行政法规规定需经有关机关批准的，依照其规定。”因此，律师事务所的设立，要按照律师法规定的设立条件与程序进行。这样的话，律师事务所才能开业，律师才能在此平台上为当事人提供法律服务。

所以，从这一角度，我们每个人所从事的职业，几乎都能在民法典中寻到出处，找到归宿。“我是谁？我从哪里来？我到哪里去？”民法典，正是人生指南，正是职业宝典。

新冠肺炎疫情突如其来，许多社会组织尤其是慈善机构冲锋在前，履行社会责任，赢得各界人士纷纷点赞。当然大家也总是在问：他们钱从何来？款去何处？机构本身能不能赚钱？对他们又如何进行监督？等等，这一系列问题常常萦绕在大家脑海中，于是也就对“韩红爱心慈善基金会”一事特别关注。其实，基础性答案也尽在民法典之中。

我国民法典（草案）第一编“总则”第三章“法人”第三节“非营利法人”的第87条就规定：“为公益目的或者其他非营利目的成立，不向出资人、设立人或者会员分配所取得利润的法人，为非营利法人。”我们现实生活中看到的基金会、社会服务机构即属于非营利法人。第92条规定：“具备法人条件，为公益目的以捐助财产设立的基金会、社会服务机构等，经依法登记成立，取得捐助法人资格。”第94条规定：“捐助人有权向捐助法人查询捐助财产的使用、管理情况，并提出意见和建议，捐助法人应当及时、如实答复。捐助法人的决策机构、执行机构或者法定代表人作出决定的程序违反法律、行政法规、法人章程，或者决定内容违反法人章程的，捐助人等利害关系人或者主管机关可以请求人民法院撤销该决定。”第95条规定：“为公益目的成立的非营利法人终止时，不得向出资人、设立人或者会员分配剩余财产。”

此次疫情防控，社区战斗在最前沿，可谓功不可没。3月10日，习近平总书记在武汉考察新冠肺炎疫情防控工作时特别强调：“社区作为防控的最前线，肩负的任务十分繁重。”“抗击疫情有两个阵地，一个是医院救死扶伤阵地，一个是社区防控阵地。坚持不懈做好疫情防控工作关键靠社区。要充分发挥社区在疫情防控中的重要作用，……使所有社区成为疫情防控的坚强堡垒。”

“社区”二字，我们常常挂在嘴边，其法律含义到底是什么，似乎大家并未深究。国家民政部曾经对“社区”做过界定，是指聚集在一定地域范围内的人们所组成的社会生活共同体，目前城区社区的范围一般是指经过社区体制改革后，做了规模调整的居民委员会辖区。从这一定义来看，居民委员会、业主委员会以及物业公司所对应的居民，共同构筑并形成了“社区”这一概念。

可以说，疫情期间，我们每个人从来没有如此长时间和紧密性地与自己所在的社区有如此多的关联。这些机构是什么性质？并承担怎样的责任？与我们每个人又应该是什么样的关系？其实，其最基本的法律依据还是在民法典。

我国民法典（草案）第一编“总则”第三章“法人”第四节“特别法人”中的第96条就明确了“基层群众性自治组织法人”是“特别法人”。第101条规定：居民委员会“具有基层群众性自治组织法人资格，可以从事为履行职能所需要的民事活动”。

第二编“物权”第二分编“所有权”第六章“业主的建筑物区分所有权”中的第277条规定：“业主可以设立业主大会，选举业主委员会。业主大会、业主委员会成立的具体条件和程序，依照法律、法规的规定。”并同时明确“居民委员会应当对设立业主大会和选举业主委员会给予指导和协助”。第285条规定：“物业服务企业或者其他管理人根据业主的委托，依照本法合同编有关物业服务合同的规定管理建筑区划内的建筑物及其附属设施，并接受业主的监督。物业服务企业或者其他管理人应当及时答复业主对物业服务情况提出的询问。”而且，如前所述，还加入了以下最新内容：“物业服务企业或者其他管理人应当执行政府依法实施的应急处置措施和其他管理措施，积极配合开展相关工作。”“对于物业服务企业或者其他管理人执行政府依法实施的应急处置措施和其他管理措施，业主应当依法予以配合。”

上述律师事务所、基金会、居委会、业委会，都是社会性的组织，属于社会的最基层，与我们每一个人的工作、生活与社会活动都有着千丝万缕的联系，“斩不断”，“理也不能乱”。这些社会组织的设立与运营，尤其是其权利义务、民事责任，最基础、最根本的法律上的依据，无一不尽在民法典之中。其出生与成长、发展与壮大，都离不开民法典的赋权与保障、规范与引领。也正因为这些作为细胞的一个个社会组织的蓬勃发展，才使得我们的整个社会肌体具备能力、富有活力、充满张力、饱含魅力！

（2020年5月，在全国两会期间接受新华社、
《人民日报》、《法治日报》等媒体采访的发言）

“戴着口罩思考，摘下口罩发言”

一

的确，今年两会是一次在不同寻常的时期召开的不同寻常的会议。赴京途中，我们似乎不如往日那般轻松，而是平添了不少沉重和坚定。又加

上全封闭的流程，戴口罩的人流，更增加了些许凝重的氛围。

习近平总书记曾说过“要胸怀两个大局，一个是中华民族伟大复兴的战略全局，一个是世界百年未有之大变局，这是我们谋划工作的基本出发点”。大局之下，变局当前。全国人民将通过这次不同寻常的大会，集思广益并凝聚人心，众志成城且同舟共济，从而在打赢疫情防控阻击战的同时赢得经济发展保卫战。

诚然，突如其来的新冠肺炎疫情是一场“大考”。有评价说，中国提前做了一次“闭卷考试”，在病毒传染国内人口不到0.006%的时候就勒住了“脱缰野马”，创造了人类与传染病斗争史上的奇迹。这样的“中国答卷”，来之不易，感天动地。

而本次两会，正是对这份“答卷”的点评，也是对这场“大考”的复盘。同时，又是对今年经济社会发展这场“常规赛”的谋划与演练。这也正是今年两会的不同寻常之处，令人期待之处：令国人期待、世界期待！

新冠肺炎疫情是一场“大考”，也是一场“大战”；是“医疗之战”，也是“法律之战”。从这一角度而言，是对国家治理体系和治理能力现代化的一次“实战”考验。考验过后，我们应该吸取教训，总结经验，提炼规律。作为一个法律工作者，我更关注公共卫生法治体系的完善。本次政协大会，我有六份提案属于这一主题。

例如，如何完善疫情防控信息报告、预警和公布法律制度，如何完善我国医药储备法律制度；再如，如何完善我国应急征用法律制度，如何完善公共卫生事件下社区主体及相互关系法律制度；又如，如何完善医务人员权益保护立法，如何完善禁食野生动物刑事立法。

法律的生命力在于实施。许多法律条款都是在紧急适用时才被激活，于是方知其立法效果如何；许多法律制度都是在需要施行时才恨其欠缺，于是更需要与时俱进予以补足。而目前，正是对我们这场“考试”的“失分项”进行深刻反思、强化研究的最好时机。补齐短板，强化弱项，增添不足，于是我们才能战胜一个又一个的困难，赢得一个又一个的胜利！

5月21日下午的开幕式上，汪洋主席的话语重心长："改革发展稳定任务之重前所未有，矛盾风险挑战之多前所未有，多元思想文化交流交融交锋前所未有。"汪洋主席的话又铿锵有力："敢字当头，干字为先"；"关键时刻靠得住、站得住、敢发声"；"不存旁观之心，不为消极之举，不图名利之得，自觉投身凝心聚力、决策咨询、协商民主、国家治理第一线，成为民族复兴的正能量"。于我而言，铭记之，践行之！

二

"戴着口罩思考，摘下口罩发言。"5月22日下午我在小组会议上发言时，先说了这句话，引发大家一阵笑声。说到汪洋主席的报告，我谈了"三言"：一是言之有物，二是言之有理，三是言简意赅。

言之有物，说的是报告有事实、有依据，充分说明委员"很忙"，是"月委员"而不是"年委员"。例如全国政协创新履职形式，在委员移动履职平台上推出48个主题议政群，把协商从会场延伸到网上。拿我个人来说，去年就在这个移动履职平台上作了13次发言。

言之有理，说的是报告有思考、有理论，充分说明政协"很能"，彰显"我有你没有，我能你不能"的独特政治优势。为此进一步建议本届政协下功夫完善政协理论体系，努力在中国政协史上写下浓墨重彩的一笔。

言简意赅，说的是报告"很短"，但"浓缩的都是精华"，直奔主题，一针见血，一语中的，金句频频，警句连连。我情不自禁朗读了两段："关键时刻靠得住、站得出、敢发声"；"不存旁观之心，不为消极之举，不图名利之得，自觉投身凝心聚力、决策咨询、协商民主、国家治理第一线，成为民族复兴的正能量"。

（2020年5月，在全国政协十三届三次会议上的小组发言）

建议在全国层面统一制定城市治理法

此次疫情防控过程中，中央及地方在法治意识、立法形式、法规内容等三方面有值得称道之处。

第一，疫情期间，最重要的经验就是在立法与法律实施方面的全国一盘棋、全国总动员。疫情的跨地域特征决定了这是一场总体战、协同战。

第二，各地以人大常委会出台决定的方式，主动实施人大立法，体现了疫情防控依法治理、立法先行的特点。特别是对单位和个人权利上的限制或者克减，以及违反上述义务时所承担的法律责任，均是通过地方立法的方式实施，符合宪法精神和立法法原则。

第三，地方人大出台的决定最重要的特点就是除了强化政府的法定职责和采取的法定措施，对个人和单位的义务有明确规定。

应该说，虽然我们有许多现成的法律规范，而且这些法律法规有一定的体系性，如传染病防治法、突发事件应对法和《突发公共卫生事件应急条例》等，但总体上看，有些地方在实施时，主动性不够、坚决性不足，法律实施意识不强。例如突发事件应对法中对“征用”、传染病防治法对“隔离”都有明确规定。但是，此次湖北方面对“征用”条款运用得较为迟缓，对“隔离”条款的实施也有所犹豫。如何增强法律意识？如何完善应急法治水平？如何在城市治理中主动且充分运用法律手段？这仍是地方政府治理能力和治理体系现代化中急需解决的问题。

为此建议：

一是在全国层面统一制定城市治理法。是“治理”而不是“管理”。

“治理”在强调政府职责的同时，更应强调个人作为城市中的“市民”的权利义务，强调企事业单位、社会组织作为城市中的“组织”的权利义务。如本次疫情防控工作给大家的启示就是，“市民”与“组织”的工作做好了，防疫抗疫成功的可能性就更大了。

二是加强医疗卫生领域的立法。希望能尽快出台“同情用药”法律规定。2019年我国修订的药品管理法第23条虽然对同情用药制度作出了原则性规定，但并未明确“同情用药”制度的申请人、申请程序及责任承担等后续问题。总之，必须充分考量制药方和临床试验机构的作用，并由有权机构对其进行严格监管，从而保护患者的合法权益。

（原载于《人民政协报》，2020年2月28日）

关于迅速妥善处理海外武汉游客回国的相关建议

目前疫情防控形势依然严峻复杂。这场“阻击战”的“前线”在湖北，“火线”是武汉，“主战场”是中国各大中心城市。其实还有一个“局部战线”且是一个非常重要、影响极大的“战线”在海外，即在海外旅游的中国人群，尤其是在“封城”前出境的武汉游客。

1月27日，武汉市文化和旅游局表示，尚有4096名武汉游客仍在境外。

实事求是地讲，从某种角度说，武汉游客“在路上”，意味着病毒传染的风险“在路上”。

一方面，这会对旅游所在国的人们产生影响直至传染，国际影响极其重大。

1月28日，日本厚生劳动大臣加藤胜信在厚生劳动省省内会议中公开日本国内又发现两例新冠肺炎患者，其中1人是居住在奈良县的60多岁男性大巴司机，没有去过中国，但今年1月载过两次来自武汉市的游客。两次载客日期分别是1月8日至11日、12日至16日。

另一方面，会在回国途中的飞机上对其他非武汉乘客产生影响甚至传染，国内影响雪上加霜。

1月25日，杭州市“冠状病毒性肺炎”防控指挥部发布疫情通报，24日10时许，TR188次航班从新加坡到达萧山机场。机上335名乘客中有武汉客人116名。飞机着陆后，2名发烧人员即被送至萧山区第一人民医院，其余武汉乘客在机场宾馆就地隔离，219名其他乘客在市委党校集中医学观察。

就算没有检测出发烧人员从而没有对其他乘客产生感染，但因在飞机的狭小且封闭的空间里，在众多乘客中包含有武汉乘客，客观上引发的潜在感染影响同样应引起重视；而因航班延误、机票改签致更多其他乘客回国不便引发的纠纷更不在少数，虽然相对来说这已经不是太主要。

例如，1月27日的日本名古屋机场，原定搭载约100名乘客飞往上海浦东机场的南方航空一航班因七成乘客不愿与疑似发热乘客同乘，延误超过5小时。这场风波引发了当地机场、领馆的注意，上海卫健委、机场与防病办随后亦介入。目前，飞抵上海的19名两周内有武汉旅行史乘客已被隔离。

再如，1月29日，因吉祥航空1340航班有18名武汉乘客，其他乘客知悉后皆签转当晚1336航班。据值班人员称，因人数太多并不能保证所有签转乘客都能成行。此时机场值机处聚集大量中国乘客，交叉感染的可能性非常大。

原由于假期至初六结束，故初四、初五是海外游客回国高峰。但因现在假期延长，因此接下来的初七、初八、初九或许将是一轮回程高峰。一方面，武汉游客在海外逗留时间越长，对所在国人群传染的可能性就越大；另一方面，回程途中引发的交叉感染以及乘客纠纷会越来越多且更严重。

因此建议，政府呼吁甚至要求在海外旅游的武汉游客尽快提前返程；政府安排外事部门及旅游公司排查这些旅客旅游目的地及原订的返程日期；政府安排专门的航空公司确定专门的航班，由这些旅客改签并集中搭乘（当然，对于出发前检测出的发烧者，按医学标准处理）；从武汉出境旅游人数集中的重点城市为出发地；国内目的地为武汉，即政府安排国内航空公司“接武汉游客回家”，这应该是祖国对目前在海外旅行的武汉旅客最好的关爱。

此前有航空公司有类似安排，但感觉属于航空公司层面，且只是个案或特例。据报道：“1月28日，原计划由日本大阪飞往上海浦东机场的吉祥航空HO1340航班经向民航局申请进行了航线变更，将湖北籍的乘客运载至武汉。该航班于当地时间21时1分起飞，23时8分降落武汉天河机场。据介绍，原购买该航班的非湖北籍旅客已被安排至其他回上海的航班。”（其实，与其说“非湖北籍乘客已被安排至其他回上海的航班”，倒不如说是这些非湖北籍乘客放弃了乘坐HO1340航班），因此，我们的以上建议是说，应该从政府层面统筹考虑，实事求是，力求实效，果断采取行动，迅速妥善处置，为坚决打赢疫情防控“阻击战”作出“局部战线”应有的努力！

（2020年1月29日，向全国政协提交的社情民意）

中国企业走出去涉外法治建设须先行

第二届中国国际进口博览会于2019年11月5日开幕。据悉，逾170个国家和地区的3000多家企业50多万采购商报名参展，而首届进博会落幕后一年间，签订的578.3亿美元的意向协议大部分已执行完毕。

此外，世界律师大会将于12月9日至10日在广州举行，这是全国律师协会主办的世界性律师行业盛会。随着我国全方位对外开放的推进和“一带一路”建设的深入实施，我国企业“走出去”步伐不断加快，与此同时，企业对我国涉外法律服务的依赖程度会愈来愈高，而法治的保障作用也日益凸显。但对中国律师行业而言，“走出去”既是机遇，也是挑战；既是发展需求，又是服务供给；既是责任，更是担当。

一、完善涉外法律服务体系乃现实需求

我在实践中一直很关注中国律师走出去的问题。

2009年12月，江苏省南通中院判令一名以色列公民返还江苏某国有企业1000余万元。判决生效后却发现执行成了大难题，因为被告在中国境内没有可执行的资产。该国有企业只好于2011年向以色列的特拉维夫法院申请承认与执行南通中院所作的判决。可是，中以两国在司法协助领域尚属空白，即两国没有签订“你帮我，我也帮你”的互惠原则，且没有中国法院执行以色列法院判决的先例。

2015年10月，特拉维夫法院还是依据互惠原则，作出一审判决，承认中国法院的执行判决。但一审判决后，对方向以色列高等法院提起上诉，并向法院提交了中国某法院最新作出的一份以中以双方不存在互惠原则先例为由，拒绝承认和执行以色列法院的判决，这无疑让此案雪上加霜。我国承办律师据此力争，表示如果双方都不肯迈出第一步，互惠原则就无法推进。令人欣慰的是，2017年8月，以色列高院作出二审判决，维持特拉维夫法院的一审判决。这个案子终于步履维艰地画上圆满的句号，但6年多的时光过去了……

未来随着我国对外开放的进一步加大，企业对外交往会越来越多，法律纠纷必然增多，涉外法治建设如果跟不上，可以预见，企业走出去的道路会非常之难。

2016年底，中国金融期货交易所、上海证券交易所、深圳证券交易所

宣布，三家交易所与中巴投资有限责任公司及巴基斯坦哈比银行组成的联合体，成功竞得巴基斯坦证券交易所40%股权，其中中方三家交易所持股达30%。这是中国三大交易所首次联合跨国投资收购证券交易所股权。这项投资有利于拓宽中巴两国经济金融合作领域，有利于落实“一带一路”倡议和中巴经济走廊建设规划。

未来，类似的到“一带一路”沿线国家投资、合作或是并购项目会越来越多，如果没有专业律师提供法律服务，很难说，中方企业的利益是否能够得到保障。为此，基于大量调研和思考的基础上，今年两会期间，我提交了《完善涉外法律服务体系为“一带一路”建设保驾护航》的提案。

二、中国开展涉外法律服务的难点

我国须加大推进涉外法律服务的力度，但困难也确实不少。

一是法律适用问题。“一带一路”沿线就有64个国家，当然，现在我们对外经济往来已扩展到更多国家。一方面，我国的涉外法律体系还不健全，另一方面，国外涉及很多法系，如大陆法系、英美法系、伊斯兰法系等，比较复杂，法律适用各不相同。

二是争议解决及司法判决问题。比如，出现类似前述以色列人的执行案件，我国与有的国家没有签署司法协定，出现纠纷解决起来以及司法执行就很困难。另外，由于“一带一路”沿线有的国家不是《纽约公约》的签约国，仲裁裁决的承认及执行也是难题。

三是各国政治、文化、宗教不同，对吸引外资的政策也不一样。我曾跟随上海建工集团到伊朗德黑兰的工地上实地察看过。伊朗想要修建的是一条非常重要、长仅100公里的公路，却历时近9年才建成。原因很多，有土地产权私有化问题，也有当地对于人力资源的保护政策问题。他们要求中方派去多少建筑工人，伊朗也得匹配同样数量的建筑工人，否则就不能开工。由于我方对当地工人不了解，其劳动熟练程度不得而知，但工资却不能少，这样一来，工期不可预测，开支不可预测。此外，还有一个原因是当地政权更迭的影响也不可测。这些原因叠加在一起，复杂程度可想而知。

四是欠缺高质量的涉外法治人才。现在，全国律师人数为42.6万人，能做涉外法律业务的按10%算也就4万人，真正能够专职从事涉外法律服务的往大里说也就2万人左右。另外，中国律师的涉外法律服务能力和水平也还有很大的提升空间。

三、中国律师及律所走出去要做好哪些功课？

中国律师及律所走出去已是势不可当，是历史必然，但走出去不可盲目，需要共同做好以下几项功课：

一是要提高认识，做到“六通”。法律，是人类政治文明的重要成果；法律作为一门科学、一种治国理念、一种理政方式，有其规律性、科学性、普世性，是人类的“最大公约数”。推进“一带一路”建设及对外开放，中国强调共商共建共享共赢。共商的语言是法律、共建的基石是法律、共享的保障是法律、共赢的预期依然是法律。因此，推进对外开放，需要政策沟通、设施联通、贸易畅通、资金融通、民心相通，同时还应强调法律直通。法律直通尤其重要，法律直通是政策沟通的“升级版”，是设施联通的“护航者”，是贸易畅通的“大路条”，是资金融通的“润滑剂”，是民心相通的“定心丸”。

二是要提前布局网络。中国律师事务所发展的国际化是目标，也是一个大所的标配、强所的必备。我国应该鼓励和支持中国律师事务所走出国门，到其他国家和地区设立分支机构，开展驻在国的法律服务。同时，国家外汇管理部门应为中国律所到境外设立分支机构提供换汇审批、换汇额度、外汇汇出等方面的优惠和支持；财政部门应对到境外设立分支机构的中国律所给予财政补贴；税务部门应将中国律所境外分支机构的业务收入数额抵扣该律所在境内的应纳税所得额，给予税收优惠。

三是培育队伍。涉外法律先行，律师领军。广大律师既是涉外法律的实施者、实践者、供给者，也是法律直通的行者和使者。因此，建议政府人力资源部门将培养涉外律师人才纳入国家人才培养计划。全国律师协会及各省级律师协会应定期制订涉外律师人才培养计划，并将涉外律师送至境外进行培训及法律服务机构实地培训，政府应给予财政补贴支持。

另外，政府还应着力培养涉外仲裁员队伍。教育主管部门应鼓励和支持高校、科研院所设立涉外法律人才教育培训基地。

四是组建机构。中国涉外法治建设应当是个系统工程。设机构、搞联营、入联盟（比如加入国际化律所联盟）、拉组织（例如牵头成立“一带一路”律师联盟）、行合并、建队伍、做业务，“一个都不能少”。国家外事部门及司法行政部门应支持中国律师协会发起设立国际性、联盟性律师组织；鼓励中国律所牵头创建国际性、联盟性跨境法律服务协作体，政府对此应当给予财政支持。

五是强化服务。中国外事主管部门应推进中国律所及境外分支机构担任中国使领馆的常年法律顾问；使领馆并推荐上述律所为在当地的中国企业及公民提供相应法律服务；使领馆亦应相应建立法律参赞制度。

人大常委会及相关立法部门在制定涉外法律法规时，应制度性地安排律师协会及律所参与，以推进涉外法律体系的民主立法、科学立法。

（原载于《人民政协报》，2019年11月5日）

牢记重托，扎实履职

习近平总书记强调“强化委员责任担当”，语重心长，意味深远。我们每一名政协委员，都应该把握“委员”身份，提高“主体”意识，不忘“协商”初心，牢记“议政”使命，把事业放在心上，把责任扛在肩上，不负重托，不负众望。

一要提高认识。习近平总书记在讲话中强调："人民政协作为统一战线的组织、多党合作和政治协商的机构、人民民主的重要实现形式，是社会主义协商民主的重要渠道和专门协商机构，是国家治理体系的重要组成部分，是具有中国特色的制度安排。"政协章程则对"委员"作了专章规定，明确要求政协委员"应热爱祖国，拥护中国共产党的领导和社会主义事业，维护民族团结和国家统一，遵守国家的宪法和法律"；并且"要密切联系群众，了解和反映他们的愿望和要求"。如同"腹有诗书气自华"，用总书记指示和政协章程武装头脑，强化意识，将提升委员履职的责任感、主动性、创造性。

二要增强本领。习近平总书记在讲话中要求广大政协委员，"要不断提高思想水平和认识能力，广泛学习各方面知识，准确把握政协履职方式方法，深入调查研究，积极建言献策，全面增强履职本领"。"懂政协、会协商、善议政"，是政协委员履职能力的核心。政治协商的内容事关国家大政方针，涉及群众切身利益，既要仰望天空，更要脚踏实地。应当说，凡是履行政协委员职责所需的各方面的知识，我们都应该主动学、系统学、反复学，尤其是掌握人民政协工作规律特点和方式方法，真正做到建言建在需要时、议政议到点子上、监督监在关键处。

三要扎实履职。习近平总书记在讲话中特别强调，广大政协委员要"为国履职，为民尽责"；要有"情怀"，要敢"担当"。总书记多次引过管子的这句话："以天下之目视，则无不见也；以天下之耳听，则无不闻也；以天下之心虑，则无不知也。"我们政协委员，就应该按照总书记号召的那样，"深入基层、深入界别群众，及时反映群众意见和建议，深入宣传党和国家方针政策"。其实，我们许多政协委员本身就工作于最基层、战斗在第一线，犹如"知屋漏者在宇下，知政失者在草野"。

（原载于《人民政协报》，2019年10月11日）

也谈“法治思维”

一

“法治思维”，应该是指这样一种智力活动，考虑和分析问题，处理和解决矛盾，以法律依据为前提，以法律规范为手段，以法治理念为价值，以法律责任为底线。

为此，有必要分别对“法治”和“思维”二词做一分析。

其实说到“法治”，是一定要先从“法制”说起的。

四十年前的十一届三中全会公告这样说：“为了保障人民民主，必须加强社会主义法制，使民主制度化、法律化，使这种制度和法律具有稳定性、连续性和极大的权威，做到有法可依，有法必依，执法必严，违法必究。从现在起，应当把立法工作摆到全国人民代表大会及其常务委员会的重要议程上来。”这段铿锵有力的话，标志着中国国家治理的第一次跨越开始启程，即从“人治”到“法制”。

1997年，党的十五大把依法治国确立为党领导人民治理国家的基本方略。1999年，全国人大九届二次会议将“法治”正式入宪。于是，从“法制”到“法治”，经过整整二十年，中国国家治理实现了第二次跨越。

2012年，党的十八大围绕全面推进依法治国的战略目标，正式提出“法治是治国理政的基本方式”；2014年，党的十八届四中全会专题研究全面依法治国重大问题；2017年，党的十九大对深化依法治国实践提出了一系列新任务新要求，指明了全面依法治国的发展方向和实践方略。于是，从老十六字“法治”，即有法可依，有法必依，执法必严，违法必究，到新十六字“法治”，即科学立法，严格执法，公正司法，全民守法，中国国家治理实现了第三次跨越。

通俗来讲，我们的法律不再是“有没有”的问题，而是“好不好”的问题；不再是“行不行”的问题，而必须是“全面行”的问题。所以总书记才说，深化改革、推动发展、化解矛盾、维护稳定，都要运用法治思维和法治方式，而且要提高运用法治思维和法治方式的能力。

而说到“思维”，就是一种认知或智力活动。从“知行合一”角度分析，一般理解是“知”的层面的问题。但我们目前强调“法治思维”，却更应该注重并强调“知行合一”。如王阳明所言：“知是行之始，行是知之成。”

习近平总书记在讲话中多次运用“知行合一”一词。而且，他还引用过荀子的“不闻不若闻之，闻之不若见之，见之不若知之，知之不若行之，学至于行之而止矣”；以及王夫之的“知行相资以为用”等名言。

法治思维的目的是什么？就是要体现在行动上。正如总书记所言：要办事依法，遇事找法，解决问题用法，化解矛盾靠法，形成这样一种良好的法治环境，在法治轨道上推动各项工作。

因此我的理解，总书记这段话的核心精神就是“践行法治思维”，而“践行法治思维”也构成了习近平新时代法治思想的重要内容。

二

从法治本身而言，需要强调法律规范的稳定性，以提高相对人对其行为的可预见性或者说预期。在“将改革进行到底”的大背景下，改革进入深水区，有更多难啃的硬骨头，因此法律本身也需要与时俱进，适时变革，从而推进改革、保障改革、引领改革。

最近一个热点问题就是科创板和注册制。我国证券法规定的是股票发行审核实行核准制，因此为进行注册制的改革，必须在法律上作出调整。

因此，2015年12月27日，十二届全国人大常委会第十八次会议表决通过了《关于授权国务院在实施股票发行注册制改革中调整适用〈中华人民共和国证券法〉有关规定的决定》，施行期限为两年，以使实施股票发行注册制改革于法有据。2018年2月，十二届全国人民代表大会常务委员会第三十三次会议决定，上述决定施行期限届满后，期限延长二年至2020年2月29日。当然，我们认为，从长计议而言，应该推进证券法的修订。但无论如何，这个案例正是妥善处理好改革和法治关系的经典之作。

三

抓“关键少数”应该已成为共识，如何提高“关键少数”的法治思维和依法办事能力则是关键。从本人工作的实践看，一个重要的方式就是充分发挥律师的作用。

例如，党委应该聘请律师担任法律顾问，由法律专业人士为完善“党委科学民主决策机制”提供全方位服务。在我国，公职律师、公司律师与社会律师共同构成律师队伍，特别是社会律师，更以其独立性、专业性以及行业组织性为独特优势，为各级党委提供不可替代的法律服务。可以说，几乎没有一个群体如律师这样，深入到国家经济、政治、社会生活方方面面的第一线，从而有助于各级党委了解社情民意，在工作中依法办事，在重大决策时充分关注法律风险，避免拍脑袋、走弯路、逾底线、越红线。早在2009年，时任湖南省委书记的周强同志即拍板由湖南省委、省政府、省人大、省政协“四套班子”聘请律师、法学教授担任法律顾问，堪称首创。江西省委、省政府于2014年7月16日组建省四套班子法律顾问团，为省领导机关重大决策提供法律服务。十八届四中全会后，安徽省率先建立省委法律顾问制度，省委于2014年12月16日举行法律顾问聘任仪式，省委书记张宝顺亲自颁发聘书。

再如，建立以案释法制度，由律师和法学专家为各级党组织领导干部增强法律意识提供教育培训服务。毋庸讳言，党员干部，特别是党员高级干部中，法律专业出身、精通法律、法治素养好、依法办事能力强者，仍需更加多多地涌现。党员干部也需要向律师学习法律、学习案例，要善于与律师交朋友。律师是可以招之即来，来之能战，战之可胜的法治工作队伍的重要成员。将“法治建设成效”纳入政绩考核指标体系来衡量领导班子和领导干部工作实绩时，律师作为社会人士，或者作为党委法律顾问成员，应可以赋予其相应的考察权、发言权、考评权。

四

建设中国特色社会主义法治体系，必须坚持立法先行，发挥立法的引领和推动作用，抓住提高立法质量这个关键。

早在2014年12月，我们国浩律师事务所就举办了一次以“民主立法与律师参与”为主题的论坛。我在总结中就说：“律师的独立性将更大程度地解决立法工作中的部门化倾向，律师的专业性将更大程度提高立法的工作质量，律师的组织性将更大程度地汇聚起一个行业的智慧为立法提供服务。”

党的十八届四中全会决议中就特别谈到，“探索委托第三方起草法律法规草案”，而律师正是独立、专业、有组织的第三方。在这方面，律师和律师事务所、律师协会及其整个行业、律师人大代表和律师政协委员，应该也一定能够在科学立法和民主立法进程中，发挥不可替代、不可或缺的作用。

（2019年3月，在全国两会期间接受《光明日报》等媒体采访的发言）

外商投资法：亮点与完善

一、关注这次对外商投资法审议和通过的背景

外部环境深刻变化，经济全球化遭受挫折，多边主义受到冲击，保护主义、单边主义加剧。此刻通过《外商投资法》，彰显中国改革开放的决心和信心，向全世界昭示将改革开放进行到底；也体现了在国际形势复杂多变的背景下，中国保持的战略定力。同时，体现了我国坚定走自主开放道路，反对贸易投资保护主义，维护多边经济体制，并通过积极利用外资、推动中国经济高质量发展。

二、本次《外商投资法（草案）》亮点频频

一是准入前国民待遇加负面清单管理制度。

我们要关注这一制度形成与确认的过程，从这一过程更能体现这一制度在本法中的重要性。

党的十八届三中全会提出“探索对外商投资实行准入前国民待遇加负面清单的管理模式”。2013年，汪洋副总理代表中国表示同意以准入前国民待遇加负面清单方式与美国进行双边投资协定实质性谈判，标志着中国宣布将采用负面清单模式即高水平开放模式实行开放。2015年《外国投资法》（征求意见稿）作了原则性规定，外国投资者在中国境内投资享有国民待遇。2016年10月8日，商务部颁布《外商投资企业设立及变更备案管理暂行办法》，规定外资准入负面清单之外的领域，外商投资企业设立及变更实行备案管理，不再要求进行审批。上述暂行办法实施后，准入前国

民待遇加负面清单管理模式初步在全国实施。

本次《外商投资法（草案）》第4条从法律层面明确“国家对外商投资实行准入前国民待遇加负面清单管理制度”。

这一制度是本法的核心内容，是构建我国外商投资法律制度的基础。而且，这一制度的落实与我国当前积极推进政府职能转变、深化“放管服”改革密切相关，体现了“由政府管理到社会治理”“由政府导向到竞争协调”的现代服务型法治政府的管理模式。

二是公平竞争原则。

本次草案在第15条规定：“外商投资企业平等参与标准化工作，标准制定应当强化信息公开和社会监督。国家制定的强制性标准平等适用于外商投资企业。”第16条规定：“国家保障外商投资企业依法通过公平竞争参与政府采购活动。政府采购依法对外商投资企业在中国境内生产的产品平等对待。”第17条规定：“外商投资企业可以依法通过公开发行股票、公司债券等证券以及其他方式进行融资。”

2015年《外国投资法》（征求意见稿）中无此相关规定。2017年1月国务院发布《关于扩大对外开放积极利用外资若干措施的通知》，将进一步创造公平竞争环境作为政策重点，提出促进内外资企业公平参与我国标准化工作、促进内外资企业公平参与政府采购招投标、支持外商投资企业拓宽融资渠道等要求。

本次《外商投资法（草案）》将关于“公平竞争”内容直接上升至大法规定的高度，回应美欧等外国政府和外商的关切，具有针对性、现实性、可操作性，充分体现我国扩大开放、营造公平竞争环境的坚定决心。

三是知识产权保护制度。

本次草案第21条规定：“外国投资者在中国境内的出资、利润、资本收益、资产处置所得、知识产权许可使用费、依法获得的补偿或者赔偿等，可以依法以人民币或者外汇自由汇入或者汇出。”第22条规定：“国家保护外国投资者和外商投资企业的知识产权，保护知识产权权利人和相关权利人的合法权益，鼓励基于自愿原则和商业规则开展技术合作。外商投资过程中技术合作的条件由投资各方遵循公平原则平等协商确定，行政机关及其工作人员不得利用行政手段强制转让技术。”

上述规定，非常明确地回应了外商最关注的知识产权保护问题。规定针对了在现实中外方关注多、双方争议大的问题，作出的要求正是值得在实践中贯彻落实的具体举措，这会进一步增强外商投资的信心与可预见性。

三、值得进一步完善之处

一是要尽快形成并完善与本法相配套的外商投资法律制度体系。

本法是我国外商投资领域的基础性法律，篇幅不长，四十一条，宣誓性的条款不少，因此实施细则非常重要。

同时，应对公司法、合伙企业法、证券法、标准化法、反垄断法、知识产权法律法规等，予以梳理、匹配、对接与协调。如中外合作企业法废止后，合作企业虽可依法保留原组织形式五年，但该企业合作期限可能不止五年，故需要对接相关其他法律。再如外资企业可以依法发行股票，则证券法及其相关规定应当对这类企业特有的知识产权不独有、具有同业竞争及数量较大的关联交易事项等，作出针对性的明确。

另外，应发挥司法解释的功能，从司法实践中总结、提炼类案规律性认识，形成司法解释，指导外商投资领域的相关主体行为。

二是国家征收补偿制度应进一步完善。

本法草案第20条规定：“国家对外国投资者的投资不实行征收。在特殊情况下，国家为了公共利益的需要，可以依照法律规定对外国投资者的投资实行征收或者征用。征收、征用应当依照法定程序进行，并及时给予公平、合理的补偿。”

这里用了“公平、合理的补偿”的表达。我国宪法在对私有财产的征收征用的规定时用了“给予补偿”；物权法的规定相对比较明确与具体：“为了公共利益的需要，依照法律规定的权限和程序可以征收集体所有的土地和单位、个人的房屋及其他不动产。征收集体所有的土地，应当依法足额支付土地补偿费、安置补助费、地上附着物和青苗的补偿费等费用，安排被征地农民的社会保障费用，保障被征地农民的生活，维护被征地农民的合法权益。征收单位、个人的房屋及其他不动产，应当依法给予拆迁补偿，维护被征收人的合法权益；征收个人住宅的，还应当保障被征收人的居住条件。任何单位和个人不得贪污、挪用、私分、截留、拖欠征收补偿费等费用。”

因此，本法的规定，在贯彻体现宪法精神的前提下，应与物权法规定的原则相一致，应进一步明确与具体，以具有引领性，并在实践可操作。

三是关注地方政府功能发挥与法律规范统一性的问题。

本次草案明确：县级以上地方人民政府有关部门依照法律法规和本级人民政府确定的职责分工，开展外商投资促进、保护和管理工作。地方各级人民政府可以根据法律、行政法规、地方性法规的规定，在法定权限内制定外商投资促进和便利化政策措施。各级人民政府及其有关部门制定涉及外商投资的规范性文件，应当符合法律法规的规定；没有法律、行政法规依据的，不得减损外商投资企业的合法权益或者增加其义务，不得设置市场准入和退出条件，不得干预外商投资企业的正常生产经营活动。

对此，大家都比较关心，县市级政府纷纷出台上述政策与规范性文件，会产生地方恶性竞争、政出多门，反而不利于吸引外资，也不利于维护外商权益，甚至形成市场混乱。在此可以这样考虑，县、市级人民政府出台的上述政策及规范性文件，应当报省级人民政府核准或备案，以提升统一性与规范性。

本次草案第24条规定：“地方各级人民政府及其有关部门应当履行向外国投资者、外商投资企业依法作出的政策承诺以及依法订立的各类合同。因国家利益、社会公共利益需要改变政策承诺、合同约定的，应当依照法定权限和程序进行，并依法对外国投资者、外商投资企业因此受到的损失予以补偿。”

在此，应总结分析实践中发生的地方政府违反政策承诺与合同约定的情况。总体而言，涉及规划、土地出让、环境保护、社会治安等方面的事项比较普遍。在此情况下，上述条款中“国家利益、社会公共利益”规定得太大，实践难以把握与判断，可以规定的事项低一些、小一些。当然，变更政策与合同也不是随意的，应依法定权限与程序，而且对相对人要予及时、适当的补偿。

四是关于外商“间接投资”“实际控制”问题应予原则性明确。

本次草案第2条明确“外商投资”包括“间接”在中国境内进行的投资活动，包括“法律、行政法规或者国务院规定的其他方式的投资”。但对于“间接”“其他”，还应进一步明确。如“实际控制”“协议控制”（VIE结构）是否应予规范、如何规范。

上述外国投资企业通过签署一系列协议获得内资企业控制权的问题，多年来受到中外企业界广泛关注。2015年《外国投资法》（征求意见稿）将协议控制明确规定为外国投资的一种形式。而且写道：“本法生效后，以协议控制方式进行投资的，将适用本法。”对于本法生效前既存的以协议控制方式进行的投资，如在本法生效后仍属于禁止或限制外国投资领域，应当如何处理，市场与政府，理论界和实务界，均有不同看法。对此，商务部有关部门总结了以下几种观点：

1.实施协议控制的外国投资企业，向国务院外国投资主管部门申报其受中国投资者实际控制的，可继续保留协议控制结构，相关主体可继续开展经营活动。

2.实施协议控制的外国投资企业，应当向国务院外国投资主管部门申请认定其受中国投资者实际控制；在国务院外国投资主管部门认定其受中国投资者实际控制后，可继续保留协议控制结构，相关主体可继续开展经营活动。

3.实施协议控制的外国投资企业，应当向国务院外国投资主管部门申请准入许可，国务院外国投资主管部门会同有关部门综合考虑外国投资企业的实际控制人等因素作出决定。

目前《外商投资法（草案）》并未对此作出规定，建议商务部等主管部门尽快制定相关细则，以作出明确，提升并稳定市场预期。

（2019年3月，在全国两会期间接受《人民政协报》等媒体采访的发言）

让人民群众有更多的法治建设成果获得感

李克强总理在政府工作报告中强调：推进法治政府建设；坚持依法全面履职；把政府活动全面纳入法治轨道。

我的发言题目就是：“让人民群众有更多的法治建设成果获得感”。

总书记在纪念改革开放40周年讲话中说：“全面依法治国深入推进，中国特色社会主义法律体系日益健全。”

40年前的十一届三中全会公告这样说：“为了保障人民民主，必须加强社会主义法制。”标志着我国从“人治”开始向“法治”的进步。

1999年，全国人大九届二次会议将“法治”正式入宪，从“法制”到“法治”实现跨越。

2014年，党的十八届四中全会专题研究全面依法治国重大问题，从老十六字“法治”，即有法可依，有法必依，执法必严，违法必究，到新十六字“法治”，即科学立法，严格执法，公正司法，全民守法，再一次实现跨越。

可以这样说，人民群众对法治建设成果的获得感，应该体现在科学立法、严格执法、公正司法、全民守法的各方面、全过程。

一、人民群众对国家立法应该有更多的知情权、参与权、建议权，尤其是与人民群众最关心、最直接、最现实的利益问题的调整和规范。

尤其值得强调的是，人民代表、政协委员应该坚持以人民为中心，始终在群众的身边，提升总书记要求的脑力、眼力、脚力和笔力，了解、征集、汇总、提炼老百姓的所思所想，倾听呼声，反映民意。“春江水暖鸭先知”，我们应该做那一个先知春江水暖之鸭。

在宇下方知屋漏，至草野才知政失。风声，雨声，读书声，声声入耳；家事，国事，天下事，事事关心。知天下之事，悉社会百态，察世间善恶，明法律之不足，确政策之不达，精准把握“最大的社会公约数”，真正实现民主立法，科学立法。

二、在严格执法层面，人民群众感受到法治建设成果获得感与幸福感的关键在于政府。

总书记说：“各级领导干部要提高运用法治思维和法治方式深化改革、推动发展、化解矛盾、维护稳定能力，努力推动形成办事依法、遇事找法、解决问题用法、化解矛盾靠法的良好法治环境，在法治轨道上推动各项工作。”

我的理解，“法治思维”应该是指这样一种智力活动，考虑和分析问题，处理和解决矛盾，以法律依据为前提，以法律规范为手段，以法治理念为价值，以法律责任为底线。

总理在政府工作报告中说得好，“对违法者依法严惩，对守法者无事不扰”。这正体现了政府法无授权不可为、法定职责必须为；而对老百姓而言，法无禁止皆可为。

孔子所说的“从心所欲而不逾矩”，是一种做人通达的境界，也是一种社会治理的状态，更是一种人民安居乐业获得感幸福感安全感满满的状态。

三、在公正司法方面，司法体制改革已取得明显成效，立案登记制让老百姓打官司不再困难，“衙门朝南开，有理无钱莫进来”已经成为历史故事。

刑事律师全覆盖制度的推行，让人们遭遇刑案时有专业律师来维护其合法权益。而以审判为中心的诉讼制度改革，“审理者裁判，裁判者负责”，证据质证在法庭，事实认定在法庭，诉辩意见在法庭，裁判结果形成在法庭，努力推进假案不存、冤案不再。

子曰：“听讼，吾犹人也。必也使无讼乎！”无讼不可能，有讼不可怕，关键在于司法公正，如总书记所言，让人民群众在每一个司法案件中都能感受到公平正义。

四、全民守法方面，我注意到李克强总理在政府工作报告中强调，要“深化普法宣传教育”，同时强调“培育和践行社会主义核心价值观”。正可谓法安天下，德润人心。

习近平同志最近指出：“要深化公共法律服务体系建设”，“尽快建成覆盖全业务、全时空的法律服务网络”。

对我们律师而言，“全业务”就是提供法律服务的全面性和充分性。律师应该在国家经济、社会、政治、文化、生态文明建设的方方面面，适应并满足各个主体提出的法律服务需求；同时，发挥主观能动性，积极开展供给侧改革，推出更多的法律服务项目和服务产品，规范并引领各个主体的法律服务需求。

“全时空”，就是提供法律服务的及时性和均衡性。要从时间上覆盖全过程，要从空间上覆盖全领域，做到有求必应，招之即来，来之能战，战之能胜，提升满足人民群众法律服务需求的效率化。律师要善于运用互联网人工智能大数据等现代化手段，推进法律服务的网络化和体系化建设，并注重下基层、进社区、上学校、走军营、去监所、驻农村，把法律服务带到千家万户、普通百姓，让人民群众感受到更多的法治建设的成果。

在我们社会科学界32组小组讨论中，有委员说，总理工作报告好，不是说出来的，不是写出来的，而是扎扎实实、兢兢业业干出来的。同样，人民群众对法治建设成果的获得感，也不是政府说出来的，也不是媒体写出来的，而是人民群众自己体验到的、感受出的。如同“随风潜入夜，润物细无声”。

党的十九大报告说得好，“人民美好生活需要日益广泛，不仅对物质文化生活提出更高要求，而且在民主、法治、公平、正义、安全、环境等方面的要求日益增长”。这是人民群众的美好生活梦，而正是每一个老百姓的美好生活梦，汇聚成为实现民族伟大复兴的中国梦。党和政府的职责与使命，正是以人民为中心，圆人民之梦想。

（2019年3月7日，在全国政协十三届二次会议界别联组会议上的发言）

政协委员应有的“三心”

一、不忘初心

总书记再三强调，要“正本清源，守正创新”。说到初心，首先是作为一名党员的初心，就是为人民谋福利，为人民作奉献。总书记今天谈到的《血战湘江》《海棠依旧》，我的体会，就是让我们明白，共产党员应有的初心。

作为一名执业律师，由此也想到律师的初心，就是《律师法》规定的，维护当事人合法权益，维护法律的正确实施，维护社会的公平正义。

党和政府始终关怀律师队伍建设，2007年4月26日，习近平同志履新上海市委书记仅一个多月，就专程来上海律师协会调研，亲切接见首届“东方大律师”。我当时担任上海律师协会会长，向总书记汇报了上海律师业的发展情况。总书记当年的谆谆嘱、殷殷情、切切意，令上海律师至今念念不忘、时时回响。

二、人民中心

就是总书记特别强调的以人民为中心。要为人民服务，为时代服务。

总书记语重心长：要跳出小悲欢，走出象牙塔。他讲到了路遥为时代讴歌、为时代奉献的故事。总书记还讲到了“洋药方”，特别指出，中国的事情首先要搞清楚，就像一个人，什么体质？什么病？用什么药？如果用洋药方，那么洋到底是什么？真正的洋好在哪里，不好在哪里，都要清楚，否则这个药方就不能对症下药，就不解决问题。总书记的这一教诲，对我们法律工作者也非常有教育意义。

总书记最近强调，要建立全业务、全时空的法律服务网络。这就要求我们法律工作者，要为时代服务，为人民服务，在内容上提升全面性、充分性，有求必应；在时空上提升即时性、效率性，招之即来，来之能战，战之能胜，真正满足新时代人民群众日益增长的法律服务需求。

三、委员之心

总书记要求，要立德、立言、立功。作为一名政协委员，这就是我们的委员之心。

首先德字当头，要讲政治、讲大局。同时要做好本职工作，建功立业。总书记说，要出大师、大家，要出精品。对我们法律工作者而言，也要专业精深，成法律之师，做法律大家。总书记强调，没有作品，再热闹也是过眼烟云。我们的任何工作都要出精品，出启迪思想、陶冶情操、温润人心的大作，阐释好中国精神、中国力量、中国价值。

作为政协委员，我们要善于立言。要做好提案、提好建言，也要做好为人民群众释疑解惑的工作。就像总书记所说的，我们不仅要提升脑力、眼力、脚力，还要提升笔力，为时代讴歌、为时代立传、为时代画像。

（2019年3月6日，在沪全国政协委员学习习近平总书记看望文艺界社科界委员时重要讲话座谈会上的发言）

建议推出刑辩业务收入税收支持政策的再思考

在2018年3月全国政协十三届一次会议上，笔者提出《关于加强刑辩律师队伍建设，充分发挥刑辩律师作用的提案》，其中在该提案的第七部分“制定推进刑辩事业可持续发展的财政税收制度”中，提出“应当推出刑辩业务税收支持政策，对刑辩业务专项收费采取一定年限内、一定数额下、特殊区域中的免税或减半征税的优惠征收”。

对此，财政部于2018年8月出具关于第3820号提案答复的函，认为：“个人所得税具有调节收入分配的内在功能，所得多者多征，所得少者少征，无所得者不征，体现量能负担、税收公平原则。其政策统一适用于所有纳税人，并不区分不同行业或从业人群分别规定。如果单独对刑辩业务给予税收优惠，对其他行业人员不尽公平，容易引起其他行业的攀比，同时在征管操作方面也会带来一定困难，实际管理难度较大。下一步，我们将配合相关部门深入调研，通过修订个人所得税法，拟合理提高基本减除费用标准，适当增加专项附加扣除项目，在符合税制改革总体方向的前提下，结合律师行业特点，研究有关税收政策问题，进一步减轻纳税人的税收负担，增强包括律师在内的广大人民群众的获得感，更好地支持律师行业发展。”

基于以上提案及答复的情况，在此作进一步的分析和论证。

在本提案中，笔者谈到了对刑辩律师业务收入进行免税和减税的建议。减免税的提法是一个通俗的表达形式，在实践中可以根据税种税目的特点、征管习惯、立法的统一和连续性需要，进行灵活运用和设计，以在具体技术层面予以实现。

合伙制的律师事务所，不交企业所得税，只交个人所得税，其税目是“个体工商户生产、经营所得”，就是《中华人民共和国个人所得税法》规定的十一类中的第二种：“一、工资、薪金所得；二、个体工商户的生产、经营所得；三、对企事业单位的承包经营、承租经营所得；四、劳务报酬所得；五、稿酬所得；六、特许权使用费所得；七、利息、股息、红利所得；八、财产租赁所得；九、财产转让所得；十、偶然所得；十一、经国务院财政部门确定征税的其他所得。”

由于合伙制律师事务所不适用企业所得税法，因此大量的企业所得税的优惠和律所、律师无关，合伙制律师事务所无法享受。

当然，个人所得税也是有很多种类的税收优惠的。对此，笔者作了分类整理。

一、工资、奖金、补贴等相关

序号	核心规定
1	凡符合下列条件之一的外籍专家取得的工资、薪金所得可免征个人所得税： （1）根据世界银行专项贷款协议由世界银行直接派往我国工作的外国专家。 （2）联合国组织直接派往我国工作的专家。（3）为联合国援助项目来华工作的专家。 （4）援助国派往我国专为该国无偿援助项目工作的专家。 （5）根据两国政府签订文化交流项目来华工作2年以内的文教专家，其工资、薪金所得由该国负担的。 （6）根据我国大专院校国际交流项目来华工作2年以内的文教专家，其工资、薪金所得由该国负担的。 （7）通过民间科研协定来华工作的专家，其工资、薪金所得由该国政府机构负担的。

续表

序号	核心规定
2	省级人民政府、国务院部委和中国人民解放军军以上单位，以及外国组织、国际组织颁发的科学、教育、技术、文化、卫生、体育、环境保护等方面的奖金免纳个人所得税。
3	按照国家统一规定发给的补贴、津贴免纳个人所得税。
4	福利费、抚恤金、救济金免纳个人所得税。
5	外籍个人的下列所得，暂免征收个人所得税：（一）外籍个人以非现金形式或实报实销形式取得的住房补贴、伙食补贴、搬迁费、洗衣费；（二）外籍个人按合理标准取得的境内、外出差补贴；（三）外籍个人取得的探亲费、语言训练费、子女教育费等，经当地税务机关审核批准为合理的部分。
6	保险赔款免纳个人所得税。
7	军人的转业费、复员费免纳个人所得税。
8	按照国家统一规定发给干部、职工的安家费、退职费、退休工资、离休工资、离休生活补助费免纳个人所得税。
9	对高级专家从其劳动人事关系所在单位取得的，单位按国家有关规定向职工统一发放的工资、薪金、奖金、津贴、补贴等收入，视同离休、退休工资，免征个人所得税。
10	对乡、镇（含乡、镇）以上人民政府或经县（含县）以上人民政府主管部门批准成立的有机构、有章程的见义勇为基金或者类似性质组织，奖励见义勇为者的奖金或奖品，经主管税务机关核准，免征个人所得税。
11	对个人购买体育彩票中奖收入的所得税政策作如下调整：凡一次中奖收入不超过1万元的，暂免征收个人所得税。
12	个人取得单张有奖发票奖金所得不超过800元（含800元）的，暂免征收个人所得税。
13	对个人购买社会福利有奖募捐奖券一次中奖收入不超过10000元的暂免征收个人所得税。
14	个人举报、协查各种违法、犯罪行为而获得的奖金免纳个人所得税。

二、劳动、社保、公积金、保险相关

序号	核心规定
1	个人因与用人单位解除劳动关系而取得的一次性补偿收入（包括用人单位发放的经济补偿金、生活补助费和其他补助费用），其收入在当地上年职工平均工资3倍数额以内的部分，免征个人所得税。
2	企事业单位按照国家或省（自治区、直辖市）人民政府规定的缴费比例或办法实际缴付的基本养老保险费、基本医疗保险费和失业保险费，免征个人所得税；个人按照国家或省（自治区、直辖市）人民政府规定的缴费比例或办法实际缴付的基本养老保险费、基本医疗保险费和失业保险费，允许在个人应纳税所得额中扣除。
3	个人实际领（支）取原提存的基本养老保险金、基本医疗保险金、失业保险金和住房公积金时，免征个人所得税。
4	生育妇女按照县级以上人民政府根据国家有关规定制定的生育保险办法，取得的生育津贴、生育医疗费或其他属于生育保险性质的津贴、补贴，免征个人所得税。
5	对工伤职工及其近亲属按照《工伤保险条例》（国务院令第586号）规定取得的工伤保险待遇，免征个人所得税。
6	自2017年7月1日起，将商业健康保险个人所得税试点政策推广到全国范围实施。现将有关问题通知如下： 一、关于政策内容 对个人购买符合规定的商业健康保险产品的支出，允许在当年（月）计算应纳税所得额时予以税前扣除，扣除限额为2400元/年（200元/月）。单位统一为员工购买符合规定的商业健康保险产品的支出，应分别计入员工个人工资薪金，视同个人购买，按上述限额予以扣除。 2400元/年（200元/月）的限额扣除为个人所得税法规定减除费用标准之外的扣除。 二、关于适用对象 适用商业健康保险税收优惠政策的纳税人，是指取得工资薪金所得、连续性劳务报酬所得的个人，以及取得个体工商户生产经营所得、对企事业单位的承包承租经营所得的个体工商户业主、个人独资企业投资者、合伙企业合伙人和承包承租经营者。
7	自2006年6月1日起，对保险营销员佣金中的展业成本，免征个人所得税。

三、储蓄存款相关

序号	核心规定
1	对个人取得的教育储蓄存款利息所得以及国务院财政部门确定的其他专项储蓄存款或者储蓄性专项基金存款的利息所得，免征个人所得税。自2008年10月9日起，对居民储蓄存款利息暂定征收个人所得税。
2	储蓄机构内从事代扣代缴工作的办税人员取得的扣缴利息税手续费所得，免征个人所得税。

四、房地产相关

序号	核心规定
1	对个人转让自用5年以上、并且是家庭唯一生活用房取得的所得，继续免征个人所得税。
2	个人因房屋被征收而取得货币补偿并用于购买改造安置住房，或因房屋被征收而进行房屋产权调换并取得改造安置住房，个人取得的拆迁补偿款按有关规定免征个人所得税。
3	对被拆迁人按照国家有关城镇房屋拆迁管理办法规定的标准取得的拆迁补偿款，免征个人所得税。
4	对个人出租住房取得的所得减按10%的税率征收个人所得税。
5	以下情形的房屋产权无偿赠与，对当事双方不征收个人所得税：（一）房屋产权所有人将房屋产权无偿赠与配偶、父母、子女、祖父母、外祖父母、孙子女、外孙子女、兄弟姐妹；（二）房屋产权所有人将房屋产权无偿赠与对其承担直接抚养或者赡养义务的抚养人或者赡养人；（三）房屋产权所有人死亡，依法取得房屋产权的法定继承人、遗嘱继承人或者受遗赠人。
6	对国有企业职工，因企业依照《中华人民共和国企业破产法（试行）》宣告破产，从破产企业取得的一次性安置费收入，免予征收个人所得税。

五、资本市场相关

（一）股权投资类

序号	核心规定
1	一、个人以非货币性资产投资，属于个人转让非货币性资产和投资同时发生。对个人转让非货币性资产的所得，应按照“财产转让所得”项目，依法计算缴纳个人所得税。 …… 三、个人应在发生上述应税行为的次月15日内向主管税务机关申报纳税。纳税人一次性缴税有困难的，可合理确定分期缴纳计划并报主管税务机关备案后，自发生上述应税行为之日起不超过5个公历年度内（含）分期缴纳个人所得税。
2	一、税收政策内容 …… （三）天使投资个人采取股权投资方式直接投资于初创科技型企业满2年的，可以按照投资额的70%抵扣转让该初创科技型企业股权取得的应纳税所得额；当期不足抵扣的，可以在以后取得转让该初创科技型企业股权的应纳税所得额时结转抵扣。 天使投资个人投资多个初创科技型企业的，对其中办理注销清算的初创科技型企业，天使投资个人对其投资额的70%尚未抵扣完的，可自注销清算之日起36个月内抵扣天使投资个人转让其他初创科技型企业股权取得的应纳税所得额。

（二）股票转让类

<table>
<tr><th>序号</th><th>核心规定</th></tr>
<tr><td rowspan="2">1</td><td>为了配合企业改制，促进股票市场的稳健发展，经报国务院批准，从1997年1月1日起，对个人转让上市公司股票取得的所得继续暂免征收个人所得税。</td></tr>
<tr><td>八、对个人在上海证券交易所、深圳证券交易所转让从上市公司公开发行和转让市场取得的上市公司股票所得，继续免征个人所得税。</td></tr>
</table>

续表

序号	核心规定
2	一、关于内地投资者通过沪港通投资香港联合交易所有限公司（以下简称香港联交所）上市股票的所得税问题 （一）内地个人投资者通过沪港通投资香港联交所上市股票的转让差价所得税。 对内地个人投资者通过沪港通投资香港联交所上市股票取得的转让差价所得，自2014年11月17日起至2017年11月16日止，暂免征收个人所得税。……
3	…… 二、关于香港市场投资者通过沪港通投资上海证券交易所（以下简称上交所）上市A股的所得税问题 1.对香港市场投资者（包括企业和个人）投资上交所上市A股取得的转让差价所得，暂免征收所得税。 ……
4	一、关于内地投资者通过深港通投资香港联合交易所有限公司（以下简称香港联交所）上市股票的所得税问题 （一）内地个人投资者通过深港通投资香港联交所上市股票的转让差价所得税。 对内地个人投资者通过深港通投资香港联交所上市股票取得的转让差价所得，自2016年12月5日起至2019年12月4日止，暂免征收个人所得税。
5	…… 二、关于香港市场投资者通过深港通投资深圳证券交易所（以下简称深交所）上市A股的所得税问题 1.对香港市场投资者（包括企业和个人）投资深交所上市A股取得的转让差价所得，暂免征收所得税。 ……

（三）股息、红利、利息类

序号	核心规定
1	一、个人从公开发行和转让市场取得的上市公司股票，持股期限超过1年的，股息红利所得暂免征收个人所得税。 个人从公开发行和转让市场取得的上市公司股票，持股期限在1个月以内（含1个月）的，其股息红利所得全额计入应纳税所得额；持股期限在1个月以上至1年（含1年）的，暂减按50%计入应纳税所得额；上述所得统一适用20%的税率计征个人所得税。 …… 四、全国中小企业股份转让系统挂牌公司股息红利差别化个人所得税政策，按照本通知规定执行。
2	四、对个人持有的上市公司限售股，解禁后取得的股息红利，按照本通知规定计算纳税，持股时间自解禁日起计算；解禁前取得的股息红利继续暂减按50%计入应纳税所得额，适用20%的税率计征个人所得税。 前款所称限售股，是指财税〔2009〕167号文件和财税〔2010〕70号文件规定的限售股。
3	二、下列所得，暂免征收个人所得税 …… （八）外籍个人从外商投资企业取得的股息、红利所得。 ……
4	二、境内非外商投资企业在香港发行股票，其境外居民个人股东可根据其居民身份所属国家与中国签署的税收协定及内地和香港（澳门）间税收安排的规定，享受相关税收优惠。
5	一、……对示范区中小高新技术企业以未分配利润、盈余公积、资本公积向个人股东转增股本时，个人股东一次缴纳个人所得税确有困难的，经主管税务机关审核，可分期缴纳，但最长不得超过5年。
6	四、关于企业转增股本个人所得税政策 1.……个人股东一次缴纳个人所得税确有困难的，经主管税务机关审核，可分期缴纳，但最长不得超过5年。 ……

续表

序号	核心规定
6	4.本通知所称中小高新技术企业，是指注册在示范地区内实行查账征收的、经认定取得高新技术企业资格，且年销售额和资产总额均不超过2亿元、从业人数不超过500人的企业。 5.上市中小高新技术企业或在全国中小企业股份转让系统挂牌的中小高新技术企业向个人股东转增股本，股东应纳的个人所得税，继续按照现行有关股息红利差别化个人所得税政策执行，不适用本通知规定的分期纳税政策。
7	三、关于企业转增股本个人所得税政策 1.自2016年1月1日起，全国范围内的中小高新技术企业以未分配利润、盈余公积、资本公积向个人股东转增股本时，个人股东一次缴纳个人所得税确有困难的，可根据实际情况自行制定分期缴税计划，在不超过5个公历年度内（含）分期缴纳，并将有关资料报主管税务机关备案。 …… 6.上市中小高新技术企业或在全国中小企业股份转让系统挂牌的中小高新技术企业向个人股东转增股本，股东应纳的个人所得税，继续按照现行有关股息红利差别化个人所得税政策执行，不适用本通知规定的分期纳税政策。
8	二、关于转增股本 （一）非上市及未在全国中小企业股份转让系统挂牌的中小高新技术企业以未分配利润、盈余公积、资本公积向个人股东转增股本，并符合财税〔2015〕116号文件有关规定的，纳税人可分期缴纳个人所得税；非上市及未在全国中小企业股份转让系统挂牌的其他企业转增股本，应及时代扣代缴个人所得税。 （二）上市公司或在全国中小企业股份转让系统挂牌的企业转增股本（不含以股票发行溢价形成的资本公积转增股本），按现行有关股息红利差别化政策执行。
9	国债和国家发行的金融债券利息免纳个人所得税。
10	自2008年10月9日起，对证券市场个人投资者取得的证券交易结算资金利息所得，暂免征收个人所得税，即证券市场个人投资者的证券交易结算资金在2008年10月9日后（含10月9日）孳生的利息所得，暂免征收个人所得税。

（四）股权激励类

序号	核心规定
1	二、对上市公司股票期权、限制性股票和股权奖励适当延长纳税期限 （一）上市公司授予个人的股票期权、限制性股票和股权奖励，经向主管税务机关备案，个人可自股票期权行权、限制性股票解禁或取得股权奖励之日起，在不超过12个月的期限内缴纳个人所得税。《财政部、国家税务总局关于上市公司高管人员股票期权所得缴纳个人所得税有关问题的通知》（财税〔2009〕40号）自本通知施行之日起废止。 ……
2	一、对符合条件的非上市公司股票期权、股权期权、限制性股票和股权奖励实行递延纳税政策 （一）非上市公司授予本公司员工的股票期权、股权期权、限制性股票和股权奖励，符合规定条件的，经向主管税务机关备案，可实行递延纳税政策，即员工在取得股权激励时可暂不纳税，递延至转让该股权时纳税；股权转让时，按照股权转让收入减除股权取得成本以及合理税费后的差额，适用“财产转让所得”项目，按照20%的税率计算缴纳个人所得税。 股权转让时，股票（权）期权取得成本按行权价确定，限制性股票取得成本按实际出资额确定，股权奖励取得成本为零。 …… 四、相关政策…… （五）全国中小企业股份转让系统挂牌公司按照本通知第一条规定执行。
3	四、关于股权奖励个人所得税政策 1. 自2016年1月1日起，全国范围内的高新技术企业转化科技成果，给予本企业相关技术人员的股权奖励，个人一次缴纳税款有困难的，可根据实际情况自行制定分期缴税计划，在不超过5个公历年度内（含）分期缴纳，并将有关资料报主管税务机关备案。

六、其他

序号	核心规定
1	科研机构、高等学校转化职务科技成果以股份或出资比例等股权形式给予科技人员个人奖励，暂不征收个人所得税。
2	残疾、孤老人员和烈属的所得可减征个人所得税。
3	因严重自然灾害造成重大损失的可减征个人所得税。
4	对持《就业失业登记证》（注明“自主创业税收政策”或附着《高校毕业生自主创业证》）人员从事个体经营的，在3年内按每户每年8000元为限额依次扣减其当年实际应缴纳的营业税、城市维护建设税、教育费附加、地方教育附加和个人所得税。限额标准最高可上浮20%，各省、自治区、直辖市人民政府可根据本地区实际情况在此幅度内确定具体限额标准，并报财政部和国家税务总局备案。
5	对自主就业退役士兵从事个体经营的，在3年内按每户每年8000元为限额依次扣减其当年实际应缴纳的营业税、城市维护建设税、教育费附加、地方教育附加和个人所得税。限额标准最高可上浮20%，各省、自治区、直辖市人民政府可根据本地区实际情况在此幅度内确定具体限额标准，并报财政部和国家税务总局备案。
6	从事个体经营的军队转业干部，经主管税务机关批准，自领取税务登记证之日起，3年内免征营业税和个人所得税。
7	对从事个体经营的随军家属，自领取税务登记证之日起，3年内免征营业税和个人所得税。

从以上分类整理的内容可以看出，我国税法对个人所得给予税收优惠属于常态。

同时，对于合伙企业自然人投资者这种较为特别的主体，我国税法也在以下四个方面给予相关税收优惠：

1.根据《国务院关于个人独资企业和合伙企业征收所得税问题的通知》（国发〔2000〕16号）、《财政部国家税务总局关于个人所得税若干政策问题的通知》（财税字〔1994〕020号）和《财政部国家税务总局关于农村税费改革试点地区有关个人所得税问题的通知》（财税〔2004〕30号）等有关规定，对个人独资企业和合伙企业从事种植业、养殖业、饲养业和捕捞业（以下简称“四业”），其投资者取得的“四业”所得暂不征收个人所得税。

2.残疾人员投资兴办或参与投资兴办个人独资企业和合伙企业的，残疾人员取得的生产经营所得，符合各省、自治区、直辖市人民政府规定的减征个人所得税条件的，经本人申请、主管税务机关审核批准，可按各省、自治区、直辖市人民政府规定减征的范围和幅度，减征个人所得税。

3.取得工资薪金所得、连续性劳务报酬所得的个人，以及取得个体工商户的生产经营所得、对企事业单位的承包承租经营所得的个体工商户业主、个人独资企业投资者、合伙企业个人合伙人和承包承租经营者，对其购买符合规定的商业健康保险产品支出，可按照规定标准在个人所得税前扣除。

4.取得个体工商户的生产经营所得、对企事业单位的承包承租经营所得的个体工商户业主、个人独资企业投资者、合伙企业自然人合伙人和承包承租经营者，其购买的符合规定的养老保险产品支出，在年度申报时，凭税延养老扣除凭证，在规定的扣除限额内据实扣除。

可见，对于个人所得税，是可以针对不同情况、采取不同方式，给予税收优惠政策的。

财政部在回函中说，个人所得税的政策统一适用于所有纳税，并不区分不同行业或从业人群分别规定。但值得关注的是，合伙制律师事务所的税收虽然适用个人所得税，但是适用的是“个体工商户生产、经营所得”这一税目。从这一角度而言，与“企业生产、经营所得”具有一定的共同性。而企业却分别不同行业、不同业务可以享受所得税优惠。

另外，财政部回函中说，如果单独对刑辩业务给予税收优惠，对其他行业人员不尽公平，容易引起其他行业的攀比。对于这一点，笔者却认为，刑事辩护律师的确具有特殊性。

中国律师是社会主义法治工作队伍的重要组成部分，尤其是刑辩律师，在保障人权、防范及纠正冤假错案、维护并保障司法公正、推进依法治国方面功能独特、不可替代。“较真”“挑毛病”“发现漏洞”，是刑辩律师职业的设计初衷，是刑辩律师执业的天然使命，是刑辩律师存在的客观价值。律师辩护是一种制度设计，这一制度设计，就在于与控诉方形成一种诉讼对抗关系，防止对犯罪的指控成为一种潜在的犯罪认定。

尤其是目前，为深入贯彻落实党的十九大部署和习近平总书记重要指示精神，保障人民安居乐业、社会安定有序、国家长治久安，进一步巩固党的执政基础，党中央、国务院决定在全国开展扫黑除恶专项斗争。根据中央要求，政法各机关要进一步明确政策法律界限，统一执法思想，加强协调配合，既坚持严厉打击各类黑恶势力违法犯罪，又坚持严格依法办案，确保办案质量和办案效率的统一，确保政治效果、法律效果和社会效果的统一。要主动适应以审判为中心的刑事诉讼制度改革，切实把好案件事实关、证据关、程序关和法律适用关，严禁刑讯逼供，防止冤假错案，确保把每一起案件都办成铁案。在此过程中，刑辩律师更是应该全方位参与其中，依法行使辩护权，充分履行维护当事人合法权益、维护法律正确实施、维护社会公平正义的法定职责。因此，加强刑辩律师队伍建设，充分发挥其应有功能，具有现实的必要性与迫切性。

何况，就算是个人所得税本身，也是具有相当多的优惠政策的。如前面谈到的，符合一定条件的外籍专家取得的工资薪金所得，可免征个人所得税；对于个人转让自用五年以上，并且是家庭唯一生活用房取得的所得，免征个人所得税；对个人转让上市公司股票取得的所得，免征个人所得税，等等。可见，针对个人所得，是可以区分不同性质的所得，给予税收优惠政策的。

财政部回函中另外谈到，在征管操作方面也会带来一定困难，实际管理难度较大。而我们认为，其实也并未有太大难度。

根据《律师法》第28条的规定，律师可以从事下列业务：（一）接受自然人、法人或者其他组织的委托，担任法律顾问；（二）接受民事案件、行政案件当事人的委托，担任代理人，参加诉讼；（三）接受刑事案件犯罪嫌疑人、被告人的委托或者依法接受法律援助机构的指派，担任辩护人，接受自诉案件自诉人、公诉案件被害人或者其近亲属的委托，担任代理人，参加诉讼；（四）接受委托，代理各类诉讼案件的申诉；（五）接受委托，参加调解、仲裁活动；（六）接受委托，提供非诉讼法律服务；（七）解答有关法律的询问、代写诉讼文书和有关法律事务的其他文书。

对律师事务所而言，其业务所得包含了《律师法》规定的上述各类律师业务所得。而单独统计、核算刑事辩护业务所得，对于事务所而言，简单易行，毫无难度。而对税收主管部门核定、征收工作而言，亦属常规工作，因此，给予免税或减税的优惠，在技术上是可以做到的。

从另外一个角度分析，对刑辩律师业务收费，基本上采用的是政府指导价，而不是完全放开的市场价。

根据北京市发展和改革委员会办公室《北京市律师诉讼代理服务收费政府指导价标准》（2016年5月10日印发）的规定，担任刑事案件犯罪嫌疑人、被告人的辩护人以及刑事案件自诉人、被害人的诉讼代理人的服务收费标准：（一）按照各办案阶段分别计件收费。1.侦查阶段收费标准为每件2000~15000元；2.审查起诉阶段收费标准为每件2000~15000元；3.一审阶段收费标准为每件4000~45000元。（二）二审、死刑复核、再审、审诉案件，按照一审阶段的收费标准收取律师服务费。（三）被害人提起刑事附带民事诉讼案件的，按照民事诉讼案件收费标准收取律师服务费。（四）犯罪嫌疑人、被告人同时涉及几个罪名或者数起犯罪事实的，可按照所涉罪名或犯罪事实分别计件收取。

根据上海市发展和改革委员会、上海市司法局《上海市律师服务收费管理办法》的规定，担任刑事案件犯罪嫌疑人、被告人的辩护人以及刑事案件自诉人、被害人的代理人：1.担任刑事案件犯罪嫌疑人、被告人的辩护人：侦查阶段：1500~10000元/件；审查起诉阶段：2000~10000元/件；一审阶段：3000~30000元/件。2.代理刑事自诉案件或担任被害人代理人的，按照上述标准酌减收费。

根据广东省物价局、司法厅《律师服务收费管理实施办法》（粤价〔2006〕298号）的规定，刑事案件按计件收费方式收费：（1）侦查阶段：2000~6000元/件；（2）审查起诉阶段：6000~16000元/件；（3）审判阶段：6000~33000元/件。刑事自诉、担任被害人代理人的按上列标准执行。刑事案件因时间或地域跨度极大，属集团犯罪和其他案情重大的、复杂的，可以在不高于规定标准1.5倍之内协商确定收费标准。

根据江苏省物价局、江苏省司法厅《江苏省律师服务收费管理办法》第5条之规定，律师事务所依法提供下列法律服务的收费实行政府指导价：担任刑事案件犯罪嫌疑人、被告人的辩护人以及刑事案件自诉人、被害人的代理人。另根据江苏省物价局、司法厅《关于明确我省律师服务收费试行标准的通知》（苏价费〔2017〕113号）之规定，代理刑事案件中的简单案件：1.侦查阶段：1000~8000元；2.审查起诉阶段：1500~10000元；3.一审阶段：3000~20000元。重大、疑难、复杂案件则按不高于简单案件5倍金额收取。

根据浙江省物价局、浙江省司法厅《关于完善律师和基层法律服务收费的通知》的规定，律师事务所和基层法律服务机构提供的下列法律服务项目实行政府指导价管理：担任刑事案件犯罪嫌疑人、被告人的辩护人以及刑事案件自诉人、被害人的代理人。另根据浙江省物价局、浙江省司法厅《关于制定律师服务收费标准的通知》的规定，代理刑事案件：侦查阶段：1500~8000元/件；审查起诉阶段：1500~10000元/件；一审审判阶段：2500~25000元/件；代理刑事自诉案件或者担任被害人代理人的，可按照上述标准酌减收费。

在收入角度的政府以指导价方式管制，匹配于在分配角度的政府以税收优惠方式支持，相辅相成，一以贯之，前后呼应，合乎逻辑，合理合情，亦属合法。

财政部在回函当中也提到："我们将配合相关部门深入调研，通过修订个人所得税法，拟合理提高基本减除费用标准，适当增加专项附加扣除项目"等等。这还是就一般情况而言，并不针对律师行业税收的特殊性，尤其是并未针对刑辩律师业务的特殊性。

综上，从对个人所得实施优惠征税的先例情形方面，从对刑辩律师业务给予税收优惠计税的技术层面，从对刑辩律师业务收费的匹配对应方面，尤其是从刑辩律师业务的特殊性角度，实施对刑辩业务收入的减免税优惠政策，均为必要，亦为可行。

（2018年9月，有关“完善律师行业税收政策”的调研报告，
国浩律师事务所刘维、沈田丰、张兰田律师亦有贡献）

加强基层社会组织党建工作的几点思考

日前，上海市委常委、组织部部长于绍良同志向政协委员通报了“本市组织工作重点工作情况”。在通报会上，我以新的社会阶层人士及律师行业为例，就基层社会组织党建工作谈了自己的几点思考和体会。

一是加强在新的社会阶层人士中发展党员的工作。

2017年2月，中办印发的《关于加强新的社会阶层人士统战工作的意见》明确新的社会阶层人士主要包括民营企业和外商投资企业管理技术人员、中介组织和社会组织从业人员、自由职业人员、新媒体从业人员四个群体。

应该说，新的社会阶层人士的职业构成显现多元化，基本上分布在所谓的“体制”外，即不是公务人员，而且绝大多数系党外人士（以律师行业为例，中共党员的比例约为三分之一），但新的社会阶层人士是得益于中国改革开放，其所从事的职业本身也是随着改革和开放的深化而具有“增值性”和“含金量”。新的社会阶层思想活跃，思路多元，思考深入，

时刻关心国家大政方针，密切关注经济社会发展，在行动中践行思想、在实践中实现理想、在奋斗中追求梦想。因此，也应当加强在新的社会阶层人士中发展党员的工作，使党员队伍结构更丰富、更完善，使党员工作状态更有活力、更有创新力。

二是关注从新的社会阶层人士中选任党政干部的工作。

应当考虑以选择优秀新的社会阶层人士担任党政干部等方式，直接发挥其在参与政治文明建设中的功能与作用。党的十八届三中全会决定指出，“建立集聚人才体制机制，择天下英才而用之。打破体制壁垒，扫除身份障碍，让人人都有成长成才、脱颖而出的通道，让各类人才都有施展才华的广阔天地。完善党政机关、企事业单位、社会各方面人才顺畅流动的制度体系”。以律师为例，律师的社会化属性决定了其在目前中国政治生态下属于“体制外”人士，与党政干部间存在“体制壁垒”，进入“体制内”存在“身份障碍”。对此，如何“打破”、怎样“扫除”，需要党和政府出台规章制度，按照三中全会决定所说的，“构建有效管用、方便易行的选人用人机制”。在这方面，四中全会决定要求的司法体制改革已经先行一步，“建立从符合条件的律师……中招录……法官、检察官制度”，已在率先进行的上海司法体制改革中推出。对此，可以总结经验，提炼规则，形成可复制可推广的做法。

三是完善基层社会组织的党建工作。

今年3月11日，第十三届全国人民代表大会第一次会议审议通过的《中华人民共和国宪法修正案》，把“中国共产党领导是中国特色社会主义最本质的特征”写入宪法《总纲》第一条。有专家指出，这一修改充实坚持和加强党的全面领导的内容，把党的领导由序言变正文，由非显性变显性，由确认变规范，由原则变制度，由柔性变刚性，使我国国体的表述更加科学、更加全面，为实现党对一切工作的领导提供了宪法依据。

我本人担任了全国律师行业党委的委员，在我们调研中发现，目前“空挂党员”“流动党员”“消极党员”“失联党员”“隐形党员”“口袋党员”的问题不同程度存在；党组织活动规范化、制度化不够，存在组织生活随意化、平淡化、娱乐化、庸俗化的现象；党建工作和业务工作结合不够，存在两张皮现象；党建载体陈旧僵化，务实创新不足，党组织战斗堡垒作用发挥不足；党员律师教育管理存在宽松软问题，少数党员先进性不够，立足岗位发挥先锋模范作用不够。

司法部日前就专门召开了党建工作会议，要求紧紧围绕律师行业党建工作“有没有”的问题，推进党建全覆盖；紧紧围绕律师行业党建工作“好不好”的问题，推进党建全规范；围绕律师行业党建工作“强不强”的问题，推进党建全统领。

在工作中，我们建议采取“四个同步”，开展“三个培养”。即：将律师事务所审批与支部建设同步，律师执业申请与党组织关系同步，律师日常转所与党组织关系接转同步，律师事务所、律师年度检查考核与党支部、党员考核同步。把律师业务骨干培养成党员、把党员律师培养成律师业务骨干、把党员律师业务骨干培养成律师事务所管理人员。另外，在保障机制上，应该实现社会组织党费全额拨返制度，并鼓励引导律师事务所将党建经费纳入管理费用给予保障。

四是强化对党员领导干部法治意识培养工作中的律师作用发挥。

党的十八届四中全会决定指出，“坚持把领导干部带头学法、模范守法作为树立法治意识的关键，完善国家工作人员学法用法制度，把宪法法律列入党委（党组）中心组学习内容，列为党校、行政学院、干部学院、社会主义学院必修课”。律师的本职工作是办案，可以说，每一个案例，正是活生生的普法教材。在四中全会决定要求的建立“以案释法制度”过程中，律师不仅不可或缺，而且理应义不容辞。

毋庸讳言，党员干部，特别是党员高级干部中，法律专业出身、精通法律、法治素养好、依法办事能力强者，仍然值得更加多多地涌现。将“法治建设成效”纳入政绩考核指标体系来衡量领导班子和领导干部工作实绩时，律师作为社会人士，或者作为党委法律顾问成员，应可以赋予其一定的考察权、发言权、考评权。

2015年12月，习近平总书记在全国党校工作会议上指出，各级党校要“把党章和党规党纪学习教育作为党性教育的重要内容”。党规党纪与国家法律法规是协调统一的，在进行党规党纪学习教育过程中，律师同样能发挥专业作用。

（2018年9月25日，在上海市政协“本市组织工作重点工作情况”通报会上的发言）

健全完善以章程为核心的人民政协制度体系的思考

习近平总书记指出：“人民政协要在依照宪法法律和政协章程准确定位的基础上，大力推进自身各项工作和各项事业不断向前发展。”总书记强调，“在发展我国社会主义民主政治的进程中，要完善协商民主制度和工作机制，推进协商民主广泛多层制度化发展”；“不断提高人民政协协商民主制度化、规范化、程序化水平”。总书记进一步指出：“必须构建程序合理、环节完整的社会主义协商民主体系，确保协商民主有制可依、有规可守、有章可循、有序可遵。”

俞正声同志在政协第十三届委员会第一次会议上作“工作报告”时要求：“以修改章程为契机，加强宣传贯彻，进一步提高履行职能的制度化、规范化、程序化水平。”而在该次会议上通过的“政治决议”也明确提出：“人民政协要认真学习宣传贯彻新修订的政协章程，严格依照章程履行职能，进一步建立健全人民政协制度体系，不断提高工作水平。”

一

（一）健全完善政协制度体系是人民政协性质与职能的内在要求

中国人民政治协商会议是中国人民爱国统一战线的组织，是中国共产党领导的多党合作和政治协商的重要机构，是我国政治生活中发扬社会主义民主的重要形式，是国家治理体系的重要组成部分，是具有中国特色的制度安排。对此，作为“组织”，要求有章程、有规则；作为“机构”，则强调治理结构、运作规程；作为“形式”，也关注架构、体系；而“治理”本身必须有依据、有规矩；“安排”则应当有制度、有程序。

政协的主要职能是政治协商、民主监督、参政议政。于是，对国家大政方针和地方的重要举措以及经济建设、政治建设、文化建设、社会建设、生态文明建设中的重要问题，在决策之前和决策实施之中进行协商，要有秩序；于是，对国家宪法、法律和法规的实施，重大方针政策、重大改革举措、重要决策部署的贯彻执行情况，涉及人民群众切身利益的实际问题解决落实情况，国家机关及其工作人员的工作等，通过提出意见、批评、建议的方式进行协商式监督，要有规矩；于是，对政治、经济、文化、社会生活和生态环境等方面的重要问题以及人民群众普遍关心的问题，开展调查研究，反映社情民意，进行协商讨论，通过调研报告、提案、建议案或其他形式，向中国共产党和国家机关提出意见和建议，要有依据。

我国宪法明确指出：“中国人民政治协商会议是有广泛代表性的统一战线组织。”可见，政协作为一个政治组织、一个法律机构，履行的是政治职能、法律功能，必须有章程以及以章程为核心的制度体系，这是政协的性质、定位、职责本质的反映、内在的要求。

（二）健全完善政协制度体系是人民政协发展进程的客观反映

1949年9月，中国人民政治协商会议第一届全体会议代行全国人民代表大会的职权，代表全国人民的意志，宣告中华人民共和国的成立，发挥了重要的历史作用。1954年第一届全国人民代表大会召开后，中国人民政治协商会议继续在国家的政治生活和社会生活以及对外友好活动中进行了许多工作，作出了重要的贡献。

政协能够持续发挥重要作用，其重要原因就在于它的组织性和纪律性，而这种组织性是基于其规章的统一，这种纪律性也取决于其规则的明确。政协能够持续发挥重要作用的原因还在于它的凝聚力和战斗力，而这种对内的凝聚力来自它的规则所反映的文化，这种对外的战斗力又来源于它的制度所体现的宗旨。而且，这种文化和宗旨于政协创建与发展历程中一以贯之，而反映和体现上述文化和宗旨的规则制度也是一脉相承，自成体系。

（三）健全完善政协制度体系是人民政协新时代进一步发挥作用的必然需要

如今，中国人民政治协商会议正在马克思列宁主义、毛泽东思想、邓小平理论、“三个代表”重要思想、科学发展观、习近平新时代中国特色社会主义思想指引下，高举爱国主义、社会主义旗帜，坚定中国特色社会主义道路自信、理论自信、制度自信、文化自信，坚持大团结大联合，坚持一致性和多样性统一，在热爱中华人民共和国、拥护中国共产党的领导、拥护社会主义事业、共同致力于实现中华民族伟大复兴中国梦的政治基础上，进一步巩固和发展爱国统一战线，调动一切积极因素，团结一切可能团结的人，找到最大公约数，画出最大同心圆，同心同德，群策群力，按照中国特色社会主义事业“五位一体”总体布局和“四个全面”战略布局，维护和发展安定团结的政治局面，不断促进社会主义物质文明、政治文明、精神文明、社会文明、生态文明的协调发展，为实现“两个一百年”奋斗目标、实现中华民族伟大复兴的中国梦而奋斗。

新时代新征程，政协应该进一步依靠制度提升组织性，进一步依靠规矩加强纪律性，进一步依靠章程加强凝聚力，进一步依靠规则提升战斗力，不负众望，再立新功。

（四）健全完善政协制度体系是人民政协自身规范化建设的现实呼唤

作为一个政治组织和政治机构，政协的自身建设依赖于它的宗旨和定位，而章程及相关制度正是反映其宗旨和定位的重要载体。同时，政协的自身建设需要协商文化来滋润，而制度层面的文化正是文化的题中应有之义。因此，加强政协的制度建设，完善以章程为龙头的规章体系，方能实施并实现政协的神圣宗旨，方能贯彻并弘扬政协的协商文化。

政协章程是参加人民政协的各党派团体和各族各界人士共同的行为准则，是各级政协设立组织、开展工作的基本依据。毛主席曾经说过：一个团体要有一个章程，一个国家也要有一个章程，宪法就是一个总章程，是根本大法。毛主席在此说明了宪法的重要性，其实这也反映出章程的重要性。作为一个政治团体，政协当然要有一个章程。而且在此章程统领下，形成制度规则体系。这些规则与制度，是反映、体现、贯彻章程要义的重要形式、必要载体，而且相互配合、彼此支撑、前后呼应，共同服从、服务于章程所规定的政协的性质、定位与职责。

健全完善政协制度体系，加强人民政协自身规范建设，是推进政协履职能力建设的重要举措。正如习近平总书记指出的："人民政协是国家治理体系的重要组成部分，要适应全面深化改革的要求，以改革思维、创新理念、务实举措大力推进履职能力建设，努力在推进国家治理体系和治理能力现代化中发挥更大作用。"

二

依照政协全国委员会办公厅所编《全国政协规章制度选编》，目前全国政协主要的规章制度除章程外，共有16项，分别是：《中国人民政治协商会议全国委员会全体会议工作规则》《中国人民政治协商会议全国委员会常务委员会工作规则》《政协全国委员会专题协商会工作办法》《中国人民政治协商会议全国委员会双周协商座谈会工作规则》《中国人民政治协商会议全国委员会主席会议工作规则》《中国人民政治协商会议全国委员会秘书长会议工作规则》《中国人民政治协商会议全国委员会专门委员会通则》《中国人民政治协商会议全国委员会委员履职工作规则》《中国人民政治协商会议全国委员会提案工作条例》《中国人民政治协商会议全国委员会重点提案遴选与督办办法》《中国人民政治协商会议全国委员会提案办理协商办法》《中国人民政治协商会议全国委员会委员视察考察工作条例》《全国政协加强和改进调研工作实施办法》《中国人民政治协商会议全国委员会反映社情民意信息工作条例》《关于政协全国委员会常务委员会会议请假的规定》《政协全国委员会常务委员会关于授权主席会议对违纪违法政协委员及时作出处理的决定》。

从上述规章制度来看，首先具有“全面性”，涵盖了全体会议工作、常务委员会工作、主席会议工作、秘书长会议工作、专门委员会工作等内容，包括了专题协商、双周协商、提案工作、视察考察、调研工作、反映社情民意等活动，并且对委员履职、常委请假、违纪违法委员处理等作出了规定。

同时，上述制度有“针对性”，例如双周协商座谈会是政协协商工作的重点和亮点，为此全国政协于2017年5月18日专门出台了双周协商座谈会工作规则，对双周座谈会的形式、主题、程序等内容作出了明确要求。再如为了加强和改进政协的调研工作，推进人民政协履行职能的制度化、规范化、程序化，2015年4月16日全国政协又专门通过了《全国政协加强和改进调研工作实施办法》，对总体要求、选题确定、组织实施、成果转化等作出了具体规定。

还有就是政协制度的“及时性”，上述规则的制定和修订充分体现了与时俱进，这一点在章程的历次修订上表现得尤为明显，尤其是今年政协大会审议通过章程修订案，是中共中央从新时代坚持和发展中国特色社会主义、加强社会主义民主政治建设的战略高度作出的重要部署。这次修改坚持以习近平新时代中国特色社会主义思想为指导，充分体现中共十九大提出的重要思想、重要观点、重大判断、重大举措，集中反映自2004年修改政协章程特别是中共十八大以来人民政协事业创新发展的理论成果、实践成果、制度成果，对于坚持中国共产党的全面领导，坚持和完善中国共产党领导的多党合作和政治协商制度，推动新时代人民政协事业蓬勃发展，具有重要意义。

三

适应新时代政协工作新要求，政协制度体系应该进一步丰富、健全和完善。首先，应该强调一个“有”字，就是该有的都要有，提升制度的全面性，实现规则的全覆盖。其次，应该强调一个“好”字，就是增强制度的系统性，实现规则体系化。再次，应该强调一个“用”字，就是增强规则的可操作性，“不仅好看，而且好吃”。还有，应该强调一个“新”字，就是强化制度的及时性和针对性，规则的立改废释都要与时俱进。最后，应该强调一个“准”字，就是规章制度无论从题目到内容，在语言文字的表达和表述上都能做到精准并符合规范。

基于人民政协的定位、职能和职责，建议政协制度体系在以章程作为统帅和龙头之下划分为三大部分，并予以健全和完善。第一部分是组织规则体系，第二部分是行为规则体系，第三部分是管理规则体系。

组织规则体系，就是政协作为一个组织机构，其内部运行应遵循的规则，侧重调整政协内部治理结构，是各类机构、各组成部分、各种会议的“组织法”，对其定位、组成、职责、权利义务、议事规则等，作出的明确、具体、规范的规定。从全国政协目前的规则制度看，这一规则体系相对较为完善。例如已经有全体会议工作规则、常务委员会工作规则、主席会议工作规则、秘书长会议工作规则、专门委员会通则等。建议在该等规则的题目及内容上进一步优化，例如上述规则的题目中，“工作”二字便可不要，因为这些规则不仅包括了“工作”的内容，还包括了“组织”的内容，像全体会议工作规则中就有选举和表决的内容，全国委员会常务委员会工作规则包含了常务委员会的组成以及职权，这便不是一般“工作”意义，更有“组织法”的概念。另外，题目也应一致，可以统一命名为“规则”，不用“通则”或其他。

另外就是，政协是以“界别”来组成，政协大会也是以“界别”来组团开会的，而且实践中专委会还不能全面覆盖对应界别所有委员，因此，可以考虑发挥好“界别”在大会闭会期间的作用，尤其是调查研究、反映社情民意、进行协商讨论的功能，于是，可以择机并视必要制定“界别规则”。正如习近平总书记所要求的：“要适应经济社会发展和统一战线内部结构变化，深入研究更好发挥政协界别作用的思路和办法，扩大团结面、增强包容性，拓展有序政治参与空间。”

行为规则体系，就是政协工作及委员活动的规则。应紧紧围绕政协工作的职能，逐一落实政协委员活动的对应的规章。如政治协商方面，目前已有专题协商工作、双周协商工作等规则，可以进一步针对其他行之有效的协商方式及工作作出明确并予以规范。如习近平总书记强调的：“更加灵活、更为经常发展专题协商、对口协商、界别协商、提案办理协商，探索网络议政、远程协商等新形式，提高协商实效，努力营造既畅所欲言、各抒己见，又理性有度、合法依章的良好协商氛围。”“深入开展政治协商、立法协商、行政协商、民主协商、社会协商、基层协商等多种协商，建立健全提案、会议、座谈、论证、听证、公示、评估、咨询、网络等多种协商方式，不断提高协商民主的科学性和实效性。”

再如参政议政方面，目前已有提案工作、重点提案遴选与督办、提案办理协商、视察考察、调研工作、反映社情民意等方面的规定，对此一方面可以梳理完善，如将提案工作的相关内容集中于一项规则中统盘作出安排，另一方面统一这些规定的名称，均一致性地统一为“规则”。另外就是为委员日常履职搭建平台、畅通渠道、创造条件、提供方便，如何通过互联网等方式建立委员即时参议平台，以充分发挥委员履职的主动性、积极性、及时性、有效性，对此都应规矩先行、规范为先。

相对于政治协商和参政议政，民主监督方面的工作余地很大，空间很广。而且目前规则中也较少有此方面的单行规定，我们注意到1995年全国政协出台了《政协全国委员会关于政治协商、民主监督、参政议政的规定》，其中对民主监督的主要形式作了明确，即：政协全国委员会的全体会议、常务委员会议或主席会议向中共中央、国务院提出建议案，各专门委员会提出建议或有关报告；委员视察、委员提案、委员举报或以其他形式提出批评和建议；参加中共中央、国务院有关部门组织的调查和检查活动。习近平总书记在第十八届第四次中央全会上指出，“建设中国特色社会主义法治体系，必须坚持立法先行，发挥立法的引领和推动作用”。同样，政协工作也应规则先行，充分发挥规则的引领和推动作用。习近平总书记特别要求：“要加强人民政协民主监督，完善民主监督的组织领导、权益保障、知情反馈、沟通协调机制。”为此，建议适时出台政协民主监督规则，细化规定各民主监督方式与举措，以切实加强民主监督工作，使三大职能“三足鼎立”、齐头并进。

管理规则体系，就是政协作为一个组织实行内部管理及对委员进行管理的规范性要求。内部管理应包括对政协内部各部门、各工作人员的管理，如全国政协就曾颁布过《全国政协办公厅信访工作规则（试行）》《政协全国委员会关于加强和改进新闻宣传工作的意见》《全国政协办公厅关于进一步加强和改进新闻宣传工作的若干意见》等规定，在此不再论述。而对委员进行管理的内容，应是这一体系的重点与核心。应突出“委员主体”观，履职管理与提供服务相统一，发挥作用与履职保障相结合。目前我们注意到已有有关委员履职、常委请假、委员违纪违法处理等规定。今年章程修改专门增加“委员”一章，并明确规定“应当加强委员履职管理”，为此，可以制定统一的委员履职管理规则，将委员主体定位、履职原则、履职内容、履职方式、履职服务与保障、履职管理与监督、所涉违纪违法委员责任追究等，作出完整与系统的规定。

通过科学划分并分析政协制度体系，并从体系的完整性和内部逻辑关系上进一步推进健全和完善，是新时代政协作出新贡献的重要引领与保障。在拾遗补阙地“立”的同时，应该与时俱进地“改”，精确无误地“释”，坚持不懈地“行”。在新时代大背景与政协章程修正案出台的契机下，扎实做好政协制度体系建设，做好制度的“立”“改”“释”“行”。于其中，做好制度的“后评估”工作非常重要，应当着重对制度的合理性、可操作性、实施效果等进行分析与评价，并根据实际情况进行修改完善。

同时，全国政协可以关注对地方政协制度规则制定的指导，在考虑地方特点的同时使得人民政协制度体系更具有全局性、统一性与系统性。

（2018年7月6日，在全国政协社会和法制委员会第一次全体会议上提交的文章）

好风凭借力，奋斗创辉煌

作为一名新任政协委员首次参加“两会”，充满新鲜感、责任感、使命感、获得感、幸福感。回顾十五天的参会历程，我感触最深的还是宪法修正案通过的历史意义，监察法出台的重大影响，以及政府工作报告强调的公共法律服务对律师业带来的机遇和挑战。

一、宪法修正案为实现“两个一百年”奋斗目标和中华民族伟大复兴的中国梦提供了最高级别、最强权威的法律保障，也标志着中国特色社会主义法治建设进入新时代。

宪法是国家的根本法，是治国安邦的总章程，是党和人民意志的集中体现。实现“两个一百年”奋斗目标和中华民族伟大复兴的中国梦，必须推进全面依法治国、推进国家治理体系和治理能力现代化，必须坚持依宪治国、依宪执政，必须实施全党和全民尊宪、学宪、守宪、维宪。

这次修宪，充分并集中体现了时代精神、发展理念、人民意志、法治原则，有迫切的现实必要、丰厚的人民期待、深刻的历史意义、久远的未来价值。

第一，确立科学发展观和习近平新时代中国特色社会主义思想在国家政治和社会生活中的指导地位，为推进国家治理体系和治理能力现代化以宪法的最高法律形式、最强法律效力提供了指导思想，国家治理体系的建设有了最高准则，国家治理能力的提升有了最强引领。

第二，调整充实中国特色社会主义事业总体布局和第二个百年奋斗目标的内容、完善依法治国和宪法实施举措等内容，都是国家治理体系和治理能力现代化建设中的历史实践总结、现实客观要求、未来方向指引。

第三，充实坚持和加强中国共产党全面领导的内容，有效把党的领导落实到国家治理体系建设的全过程，有效把党的领导贯彻于国家治理能力提升的各方面，确保国家治理体系和治理能力现代化建设始终沿着正确方向前进。

第四，修改国家主席任职方面的有关规定，实现了国家宪法与党的章程规定的一致，实现了宪法相关规定彼此的统一，不仅从立法完善角度，而且从国家根本发展利益角度，有利于维护党中央集中统一领导，有利于国家领导体制加强，无疑为国家治理体系和治理能力现代化建设提供了坚强有力的领导体制，提供了长治久安的法律保障。

第五，增加有关监察委员会的各项规定，是对国家政治体制的完善、对国家法治体系的加强、对国家监督体系的健全，丰富和发展了全面推进依法治国、推进国家治理体系和治理能力现代化的重要内涵。

可以这样认为，本次修宪，是法治中国建设的巨大成就，是全面依法治国的重要举措，是实现中华民族伟大复兴的中国梦的重大保障。

宪法的生命在于实施，宪法的权威在于实施。在宪法实施过程中，应当加强合宪性审核工作，特别是在本次修宪中增加设区的市制定地方性法规的规定的现实情况下。要进一步建立健全合宪性审查法律制度，在这一制度的原则、内容、标准、程序、责任等各个方面、各个环节作出更加明确的有针对性和操作性的规定。

同时，培育和增强各级领导干部和广大群众的宪法意识任重道远，应该在国家层面统筹规划、通盘考虑、统一安排，开展新一轮的大规模、全覆盖的普及宪法活动，内化于心，外现于行，使尊宪、学宪、守宪、维宪成为各级领导干部和人民群众的法定义务和自觉习惯，使践行和弘扬社会主义法治精神成为我国社会的良好风尚。

二、监察法为构建集中统一、权威高效的中国特色国家监察体制提供了坚实、有力法治保障，也标志着中国反腐败法治化在新的历史时期再启程。

党的十九大报告指出："健全党和国家监督体系"；"深化国家监察体制改革"；"组建国家、省、市、县监察委员会，同党的纪律检察机关合署办公，实现对所有行使公权力的公职人员监察全覆盖"；"制定国家监察法，依法赋予监察委员会职责权限和调查手段，用留置取代两规措施"；"构建党统一指挥、全面覆盖、权威高效的监督体系，把党内监督同国家机关监督、民主监督、司法监督、群众监督、舆论监督贯通起来，增强监督合力"。

在宪法中增写监察委员会的内容并制定监察法，是落实党的十九大报告要求的重要体现。宪法修正案在国家机关一章中专门增写监察委员会一节，确立了监察委员会作为国家机构的法律地位。赋予监察委宪法地位，对深化国家监察体制改革，健全党和国家监督体系，深入推进反腐败斗争，具有非常重要的政治意义和法律意义。

宪法写入监察委员会，是对我国政治体制、政治权力、政治关系的重大调整，是对国家监督制度的顶层设计。同时，监察委员会依宪设立，又是我国法律体制、法律体系、法律关系的重大完善，是对国家监督机构法律地位尤其是宪法地位的确立。

监察法是反腐败国家立法，监察委员会是反腐败专门工作机构。中华人民共和国监察委员会是最高国家监察机关，各级监察委员会是行使国家监察职能的专责机关。监察法的出台，标志着反腐败国家立法的建立，是深化国家监察体制改革的法律依据。

监察法依法赋予监察委员会职责权限和调查手段，用留置取代“两规”措施，这意味着，我国的反腐败工作在已经取得压倒性态势的基础上，在规范化法治化道路上再启程，为深入推进反腐败斗争，巩固这一压倒性态势并且向夺取压倒性胜利前进提供了坚实的法律保障。

一是，监察法明确了基本原则。

强调党的领导原则、宪法原则和法律原则，指出要坚持中国共产党对国家监察工作的领导，构建具有中国特色的国家监察体系；国家监察工作严格遵照宪法和法律，以事实为根据，以法律为准绳；在适用法律上一律平等，保障当事人的合法权益；权责对等，严格监督；惩戒与教育相结合，宽严相济；构建不敢腐、不能腐、不想腐的长效机制。

监察法确认的这些原则，是贯穿反腐败斗争的灵魂与红线，保证监察工作沿着正确方向规范运行。

二是，监察法界定了监察范围。

监察机关按照管理权限，对六大类公职人员进行监察，包括中国共产党机关、人大机关、行政机关、政协机关、监察机关、审判机关、检察机关、民主党派和工商联机关的公务员以及参照公务员法管理的工作人员，也包括法律法规授权或者受国家机关依法委托管理公共事务的组织中从事公务的人员，还包括国有企业管理人员、基层群众性自治组织中从事集体事务管理的人员。

监察范围对公职人员的全覆盖，界限明确、界定准确，使反腐败工作“打虎”“拍蝇”“猎狐”有了权威而可操作性的法律依据。

三是，监察法确立了监察职责和监察权限。

监察机关依法行使监察权，其主要职能是维护宪法和法律法规，依法监察公职人员行使公权力的情况，调查职务犯罪违法和职务犯罪，开展廉政建设和反腐败工作，其职责是监督、调查和处置。监察机关有权依法向有关单位和个人收集、调取证据。对职务违法的被调查人，可以要求其就违法行为作出陈述。对涉嫌贪污贿赂等职务犯罪的被调查人，可以进行讯问，要求其供述涉嫌犯罪的情况。被调查人涉嫌贪污贿赂等严重职务违法或者职务犯罪，监察机关已经掌握其部分违法犯罪事实及证据，仍有重要问题需要进一步调查，符合法定情形的，经监察机关依法审批，可以将其留置在特定场所。

上述这些具体的规定，从法律上既明确了监察机关的权利又规定了其义务，既赋予了其权力又对其进行约束，体现了权利和义务对等、权力与责任统一的法治原则。

四是，监察法理顺了监察程序。

监察机关应严格按照程序开展工作，建立问题线索处置、调查、审理各部门相互协调、相互制约的工作机制。监察机关采取留置措施，应当由监察机关领导人员集体研究决定。省级监察机关采取留置措施，应当报国家监察委员会备案。采取留置措施后，除有可能毁灭、伪造证据，干扰证人作证或者串供等有碍调查情形的，应当在24小时以内，通知被留置人所在单位和家属。留置时间不得超过三个月，在特殊情况下，可以延长一次，延长时间不得超过三个月。对监察机关移送的案件，人民检察院认为犯罪事实已经查清，证据确实充分，依法应当追究刑事责任的，应当作出起诉决定。人民检察院对于有法定不起诉情形的，经上一级人民检察院批准，依法作出不起诉的决定。监察机关认为不起诉的决定有错误的，可以向上一级人民检察院提请复议。

上述规定，使监察机关职权分明、监察工作程序顺畅；使监察机关和检察机关彼此配合、相互衔接，保证了监察工作的合法有序和反腐败斗争的工作效率。

五是，监察法强化了依法监督和法律责任。

监察机关应当接受本级人民代表大会及其常务委员会的监督。各级人民代表大会常务委员会听取和审议本级监察机关的专项工作报告，组织执法检查。监察机关应当依法公开监察工作信息，接受民主监督、社会监督、舆论监督。在法律责任上，一方面有关单位拒不执行监察机关作出的处理决定，或者无正当理由拒不采纳监察建议的，应该承担责任。

另一方面，监察机关及其工作人员有违反法律规定情形的，依法也要受到处理，构成犯罪的也要被追究刑事责任；而监察机关和监察人员行使职权，侵犯公民、法人和其他组织的合法权益，造成损害的，应当依法赔偿。

上述规定充分说明，监察工作本身也要被依法监督，监察权力运行的监督和制约机制本身就是健全党和国家监督体系的重要内容，其本身就体现了监察体系的全面覆盖性和依法行使监察权的原则。

监察委员会的设立和监察体制的建立，是我国政治体制、政治体系的一个重大变化，也是法律体制、治理体系的深刻变革。

监察法通过并实施后，有大量的法律制度需要随之修订，相应的司法活动及法律服务需要适应，对法学研究工作也提出与时俱进的要求。

从宏观角度，我们讲到“法治”，包含了科学立法、严格执法、公正司法、全民守法的全过程、全方面。而科学立法是从人大立法角度，严格执法侧重指政府依法行政，公正司法则是司法机关的职责，全民守法的主体是全民。在监察法制建立后，国家政治体制和法律体系中包含了监察制度和监察机构，因此，“法治”的内涵是不是应该相应予以充实丰满，增加监察法治的内容。一方面需要我们的立法机关和领导人对“法治”作出更为全面的阐述，另一方面也需要法律工作者对“法治”进行更进一步的实践探索和理论总结。增加监察法治方面的表述，既要达到文字的精准，以及与科学立法、严格执法、公正司法、全民守法表述的文字对应和匹配，同时内容上也应该更加规范与完整，符合宪法和监察法明确规定的内容。是不是可以用“从严吏法”类似的表达，“从严”来自“全面从严治党”的“从严”，“吏”对应的是属于监察法规定的监察范围内的公职人员，“法”则与科学立法、严格执法、公正司法、全民守法的“法”相对应。

从中观层面，监察法出台后，检察机制应与之有效衔接，需要从组织法和程序法的角度对检察立法进行修订和完善，例如人民检察院组织法，对检察院的职责要作出修改；在程序法方面，则要形成检察机关和监察机关既相互配合，又相互制约的体制机制，检察机关依法采取强制措施、审查起诉和提起公诉，在依法惩治腐败犯罪中继续发挥其重要作用。

在微观方面，以律师执业为例，监察法规定了留置措施，经留置如移送检察机关审查起诉、提起公诉，正常的情况下则需要检察院采取强制措施如逮捕，那么在人民检察院审查批准逮捕期间，就应充分保障律师的会见权，发挥律师的辩护作用。同时要推进以庭审为中心的刑事诉讼制度改革，包括提高证人出庭率，将目前证人出庭以人民法院认为有必要方允许的规定，修订为申请证人出庭是律师的申请权，并由法院予以维护和保障；人民法院在审理过程中，应进一步落实罪刑法定、证据裁判、疑罪从无原则，以保障监察法的实施既能切实惩治腐败犯罪，又能充分保障人权，让人民群众在每一个司法案件中感受到公平正义。

三、政府工作报告提出的“完善公共法律服务体系”，为新时代我国律师事业发展提供了机遇，也提出了挑战。

李克强总理在政府工作报告中强调：“完善公共法律服务体系”；“打造共建共治共享社会治理格局”；“完善社会矛盾纠纷多元化解机制”；“创新信访工作方式，依法及时解决群众合理诉求”；“推进平安中国建设”。作为司法部今年1号文件的《关于加快推进司法行政体制改革的意见》（以下简称《意见》），也将“建设公共法律服务体系、增强人民群众获得感幸福感安全感”作为工作的“总抓手”，可谓一语中的、纲举目张。

“公共法律服务”的对象是“公共”，是公众，也就是人民群众，必须坚持以人民为中心的宗旨，民有所需，我有所供，民有所求，我有所应，把人民群众对美好生活的向往作为公共法律服务的总方向。

“公共法律服务”的内容是“法律”，是法治，是法律思维和法律方式，这些内容不仅关乎人民群众物质文化生活方面的法律，而且特别涉及公平、正义、安全、环境等方面的法律需求，这一需求已经且将会更加显现。

“公共法律服务”的方式是“服务”，是专业服务，是专业法律服务。这种服务具有普惠性、公益性、可选择性的特征，而且既然是服务，也有供给与需求的理解，更有服务主体队伍的概念，而律师正是公共法律服务的核心主体。

中国特色社会主义进入新时代，我国社会主要矛盾已经转化为人民日益增长的美好生活需要和不平衡不充分的发展之间的矛盾。人民美好生活需要日益广泛，不仅对物质文化生活提出了更高要求，而且在民主、法治、公平、正义、安全、环境等方面的要求日益增长。所有这一切，对新时代的中国律师提出了问题、提出了挑战，我们必须适应、回应，必须服务、满足，而且必须引领人民群众在上述有关法治方面的美好需求、合理诉求和理性要求。

打铁还要自身硬。在新的历史时期，为适应公共法律服务的总纲和总需要，我们必须客观分析、精准把握律师事业发展面临的主要矛盾，并采取切实而有效的对应措施。应该说，人民群众日益增长的法律服务需求与律师业不平衡不充分发展之间的矛盾，已经成为中国特色社会主义进入新时代后，我国律师事业发展面临的主要矛盾。为此必须抓铁有痕、踏石留印，化解矛盾、谋求发展。

例如刑事法律服务。在“两会”上，基于刑事案件律师辩护全覆盖试点工作开展，考虑扫黑除恶专项斗争中的律师参与，结合律师维权工作现状，我提出了《加强刑事辩护律师队伍建设，充分发挥刑辩律师作用》的提案。中国律师是社会主义法治工作队伍的重要组成部分，尤其是刑辩律师，在保障人权、防范及纠正冤假错案、维护并保障司法公正、推进依法治国方面功能独特、不可替代。为此建议：依法明确刑辩律师在刑事诉讼中的地位；推进构建司法机关与律师良性互动的新型关系，维护刑辩律师执业权利；切实并加快推进以审判为中心的刑事诉讼制度改革；进一步明确刑事案件认罪认罚制度中值班律师的法律地位及相关权利义务；建立刑事诉讼中律师专属辩护制度；建立健全提升和规范刑辩律师执业素质与执业能力的系统性机制和制度；制定推进刑辩事业可持续发展的财政税收制度。

这一提案已经全国政协提案委员会审核被正式受理，同时也引起了不少媒体关注，新华社、人民日报、光明日报、法制日报等都报道了相关内容，南方都市报、财新杂志还对此做了长篇专访。刑事法律服务是公共法律服务的最重要和最敏感的内容，其队伍建设和作用发挥特别值得我们行业密切关注、大力推进、坚决支持。

再如"三农"法律服务。李克强总理在政府工作报告中指出，"坚决打好三大攻坚战"，其中要"加大精准扶贫力度"，"明确各方责任，强化政策保障，把各项工作做实做好"。坚决打赢脱贫攻坚战，应注重扶贫同扶志、扶智相结合。扶志、扶智也应包括"扶法"，在提高贫困人口和贫困地区的智力水平即"智商"的同时，增强其法律意识即"法商"也应是题中应有之义。在精准脱贫的道路上，应该有法律引领推进和保驾护航，各方及各级政府应牢固法律意识，依法而行、依法管理、依法归责；而针对被扶主体，应积极提升法律意识，依法交易、依法发展、依法维护脱贫扶贫成果，实现脱真贫、真脱贫。

一是深化农村土地制度改革，完善承包地"三权分置"，探索宅基地所有权、资格权、使用权"三权分置"，需要在进一步完善我国土地立法的同时，更需要在实践中为农村尤其是农民提供法律服务。

二是深化农村集体产权制度改革，保障农民财产权益，要完善我国集体所有制经济立法，更要为集体经济组织和成员提供法律服务。

三是加强农村基层基础工作，健全自治、法治、德治相结合的乡村治理体系，需要提供法律宣传、律师服务、司法保障。

四是产业扶贫"上项目"，应建立社会稳定风险评估机制，其中特别要关注法律风险的评估与防范。

五是贫困农村老年人的受赡养权、儿童的受教育权、妇女的生育权、男女的平等权等问题突出，亟须法律的教育启蒙与维护保障。

六是针对扶贫领域专项资金的使用与管理，违规、违法甚至犯罪情况时有发生，需要司法机关依法打击，也需要刑事律师依法辩护。

七是农村贫困地区黑恶势力不同程度存在，既应该加强依法打击力度，更需要通过法律服务和法治宣传提高农民法律意识、维权意识，保证农村长治久安。

为此，我提交《关于在打好精准脱贫攻坚战中强化法律意识和法律服务的建议》的提案，也已为全国政协受理。我特别建议：一是，切实树立“法律扶贫观”，增强精准扶贫工作中的法律意识和法律能力，将法治宣传和教育、法律服务与援助、司法引导和保障在精准脱贫攻坚战中覆盖全领域、贯穿全过程。二是，加快推进“律师进农村工程”，争取让精准扶贫所涉区域的每一个村庄都能够享受公共法律服务尤其是律师的专业服务，在法律矛盾得以妥善化解的同时，法律意识亦得到稳步提升。三是，进一步完善政府购买法律服务的机制，对提供公共法律服务的机构和组织给予财力上的支持和保障，并加大宣传、奖励力度，培养一支懂农业、知农村、爱农民的“三农”法律服务队伍，推进法律扶贫长效机制建设，打赢、打好精准脱贫攻坚战。

目标更明确，号角已吹响。文件精神、政策内容，给我们提高了战位、开阔了思路、丰富了思想、武装了头脑、指明了方向。三十五万律师义不容辞，勠力同行，不懈奋斗，以核心主体的使命感和责任感，唱响公共法律服务主旋律，定能在法治中国建设中建功立业！

习近平总书记在第十三届全国人大第一次会议上的讲话中指出：“新时代属于每一个人，每一个人都是新时代的见证者、开创者、建设者。”同样，法治中国的新时代，属于每一个律师，每一名律师都是新时代法治中国的见证者、共建者、共享者。我们要像总书记所说的，趁着新时代的浩荡东风，加满油、把稳舵、鼓足劲，劈波斩浪，扬帆远航，胜利驶向充满希望的明天！

（2018年3月28日，在上海律师代表大会上传达全国两会精神的发言）

掌声与期待
——我看人民法院和人民检察院的五年工作

一

先说一下“数字背后的故事”。第一个是“掌声数”。周强院长和曹建明检察长的报告，扣除报告前和报告后的惯例的三次掌声，均在报告中获得十次掌声，而且都是“重要节点”的掌声。例如周强院长讲到“依法审理侵犯狼牙山五壮士名誉系列案，坚决维护英雄形象”时，掌声四起；曹建明检察长说到“决不让腐败分子躲进避罪天堂，决不让腐败分子在经济上捞到好处”时，满场掌声。掌声表达了代表委员们的心声，掌声体现了人民群众的呼声，这是对全面推进依法治国的期待。报告做得好，关键还是工作干得好。

第二是“办案数”。就是人民法院人均办案数，2017年地方各级法院受理案件2573.7万件，以12万名入额法官计，人均办案214件；最高人民法院受理案件28499件，有367名入额法官，这样测算人均办案78件，而且最高法院不仅有办案职责，而且更是肩负制定司法政策的重任。如此看来，各级人民法院法官“超负荷”状况严重，“5+2”“白加黑”显属常态。应该说，检察官们的工作也大抵如此。

二

最高人民法院过去五年的工作，我用九句话来概括：

（一）推进平安中国建设立新功

周强院长的声音铿锵有力：“决不让腐败分子在经济上得到好处”，

“决不让腐败分子逃脱正义的审判”。

（二）加强人权司法保障有进步

在纠正和防范冤假错案方面，卓有成效。不仅通过个案让正义最终得以实现，而且以纠正冤假错案推动法治进步，确保无罪的人不受刑事追究，有罪的人受到公正惩罚。在此过程中落实罪刑法定、证据裁判、疑罪从无等原则乃重中之重。

（三）保障经济社会发展有创新

出于职业的关系，在这个方面我的体会非常深刻。周强院长说到防范化解金融风险时特别谈到，“审结全国首例证券支持诉讼案件，维护中小投资者合法权益”，我和中国证监会下属中证中小投资者服务中心总经理徐明就是投资者原告代理人。此案充分体现了诉讼制度的创新。我国民事诉讼法第15条规定，机关、社会团体、企业事业单位对损害国家、集体或者个人民事权益的行为，可以支持受损害的单位或者个人向人民法院起诉，这是我国支持诉讼制度的主要法律依据。支持诉讼制度是社会干预原则在民事诉讼领域的重要体现，对于在诉讼知识和能力方面处于相对弱势地位的当事人而言，支持诉讼有利于弥补此类当事人诉讼知识和能力的短板，使得双方当事人能够相对均衡地利用诉讼资源。

（四）满足群众司法需求有温度

例如家事审判方式改革，切实维护了婚姻家庭和谐稳定。正如报告所说，家庭是社会的细胞，家和万事兴，让家庭成为人生的幸福港湾。报告有温度，因为工作有温度。

（五）深化司法体制改革求突破

重点：司法责任制是司法改革的“牛鼻子”。焦点：以审判为中心的诉讼制度改革。亮点：从律师中选拔法官检察官。难点：员额制，这是法官检察官队伍最关心、最直接、最现实的利益问题。痛点：从律师角度理解，是律师执业权利的维护。切入点：司法公开。司法改革重点明确、焦点突出、亮点频频、难点解决、痛点精准、切入点恰到好处。

（六）推进智慧法院建设点赞多

在拥抱互联网大数据人工智能方面，人民法院眼光前瞻、行动扎实。去年7月我作为律师代表参加了在贵阳举行的司法体制改革推进会，上海和贵州两高院展示的智慧法院建设成果令人震撼。这也就是周强院长报告说的，“让人民群众以看得见的方式感受公平正义”，“让司法公正看得见、能评价、受监督”。

（七）人民法院队伍建设有提高

在我们律师看来，法院队伍正规化、专业化、职业化水平总体而言高。周强院长报告中提到邹碧华同志的先进事迹，习近平总书记对此有重要批示：“新时期公正为民的好法官，敢于担当的好干部。”中宣部、中政委、最高法等组织邹碧华先进事迹报告团（我本人也是报告团五名成员之一），在人民大会堂、在最高法院，以及在广东、四川、山东等地巡回演讲，宣传效果非常好。以邹碧华为代表的中国优秀法官，鞠躬尽瘁，用奉献诠释了为民情怀，用生命捍卫了公平正义。

（八）保障律师执业权益力度大

周强院长报告中八次提到“律师”二字。在保障律师执业权益方面，我的理解是两句话，一是权利维护，二是执业便利。最高法、最高检、公安部、司法部等联合出台维护律师执业权利的规定，人民法院特别是在维护律师的发问权、质证权、辩论权等方面做出了很大努力。在为律师执业提供便利方面，例如上海高院的律师服务平台已经向全国的律师开放。这个服务平台让律师们感到了执业的幸福感，而这种幸福感也会通过我们传递给每一位案件当事人。这个平台提高了律师的工作效率，更重要的是保障了律师的执业权利，从而最终维护了当事人的诉讼权利。

对人民法院接下来的工作，建议两方面：

第一，固化改革成果，推进完善立法。

例如，在推进司法责任制改革中，全面落实法官主体地位是核心。早在2015年，最高人民法院就发布实施《关于完善人民法院司法责任制的若干意见》。从两年多的实践来看，应该总结经验，形成模式，固化成果，并引领下一阶段司法改革工作深化，将法官主体地位在立法层面作出明确规定，在法官法修订中予以进一步完善。

在立法原则上，应当突出保障法官依法履行职责，并强调加强对法官的管理；在明确保障司法公正的同时，还应关切目前的人民群众颇为期待的司法效率问题。保障履职、加强管理；司法公正、司法效率，如同车之两轮、鸟之两翼，共同成为审理者裁判者负责的核心因素。

在对法官权利的规定上，要对目前司改中出现的新情况新问题以及人民法院普遍存在的案多人少矛盾有所应对与解决。例如，现行《法官法》规定了法官拥有"履行法官职责应当具有的职权和工作条件"的权利，但现在我们的法官们需要的可不仅是一般的物质方面工作条件，而且还包括专业辅助人员在内的审判团队。以上海为例，2015年、2016年、2017年法官人均年办案数为187件、228件、250件，全国排第一。据上海高级人民法院测算，正常工作时间与条件下，一位法官平均办案的极限数为130件左右，而当为其再配备两名助理人员，则其可提升至200件。在此背景下，是不是获得"审判团队""辅助人员"的提供与保障，也应当是法官的重要权利。

应当将法官的职业保障明确且具体地写入《法官法》。2016年7月中共中央办公厅、国务院办公厅就发布《保护司法人员依法履行法定职责规定》。没有救济的权利无疑是一纸空文。因此，法官的权利救济机制，应当更加规范化、法定化。法官权利受到侵害时，人民法院应当会同检察机关、公安机关等予以"组织维权"，而法官本身亦应拿起法律武器进行"个人维权"。另外，法官在被追究责任过程中，应该拥有申辩权、举证权、申请听证权、聘请律师权以及申请复议、提起申诉、提出控告等权利。而且，相关的处分机构、听证机构、复议机构、接受并处理申诉机构、接受并处理控告机构等，都应具有相当的专业性、一定的社会性、必备的权威性。

第二，尊重司法规律，深化司法改革。

以审判为中心的诉讼制度改革为例。既然是以审判为中心，那么整个诉讼便是一个有机的系统，有所谓建筑上的“四梁八柱”“勾心斗角”“千砖万瓦”。如，“前端”关注公安机关侦查行为，“中端”重点为人民法院庭审，“后端”则重视生效裁判文书上网，而“全过程”又离不开律师的参与等等，正是各司其职，不可替代，“一个也不能少”。正如周强院长在报告中指出的，增强“改革的系统性、整体性、协同性”。

应尊重司法规律，强调律师作用，依法明确刑辩律师在刑事诉讼中的地位。我国刑事诉讼法规定：“人民法院、人民检察院和公安机关进行刑事诉讼，应当分工负责，互相配合，互相制约，以保证准确有效地执行法律。”对此，应该补充修订为：“人民法院、人民检察院和公安机关进行刑事诉讼，应当分工负责，互相制约，互相配合，并充分发挥律师的辩护作用，以保证准确有效地执行法律。”同时，律师法在修订中也应加入上述内容。

应进一步丰富律师执业权利的内涵、发挥律师执业权利的功能，更大程度地彰显并发挥律师在维护司法公正中的作用。2017 年全国政法工作会议就指出：“总结上海、四川等地实行律师调查令等做法，加大对律师依法权利保障力度。”

实践表明，调查令制度作为法院间接收集证据的一种形式，有利于完善民事诉讼证据收集制度，充分发挥律师代理的职能作用，保障当事人诉讼权利的实现。同时，将大量庭外调查取证工作交由律师处理，能够减轻法院工作压力，缓解法院“案多人少”矛盾，提高案件审判效率，从而提升诉讼资源的优化配置，真正实现诉讼效益的最大化。

因此，应该通过修改民事诉讼法、律师法等在法律层面建立律师调查令制度，明确调查令的适用阶段、适用对象、证据种类、申请签发程序、协助调查人义务及救济程序等，充分保障律师在民事诉讼中的调查取证权。

三

关于检察院工作报告，我感受深刻的是，人民检察院为维护律师执业权利提供司法保障所做的实实在在、扎扎实实的工作。

曹建明检察长在作报告时可谓行云流水、一气呵成，全面回顾了过去五年的工作，系统提出了2018年的建议。作为一名律师，我特别注意到，报告有七处提到“律师”一词，强调重视律师在促进公正司法中的重要作用，保障律师执业权利。

如：“建立律师参与化解和代理涉法涉诉信访案件制度。”“重视律师促进公正司法的重要作用，发布保障律师执业权利规定，更加充分保障律师会见权、阅卷权、调查取证权，推动建立维护律师执业权利快速联动处置机制，监督相关政法机关纠正阻碍律师行使执业权利6981件。”“坚决纠正”“不依法听取当事人和律师意见等突出问题”。

为此提出三点建议。一是加强法律监督。检察长在报告中特别强调，“大力加强法律监督，维护国家法制统一尊严权威”；“全面加强对诉讼活动的法律监督，切实维护司法公正”。在此过程中应该切实、加强、大力监督相关政法部门阻碍律师行使执业权利的行为，为律师维护执业权利提供坚强有力的司法救济。

二是深化司法改革。例如在批准逮捕审查过程中，应该充分发挥律师功能，维护律师执业权利，切实保障人权，防范冤假错案。再如在认罪认罚从宽制度改革中，进一步明确值班律师的法律地位，完善值班律师和辩护律师的衔接机制。

三是强化民行监督。工作报告谈到“对认为确有错误的民事行政生效裁判、调解书提出抗诉2万余件、再审检察建议2.4万件”，做出非常努力的工作，虽实属不易，却空间巨大。建议在民事行政诉讼中强化监督，尤其是对民事审判工作的监督，对确有错误的民事生效判决依法提出抗诉，切实维护司法公正，努力让人民群众在每一个司法案件中感受到公平正义。

（2018年3月10日，在全国政协十三届一次会议上讨论“两高”工作报告时的小组发言）

加强法学理论研究与加快建设法治政府

认真阅读李克强总理所作的政府工作报告，深刻的感受就是：发展进程极不平凡，政府工作极不容易，改革开放极大成就，人民群众极大获得。

作为社科界别的委员，我非常关注社会科学繁荣和发展。李总理在报告中指出："加快构建中国特色哲学社会科学。"建议加强法学基础理论研究，推进法学教育改革。

在法学基础理论研究方面。习近平法治思想是习近平新时代中国特色社会主义思想的重要组成部分。习近平同志有关法治的论述，涵盖依法治国、依法执政、依法行政共同推进的全过程，贯穿法治国家、法治政府、法治社会一体建设的各方面，覆盖科学立法、严格执法、公正司法、全民守法的多环节。我们的法律工作者，尤其是法学研究者，应该学习、研究、提炼、传播、弘扬习近平法治精神，为进一步推进依法治国、推进国家治理体系和治理能力现代化提供强大的思想指引和理论支撑。

应该推进法学教育改革。目前法学教育和法律实践的脱节情况在一定程度上客观存在。作为培养和输送法律后备人才的高等院校作为供给方，应当努力适应、充分考虑作为需求方的法律实践部门的客观需求、迫切要求，进行供给侧改革。其中也包括法学院招生与输送规模、法学教育内容的与时俱进，适应满足新时代要求。培养法学基础功底扎实、法律实践能力较强的优秀后备法律人才。应该推进法学教育机构和司法机关、律师行业的良性互动，不仅是开门办学，更应是互动办学。

同时，作为一名法律工作者，我特别关注“加快建设法治政府”的有关内容。

李克强总理在报告中说：“加快建设法治政府，把政府活动全部纳入法治轨道”；“有权不可任性，用权必受监督”；“坚持科学、民主、依法决策，凡涉及公共利益的重大事项，都要深入听取各方面意见包括批评意见”。可谓高屋建瓴，又一语中的！加快建设法治政府，我有以下的建议。

第一，健全重大行政决策公众参与制度。党的十九大报告特别指出：“保障人民知情权、参与权、表达权、监督权。”而重大行政决策公众参与制度，正是人民群众这些权利的重要保障方式。在中国地方立法实践中，已经有相关的经验，例如杭州市人民政府，2009年就出台了重大行政决策公众参与的法规，而大连市人民政府也专门对公众参与政府立法作了规范。从域外的经验来看，像英国的城市规划法、法国环境法典中，都有相关的公众参与重大行政决策的规定。

应该总结地方法制经验，借鉴域外立法情况，有针对性地建立健全重大行政决策公众参与制度，并将其上升到国家立法的层面。

第二，加强人民建议征集工作的国家层面立法。我曾经作为上海市政协委员去上海信访办学习调研，上海市信访办每年平均收到各类人民建议3万多件，其中蕴含大量的群众智慧，事关公共利益，指向公共政策或重大决策。仅2017年，上海市信访办就以摘报形式上报重要人民建议事项139件，市领导共批示183条，职能部门采纳率92.7%。应该在国务院层面制定统一的行政法规，对人民建议制度作出进一步规范、完善并加以引领、推进，形成如专家呼吁的人民建议、人大代表建议、政协委员提案三驾马车并驾齐驱的格局，开创人民当家作主的新局面。

第三，提升政府执政的法律意识和法律能力。在此过程中，应该进一步完善法律顾问制度，特别是注重聘请执业律师和专家学者担任政府兼职法律顾问，发挥其专业性和独立性较强，不仅“会说”“愿说”，而且“能说”“敢说”的独特作用，并且要“用早”“用足”“用好”“用全”，避免

“聘而不用”“顾而不问”。另外应该特别关注政府重大事项社会稳定风险评估制度当中的有关法律风险识别、监测、预警、防范和应急处置机制的完善，尤其是在防范化解重大金融风险过程当中充分发挥法治工作者对法律风险识别和防范的特殊功能。

第四，注重“认真听取”“政协委员意见”。这也是总理报告特别提到的。要特别重视政协委员的提案和社情民意。当然在这个过程当中，政协委员的提案在“坚持问题导向”的同时，应该更加注重顶层设计，避免碎片化，增强系统性，另外，政协委员的提案，在“增强可行性”的同时，也特别关注前瞻性、前沿性，甚至超前性，除了聚焦热点、焦点、痛点问题，也要尤其研究盲点、空白点，不怕提案留作参考，不求提案立即采纳，多研究“冷”课题，多提出“软”提案，这正是政协委员立言、立论的重要方式、具体体现。政协云集专家、凝聚精英，无疑是建设法治政府、提升国家治理能力和治理体系现代化的“最大智囊团”。

第五，强调“自觉接受人民政协的民主监督”。这也是总理报告特别强调的。政协民主监督具有“协商式监督”的特色优势，政协监督应该“发现问题、提出批评、督促改进”，当然应该有一个前提，就是“了解情况”，要让政协委员及时知情、知准确情；同时还应该有一个保障，就是“建议追责”。政协无权追责，但应该有权建议。俞正声主席在政协报告中特别谈到，政协监督要“有计划、有题目、有载体、有成效”，是不是还应该有一个“有办法”，就是我们经常说的除了有想法还要有办法，而“建议追责”就是最管用的办法。总理报告中特别指出：“人民政府的所有工作都要体现人民意愿，干得好不好要看实际效果，最终要人民来评判。”从这一角度，政协依章民主监督与政府自觉接受监督应该形成良性互动，共同为法治政府建设做出应有的努力。

第六，推进“完善公共法律服务体系”。这是总理报告特别提出的内容。“公共法律服务”的对象是“公共”，是公众，也就是人民群众，必须坚持以人民为中心的宗旨，民有所需，我有所供，民有所求，我有所应，把人民群众对美好生活的向往作为公共法律服务的总方向。“公共法律服务”的内容是“法律”，是法治，是法律思维和法律方式，这些内容不仅关乎人民群众物质文化生活方面的法律，而且特别涉及公平、正义、安全、环境等方面的法律需求，这一需求已经且将要更加显现。“公共法律服务”的方式是“服务”，是专业服务，是专业法律服务。这种服务具有普惠性、公益性、可选择性的特征，应该充分发挥律师作为公共法律服务的核心主体作用。

（2018年3月7日，在全国政协十三届一次会议界别联组会议上的发言）

法治中国　铿锵前行

回首五年来法治中国建设，还是用十九大报告中“迈出重大步伐”一词妥帖、精准；也如十九大报告所言，“科学立法、严格执法、公正司法、全民守法深入推进”。我是一名执业律师，因倾情投身这种“深入推进”的实践，于是更加深深感受到这种“重大步伐”的铿锵。

一

2017年11月7日，中国人大网全文公布《中华人民共和国监察法（草案）》，向社会公众公开征求意见。第一时间，我即组织我们律师事务所刑事专业律师进行研究。大家普遍认为，《监察法（草案）》符合全面依法治国的基本要求，弥补了“两规”制度的法律缺位，进一步明确了检察权的司法属性，提高了打击职务犯罪的效率，同时大家也对此草案提出了包括监察机关与检察机关有效衔接等六大类完善建议，并向有关立法部门提供。同样的情景也出现在《民法总则》公开征求意见时，也同样发生于像我们这样众多的律师事务所的日常工作中。

过去的五年我还有个身份，就是上海市政协委员，于是对科学立法还有另外一个视角的感受。政协委员参与地方立法协商、地方性法规规章草案听取委员意见的制度化、常态化进程，在上海始于2010年。而这五年来，在市政协听取委员意见的地方性法规规章（草案）的数量平均每年达30件/次左右，其中地方性法规（草案）10至12件、重要的政府规章（草案）10件以上，而人大与政府对委员建议的平均采纳率为50%左右。这些法规规章涉及经济、科技、城乡规划、节能环保、交通、城市管理等各个领域、诸多环节，而我本人五年来累计就为40多项法规规章草案提供了意见，例如有关自贸试验区条例、推进国际航运中心建设条例、环境保护条例、城市管理行政执法条例等等。

法律是治国之重器、良法是善治之前提。建设中国特色社会主义法治体系，立法先行乃必须。而在此过程中，科学立法、民主立法，拓宽公民有序参与立法途径，为关键所在。而我们律师，战斗在法律服务的最前沿，正如“知屋漏者在宇下，知政失者在草野”，对法制完善的建议具有针对性、现实性，而且相对独立、相当专业。

无疑，这五年，科学立法，进入新阶段！

二

2017年9月7日，我将2.6万字的《关于重大行政决策公众参与制度》的课题研究报告发送给了上海市人民政府法制办李平处长，这是我作为上海市人民政府兼职法律顾问两个月前受领的一项任务的工作成果。2015年8月，上海市人民政府首次聘请五名法学教授、七名执业律师担任兼职法律顾问，标志着上海市政府法律顾问制度实现历史性突破。

“普遍建立法律顾问制度”“积极推行政府法律顾问制度”，是党的十八届三中、四中全会的具体要求，是深入推进依法行政、加快建设法治政府的客观需求。而广大律师在政府“制定重大行政决策、推进依法行政中发挥积极作用”，为政府“依法全面履行政府职能”“健全依法决策机制”“深化行政执法体制改革”“坚持严格规范公正文明执法”“全面推进政务公开”等内容提供优质、高效的服务，不仅是一种业务，更是一份职责。

从上海市人民政府建立兼职法律顾问制度三年多的实践来看，作为兼职法律顾问的律师，其特殊优势在于独立，不仅做到“会说”“能说”，而且更做到“敢说”“愿说”，说“实话”，讲“真话”，独立思考、独立判断、独立担责。同时，律师属于四中全会决定所界定的“法治工作队伍”的重要组成部分，专业人士，专业意见，或许不全面，但一定很独到，避免决策偏听则暗，努力实现兼听则明。既不是“花瓶”，也不做“愤青”，而是与专职政府法律顾问一起，塑造优秀的“法律顾问队伍”，成为政府依法行政、严格执法的好参谋、好助手、好顾问。

可见，这五年，严格执法，迈入新进程！

三

2017年7月10日，作为四名律师代表之一，我在于贵阳召开的全国司法体制改革推进会的现场聆听了习总书记有关司法体制改革的重要批示：“党的十八大以来，政法战线坚持正确改革方向，敢于啃硬骨头、涉险滩、闯难关，做成了想了很多年、讲了很多年但没有做成的改革……”

的确如此！律师是司法活动的参与者，是司法改革的见证者。从律师的视角看司改，司改工作可谓蹄疾步稳，成果斐然，也可谓“深水”处处，“攻坚”不易。

先说亮点。从律师中选拔法官检察官，正是司法改革的一大亮点。我本人早在2012年上海“两会”期间，就提交一份“推进建立从优秀律师中选拔法官的机制建设”的提案。2015年4月，上海高院启动从律师中选拔法官的工作，一石激起千层浪。这一制度的创设，不仅是打通了律师当法官当检察官的通路，更重要的是体现了共建“法治工作队伍”的认识与践行。

再说重点。正如中央领导同志所言，司法责任制是司法改革的“牛鼻子”。让审理者裁判、由裁判者负责，建立突出法官检察官主体地位的办案责任制，对提高司法质量效率和公信力具有决定性影响，可谓司法改革的重中之重。

还有焦点。司法责任制的内容聚焦在以审判为中心的诉讼制度改革上。通过法庭审判的程序公正实现案件裁判的实体公正，保证庭审在查明事实、认定证据、保护诉权、公正裁判中发挥决定性作用，这是对司法行为的规律性认识，更必须也正在司法活动中得以贯彻。

另有一个恰到好处的切入点，那就是司法公开。2016年8月最高人民法院即发布《最高人民法院关于人民法院在互联网公布裁判文书的规定》。借力倒逼，顺势而为，乘胜推进，可谓事半功倍，好评如潮。这也是近年来全国“两会”上最高法院、最高检察院得票、得分屡创新高的重要原因之一。

从以上分析可见，司法改革重点明确、焦点突出、亮点频频、切入点恰当。不可否认的是，司法改革已经进入“攻坚区”“深水区”，应将司法改革置于全面依法治国的大背景中通盘考虑，应把律师体制改革放在司法改革的大变革中统筹推进，应把司法改革过程中形成的规律性认识通过修法固化成果并引领深化。

的确，这五年，公正司法，收获新成果！

四

今年1月31日，受全国律师行业党委的委托，我与全国律协的几位同事冒着零下28度的严寒，飞赴新疆去看望了“全国道德模范”“CCTV年度十大法治人物”陈贤律师。陈贤感慨地对我们说：“边疆的群众太需要法律了，特别是民法、婚姻法、反家暴法。”“我要用两年时间，走遍新疆和田地区皮山县169个村开展义务法律宣讲活动。”陈贤律师是中国34万名律师的优秀代表，其实在我国法治进程中，有无数名律师，始终战斗在法治宣传教育的第一线。

人民权益要靠法律保障，法律权威要靠人民维护。律师是维护人民权益的近卫军，更是法治宣传教育的轻骑队。弘扬社会主义法治精神，建设社会主义法治文化，对广大律师而言，义不容辞，也当仁不让。我们深感，建设完善的法律服务体系、推进覆盖城乡居民的公共法律服务体系建设，正在从“有形”向“有效”逐步发展。作为司法部今年1号文件的《关于加快推进司法行政体制改革的意见》，将“建设公共法律服务体系、增强人民群众获得感幸福感安全感”作为工作的“总抓手”，可谓一语中的、纲举目张。

“公共法律服务”的对象是“公共”，是公众，也就是人民群众，必须坚持以人民为中心的宗旨，民有所需，我有所供，民有所求，我有所应，把人民群众对美好生活的向往作为公共法律服务的总方向。“公共法律服务”的内容是“法律”，是法治，是法律思维和法律方式，这些内容不仅关乎人民群众物质文化生活方面的法律，而且特别涉及公平、正义、安全、环境等方面的法律需求，这一需求已经且将要更加显现。“公共法律服务”的方式是“服务”，是专业服务，是专业法律服务。这种服务具有普惠性、公益性、可选择性的特征，而且既然是服务，也有供给与需求的理解，更有服务主体队伍的概念。对此，律师应该是公共法律服务的核心主体。在此服务过程中，律师提供的是一纸合同，办理的是一个案子，参与的是一次谈判，出具的是一份意见，而所有这些，都是为推进全民守法所做的实实在在的工作。律师在法律服务的同时，都在诠释着“以案释法”的法治理念，从而使全民法律意识得以普遍提升。

是的，这五年，全民守法，踏上新台阶！

坚持依法治国、依法执政、依法行政共同推进，坚持法治国家、法治政府、法治社会一体建设，实现科学立法、严格执法、公正司法、全民守法，促进国家治理体系和治理能力现代化，不仅宏伟蓝图已绘就，而且四梁八柱已搭成，尤其是施工图正在落实、精装修日新月异。我们法律人，见证着、参与着、奉献着、共享着。

法治中国，铿锵前行！

（2018年2月23日，在参加全国政协十三届一次会议前接受《解放日报》《文汇报》等媒体采访的发言）

关于在上海“全面从严治党”中充分发挥律师作用的提议

习近平总书记2014年12月13日在江苏调研时强调，要“协调推进全面建成小康社会、全面深化改革、全面推进依法治国、全面从严治党，推动改革开放和社会主义现代化建设迈上新台阶”。

全面从严治党，是全面建成小康社会、全面深化改革和全面推进依法治国的根本保证。有专家指出：对于管党治党来说，“全面”二字至少包含三个层面。一是内容无死角，涵盖党的思想建设、组织建设、作风建设、反腐倡廉建设和制度建设各个领域。二是主体全覆盖，从严管党治党不仅是党中央的责任，党的各级组织都必须贯彻从严治党要求。落实管党治党主体责任，意味着一把手不仅仅“独善其身”，还要把班子成员管好。三是劲头不松懈，要把从严治党常态化、制度化。

2015年8月20日“全国律师工作会议”指出：“实践证明，我国律师队伍的主流是好的，是一支党和人民可以信赖的队伍。”上海市委常委、市委政法委书记姜平同志在2016年4月20日全市律师工作会议上指出："近年来，广大律师为上海民主法治进步和经济社会发展作出了积极贡献"，"要把发挥好律师重要作用作为衡量法治建设成效的重要标准"。应该说，多年来，上海律师在为法治政府提供法律服务方面，不懈实践，成果卓著，积累了丰富的经验。目前，上海各区县政府均已聘请律师顾问团，上海市政府也已于2015年8月聘任七名律师担任兼职法律顾问。在全面从严治党的新常态下，也应充分发挥律师在为发展社会主义民主政治、推进政治体制改革、加强和改进党对全面推进依法治国的领导、党的建设等方面提供法律服务的功能与作用。

为此，我们作为市党代表，提出以下建议：

一、上海各级党委可以聘任律师担任法律顾问，进一步完善"党委科学民主决策机制"

党的十八届三中全会决定明确提出要"普遍建立法律顾问制度"；四中全会决定则在指出"积极推行政府法律顾问制度"的同时，进一步要求"各级党政机关和人民团体普遍设立公职律师"，"参与决策论证，提供法律意见，促进依法办事，防范法律风险"。在我国，公职律师、公司律师与社会律师共同构成律师队伍，特别是社会律师，更以其独立性、专业性以及行业组织性为独特优势，可以为各级党委提供不可替代的法律服务。可以说，几乎没有一个群体如律师这样，深入到国家经济、政治、社会生活方方面面的第一线，可谓"春江水暖鸭先知，社会百态问律师"，从而有助于各级党委了解社会民意，在工作中依法办事，在重大决策时充分关注法律风险，避免拍脑袋，走弯路，逾底线，越红线。

早在2009年，时任湖南省委书记的周强同志即拍板由湖南省委、省政府、省人大、省政府"四套班子"聘请时任全国律协会长于宁等律师、法学教授担任法律顾问，堪称首创。为全面推进法治江西建设，江西省委、省政府于2014年7月16日组建省法律顾问团，为省领导机关重大决策提供法律服务，其组成人员包括省律协会长方世扬等。而这里所说的省领导机关，则包括了省委、省人大及其常委会、省政府、省政协。

十八届四中全会后，安徽省率先建立省委法律顾问制度。安徽省委于2014年12月16日举行法律顾问聘任仪式，全国律协副会长蒋敏等来自法学教学、法学研究、法律实务专业领域的5位专家从省委书记张宝顺手中接过聘书，担任省委法律顾问。根据省委法律顾问工作规则，省委法律顾问履行以下工作职责：向省委提出地方立法的意见和建议，为省委研究立法规划、重要法规草案等提供法律咨询意见；根据需要参与省委重大决策的法律论证，为省委重大决策提供法律服务；参与本省党内法规制度体系建设工作，对重要党内法规和规范性文件的制定提供法律服务；就本省经济社会发展所涉及的重大法律问题提供法律服务；参与省委组织的理论学习中有关法律知识的授课等。

上海市委和各区县党委，不仅有必要，而且有条件，选任上海的优秀律师担任法律顾问，由律师服务党委的科学民主决策，切实提升党委决策的法治化水平。

二、为使律师充分参与“使党的主张通过法定程序成为国家意志”的工作，提供机会、搭建平台

党的十八届四中全会决定指出，“把党的领导贯彻到依法治国全过程和多方面，是我国社会主义法治建设的一条基本经验”。而建设中国特色社会主义法治体系，必须坚持立法先行，发挥立法的引领和推动作用。为此四中全会强调，“善于使党的主张通过法定程序成为国家意志”。

在这一进程中，至少包括党的主张的形成与党的主张成为国家意志两个重要环节。其中，党的主张的形成需要倾听民意，需要集思广益，需要提炼总结，而在这个方面，作为依照党的十六届四中全会决议界定的社会组织的律师事务所及律师协会，具有“反映诉求、提供服务、规范行为”的天然功能，可以作为党的专业助手和职业顾问发挥法律专家的作用，从而使党的主张不仅更接地气、更有针对性、更有操作性，而且更规范、更

系统、更科学。同时，党的主张成为国家意志必须通过法定程序。而在此过程中，律师作为独立且专业的第三方的广泛而深入的参与，对提高立法质量，解决立法的有效性不足、针对性与可操作性不强，特别是部门化倾向、争权诿责现象，无疑能发挥独到的作用，虽不能包医百病、药到病除，但毕竟可以对症下药、缺其不可。四中全会决定指出，“探索委托第三方起草法律法规草案”，其实在实践中，律师事务所、律师协会以第三方身份参与地方性法规草案起草的工作在广东、天津等地已有多例，且效果良好。上海亦可如此，且应做得更好。

三、充分发挥律师在党委“形成完善的党内法规体系”中的服务作用，使得律师可以为党内法规同国家法律的衔接和协调贡献专业才智

“形成完善的党内法规体系”，与形成完备的法律规范体系、高效的法治实施体系、严密的法治监督体系、有力的法治保障体系一起，共同构筑成建设中国特色社会主义法治体系的宏伟蓝图。

2014年11月，《中共中央关于再废止和宣布失效一批党内法规和规范性文件的决定》发布，标志着我们党历史上第一次中央党内法规和规范性文件集中清理工作已全部完成。通过对新中国成立至2012年6月期间出台的23000多件中央文件进行全面筛查，共梳理出规范党组织工作、活动和党员行为的中央党内法规和规范性文件1178件。经过清理，废止322件，宣布失效369件，二者共占58.7%；继续有效的487件，其中42件需适时进行修改。

在新的形势下，形成完善的党内法规体系，需要拾遗补阙地立、与时俱进地改、务实管用地释，更要坚持不懈地行。王岐山同志在《坚持党的领导、依规管党治党，为全面推进依法治国提供根本保证》一文中指出，“要根据《中国共产党党内法规制定条例》和《中共党内法规制定工作五年规则纲要（2013—2017年）》的要求，立足当前、着眼长远、统筹推进，

确保到建党100周年时，全面建成内容科学、程序严密、配套完备、运行有效的党内法规制度体系”。上海市委全会在今年4月8日，也通过了《中共上海市委工作规则》。

在此过程中，为使党内法规体系更加健全、配套党内法规更加完备、党内法规与国家法律更为协调统一、权力运行受到更加有效制约与监督，律师的服务与监督功能不容忽视。一方面，律师作为党委的服务者，为党内法规的立改废释提供专业的服务，从系统性、针对性、可操作性角度提出法律建议；另一方面，律师作为国家的法律工作者，又可以对党的权力运行进行一定的制约与监督，并在此过程中提出进一步完善的建议与意见。律师的上述两种角度与双重功能，使得律师在完善的党内法规体系形成过程中，虽不是万能的，但缺之或许也是万万不能的。

四、充分发挥律师积极创设以案释法、为各级党组织及其领导干部提高法律意识提供教育培训服务的功能

四中全会决定指出，“坚持把领导干部带头学法、模范守法作为树立法治意识的关键，完善国家工作人员学法用法制度，把宪法法律列入党委（党组）中心组学习内容，列为党校、行政学院、干部学院、社会主义学院必修课”。律师的本职工作是办案，可以说，每一个案例，正是活生生的普法教材。在四中全会决定要求的建立“以案释法制度”过程中，律师不仅不可或缺，而且理应义不容辞。

特别是当前，我国发展进入新阶段，改革进入攻坚期和深水区，党员干部必须要提高运用法治思维和法治方式深化改革、推动发展、化解矛盾、维护稳定的能力。毋庸讳言，党员干部，特别是党员高级干部中，法律专业出身、精通法律、法治素养好、依法办事能力强者，仍然值得更加多多地涌现。“三人行，必有我师焉；择其善者而从之，其不善者而改之”。党员干部值得向律师学习法律、学习案例，要善于与律师交朋友。律师是可以招之即来，来之能战，战之可胜的法治工作队伍的重要成员。

律师的意见或许不全面，但一定很独到；或许不中听，但一定很客观；或许不能立刻促成，但一定可以避免硬闯“红灯”。而且，将“法治建设成效”纳入政绩考核指标体系来衡量领导班子和领导干部工作实绩时，律师作为社会人士，或者作为党委法律顾问成员，应可以赋予其相当的考察权、发言权、考评权。

2015年12月，习近平总书记在全国党校工作会议上指出，各级党校要“把党章和党规党纪学习教育作为党性教育的重要内容”。如前所述，党规党纪与国家法律法规是协调统一的，在进行党规党纪学习教育过程中，律师同样能发挥专业作用。

五、推荐与选拔更多的优秀律师担任党代表、人大代表与政协委员，并以其他有效方式，使得律师在更高平台上与更大空间中参政议政建言献策

据不完全统计，目前全国律师担任各级人大代表、政协委员的人数已近5500人，其中全国人大代表、政协委员为27人；律师担任全国党代表也有3人。在上海，有152名律师担任市区两级人大代表与政协委员，有3名律师担任市党代表。在党代会及“两会”上，律师代表与委员敢言、直言、善言，颇受关注、颇受好评，频频成为会场内外“名星”“亮点”，被称为“金牌代表”“金牌委员”。我们认为，应当推荐更多的律师担任党代表以及人大代表、政协委员，律师的执业属性决定了其可以成为其实也已经成为更充分的“民意代表”，可谓知屋漏者在宇下，知政失者在草野。广大律师不仅受过正规的专门化法学教育，法治意识与法律素养较高，而且其知天下之事，悉社会百态，察世间善恶，明法律之不足，确政策之不达。正如此，可以精准把握“最大的社会公约数”甚至“最大的国际公约数”，其充分参与论证的法律法规、深入参与咨询的重大决策，自然有较好的针对性，较强的可操作性，真正起到党和政府好参谋、好顾问的作用。

另外，应当考虑以选择优秀律师担任党政干部等方式，直接发挥律师

在参与政治文明建设中的功能与作用。三中全会决定指出，“建立集聚人才体制机制，择天下英才而用之。打破体制壁垒，扫除身份障碍，让人人都有成长成才、脱颖而出的通道，让各类人才都有施展才华的广阔天地。完善党政机关、企事业单位、社会各方面人才顺畅流动的制度体系”。律师的社会化属性决定了其在目前中国政治生态下属于“体制外”人士，与党政干部间存在“体制壁垒”，进入“体制内”存在“身份障碍”。对此，如何“打破”、怎样“扫除”，需要党和政府出台规章制度，按照三中全会决定所说的，“构建有效管用、方便易行的选人用人机制”。目前，四中全会决定要求的司法体制改革已经先行一步，“建立从符合条件的律师……中招录……法官、检察官制度”，已在率先进行的上海司法体制改革中推出。对此，可以总结经验，提炼规则，形成可复制可推广的做法。

经济发展进入新常态，历史车轮驶进新时代，我国律师事业的发展同样跨入新进程。全面推进依法治国、全面从严治党，给律师事业实现新跨越带来重大历史机遇期，更给律师队伍发挥功能实现价值提供了前所未有的大平台。致力为党的建设提供优质、高效的法律服务及作出专业、独特的应有贡献，上海律师应该也能够做得更好！

（2016年10月，担任上海市第十届党代表时提出的提议）

让我们做得更好

一、健全调解与仲裁法律制度

立案登记制切实解决了“立案难”，让老百姓走进司法程序即有了第一个“获得感”，效果非常好。

当然，随之带来的是“诉讼爆炸”。据上海高院统计，上海各级法院2015年1—11月一审民商案件受理数达37.86万件，同比上升18%，其中5月受理案件数为65871件，同比上升20.42%；2015年全市法官人均办案167个，而浦东法院据说人均日均结案1.07件。而且，这是在司法改革后法院配置资源优化前提下的情况，目前上海法院一线法官人数比司改前增加1.4%，主要办案部门法官增加7.6%。可以这样说，“案多人少的矛盾依然突出”这句话，将在即将召开的全国各地方“两会”期间的法院工作报告中频频出现。有意思的是，法官元旦拜年，难说“新年快乐”，发的段子都是“夕阳无限好，我在写判决；春眠不觉晓，还在写判决；举头望明月，低头写判决；少壮不努力，老大写判决”。虽属调侃，却也应景。

对此，内，优化法官资源配置刻不容缓，值得继续推进；外，要“减压”“分流”，替代性矛盾纠纷解决机制要加快完善。于是，推进调解、仲裁制度的系统性改革值得提到议事日程上来，并在此过程中充分发挥律师队伍的作用。

以上海经贸商事调解中心为例，这是一个独立第三方的社团法人，仅2014年就调解成功109个案件，调解成功率80%，自动履约率100%，其调解的案件尽是期货纠纷、自贸区争议等疑难杂症，而调解员基本上是律师。于是，律师、律所、律协，如何在大调解格局中、在多元解决纠纷机制建设中再显身手，不再只是代理一方，而是居中调停，担当新角色，赋予新使命，值得在制度层面关注并推进。

再如上海国际仲裁中心，借建设自贸区之契机，改革仲裁规则，推出一系列创新制度，如开放名册制度、合并仲裁及案外人加入仲裁、紧急仲裁庭与临时措施、友好仲裁制度等。这些规定在自贸区先行先试，其实已经突破了现行仲裁法的规定。

因此在此背景下，我们有必要制定一个完善的调解法，其中对诉调对接程序、调解机构的法律地位、调解文书的法律效力等核心问题，作出明确。同时，我们有必要修订现行的仲裁法，一是“去行政化”，解决依行政区划设立机构、仲裁机构由行政机关主管等问题；二是要充分建立仲裁制度的司法保障机制。

司法改革，既要“单兵突破”，又要“系统推进”，以系统改革与完善调解与仲裁制度，来化解立案登记制实施后的“诉讼爆炸”问题，正是题中应有之义。

二、完善人民法院司法责任制

司法责任制是司法改革的“核心”“牛鼻子”，而完善以审判为中心的诉讼制度改革则是重中之重。审判为中心的诉讼制度真正建立与健全，律师的职能作用才能真正体现与发挥。

以审判为中心，才能体现亲历性、现场感，于是作为参与者的审判者方能行使裁判权。同时，这一裁判的过程“留痕”，便会有判决书的“释法说理”。在此过程中，要强调判决书引述、针对律师代理意见；同时通过判决书的公开，借以实现检察院的起诉意见、律师的辩护意见（代理意见）的公开，既是公正角度的相互监督，又是提升办案质量的倒逼。大家普遍认为，“老三难”后又出现了“新三难”。“新三难”（发问难、质证难、辩论难）其实都是在庭上，如不能解决此三难，以审判为中心的诉讼制度就不能算真正建立起来。律师“较真”“挑毛病”“发现漏洞”，而且证人过堂、鉴定人出场、公开庭审甚至“全民目击”，庭审的作用于是就能真正发挥。

另外，司改后法院审委会判案比例大幅下降，以上海二中院为例，司改的2014年4—12月，审委会讨论案件只有54件，同比下降31%，而同期由合议庭直接评议后处理的案件达到审结案件总数的97.46%。研究这一统计数字背后的司法案例，寻找司法案例体现的司法规律，将能进一步完善审判权力运行机制。而现实中还有一个问题是，下级法院对上级法院就个案的请示，既与司法责任制不相符合，也有违“二审终审”的基本原则。根据刑诉法第223条，刑案二审是不必然开庭的，这也与以审判为中心的制度改革不相适应，相关法律是不是也应予修改。

责任与保障相辅相成。最高人民法院有关司法责任制的若干意见中有“加强法官的履职保障”的条款，但应进一步完善，能不能原则更明确、手段更硬气、方式更全面。如浙江出现的举报院长闹剧，不明真相者恶意炒作并不可怕，毕竟终有真相大白之时，但可怕的是法官在遭受侵害时的无能为力，更可怕的是法律不受敬畏、有钱就能任性。律师们说得好，法官职业权利无从保障，谈何律师，更谈何普通百姓。

三、客观看待法官做律师现象

司改过程中，确有法官离开法官队伍，去律所做律师、去企业做法务等。我们要客观冷静地看待司改中的法官做律师问题。从表面的现象、背后的故事，到深层的原因、互动的规律，值得关注与研究。据我的了解，法官“下海”当律师，并不是在法院中“混”不下去，也不纯是为了钱与所谓“自由”，更多的倒是体现一种依然坚守在法律共同体中的情怀。法官当律师，就像从“后端处理”到“前端治理”一样，从审判这一后端转入法律服务这一前端，其实都还是在维护法律的正确实施这一事业中。

在这种情况下，我们能不能乐见其成，并从制度与立法层面，畅通渠道？如因为其曾经为法官于是就可以界定其“品行良好”，无须再出具“无犯罪证明”，也不用“实习期一年”等等。法官与律师增进互动，必将有利于推进形成法律职业人的融通、建立法律职业人的共识。

四、建立律协评价法官的机制

应当建立由律师协会组织的专业、规范、权威的对法官的第三方评价机制。过去法官评价更多是由其内部组织，或外聘学术机构、教学单位进行，不可避免地存在不同程度的闭门造车、纸上谈兵以及调查问卷中的道听途说因素。如同“审判者裁判”“裁判者负责”一样，“参与者评判”“体验者打分”，理所应当。最知法官者，非律师莫属。律师诉说自己眼中的法官，律师唱响自己心中的法官，对提高法官队伍建设非常具有针对性。同样，法院可以常规性地针对律师涉诉情况向律协出具司法建议书，从而实现互评。律师与法官的良性“互动”，应当包括“互评”这一内容。

五、加强法治理想与信念教育

全国律师工作会议多次提及邹碧华同志的先进事迹。邹碧华是法官的光荣，也是法律职业人的骄傲。我们应从关注邹碧华现象到学习邹碧华精神，而邹碧华精神的内核正是法治理想与信念。邹碧华的先进事迹感动了许多人，但从“感动”到“行动”，并不那么理所当然，其中的距离只有靠理想与信念才能得以实现。

在“自媒体”与“全媒体”时代，我们要“传播真声音”“传递正能量”“讲法律故事”“说法制人物”，尤其是在司法改革大背景下，创新思想政治工作、加强理想信念教育，须臾不可松懈。

六、推进律师制度改革与发展

律师制度改革与律师事业发展，应当置于司法改革、全面推进依法治国的大背景与大格局中统盘考虑、统筹谋划。全国律师工作会议如此打动律师，正是因为对律师行业“发挥作用”“维护权益”“规范管理”三者关系作了全面而深刻的阐述。

在新的历史进程中，律师工作应在“发挥作用”上做大文章，因此应当创新服务理念、创新服务模式、创新服务领域、创新服务产品。从这一角度而言，也是法律服务的“供给侧结构性改革”。

如服务“一带一路”建设，不仅仅是对跨境投资与并购个案提供法律服务，而且更应着眼于推进涉外法律体系建设，同时借力参与全球法律服务格局的治理。总书记说：“世界那么大，问题那么多，国际社会期待听到中国声音，看到中国方案，中国不可缺席。”同样，国际法律服务市场那么大，中国律师那么多、发展那么快，自然也不能缺席。“一带一路”，法律先行，律师不仅“护航”，还要“领航”，充分发挥法律服务的引领与推进作用。

再如普遍建立法律顾问制度，律师在担任政府法律顾问方面积累了经验，形成了模式。在此基础上，可以拓展为各级党委担任法律顾问的新领域，为全面从严治党提供优质高效法律服务。

最后我想说，中国律师在新的一年会发展到30万，全国律协在今年也将迎来她的30岁生日。30万、30年，这是中国律师事业发展的一个重要节点。在司法部党组织的领导下，中国律师已经有了长足进步，接下来必将会有更大发展。1998年我曾参加上海市律师第六次代表大会，当时会上就提出并唱响了“人民律师”的概念。人民律师，为人民服务！我们会做得更好！

（2016年1月7日，在中央政法委“律师座谈会”上的发言）

春江水暖鸭先知，社会百态问律师

我是一名来自基层的执业律师。我想从法律工作者的视角，结合自己执业的经历，来谈一下对《政府工作报告》的感受。

正如总理所言，2011年是“十二五开局之年”，其重要性不言而喻；2011年又是“形势仍然极其复杂的一年”，其艰巨性同样不言而喻。但我们欣喜地看到，我们的政府知难而进，迎难而上，坚持改革，科学发展，攻坚克难，可以说是交出了一份亮丽的答卷。

我本人从事经济类、金融类法律服务工作，我记得总理在报告中特别强调“深入推进重点领域改革”“继续推进国有经济战略性调整”。我举一个例子，去年我们就为上海医药集团股份有限公司香港上市提供法律服务，该公司成功在国际资本市场上募资152亿港元，是迄今为止全球第二大制药类企业IPO以及在亚洲历史上最大的医疗保健类企业IPO，也是去年中国企业最大的海外融资项目。唯有企业强，方有经济兴。我们真切地感到，我国国有大企业资本化、规范化、国际化发展战略逐渐显其成效。

总理也几乎每年在政府工作报告中都会强调进一步促进中小企业发展。我所在的国浩律师事务所，仅2011年一年，就协助33家企业在中小板和创业板市场实现发行股票并上市，这些企业共募集资金180多亿元，既为资本市场提供了优质交易产品，更体现了金融服务实体经济的功能，在促进资本市场发展的同时，大力推进了中小企业做大做强。

同时，在工作中，我本人更加体会到我国民主法制建设的日益进步，特别是政府依法行政工作不断完善。总理常说："政府的一切权力都是人民赋予的，必须对人民负责，为人民谋利益，接受人民监督。"我也举一个我身边的例子，去年上海市人民政府成立了市政府行政复议委员会，负责审议市政府重大复杂疑难的行政复议案件，而这一委员会成员中大部分是专家学者、执业律师等社会人士。窥一斑而知全豹，我想表达的是，一年来政府自身改革建设有序推进、成绩斐然！

正是，过去的一年，极不平凡，令人振奋！这是党中央统揽全局、正确领导的结果，充分体现了国务院审时度势、高瞻远瞩、驾驭全局的坚实能力。

当然，作为一名律师，我更加深切地感受到我国律师事业的发展成就。数字是枯燥的，但最能说明问题。在司法部的领导下，经过律师行业的共同努力，截至去年底，我国律师人数已突破20万，律师事务所有1.7万家；三年来全国律师共办理各类诉讼案件624万件、办理非诉讼案件165万件，为40余万家企业事业单位担任法律顾问，办理法律援助案件640万件，提供义务法律服务578万件，全行业业务收入突破1000亿。可以这样说，律师在国家经济、社会、文化和政治生活中各个领域中都在默默地工作着，可谓潜移默化、润物无声，保驾护航、推波助澜。我这里正好有一个《人民日报》2月1日的报道："律师到，企业笑"，整版介绍了浙江律师为中小企业提供全方位法律服务的情况，特别是律师主动出击，为企业进行"法律体检"，升级法律服务，助推经济发展。我本人是一名律师，更是一名党员律师。在过去的一年中，律师党建工作不断加强，全国已有5.3万名律师党员，律师队伍的思想政治建设、职业道德建设、业务素质建设日益加强，一支政治坚定、法律精通、维护正义、恪守诚信的律师队伍正在努力造就中。当然，律师事业取得的任何一点发展，都离不开党和政府的关注、关心、关怀！特别是去年，正是中办国办转发《司法部关于加强和改进律师工作的意见》（中办发〔2010〕30号）贯彻落实的第一年，也是关键年，律师们说，我国律师业迎来了大发展大繁荣的春天！在此，我代表全国20万名律师，向党中央国务院、向总理表示最诚挚的感谢！

诚然，正如总理所言，新的一年，"是我国发展进程中具有重要意义的一年"，"我们将面临更大的挑战"。对于新的一年的政府工作，我想谈几点作为基层群众的看法和建议。

总理经常说，知屋漏者在宇下，知政失者在草野。律师这个职业，可谓在民间"走千访万"，于是便知百姓"急难愁盼"，犹如"春江水暖鸭先知"，于是便可以"社会百态问律师"。此"问"，一是"问寻"，社情民意律师尽掌握；二是"问计"，律师不仅知其然，而且还因为知其所以然，于是可以献计解惑。

在这里，我想通过一个事例来说明。我们上海市政协，有十一名律师委员，我们每个月举行一次网上法律咨询活动，既了解社情民意，又提供法律服务。每一次咨询活动，每位律师都会收到近200个法律问题，统计分类，九成以上是民生问题，特别是"四就"问题，即就业、就学、就医，还有就住，即劳动合同纠纷、校园伤害纠纷、医患纠纷、动拆迁纠纷等等。正可谓，目前市民的法律意识，特别是权利意识大大增强；同时利益多元、矛盾凸显、争议激增，也是不争的事实。

从这一事例，我们律师的共识之一是，增强人们的法律意识，特别是“公民意识”乃当务之急。公民意识本质上是权利义务意识，即在行使权利的时候不能违反法律规定的义务，不能损害国家的、集体的、他人的合法权益，这本身就是“宪法意识”。我记得总理在2009年政府工作报告中就提出要“加强公民意识教育”，可谓一语中的。具有公民意识，善于和敢于运用法律手段、以法律规定的形式和程序表达自己的诉求，维护自身的权益，理性而不过激，有序而不失态，和谐而不失衡。建议今年政府工作仍要予以重视，须知公民意识的形成、培养、养成需要持续性、扎实性、系统性。我们注意到近来有一个现象是，许多城市都发布了表达“城市精神”“价值取向”的口号，如诚信、公正、责任、包容等等，非常具有针对性和现实意义。同时，我个人觉得，倡导和践行这些价值取向，必须依据、依靠和依赖法律和规则。价值取向只有赋予了法治的精神内核，方能被敬畏、被遵守、被实现、被张扬、被传承。总理曾与大学生座谈时谈到，“说法律的重要，怎么强调都不为过”，“法治天下就是法比天大”，“天下之事不难于立法，而难于立之必行，有法不依，不如无法”，非常精辟！胡适先生说，“如果人人都开始讲规则，而不是说道德，道德自然会逐渐回归；如果人人都不讲规则都大谈道德，最终会堕落”。如包容，包容的基础是尊重和维护公民的权利，对于公民在文化生活方面的创意权、在政治生活方面的议政权、在社会生活方面的参与权，只要不违反宪法和法律的禁止性规定，就应当予以容忍、接受。而对于政府而言，只要没有法律上明确的监管依据，就不应当干预、干涉、禁止、取缔、处罚。包容与否的标准仍然是法律，而不是领导意见，也不是一般而言的“民意”。其实，众所周知，法律才是最大的民意。

对于上述事例，我们律师的共识之二是，律师在法治天下中的价值。第七次全国律师代表大会提出律师要做中国特色社会主义法律工作者、经济社会又好又快发展的服务者、当事人合法权益的维护者、社会公平正义的保障者、社会和谐稳定的促进者，进一步明确了对中国律师的政治定位。《中华人民共和国律师法》明确规定了律师的法律地位，即维护当事人合法权益、维护法律的正确实施、维护社会公平正义。早在国家“十一五”规划中，就明确了律师服务业作为现代服务业的经济定位，而党的十四届六中全会通过的《关于构建社会主义和谐社会若干重大问题的决定》则将律师事务所界定为“提供服务、反映诉求、规范行为”的社会组织，进一步从社会角度明确了律师的地位。

大力发展律师业，不纯粹是发展律师事业本身，而是大力发挥律师业服务我国经济社会文化建设、保障社会公平正义、促进社会和谐稳定、推进政府依法行政、保护公民合法权益的重要功能和应有作用。

我觉得，在政府的各项工作中，都应当充分发挥律师的服务和保障功能，在这个过程中，律师是主体，政府是关键，理念最重要，制度是保障。一是应当增强人们特别是领导干部对律师和律师制度的全面、系统、真实的认识与理解。《律师法》是全国人大常委会通过的法律，它不仅仅是律师管理法，而且还是律师事业促进法、律师权益保障法。有法学家就说，法律从来就没有自身的权利，其一切权利都是为其当事人创设的，不无道理。从这一角度，《律师法》也是公民、法人及其他主体即当事人的权益保障法，与每一个主体可谓息息相关，特别是各级政府以及司法机关，更应当认真学习、切实实施这一法律，切实保障律师的执业权利。

二是政府应当把律师业发展纳入经济社会发展的整体规划中统盘考虑。我们注意到国家发改委正在制定服务业发展“十二五”规划，我们希望对律师业能够浓墨重彩一些。我们注意到总理每年政府工作报告中均会提到“大力发展现代服务业”“加快发展生产性服务业，积极发展生活性服务业”等等，不过提到的服务业类型包括金融、物流、信息、商务、创意产业等，可没有提及法律服务业。其实，法律服务业本身作为现代服务业中的专业服务业、商务服务业，具有很高的重要性，既属于生产性服务业，也属于生活性服务业，且其对服务业的贡献值也很大，如去年仅律师服务业就有400亿元的业务收入。更重要的是，律师业的发展本身就是一个国家、一个城市法治水平的标志，也是一个国家、一个城市经济环境、投资环境的重要因素。举一个例子，国务院发布《关于推进上海加快发展现代服务业和先进制造业建设国际金融中心和国际航运中心的意见》，上海建设国际航运中心已经成为国家发展战略。最新的统计是，上海集装箱吞吐量达到3174万标准箱，连续两年位居世界第一；浦东国际机场货邮吞吐量排名世界第三。从硬件指标而言，上海明显占据优势，但国际公认的国际航运中心还是伦敦。其中重要的指标之一就是伦敦拥有世界最专业的海商海事律师队伍、最有效率的国际航运法律争议解决中心。在上海，我当过三年的律师协会会长，我所了解的情况是，上海专业从事海商海事的律师事务所不超过十家，专业从事海商海事的律师人数不超过百人。可见空间很大，任重道远。

三是政府应当用足、用好律师，大力推行政府聘请律师担任法律顾问制度。去年9月，湖南省首创组建省级法律顾问团，为省领导机关包括湖南省委、省政府、省人大、省政协提供法律咨询与服务，顾问团成员包括著名法学家和专业律师。同时，政府购买律师服务应成为常态。去年我在青岛就了解到，青岛一家律师事务所接受政府委托承担一个立法项目，效果很好，评价很高，于是政府支付了100万律师费。可以说，在法治社会中，律师不是万能的，但没有律师是万万不能的。

四是政府要舍得出资培训、培养专业律师队伍。2010年4月，中共中央、国务院发布《国家中长期人才发展规划纲要（2010—2020年）》，其中特别提出要加大法律等现代服务业人才培养开发力度。从我们掌握的情况看，建立高层次复合型紧缺律师人才工程乃重中之重。目前在金融创新、知识产权综合保护、国际航运中心建设、跨境贸易及国际并购、航空航天及海洋经济及其他战略性新兴产业法律服务方面，业务层次要求高、需要复合化专业知识、实践当中长期被境外法律服务机构“霸占”乃至“垄断”，律师人才奇缺。此类人才不仅是律师行业人才，而且也是国家战略人才，是国家软实力因素之一。

五是国家应当加大对老少边陲地区律师、律师事务所和律师协会的财力支持。我所知道的是，我们还有200多个县没有律师。作为全国律协负责地方律师协会建设的副会长，我也去过西藏、新疆了解律师业发展情况，西藏自治区政法委一位副秘书长就亲口告诉我，西藏共有70多个县，但大部分县都没有律师；在新疆，我去过全区唯一一个全所律师均能用双语执业的律师事务所，他们在审判7·5事件犯罪嫌疑人过程中发挥了不可替代的作用。我的想法是，对于这些没有律师事务所的区域，国家要出资设立“国资所”；对于这些战斗在维护民族团结维护边疆稳定的律师们，政府要从精神与物质上给予大力褒奖；对于这些扎根在边远区域的地县级律师协会，政府也要在人财物等方面给予倾力支持。

最后，我想向总理表达的是：中国的民主法制建设、中国的律师事业会伴随着中国经济发展的又好又快、稳中求进而更上新的台阶、取得更大成就！

（2012年2月，在温家宝总理主持的政府工作
报告征求意见座谈会上的发言）

后记

答卷

——担任政协委员的思考与实践

后记

答卷——担任政协委员的思考与实践

担任政协委员十五年，思与行最多的就是“参政议政”。曾经在全国律师协会青年律师工作委员会组织的一次青训营座谈会上，我谈到了“青年律师与参政议政”这个主题。关于参政议政，我这样说：应该说，针对不同的主体，有不同意义上的参政议政。如对于一个公民而言，行使法定的知情权、参与权、表达权、监督权，其实就是一种参政议政。而以律师为主体，则似有两种情形。

一种情形是狭义的，作为党代表、人大代表、政协委员的参政议政，再狭义一点则是作为政协委员的参政议政。如从全国政协章程及相关文件看，“参政”是说“参加国家政权，参与国家大政方针和国家领导人选的协商，参与国家事务的管理，参与国家方针政策、法律法规的制定和执行”。“议政”则是指“对政治、经济、文化和社会生活中的重要问题以及人民群众普遍关心的问题，开展调查研究，反映社情民意，进行协商讨论。通过调研报告、提案、建议案或其他形式，向中国共产党和国家机关提出意见和建议”。

另一种情形则是广义的，即作为一名律师，参与、服务国家“政治建设”。说到“政治建设”，就是党的十九大报告中论述的，要“统筹推进五位一体总体布局”，“五位一体”总体布局正是指经济建设、政治建设、文化建设、社会建设和生态文明建设。

本人不才，有幸从2008年至2017年担任了两届上海市政协委员，并兼任上海市政协社会和法制委员会副主任；更为荣幸的是，自2018年担任了全国政协委员、全国政协社会和法制委员会委员。在各方领导和委员同人的关心、指导和支持下，我学习着、尝试着、努力着，履行政协委员职责，提出建议，提交提案，撰写文章，思并行，鼓与呼。

值得记录的是，在上海政协层面，2015年1月我在第十二届上海市政协第三次会议上提交的“构建律师与法官之间良性互动的和谐关系，进一步推进法治工作队伍规范化建设”的提案，获得该年度优秀提案；而当年张宁委员与我、谢荣兴等委员联名提交的“关于在上海设立金融法院的建议”，更是在六年后的2021年1月获上海政协优秀提案特别奖。

在全国政协层面，我于2018年3月提交的“关于设立上海金融法院的提案”、2019年3月提交的有关金融法院案件集中管辖的提案，连续两年获得全国政协提案委员会好提案奖。而在2019年和2021年全国两会上，我分别走上了“委员通道”、登上主席台做大会发言，讲述“我和律师的故事”“我和民法典的故事”。此间在2020年，我担任了全国政协“学习民法典读书群”的两期群主；另外在2019年和2020年，连续两年现场参加全国政协双周协商座谈会，对著作权法和行政复议法修订提出建议。以上这些，既是勤勉履职的点滴，也是美好人生的记忆。

特别是2022年3月7日下午，2021年度“全国政协委员优秀履职奖”表彰会议在全国政协礼堂隆重举行。中共中央政治局常委、全国政协主席汪洋为20名获奖者亲自颁奖；主席台上的全国政协副主席们集体起立，向获奖者鼓掌致意。我获此殊荣，登上主席台领奖，从汪洋主席手中接过了沉甸甸的获奖证书。

全国政协委员、央视主持人白岩松为我宣读了颁奖词：立足专业调查研究，连续两年获评全国政协好提案；主持读书群精讲细读，引领委员学好民法典解决民生事；联通网上网下解疑释惑，编制7000个民生热点法律问题“标准答案”，让“法治中国”浸润在百姓生活细微处。

知责于心，担责于身，履责于行。我心里明白：我只是做了分内之事，却收获如此荣誉，深感不安，倍受鼓励！这是一份光荣，更是一种鞭策；这绝不是我一个人的功劳，而归功于大家的齐心协力、携手奋力。特别是全国政协社法委的领导和同人们，对我始终如一地关爱有加、指导有方、支持有力。履职近五载，受益一辈子。此乃工作之运，人生之幸。唯有感恩，且不懈奋蹄，再创佳绩！

时至今日，担任政协委员即将年满十五个年头。有必要记录，值得去总结，有意义来传承。于是，我梳理出十年来在上海政协、五年来在全国政协的提案，以及会议中的发言、日常时的文章，同时延伸把自己担任上海市党代表时的提议、到中南海参加总理政府工作报告座谈会以及参加中央政法委律师座谈会上的发言，一并附后，以时间轴来标注自己作为一个法律人参政议政的经历。

今年春节前，我们国浩律师事务所年轻人自编自演了一出律政话剧，名曰“代理人”。于是，我想到了“代言人”一词。作为一名律师身份的政协委员，就应该是一名名副其实的代言人，为律师行业代言，为人民群众代言，为法治建设代言！心中无我，不为自己，只为大众，不计得失，不谋私利，不求虚名。的确，代言人也好，代理人也罢，皆为我等律师的宿命，更是我辈律师的使命。

汪洋主席一直强调，要讲好“中国政协故事”。于是我就在想，每一名政协委员都应该讲好“政协委员故事”，而把每一名委员的故事串联起来，就能构筑成为叙事宏大、波澜壮阔、源远流长的“中国政协故事”，彰显全过程人民民主，体现中华儿女大团结。政协有个优良传统，就是每年“上交履职作业”，每届“报出合格答卷”。此书，正是我担任政协委员十五年来思考与实践的汇报，也是一份作业、一张答卷吧！